JN279808

矢野 秀武
Hidetake Yano

Buddhist Movements in Contemporary Thailand:
Thammakai Meditation and Thai Society in Transition

現代タイにおける仏教運動
——タンマガーイ式瞑想とタイ社会の変容——

東信堂

まえがき

　1950年代末に始まるタイ政府の経済開発政策はタイ社会を大きく変えた。経済の中心は、農業から重化学工業ないしは農産加工品の生産やサービス産業へ比重が移り、さらにこれらの産業に携わる人材を育成するための高等教育機関が整備された。未だ大きな貧富の格差が残ってはいるものの、1970年代頃から比較的高い教育と購買力を持つ都市新中間層も増加していった。また、1980年代後半から外国投資を梃子にした経済発展により、一時期は年9％近い経済成長率をも達成した。

　もっとも、このような急激な変容は順風満帆なものではなかった。1997年にはバブル経済がはじけ、それがアジア通貨危機の引き金となった。その後、タイはしばらくの間景気後退に苦しんだが、不良債権処理や輸出と内需の拡大など様々な経済政策を推し進め、2003年には6％台の成長率にまで回復している。

　この開発政策の時代、そして急成長と通貨危機といった時代の変容に呼応するかのような現象が、全人口の約95％を仏教徒が占めるこの国の仏教界で現れた。それは本書が取り上げるタンマガーイ寺の活動である。上座仏教の一寺院であるこの寺は、1970年代に団体を形成し、独特の瞑想方法を広めながら急激に信徒数を増やしてきた。とりわけ都市新中間層の若者信徒が多い団体である。またこの団体は、信仰心溢れる若者達による、新たな仏教活動として注目を浴びているだけではなく、インターネットを含むメディアを、広報や儀礼にいち早く導入し、上座仏教の新しいイメージを作り出し、幅広い活動を展開してきた点でも注目されてきた（タンマガーイ寺と関連団体のウェブサイトについては、http://www.dmky.com/ を参照されたい）。そして現在ではタイのみならず日本を含め18ヶ国（地域）に支部寺を持つ大組織へと成長している。

　しかし一方では、このような急成長と組織の拡張は、様々な問題を引き起

こした。1980年代後半に広大な土地の取得を巡る問題が浮上し、その後寺院の巨大施設建設のための寄進要請活動が次第に活発化する中、遂に1998年末（通貨危機の翌年）から約1年にわたり、タンマガーイ寺の活動と教えの正統性についての問題が、タイの新聞各紙やテレビ番組等で頻繁に取り沙汰されるようになったのである。

　このときに議論された問題は、この寺の巨大な資産に絡む経営管理と横領疑惑、指導的な僧侶の振る舞い、商業主義的な活動、瞑想に関わる教義の正統性、タイ僧侶組織上層部の意見対立など多岐にわたっていた。一部の記事は誤報もあり新聞社からの謝罪も出ているが、一部は裁判にまで持ち込まれ未だに決着はついていない。また、タイ仏教界の著名な教学僧侶はこの寺の教えに対して批判的見解を示しているが、他方でタンマガーイ寺はその教えを維持し、現在でもタイ上座仏教組織の中で活動を行なっている。

　筆者がこの寺の取材を始めたのは1992年であるが、当時はこの寺の活動がタイ社会の中でここまで大きな問題になるとは思ってもみなかった（現在、議論は収束している）。取材先でお世話になった僧侶や一般信徒の方々がこの問題を決して喜ばしいとは感じていないことを重々承知しているが、タンマガーイ式瞑想について長年調べてきた筆者としては、この問題に触れずにタンマガーイ寺の活動について語ることはできない。

　しかしながら、本書では、この社会問題となった事象を正面から論じることも控えておきたい。なぜなら、財産管理問題や素行問題などの真偽については、筆者の立場で信頼のおける証拠を入手することは難しい上、その判断自体すでに法廷に持ち込まれているからである（ただ休廷状態のようだが）。そして何より、信徒でもなくタイ国民でもなく、単に宗教学を基盤とする現代宗教の学術的研究を志す一研究者である筆者が、まず行なうべき仕事は、この問題も踏まえつつ、タンマガーイ式瞑想における独特な宗教実践のあり方を実践者の視点から捉え、その上でタイ社会のマクロな変動や、人々の価値観や社会関係の変容を、筆者なりの視点から捉え直すことであろう。

　このような事情のもと、本書は、タンマガーイ寺問題が生じてくる歴史的・社会的背景を、単にこの寺のみの問題としてではなく、20世紀初頭の宗教行政の影響ならびに1970年代から急速に広まる消費社会化といったタイ社

会全体の問題として捉え直してみたい。そのことにより、単に特殊な寺院に関する個別事例の紹介という域を越え、東南アジアの一国タイの急激な社会変動・文化変容の一面をも明らかにすることができるだろう。また、それは他の国々でも同様に生じている宗教運動を考察する際の比較事例ともなるだろう。そしてそのようなタイ社会変容の特質を踏まえてこそ、改めて冷静にタンマガーイ寺問題について考えることもできるだろう。

以上が本書の背後にある問題意識であるが、これを学術の範囲で論じるために2つの対象(パークナーム寺とタンマガーイ寺)に関わるそれぞれ異なる課題を設定した。1つは、タンマガーイ寺で実践されているタンマガーイ式瞑想とその思想の形成過程を丹念に追うことである。そのためには、タンマガーイ式瞑想が形成された20世紀初頭のパークナーム寺(http://www.watpaknamnz.org/)の状況を明らかにしなくてはならない(興味深いことに、パークナーム寺[パクナム寺]も日本に支部寺を有している)。パーリ三蔵経典に基づく上座仏教という正統派の立場や、合理主義的・心理主義的解釈を重視する改革派の伝統から見れば、タンマガーイ式瞑想とその思想は容易には受け入れられないものがある。しかし、タイ社会で主流の正統派や改革派の教義解釈の前提をあえて外し、仏教史と言うよりはタイ宗教史の中で現象を把握することにより、タンマガーイ式瞑想がパークナーム寺の元住職によって形成されてきた経緯や意味が理解されうるだろう。つまり、上座仏教主流の周辺に位置する多様な仏教信仰や精霊信仰の近代的変容という視点から、タンマガーイ式瞑想を位置づけようという試みである。また、この試みは、20世紀初頭のタイにおける近代化政策・宗教行政が、いかなる宗教変容をもたらしたのかを明らかにすることにもなる。さらには、パーリ三蔵経典に基づく上座仏教の主流派伝統と、タンマガーイ式瞑想の伝統のような経典外の思想や修行・儀礼実践との間に、対話の場を設定するたたき台の議論となることも目指したい。

次いでもう1つの作業として、タンマガーイ寺の活動内容に注目し、信徒の信仰世界の側から消費社会における宗教活動の意味を問い直すことが必要となる。広大な土地、大規模施設、ITやメディアなどの最新技術の導入、護符や仏像など聖なる物品を次々に提供し寄進を募る活動。これらに対し、外部社会からは、商業主義や消費主義的な仏教であるとの批判的指摘がなされ

てきた。しかし逆に信徒達の中には、自分達こそ欲望を喚起する社会から距離を置いた実践を行なっているのだと考えている者も少なくない。このギャップをどう埋めつつ、現象を理解するかを考えなくてはならない。またこの作業により、タンマガーイ寺の活動を、タイ近代における社会や宗教の変容といった文脈の中に位置づけることが可能になるのである。

　しかし、このような作業は取材も執筆も厳しい立場に立たされる。信徒の方々の協力を得て取材を進め、信仰世界の真摯さを受け止めつつも、外からの異なる解釈や、時には批判的な提言も行なわなければならない。信徒の側からすれば、正統性への疑問や商業性・消費主義というマイナスのイメージを提示することは、自分達の活動を非難するものであるし、その点に触れてもらいたくないという思いもあるだろう。しかし、ときには、これらの点について十分な情報が開示されずに勧誘される方もいるので（筆者は、この寺の活動に関わりまた興味を持っているという日本人から、タンマガーイ寺の来歴やタイ仏教の中での位置づけについて何度か質問や相談を受けたことがある）、幅広い情報提供を行なうことも必要かと思われる。他方で、自身や社会をより良いものにしていこうと真摯に取り組んでいる信仰者達の姿や、信徒が外部社会に示したい姿に対しても、真剣に立ち向かい、そこに秘められた新たな可能性を捉えることも必要であろう。とはいえ、万人が納得するものを提示することはできない。しかし、信徒と外部批判者と筆者の視点を幾重にも重ねながら、本書の執筆を試みたつもりではある。

　なお、本書がそのような思いを込めて執筆されたものならば、本来はタイ人向けにタイ語で、もしくは英語で執筆されるべきであろう。一部は英語論文としてタイで提示する予定であるが、しかし、全ての内容を訳すことは、筆者の能力では当面かないそうにない。とはいえ、日本にも両寺の関係者はおり、日本語能力に長けた方も多い。実際、筆者が日本語で執筆した学術論文が公表されてから2週間足らずで、タンマガーイ寺日本支部の指導僧から、この論文の執筆内容について追加情報など伝えたいことがあると、筆者は連絡をいただいたことがある。宗教を研究しに日本に留学しているタイ人信徒が、拙稿を目にして、この指導僧に情報を伝えたらしい。この学生や指導僧だけでなく、他にも、日本語に長けたタイ人信徒は多い。したがって日本語

で書かれた本書に、目を留めてくださるタイの方も、多少はいるのだと期待している。

　もっとも、基本的に本書はタイ研究や宗教研究者向けに書かれた学術書である。しかし双方の研究に詳しい方はあまり多くはないと思われるし、また紙幅の都合で議論や事例を切り詰め、わかりづらくなっている部分もある。場合によっては、時系列に並べてある第１部、第２部の順を崩し、比較的読みやすく、イメージしやすい現代の事象を取り上げた第２部（とりわけタンマガーイ寺の指導者、信徒の体験、儀礼と瞑想の様子を紹介した５〜７章）から目を通していただくと、全体のつながりを捉えやすくなるかもしれない。

　また、宗教人類学や宗教社会学の視点を借りながら論を展開しているが、これらの分野の専門家とくに文化人類学者や社会学者からしてみれば、本書の内容に物足りなさを感じるであろう。さらに仏教思想研究の専門家から見ても不十分な点は多いかと思われる。しかし、本書で対象とする現象を先述の２つの視点（宗教史・宗教思想史と宗教行政の関係、消費社会と宗教実践の関係）から取り上げ、これを連動させるという試みは、宗教学を基盤とする現代宗教研究ならではのアプローチかと考えている。そこから多少なりとも多分野の研究に影響を与えることできれば本望である。

　2006年2月28日

矢野秀武

現代タイにおける仏教運動──タンマガーイ式瞑想とタイ社会の変容──／目次

まえがき……………………………………………………………………………… i
 図表一覧 (xii)
 略　号 (xiii)
 タイ語のカタカナ表記とローマ字表記について (xiv)
 用語解説 (xv)

序章　課題と方法 …………………………………………………… 3
 1　はじめに ………………………………………………………… 3
 2　目　的 …………………………………………………………… 5
 3　タイ上座仏教概観 ……………………………………………… 6
 4　タイ上座仏教と村落研究 ……………………………………… 13
  (1) 仏教と精霊信仰 (14)　(2) タンブンと社会関係 (16)
 5　都市部の新たな仏教運動に関する研究 ……………………… 16
  (1) 都市新中間層の台頭 (18)　(2) 合理主義的な教理解釈 (18)　(3) 個人主義的な実践 (19)　(4) 既存エリートおよび支配的な仏教的イデオロギーへの対抗 (20)　(5) 後期資本主義社会への対応 (20)　(6) 村落の民衆仏教や精霊信仰ならびに新宗教との比較 (22)
 6　課　題 …………………………………………………………… 24
 7　方法と構成 ……………………………………………………… 26
 注 (30)

第1部　近代初頭の宗教行政とタイ仏教： パークナーム寺の事例 …………………………… 35

第1章　タンマガーイ式瞑想と仏教制度改革 …………………… 37
 1　ソット師の伝記資料 …………………………………………… 38
 2　出生から出家まで ……………………………………………… 40
 3　寺院での修行 …………………………………………………… 43
 4　口述から筆記へ──**教法試験の変化** ……………………… 46
 5　サンガ統治法との攻防 ………………………………………… 50
 6　瞑想と守護力 …………………………………………………… 53

(1) 交　霊 (53)　(2) 祈祷所 (56)　(3) 護　符 (58)
　注 (60)

第2章　タンマガーイ式瞑想とその思想……………………64
　1　タンマガーイ式瞑想における基本瞑想——内なる身体……64
　2　護符を利用したタンマガーイ式瞑想——内面の他者……71
　3　タンマガーイ式瞑想と仏教教理………………………73
　4　涅槃処(アーヤタナ・ニッパーン)……………………76
　5　無辺微細瞑想(マッカポン・ピッサダーン)と闘魔の術智
　　　(ウィチャー・ロップ)…………………………………79
　6　上座仏教における一般的な瞑想との比較………………82
　7　ソット師の経典学習……………………………………87
　8　タンマガーイ式瞑想と上座仏教の仏身論………………91
　注 (98)

第3章　パークナーム寺の活動——2つの脱地縁性と瞑想活動の低迷…105
　1　教理教育と布教・開発研修……………………………105
　2　移動する住民と定住する遊行僧………………………108
　3　ソット師没後のパークナーム寺………………………113
　注 (119)

第2部　消費社会とタイ仏教：タンマガーイ寺の事例…121

第4章　タンマガーイ寺の概略——形成・組織・活動……………123
　1　組織形成と活動の概要…………………………………123
　2　「出家者」の集団構成…………………………………126
　3　業務遂行上の組織………………………………………129
　4　一般在家者の集団と活動………………………………132
　　(1) 大学生の集団——世界仏教クラブ (132)　(2) 社会人の集団——善友団 (133)
　5　教義と儀礼………………………………………………135
　6　外部社会との関係………………………………………137
　注 (141)

第5章　タンマガーイ寺の形成——開拓の世代と組織拡大の世代……145

1　ウバーシカー・チャン・コンノックユーン
　　　──死後世界とタンマガーイ……………………………………145
　2　チャイヤブーン・タンマチャヨー師およびパデット・
　　　タッタチーウォー師──タンマガーイ寺開拓の世代……………148
　3　運動の形成とタンマチャヨー師のカリスマ性
　　　──梵行と心身訓練………………………………………………153
　4　マノー・メーターナントー師
　　　──組織拡大の世代：仏法継承者訓練と集団出家………………156
　5　ソムチャーイ・ターナウットー師
　　　──組織拡大の世代：仏教クラブと広報活動の刷新……………158
　6　ポン・レンイー氏とマーニット・ラッタナスワン氏
　　　──土地買収と宣伝に関わる在家者幹部…………………………162
　7　仏教クラブの指導者と社会的背景………………………………164
　8　メーターナントー師の社会観──もう1つの学生運動…………165
　9　ターナウットー師の社会観──遍在化する無秩序への対応……169
　　　(1) 社会変革としての仏教運動 (169)　(2) 社会観の変容 (171)
　注 (176)

第6章　一般信徒の成員構成と信仰心の型──統計資料を中心に……179
　1　アンケート調査の背景……………………………………………180
　2　タンマガーイ寺における成員構成──3つのクラスター………182
　　　(1) 年　齢 (182)　(2) 学　歴 (183)　(3) 沙　弥 (185)
　3　一般在家信徒と社会移動…………………………………………187
　4　寺を訪れる…………………………………………………………190
　5　生活上の問題………………………………………………………192
　6　タンマガーイ式瞑想と救済………………………………………193
　7　気分が落ち着く──「日常生活における自己と環境の制御感覚」と
　　　「内面的な神秘体験」……………………………………………195
　8　内面的な神秘体験──幸福感・輝き・タンマガーイ……………196
　9　ブン（功徳）──「幸運」と「日常生活における自己と環境の制御感覚」…198
　10　「涅槃」志向……………………………………………………200
　11　小仏像の建立寄進と護符の守護力……………………………202

12　「瞑想・修養系の信仰」と「寄進系の信仰」
　　　　――結晶と結晶軸のモデル ……………………………………………204
　　注（224）

第7章　儀礼と瞑想修行 ……………………………………………………227
　1　第1日曜日の儀礼 ……………………………………………………227
　2　万仏節（マーカ・ブーチャー）……………………………………232
　3　儀礼の特質――瞑想・寄進・イベント性 ………………………234
　　(1) タンブン儀礼としての瞑想 (234)　(2) 寄進と聖なる記念品 (235)
　　(3) イベント性 (237)
　4　仏法継承者訓練と集団出家の概要 ………………………………239
　5　軍事施設での規律訓練 ………………………………………………242
　6　寺院での訓練と修行 ………………………………………………242
　　(1) 準　備 (243)　(2) 瞑　想 (243)　(3) 規　律 (245)　(4) 忍　耐 (248)
　　(5) 教理学習 (249)　(6) 勧誘と寄進 (250)　(7) 親への報恩 (251)
　7　出家式 …………………………………………………………………252
　8　チェンマイでの瞑想修行 …………………………………………253
　9　一般在家者向け特別瞑想修練会 …………………………………255
　　(1) 基本事項 (255)　(2) レクリエーションとタンマガーイ用語の学習 (256)
　　(3) 瞑想指導 (257)
　注（260）

第3部　タイ仏教の変容と自己・社会関係の再構築 ……263

第8章　守護力の仏教――主流派と非主流派の伝統形成 …………265
　1　主流派仏教の制度化における光と陰 ……………………………265
　2　宗教的自己としてのタンマガーイ
　　　　――個別的に内在化された守護力 ……………………………272
　3　タンマガーイ的な宗教的自己の変遷 ……………………………276
　注（279）

第9章　寄進と共同性――聖地・仏像・マスメディア ……………282
　1　寄進の問題性と可能性 ……………………………………………282
　　(1) 商業化された宗教への通俗的批判 (283)　(2) 寄進の個人性 (284)
　　(3) 寄進の共同性 (286)

2 寄進による共同性の持続と変容 …………………………………288
(1) 一般的自己／他者、神秘的自己／他者 (288)　(2) 儀礼における自他の社会的連接——他者との外的連接 (289)　(3) 共同性の変容 (290)　(4) 瞑想実践と自他の神秘的連接——他者との内的連接 (291)

3 寄進の共同性における可能性と問題性 ………………………………294
注 (297)

第10章　瞑想・修養と消費社会 ……………………………………………300

1 欲望肯定かそれとも小欲か ……………………………………………300
2 規律性と快適性 …………………………………………………………302
3 規律性と快適性の社会的文脈 …………………………………………304
4 消費社会 …………………………………………………………………306
(1) 消費社会論 (306)　(2)「瞑想・修養系の信仰」と消費社会 (307)

5 聖なる消費と世俗的消費 ………………………………………………309
注 (313)

第11章　守護力信仰と瞑想実践の近代 ……………………………………315

1 結　論 ……………………………………………………………………315
注 (319)

参考文献 ……………………………………………………………………………320
　　欧　文 (320)　タイ語文 (324)　邦　文 (331)
付録　現代タイにおける瞑想の実践と普及に関するアンケート …………337
　　付録1　質問表（日本語訳・僧侶・沙弥および財団職員用）(337)　付録2　質問表（日本語訳・一般在家者用）(342)　付録3　質問表（タイ語・僧侶・沙弥および財団職員用）(347)　付録4　質問表（タイ語・一般在家者用）(354)

初出一覧 ……………………………………………………………………………361
あとがき ……………………………………………………………………………363
事項索引 ……………………………………………………………………………366
人名索引 ……………………………………………………………………………374

図表一覧

図0-A　パークナーム寺（伝統的寺院の布薩堂）(3)
図0-B　タンマガーイ寺の布薩堂 (3)
図0-C　タンマガーイ寺の儀礼 (4)
図1-A　プラモンコン・テープムニー師（ソット・チャンタサロー師）(37)
図1-B　タイ全土およびバンコク近郊県の地図 (39)
図2-A　タンマガーイ式瞑想における身体内部の球体の移動部位、および第7ポジションの球体 (67)
図2-B　記念護符（第1代第1鋳）(71)
図4-A　従来の寺院の組織図 (130)
図4-B　タンマガーイ財団の組織管理の構造（1990年版）(130)
図4-C　タンマガーイ寺の事業管理の構造（1999年版）(131)
図5-A　ウバーシカー・チャン・コンノックユーン (146)
図5-B　プララーチャパーワナー・ウィスット師（チャイヤブーン・タンマチャヨー師）(149)
図5-C　プラパーワナー・ウィリヤクン師（パデット・タッタチーウォー師）(149)
図6-A　僧侶・沙弥（見習僧）・年齢別構成 (209)
図6-B　財団職員・性別・年齢別構成 (209)
図6-C　在家者・性別・年齢別構成 (210)
図6-D　学歴（僧侶・沙弥 [見習僧]）(212)
図6-E　学歴（財団職員）(212)
図6-F　学歴（在家者）(213)
図6-G　タンマガーイ式瞑想を継続し始めた最大の理由（僧侶・沙弥 [見習僧]）(223)
図6-H　タンマガーイ式瞑想を継続し始めた最大の理由（財団職員）(223)
図6-I　タンマガーイ式瞑想を継続し始めた最大の理由（在家者）(224)
図6-J　六方晶系 (205)
図7-A　儀式壇 (228)
図7-B　「ブーチャー・カオ・プラ」の施物 (228)
図7-C　小仏像（上）と大仏塔（下）（イメージ図）(236)
図7-D　大仏塔に設置した小仏像（イメージ図）(236)
図7-E　聖記念護符（プラ・マハー・シリラーチャタート）(237)
図7-F　大会堂での儀礼の風景 (238)
図7-G　万仏節（マーカ・ブーチャー）のロウソク儀礼 (238)
図9-A　一般的自己／他者、神秘的自己／他者 (288)

表0-1　僧侶の位階（サマナサック、Samanasak）(10)
表0-2　僧侶の官職（サンガの行政機構）(10)
表1-1　ソット師の来歴 (38)
表2-1　瞑想修行の前に唱える聖句 (66)
表2-2　タンマガーイ式瞑想における内なる身体 (68)
表3-1　パークナーム寺の中核的信徒（1920–1956年）(110・111)
表4-1　タンマガーイ寺の来歴 (140)
表6-1　「出家者」・性別・年齢別構成 (208)
表6-2　在家者・性別・年齢別構成 (210)
表6-3　学歴（「出家者」）(211)

表6-4	本人の元職業（「出家者」）	(211)
表6-5	学歴（在家者）	(213)
表6-6	学歴と守護力信仰（在家者・前年1年間における信仰活動・複数回答）	(214)
表6-7	父親の職業（「出家者」）	(214)
表6-8	母親の職業（「出家者」）	(215)
表6-9	「出家者」出身地（地域別）	(215)
表6-10	「出家者」出身地（都市・村落別）	(216)
表6-11	エスニシティ（「出家者」）	(216)
表6-12	本人の職業（在家者）	(216)
表6-13	父親の職業（在家者）	(217)
表6-14	母親の職業（在家者）	(218)
表6-15	出家式前のクワン儀礼実施状況（他寺院での出家）	(218)
表6-16	組織所属率（在家者）	(218)
表6-17	瞑想実践について相談する相手（複数回答）（在家者）	(219)
表6-18	タンマガーイ寺の魅力の平均点	(219)
表6-19	仏法継承者訓練出家への参加（在家者）	(219)
表6-20	特別瞑想の参加回数（延べ）（在家者）	(220)
表6-21	タンマガーイ寺へ導いた人（「出家者」）	(220)
表6-22	タンマガーイ寺へ導いた人（在家者）	(221)
表6-23	タンマガーイ瞑想を継続し始めたときに抱えていた生活上の問題（複数回答・「出家者」）	(221)
表6-24	タンマガーイ瞑想を継続し始めたときに抱えていた生活上の問題（複数回答・在家者）	(222)
表6-25	タンマガーイ式瞑想を継続的に実践するようになった理由（複数回答・「出家者」）	(222)
表6-26	タンマガーイ式瞑想を継続的に実践するようになった理由（複数回答・在家者）	(222)
表6-27	タンマガーイ式瞑想を継続的に実践するようになった最大の理由（「出家者」）	(223)
表6-28	タンマガーイ式瞑想を継続的に実践するようになった最大の理由（複数回答・在家者）	(224)
表7-1	通常の訓練スケジュール	(241)
表7-2	チェンマイでの瞑想修行用スケジュール	(241)
表7-3	瞑想状態の自己申告の際に使用する用語例	(244)
表7-4	特別瞑想修練会のスケジュール	(256)

略　号

執筆者名や編者名の長い文献については、引用の際に下記の略号を用いている。

略　号	執筆者名・編者名
K.T.P.	Khrongkan Thamma Patibat Phu'a Prachachon Wat Paknam
P.P.T. (Sot)	Phradetphrakhun Phramongkhon Thepmuni (Sot)
Somdet (Pun)	Somdet Phraariyawongsakhotayan (Pun)
S.P.W.P.	Samnakgan Prachasamphan Wat Paknam

タイ語のカタカナ表記とローマ字表記について

　本書で用いるタイ語のカタカナ表記ならびにローマ字表記については、西井涼子による表記様式を使わせていただいた［西井 2001: 8-9］。カタカナ表記においては、有気音と無気音の区別は行なわず、a と oe は「ア」、u と u' は「ウ」、e と ae は「エ」、o と or は「オ」と表記し、語尾の n と ng は「ン」と表記する。ローマ字表記では声調記号を省略し、母音の長短も区別していない。

タイ語のローマ字表記

子音			母音	
	音節頭の子音	末子音		
ก	k	k	อะ อั อา	a
ขฃคฅฆ	kh	k	อำ	am
ง	ng	ng	อิ อี	i
จ	c	t	อึ อื	u'
ฉชฌ	ch	t	อุ อู	u
ญ	y	n	เอะ เอ็ เอ	e
ดฎท（d と発音する場合）	d	t	แอะ แอ	ae
ตฏ	t	t	โอะ อ(-) โอ	o
กฐทฑธถ	th	t	เอาะ ออ	or
นณ	n	n	เออะ เอิ เออ- เอ	oe
บ	b	p	เอียะ เอีย	ia
ป	p	p	เอือะ เอือ	u'a
ผพภ	ph	p	อัวะ อัว	ua
ฝฟ	f	p	ไอ ใอ อัย ไอย อาย	ai
ม	m	m	เอา อาว	ao
ย	y	—	อุย	ui
ร	r	n	โอย	oi
ลฬ	l	n	ออย	ori
ว	w	—	เอย	oei
ซศษส ทร	s	t	เอือย	u'ai
หฮ	h	—	อวย	uai
			อิว	iu
			เอ็ว เอว	eo
			แอว	aeo
			เอียว	ieo
			ฤ（ru' と発音する場合）	r'u
			ฤ（ri と発音する場合）	ri
			ฤ（roe と発音する場合）	roe
			ฦ ฦๅ	lu'

用語解説

ウィパサナー（Wippasana, 観）
　パーリ語のヴィパッサナー（Vipassanā）。漢語では毘鉢舎那と記す。止観瞑想における観の瞑想。自己の心身の状態を詳細かつ冷静に観察して仏法の智慧を深める瞑想であり、気づきの瞑想などとも言われる仏教式瞑想。ウィパサナー瞑想を行なう準備段階として、サマーティ瞑想（止の瞑想、定）を行なう。ただし、タンマガーイ式瞑想では、内なる身体を観るという段階以上の瞑想をウィパサナーと見なしている。

内なる身体（ガーイ・パーイナイ・トゥア、Kai Painai Tua あるいは、ガーイ、Kai）
　タンマガーイ式瞑想によって自己の内面に観ることのできる、層化した身体像を意味している。18種の身体が想定されている。単に身体（Kai）と呼ばれることも多い。また内なる身体は、真我と仮我のレベルに分かれている。（タンマガーイ用語）

ウバーシカー（Ubasika）
　一般に女性の在俗信者を意味している。サンスクリット語の音訳では優婆夷、漢語訳では清信女などと訳される。ただし、タンマガーイ寺では、半ば出家生活をしているタンマガーイ財団の女性職員を意味している。

ウバーシカー・チャン（Ubasika Can）
　タンマガーイ寺創始者の1人。本名はチャン・コンノックユーン（Can Khonnokyung）。タンマガーイ式瞑想を創始したソット師の直弟子の1人。タンマチャヨー師やタッチーウォー師を育てた瞑想の師匠。彼女は剃髪のメーチーであるが、タンマガーイ寺ではメーチー出家を認めていないので、ウバーシカーと呼ばれている。1909年生まれ、2000年逝去。

ウバーソク（Ubasok）
　一般に男性の在俗信者を意味している。サンスクリット語の音訳では優婆塞、漢語訳では清信男などと訳される。ただし、タンマガーイ寺では、半ば出家生活をしているタンマガーイ財団の男性職員を意味している。

改革派僧侶（Reformist Monk）
　神話や守護力への信仰あるいは輪廻転生などの非合理的な要素を仏典解釈からなるべく排除し、心理主義的かつ科学的見解に即した仏典解釈を重視するタイの僧侶。プッタタート師やタムピドック師などがその理論的な基礎を築いた。

開発僧（プラ・ナック・パッタナー、Phra Nak Phathana）
　タイの研究者やNGOが、1970年代中頃より、一部の僧侶に対して使用するようになった呼称。仏教の教えに基づきながら、タイの農村などにおいて地域住民の精神的な指導や経済・福祉事業を行なっている僧侶。

吉祥経（Mongkhon Sut）
　上座仏教圏で有名な経典。儀礼の際の護呪経典として多用される。タンマガーイ寺では、この経典に記されている38の修行実践項目を重視し、これを解説したターナウットー師による書物が、学生向けの「進歩の道・仏法試験プロジェクト」のテキストとして使用されている。

祈祷所（Ronggan）
　ソット師が直弟子達と共に、人々の病気や世の中の災厄を祓うため、特別瞑想を行なっていた施設。パークナーム寺内にある。一般のタイ語では工場という意味を持っている。（タンマガーイ用語）

基本瞑想
　タンマガーイ式瞑想における初歩的な瞑想。サンマー・アラハンと唱えながら水晶などのニミット（相）を想起して臍上までそれを移動させる段階、そこでニミットが輝き中から入れ子式

にいくつもの球体が生じる段階、その球体の中から18身の「内なる身体」が現れる段階といった、3つの段階からなる。(筆者の用語)

五戒（Sin Ha）
在家者用の戒。不殺生戒（殺さない）・不偸盗戒（盗まない）・不邪淫戒（[不適切な]性行為をしない）・不妄語戒（嘘をつかない）・不飲酒（飲酒しない）の5つ。

サマーティ（Samathi, 止・定）
パーリ語ではサマーディ（Samādhi）。漢語で三昧や奢摩地などと記す。止観瞑想の止の瞑想であり、定とも呼ばれる。一定の対象に精神を集中するタイプの仏教瞑想。ウィパサナー瞑想を行なうための準備段階。

サンガ（Khana Song）
仏教僧侶・沙弥の集団組織。僧伽などと記されることもある。

サンガ（統治）法（Phrarachabanyat Laksana Pokkhrong Khana Song）
タイ国家によるサンガの統治を目的とした世俗法。1902年の「ラタナコーシン暦121年サンガ統治法」に始まり、1941年の「仏暦2484年サンガ法」、1962年の「仏暦2505年サンガ法」と、これまで3つのサンガ法が制定されてきた。現在のサンガ法は1962年の「仏暦2505年サンガ法」である。

三界経（Traiphum Katha）
1359年にスコータイ王朝第5世王のリタイ王によって編纂されたとされている文献。欲界・色界・無色界の三界についての話が記されている。人々が死後に訪れると信じられていた地獄や極楽の様子を詳しく述べており、社会の治安維持のために使用されていた。

三蔵経（Phra Traipidok）
「律蔵」「経蔵」「論蔵」からなる上座仏教の根本聖典。南伝大蔵経とも呼ばれる。古代インドの言語パーリ語で書かれた経典であり、上座仏教圏の各国語に翻訳されている。

サンカラート（Sangkharat, 僧王・大僧正）
正式にはソムデット・プラサンカラートと呼ぶ。タイの僧侶組織（サンガ）の最高権威者。サンガの大長老会議の議長。

サンティ・アソーク（Santi Asok）
1970年代に形成され、合理主義的な仏教思想と独自の律解釈ならびに禁欲的な生活を営み、自ら政党（パランタム党）を結成したり、コミューン活動なども展開しているタイの仏教団体。創始者はポーティラク師。師は、サンガ法に違反しているという理由で1989年に強制還俗させられている。

四向四果
パーリ語三蔵に記されている解脱に至るための4段階の修行階位。須陀洹（預流）、斯陀含（一来）、阿那含（不還）、阿羅漢の4段階。この4段階が、それぞれ向（ないしは道）と果の2つのレベルに分かれている。

沙弥（Samanen）
20歳未満の少年僧（見習僧）。20歳以上の僧侶は227の戒律を持っているが、沙弥は10の戒律のみを持っている。

清浄道論（ウィスッティマック、Wisthimak）
パーリ語ではヴィスッディマッガ（Visuddhimagga）。パーリ語三蔵の論説書。5世紀頃のインドの学僧ブッダゴーサが、セイロン（スリランカ）で記した。戒定慧の三学の修行を詳述まとめたこの経典は、タイではパーリ語試験の高段位におけるテキストにもなっている。

初向（パトママック、Phathomamak）
タンマガーイ式瞑想において目指される、最初の到達段階。身体中の臍上約4cmの場所に想起した水晶や光球を留め、それが安定し強く光り輝く状態。(タンマガーイ用語)

真我と仮我（Atta Thae, Atta Somot）
　タンマガーイ式瞑想によって得られるタンマガーイの身体（内なる身体の第5レベル以上）を真我と呼び、これよりレベルの低い身体を仮我という。真我の最高レベル（タンマガーイ・アラハン、あるいはプラ・ニッパーン）は無常や苦ではない状態とされている。（タンマガーイ用語）

世界仏教クラブ（Chomrom Phut Sakon）
　各大学におけるタンマガーイ寺系の仏教クラブを統括する上部組織。（タンマガーイ用語）

善友団（Kalayanamit）
　タンマガーイ寺の在家信徒の組織。（タンマガーイ用語）

ソット・チャンタサロー師（Phra Sot Chanthasaro）
　タンマガーイ式瞑想の創始者。パークナーム寺の元住職。最終的な位階名はプラモンコン・テープムニー。1884年生、1959年逝去。

ソムチャーイ
　ターナウットー師を参照。

ソムデット（Somdet）
　タイの僧侶組織（サンガ）における位階名。最高権威者のサンカラート（僧王）の下の位。現在8名程度の高僧がこの位にある。サンガの大長老会議の主要構成員。

大念住経（マハー・サティパターナ・スット、Maha Sathipatthana Sut）
　呼吸に集中する止観瞑想について記してある経典。

ターナウットー師（ソムチャーイ・ターナウットー師、Phra Somchai Thanawutto）
　タンマガーイ寺の教学僧侶。タンマガーイ寺日本別院の住職。学生仏教クラブの活動を拡大した功績の持ち主で、タンマガーイ寺の『人生の吉祥　仏法継承者版』（吉祥経の解説書）の著者。1961年生。

タッタチーウォー師（パデット・タッタチーウォー師、Phra Phadet Thattachiwo）
　タンマガーイ寺の創始者の1人。初代の副住職。現在は2代目住職。位階名はプラパーワナー・ウィリヤクン。1941年生。

タンブン（Thambun）
　積徳行。ブン（功徳）を積むこと。僧侶への食事や金品の寄進、寺院の維持修理、労働奉仕、出家などの仏教的実践として行なわれる善行。

タンマガーイ財団（Munlanithi Thammakai）
　タンマガーイ寺の様々な業務を運営する組織。1970年に設立（現在の財団名になったのは1985年）。

タンマガーイ寺（Wat Phra Thammakai）
　パークナーム寺の瞑想集団から独立した、ウバーシカー・チャン、タンマチャヨー師、タッタチーウォー師を中心に、1970年代に設立された寺。パトゥムターニー県に位置している。正式な寺院として認可されたのは1977年。

タンマチャヨー師（チャイヤブーン・タンマチャヨー師、Phra Chaiyabun Thammachayo）
　タンマガーイ寺の創始者の1人。初代住職。現在は住職の役を退いているが、実質的にタンマガーイ寺の最高権威者の地位にある。位階名はプララーチャパーワナー・ウィスット。1944年生。

タンマユット派（Thammayut Nikai）
　タイ仏教内部の派閥。王子時代のラーマ4世王が出家中に先導した戒律遵守運動に始まる。1881年に正式に派（ニカーイ、Nikai）として認可された。中心寺院はバンコクのボーウォーンニウェット寺。

チェートゥポン寺（Wat Phra Chetophon）
別名ワット・ポー。アユタヤ時代に創建されたバンコクの王立寺院。かつては仏教教理やパーリ語ならびに、伝統医学や占星術や文学芸術なども教授する伝統的学術の中心地であった。ソット師もこの寺で一時期修行していた。

チャイヤブーン
タンマチャヨー師を参照。

トゥドン（Thudong）
一般的には出家者が野外で行なう遊行であり、人里はなれた山間部などを練り歩き、そこで瞑想修行などに励むといった、いわゆる頭陀（行）のことである。ただしタンマガーイ寺では、週末にタンマガーイ寺において泊りがけで行なわれている一般在家者向けの屋外瞑想修行を意味している。（タンマガーイ用語）

闘魔の術智（ウィチャー・ロップ、Wicha Rop）
世界を構成する極小微粒子に存在する黒派のマーン（魔）を、マッカポン・ピッサダーン（無辺微細瞑想）によって駆逐し、白派のプラ・ニッパーンの影響下に置くといった、究極的救済を目指した瞑想。ウィチャーとは、仏法による妙智や神秘的な術を意味し、ロップは戦闘を意味する。（タンマガーイ用語）

トゥリーター・ニアムカム（Tritha Niamkham）
パークナーム寺の元メーチーで、若い頃からソット師の弟子であった。後にソット師の弟子協会の会長となり、パークナーム寺で独自の瞑想活動を展開している。

特別瞑想修練会（Patibattham Phiset）
タンマガーイ寺とタンマガーイ財団が行なっている、約1週間にわたる在家者向けの集中瞑想指導コース。主としてチェンマイやプーケットなどのリゾート地のホテルで行なわれる。

デックワット（Dekwat）
寺院内に住み込み僧侶の世話をして、生活費や学費などを工面してもらい、一般の学校に通っている子供。沙弥とは異なり出家していない一般人である。

ナクタム（Naktham）
タイにおける出家者向けの仏教教法試験。在家者向けの場合にはタンマスクサーと呼ぶ。

ニミット（相、Nimit）
瞑想の際に精神を集中するために想起する像。単にイメージとして想起された具体的な像というレベル（取相）と、これを純化して抽象的なものとして想起するレベル（似相）がある。

入出息念（アーナーパーナ・サティ、Anapanasathi）
呼吸への意識集中を基本とした瞑想法。『入出息念経（Anapanasathi Sut）』に記されている。

涅槃処（アーヤタナ・ニッパーン、Ayatana Nipphan）
ブッダやアラハンのみが認識できる対象であり、ブッダやアラハンなどの最高度の内なる身体（タンマガーイ・アラハン）が住している領域。（タンマガーイ用語）

パークナーム寺（Wat Paknam Pasicaroen）
ソット師が派遣されて住職となった寺。タンマガーイ式瞑想の発祥地。

八戒（Sin Paet）
熱心な在家信徒が実践している戒。不殺生戒・不偸盗戒・不邪淫戒・不妄語戒・不飲酒戒の五戒の他に、不非時食戒（昼過ぎに食事をとらない）・不塗飾香鬘・不歌舞観聴戒（身を飾ったり歌舞音曲を楽しんだりしない）・不用高床大床戒（贅沢な臥床を使用しない）という3つの戒を加えたものを八戒（八斎戒）という。ちなみに沙弥の十戒は身を飾らないことと、歌舞音曲を楽しまないことを2つの戒に分け、さらに不受金銀戒（金銀や金銭を受け取らない）を加えたものである。

用語解説

パデット
　タットチーウォー師を参照。

バーラミー（Barami, 波羅蜜）
　涅槃に達するための徳目。10項目のバーラミーとしては、布施・持戒・出家・智慧・精進・忍辱・真実・慈悲・中正（公正）がある。大乗仏教の波羅蜜と共通した意味を持っているが、タンマガーイ式瞑想におけるバーラミーとは、ブン（功徳）の観念に近い独特な意味合いを有している。

ブーチャー・カオ・プラ（Bucha Khao Phra）
　タンマガーイ寺で行なわれている、プラ・タンマガーイへの食施儀礼。食施の際には集団で瞑想が行なわれ、タンマチャヨー師の瞑想力を仲介して、「涅槃」に住するプラ・タンマガーイに食事のエッセンスを届けることができると信じられている。（タンマガーイ用語）

プッタタート師（Phra Phutthathat）
　国際的にも有名なタイの僧侶。禅の思想なども取り込みながら、上座仏教の思想を独自の視点から解釈した。一般的には合理主義的・心理主義的な解釈と見られている。「プッタタート」は自ら選んだ呼称であり、僧名はグアム・インタパンヨー。1906年生、1993年逝去。

仏法継承者訓練・集団出家（Oprom Thammathayat Lae Upasombot Mu）
　タンマガーイ系の学生仏教クラブが中心となり、タンマガーイ寺と財団が協力して行なわれる、訓練と出家を兼ねたコース。タンマガーイ寺の重要な行事でもあり、またリクルートの場でもある。

プラ（Phra）
　僧侶や王族など神聖な存在を意味する接頭語。仏像型の護符（プラ・クルアン）を略してプラと呼ぶこともある。また、タンマガーイ寺では、「プラ・タンマガーイ（プラ・ニッパーン）」を略してプラあるいは内なるプラと称することがある。

プラ・タンマガーイ（Phra Thammakai）
　プラ・ニッパーンを参照。

プラ・ニッパーン（Phra Nipphan）
　タンマガーイ・アラハンの身体レベルでアーヤタナ・ニッパーンに住している存在者。プラ・タンマガーイとも呼ばれる。ブッダの悟りの身体。（タンマガーイ用語）

プラ・マーライ経（Phra Malai Sut Khamluang）
　パーリ三蔵には含まれていない仏教説話。マーライというの名の僧侶が、地獄界に降りて布施の機会を提供したり、梵界を訪れて未来仏の弥勒菩薩と会話をするといった話が記されている。また未来仏がいつか降臨して人々を苦難から救済するということも述べている。

ブン（Bun）
　功徳を意味する用語。仏教的な道徳に即した善行によって得られる精神的な浄化とそれに伴う幸運。

プン師（プン・プンニャシリマハーテーラ師、Phra Phunyasirimahathera）
　ラタナコーシン（バンコク）朝の第17代僧王。ソット師の甥で、チェートゥポン寺の元住職。ソット師亡き後、一時的にパークナーム寺の住職代行も兼任していた。1896年生、1973年逝去。

無辺微細瞑想（マッカポン・ピッサダーン、Makkaphon Phisadan）
　生物や世界を構成している諸元素を無限に分割し、そこに涅槃（涅槃処）・三界・無間地獄などの諸世界を観て、諸元素を浄化する瞑想。マッカポンとは上座仏教の修行段階を示す言葉であり、タンマガーイ式瞑想では透明で輝く球体や内なる身体を観る一連の過程を意味している。ピッサダーンとは広大ないしは詳細という意味である。（タンマガーイ用語）

マハーニカーイ派（Mahanikai）
タンマユット派が認可されて以降、在来の寺院を1つの派閥として統括した在来派。中心寺院は、バンコクのマハータート寺。パークナーム寺とタンマガーイ寺は、マハーニカーイ派に所属している。

マノー
メーターナントー師を参照。

観る（Hen）
タンマガーイ式瞑想によって、自己の内部に水晶や光球、あるいは仏像の形や「内なる身体」を内観すること。タイ語ではヘン（hen）という言葉に「見る」という意味と、「理解する」という意味が重なっている。（タンマガーイ用語）

メーターナントー師（Phra Mano Mettanantho, マノー・メーターナントー師）
元タンマガーイ寺の教学僧侶。学生仏教クラブの活動を拡大した功績の持ち主。1956年生。現在はタンマガーイ寺を離れて、別の寺院で独自の活動を行なっている。

メーチー（Maechi）
白い服を身につけた剃髪の女性出家者。現在の上座仏教においては女性が正式に得度して僧侶となる伝統は途絶えているので、メーチーは比丘尼（尼僧）ではない。メーチーは八戒を守って、寺院敷地内やその周辺に住んでいる。ただし、スリランカでは20世紀前半に独自の尼僧伝統を復活した者たちがおり、タイの女性出家者にも影響を与えている。

ルアンポー（Luangpho）
ルアンとは僧侶や王室または国家などに対して使用する敬意を込めた接頭語。ポーは父あるいは主（あるじ）を意味する。タイでは壮年の僧侶に対して親しみを込めて「ルアンポー」と呼ぶ。比較的若い僧侶に対しては、兄を意味する「ピー」という用語を使用して「ルアンピー」と呼び、高齢の僧侶に対しては、長老・老爺を意味する「プー」ないしは「ター」という用語を使用して「ルアンプー」「ルアンター」と呼ぶ。

ルアンポー・ソット寺（Wat Luangpho Sot）
パークナーム寺系瞑想集団の活動の中心となっている寺院。ラーチャブリー県に位置している。住職は、サームチャーイ・ジャヤマンガロー師。

現代タイにおける仏教運動
──タンマガーイ式瞑想とタイ社会の変容──

序章　課題と方法

1　はじめに

　皮膚にまとわりつくような熱気があたりを覆い始める日曜日の朝。首都バンコク郊外に広大な敷地を有するタンマガーイ寺[1]には、タイ全土から夥しい数のバスが集まってくる。寺に集う色とりどりのバスは古びたブリキの玩具を思わせる。

　だがその中からは、目のさめるほど真っ白な服に身を包んだ人々が降りてくる。彼らの足取りは軽い。バスから湧き出てくる数万人もの純白の群れは、四方に壁のない風通しのよい大会堂に向かって消えていく。大会堂に近づくにつれて、女性の涼やかな声による落ち着いた音色の仏教歌が体を包み込んでくる。熱帯の

図0-A　パークナーム寺（伝統的寺院の布薩堂）(Tritha 1995: 220)

図0-B　タンマガーイ寺の布薩堂
（筆者による撮影 1993年）

容赦ない日差しから守られた会堂内で耳にするその音色は、皮膚感覚からの涼しさを感じさせる。会堂内には、黄金色の仏像が置かれた儀礼用のステージ、整然と並んだ僧侶に托鉢を行なうエリア、寄進を受け付ける事務所や書籍販売のコーナー、そして無料の食事配給所などが設置されている。さながら展示場や縁日の屋台といった風情であるが、それらをまとめ上げているのは、静けさと秩序、そして純白の清浄さである。

　ここには祝祭時におけるタイ村落部の仏教寺院のような熱気や騒がしさはない。またタイの伝統的な寺院に見られる目もくらむばかりの黄金色の装飾もない。壁一面を埋めつくす蓮模様、仏教説話の図像、屋根の縁に取り付けられた竜頭状の装飾（図0-A参照）などもない。この寺院の本堂は、白を貴重としてシンプルさを保ち、荘厳さというよりはむしろ清潔さや静寂さを感じさせる（図0-B参照）。

図0-C　タンマガーイ寺の儀礼

[Phra Phadet Thattachiwo 1997a: 表紙]

　朝9時30分。落ち着いた声質の男性によるアナウンスを境に、場内のかすかなざわめきも潮が引くように消えていく。しばらくすると橙色を帯びた鮮やかな黄衣に身を包んだ僧侶の一団があらわれる。この橙黄色の一団は、純白の在家者集団が見上げるようにしつらえられた壇の上に整然と並んでいく。2つの集団は互いに対面する形で座している（図0-C参照）。読経を含む一連の儀礼が始まり瞑想も行なわれる。数万人もの純白と鮮やかな橙黄色の一団が、整然と並んで目を閉じ静寂さを作りあげる様子は、ある種の従容とした迫力を感じさせる。

　静寂さに包まれた集団は、ひた

すら自己の内面に深潜していく。しかし彼らは、心を落ち着かせることによって単に自分の生活を反省的に捉えかえそうとしているのではない。彼らは瞑想することで心身から心地よさを体験し、さらには球体や仏像型の光り輝く透明な存在を、自己の内面にありありと観ることに励んでいるのである。上座仏教の一般的瞑想とは大きく異なり、そのような光り輝く透明な存在を内観し、それと一体化していくことが、彼らの究極的な救済目標としての「涅槃」に至る神聖な営みなのである。

2　目　的

　先に述べたのは、筆者がバンコク近郊に位置するタンマガーイ寺を訪れた際に目にした風景である。本書では、この寺院の活動を主たる対象とし、その独自な瞑想実践の形成と変遷の歴史、およびその社会的背景を明らかにすることを目的としている。とはいえ本書の議論は、単に特殊な仏教団体の活動や思想を明らかにするに留まらない。本書は、19世紀末から20世紀初頭の近代化に伴う宗教政策の変容、さらにグローバル化や消費社会化といった1970年代以降の急激な社会変動と宗教の関係など、東南アジアの一国であるタイにおける長期的な社会変動と宗教変容の関係をも論じており、近現代におけるアジア諸国の変貌の様子を描いたものでもある。

　先述のタンマガーイ寺で行われている瞑想は、19世紀後半に始まる近代タイの宗教変動の中で生まれ、1970年代にさらなる変容を遂げていった。1970年代のタイは他にもいくつかの新たな仏教運動が表れた時期であった。筆者は1992年にタイでの調査を始めたが、その当初これらの仏教運動を中心に他のいくつかの宗教団体を比較研究することを目指し、それを日本の新宗教と比較する視点から行なおうと考えていた。実際、先に示した儀礼の場の雰囲気や組織形態などは、日本の新宗教を彷彿とさせる点がある。しかし、主として宗教社会学が地道に練り上げてきた日本や欧米の新宗教という概念は、タイの現場では様々な点であてはまらないものであった。このような仏教運動に対しては、研究者達は新宗教という言葉よりも、新仏教運動、リバイバリズム、ファンダメンタリズムなど多様な用語を用いてきた。

安易な比較に進むことができないその背景には、上座仏教が他の宗教よりも優遇された事実上の国教的な制度が存在し、仏教が公共の問題として取り上げられる状況がある。そのような状況下では、諸々の仏教運動は多くの場合タイの統一されたサンガ組織からの離脱を好まず、また仮に離脱したとしてもそれをタイ社会の人々が新宗教という用語で括ることもない。灰色の点を白地の上に置けば黒く見え、黒地の上に置けば白く見えるように、同じような対象を観察していても、タイと日本では観察対象が置かれた背景や地が異なるために、対象が違ったものに見えてしまうのかもしれない。したがって、ある宗教運動の特質を捉えるには、その宗教運動が置かれているより大きな宗教制度（宗教行政）の特質をも同時に把握しなくてはならない。

　宗教社会学者の井上順孝は、新宗教は伝統宗教との連続性を持ちながら近代社会の状況に応じて出現したものであり、むしろ「近代宗教」と呼ぶ方が適切かもしれないと述べている［井上 2001: 234］。筆者はこの用語と考えを若干敷衍させて、伝統宗教との連続性を持ちながら近代社会の状況に応じて出現した「近代宗教」の中の1つの形として日本（あるいは欧米）の新宗教やタイの仏教運動というものがあると試みに考えてみたい。それは、当該社会の近代に形成された地域特有の宗教制度（宗教行政）のあり方と連関した宗教運動の1つの姿である。そうであれば、タイ社会の近代に即した宗教制度（宗教行政）と宗教運動の連関は、新宗教という用語には括りきれないものの、なおかつ「近代宗教」として新宗教との共通性をも帯びることになる。

　本書では、タイにおける「近代宗教」と言えるタンマガーイ寺の活動と現代消費社会との関連、またこの寺の運動のルーツをたどり、独特な瞑想実践（タンマガーイ式瞑想）を形成したパークナーム寺と近代初期の宗教制度改革との関連が明らかにされている。その具体的な試みついては次章以降で展開することとし、本章ではまず下準備として、タイ上座仏教およびその研究史を概観し、より具体的な形で課題を示していきたい。

3　タイ上座仏教概観

　タイ[2]において最も盛んな宗教は上座仏教（テーラヴァーダ Theravada）である。

タイ教育省宗教局による1995年の統計[3]では人口5,946万人のうち、仏教徒が国民の94.7%（約5,632万人）を占め、第2位が4.1%（約246万人）でイスラーム教徒、第3位が0.55%（約33万人）のキリスト教徒となっている［Kromkansasana Krasuwangsu'ksathikan 1995: 19］。ただし仏教徒の中にはタイの上座仏教以外に中国系とベトナム系の大乗仏教徒も若干含まれており、上座仏教徒の比率は多少下がるが、多勢を占めることに変わりはない。

　上座仏教は部派仏教の伝統を堅持する南方仏教であり、今日ではスリランカ、ミャンマー（ビルマ）、タイ、ラオス、カンボジア、中国雲南省などにおいて根強く信仰されている。上座仏教のタイ王朝への伝播は、13世紀後半にスリランカからタイ南部の町ナコーンシータマラートへ伝わる南方ルートと、14世紀半ばに下ビルマを通る北方ルートとを通じて行なわれた。この2つのルートから、タイ族最初の王朝であるスコータイに上座仏教が伝わったと言われている［石井 1975: 101-107］。

　スコータイ王朝、アユタヤ王朝、トンブリー王朝、ラタナコーシン王朝（バンコク朝）[4]とタイにおいては常に国王や有力者の庇護のもと、また人々の信仰心のもとに仏教は護持されてきた。国王はその統治を「十種の王法」（布施、戒、喜捨、正直、柔和、苦行者、無念、慈悲、忍辱、非妨害）によって行ない、五戒を守り、仏日には八戒を持すること（という理念）により、支配の正当性を得ていた[5]。そして国王は在家信徒の代表者として寺院や僧侶への物的経済的な支援を与え、さらにサンガ（仏教僧侶と沙弥の集団）の清浄さを保つために、サンガ内で対処できない破戒に対し監視の目を光らせてきた。現在の憲法においても国王は仏教徒でなければならず、その正当性は仏教の護持にあると言えよう［石井 1975: 77-82, 128-144］。ただし、上座仏教は憲法上、国教とは規定されていない。タイでは上座仏教だけではなく、大乗仏教や、キリスト教諸派、イスラーム、ヒンドゥー教、シーク教なども、国家から特別の権利や保護を与えられた公認宗教である。また国王は仏教徒ではあるが、「宗教の至高の擁護者」と憲法上規定されており、解釈によっては仏教以外の諸宗教もこの擁護のもとに入りうるのである［石井 1975: 64-67, Rathathammanun haeng Rachaanacakthai Phutthasakarat 2540 1998: 19］。とはいえ、国民の大多数を上座仏教徒が占め、国家行事などに仏教儀礼が組み込まれたりする点を考え

れば、上座仏教は公認宗教の中でも最大の影響力を持った、事実上の国教のようなものと言えよう。

このように国王との関係を強く保ってきたタイの仏教が、広範囲にわたって組織化されたのは、アユタヤ朝の末期頃とされている。しかしこれらは完全に1つの組織体として運営されていたとは思われない［Tambiah 1976: 103-158］。そのような統一化が起こるのは、タイが絶対王制化とともに近代的な行政制度を取り入れ、国家の様々な制度を大きく転換させた19世紀後半から20世紀初めにかけての「チャクリー改革」においてであった［Keyes 1971, Reynolds 1973: 石井1975: 169-224, Tambiah 1976: 200-261］。

チャクリー改革の中で、教育施設の設置のために全国の寺院は統合され、僧侶は教師の役割を担わされた。しかしすぐに僧侶による教育は廃止され、サンガは純粋に宗教的な組織として統合された。一方でこの統合の中心人物であるワチラヤーン親王（Somdet Kromphraya Wachirayanawarorot）（ラーマ4世モンクット王の王子）によって経典に関する種々の教科書が執筆され、その内容が全国的に制度化された僧侶の教法試験に使用された。このような仏教の全国組織は1902年の「サンガ統治法」によって規定されている。その後1941年に新たなサンガ法が制定され、三権分立の形をもとにしてサンガ組織が改正された。さらに1962年には再度サンガ法が改正され、中央集権的な組織となり現在に至る［石井1975: 195-224］。 なお、今日では、サンガ統治に関わる政治的影響力を有しているのは、国王とその機関ではなく、立法府や行政府など王権とは出自を異にする政治組織にある。

このサンガ法のもと現在のタイにおいては、仏教寺院と僧侶が1つの全国的な組織として統制されている。これをタイ国サンガ（Khana Song Thai）ともいう[6]。タイ国サンガは現在大きく2つの派に分かれている。一方が在来派のマハーニカーイ派（Mahanikai）、他方がラーマ4世モンクット王が王子時代に仏教改革運動として始めたタンマユット派（Thammayutnikai）である。タンマユット派は1835年に始まり1881年に公認されている。この改革において王は仏教における呪術的、神話的側面を批判し、三蔵原典の教説を重視し、厳格な持戒を求めた。このような改革を起こした発端は、王位に就く前のモンクットが27年に及ぶ僧院生活において、僧侶達の知的・実践的な低落を

目の当りにしてきたことにあると言われている［山田 1989: 42-44, 佐々木 1986: 25-27］。しかしそれだけではなく、キリスト教宣教師達との度重なる議論の中で、タイの仏教における非合理性の排除、キリスト教文明が同時にもたらした西洋の科学への対応という問題意識が強まったことも影響していると言われている［石井 1975: 283, 1999］。

　現在ではマハーニカーイとタンマユットの間に戒律や経典学習あるいは儀礼様式などにおける差異は見られない［山田 1993a: 207］。しかしタンマユット派は当初、王族・貴族ないしは都市部にのみ影響力を持ち、現在でもサンガの中では少数派である[7]。ただしサンガ内の行政においては要職を占める比率が高い。このことが原因でサンガ内に紛争が生じたこともある［石井 1975: 202-213］。

　各派の僧は住職が管理する寺院に所属することを義務づけられている。ただし所属寺院は変更が可能である。よりよい教育の機会を求めて、特に地方村落の寺院から地方都市の寺院、そこから次第にバンコクの寺院へと所属を変えることは多い。各寺院は派別に村、郡、県、法政管区、大管区と組織的に積み上がり、この組織体の頂点には両派共通の権威として僧王（大僧正）サンカラートと12名以内の長老僧からなるサンガ最高機関の大長老会議（マハーテーラ・サマーコム［Mahatherasamakhom］）がある（表0-1、表0-2参照）。また、これらサンガ組織の各レベルで、村長、郡長、県知事、州長官といった世俗の行政機関との間に公式・非公式の協議が行なわれ、サンガの一存だけではサンガ運営が遂行できないようになっている［Tambiah 1976: 366, 小野澤 1994: 22］。つまりサンガは国家の行政から完全に独立した組織ではく、教育省宗教局の管轄下（2002年からは国家仏教庁の管轄下）にある。また末端寺院においては、村落や地域社会の在家者委員会と相談の上、仏教行事などを執り行なうが［綾部 1973］、日本のような檀家制度はない。在家信徒は尊敬の念をもって師と仰ぐ僧侶を全国どこの寺院から選んでもよいし、また複数の寺院に関わることも珍しくない。

　宗教局の1995年の統計によれば、タイに29,977の寺院（ワット Wat）があり、一時出家の増加する雨安居（Phansa）における出家者人口は、僧侶（Phra Phikkhu）が275,563名、未成年の見習僧である沙弥（Samanen）が93,693名、雨安吾以外

表0-1　僧侶の位階（サマナサック、Samanasak）

1　サンカラート（僧王。最高位。1名のみ。）
2　ソムデット（黄金版位［チャン・スパンナバット］。8名まで。）
3　副ソムデット（銀板位［チャン・ヒランヤバット］、副カナ長［チャン・ローン・チャオ・カナ］。16名まで。）
4　タム　　25名まで。
5　テープ　　45名まで。
6　ラーチャ　108名まで。
7　サーマン　324名まで。
8　サーマン位よりも下の位階は総称して「プラ・クルー」と呼ぶ。
・ソムデット位以上の位階が官職における「大管区長」の対象となる。
・テープ位以上の位階が官職における「地域管区長」の対象となる。
・サーマン位以上の位階が官職における「県サンガ長」の対象となる。
・上記3の副ソムデットから7のサーマンまでの位階を、「プララーチャーカナ」と呼び、この位階を持つ僧侶を「チャオ・クン」と呼ぶ。この位階は、宗教局（もしくは国家仏教庁）と大長老会議の推薦に基づいて国王が授与する。国王誕生日の12月5日に授与式が行なわれる。
・「マハー」という称号は、パーリ語試験の最高位であるプラヨーク3段以上に合格した者に対して与えられる。

この表は [Jackson 1989: 15-18, Sunthon n.d.] を参照し、筆者が一部改訂して作成。

表0-2　僧侶の官職（サンガの行政機構）

1　大長老会議（マハーテーラ・サマーコム）。議長としてのサンカラート（僧王）の職位を「サコンラ・マハーサンカパリナーヨック」と呼ぶ。
2　大管区長（チャオカナ・ヤイ）大管区は、中央管区、北部管区、東北部管区、南部管区、タマユット管区に分かれている。大管区長は「ソムデット」位の僧侶の中から選出され、サンカラートによって任命される。
3　地域管区長（チャオカナ・パーク）。「テープ」位以上の僧侶の中から、大長老会議と大管区長の推薦を経て、サンカラートによって任命される。
4　県サンガ長（チャオカナ・チャンワット）「サーマン」位以上の僧侶の中から、大管区長と地域管区長の推薦を経て、サンカラートによって任命される。
5　郡サンガ長（チャオカナ・アンプー）
6　行政村サンガ長（チャオカナ・タンボン）
7　住職（チャオ・アーワート）

この表は [石井, 1975: 160, 1991: 80, Jackson, 1989: 15-18] を参照し、筆者が一部改訂して作成。

の時期には僧侶が186,214名、沙弥が79,915名、その他、女性修道者のメーチー（Maechi）[8]が15,102名、デック・ワット（Dekwat）が53,308名となっている。デック・ワットは寺の世話になり僧侶の手伝いなどをしながら学校に通う生徒や学生なので、出家者の人数からはずすと、約28万1千名の常住の出家修行者がいることになる。この年の総人口が59,460,382人、村の数が66,599

村であるから、人口の約0.47%が常住の出家者であり約2村に1施設の割合で寺院があることになる。また上記の寺院には含まれないが一般には寺と呼ばれている「小寺」(Samnaksong)という施設がある。こちらは正式な寺院のように浄域をそなえた布薩堂を持っていないので、ここで得度式を行なうことはできないが、それ以外は寺院(ワット)と同様の機能を持っている。この小寺をも寺院数に含めれば1村1施設の割合までは届かないが、これに近い数値になる [Kromkansasana Krasuwangsu'ksathikan 1995: 7-9, 15-16, 29][9]。

ただし出家者数は年々減少の傾向にある。たとえば上記の統計の6年前(1989年)に集計されたデータでは、常住の出家者数は約30万6千名おり、それは全人口の約0.55%を占めていた。また、1989年から1995年の間に全人口数は約360万人増加しているが、常住の出家者は約2万5千名減少している[Kromkansasana Krasuwangsu'ksathikan 1989: 3-26]。ただし出家者数の減少の内、沙弥数の減少が約2万3千名とその大半を占めている。このことから察するに、昨今の出家者数の減少は、タイ社会において児童・学生への世俗教育の機会が拡大していることを意味していよう。なぜなら、沙弥出家の大半は、世俗教育を受けるだけの経済的ゆとりのない家庭の児童が、寺や仏教大学などで教育(世俗教育も一部に含む)を受けることを目的になされているからである。

このような寺と、その止住者を中心に仏教信仰は維持されているわけだが、信仰の構造はいくつかの異なる基本的要素によって相補的に支えられている。まず第1に、パーリ語経典と注釈書を聖典とし、出家して僧侶となり227項目の戒律を持ち、輪廻から解脱し涅槃に達する救済の実践が強調されている。これは主に僧侶が行なう実践形態であり、瞑想ないしは経典学習を通じ、四諦八正道、戒定慧の三学の実践を身につける修行である。しかし、僧侶全てがそのような意識を強く持っているとは限らず、次に示すような在家者と同様の功徳主義的な仏教観を持っている者もいる。

功徳主義的な仏教観においては、解脱そのものよりも、善因善果・悪因悪果といった因果応報の業の論理に基づいた、倫理的宗教的な実践が重視される。過去の行為における良し悪しの結果が現在に影響を及ぼし、現在の行為が将来に影響するという考えであるが、主としてその行為の結果を受け取るものは行為者自身となる。また、行為の結果が作用する時空は、現世内の過

去や将来だけに限られず、過去世や来世にまでも及んでおり、信仰の基本的な様式としては天界や地獄などの存在も信じられている。そのような善果をもたらす善い行為は、功徳（ブン bun）となる行いを為す（タム tham）という意味でタンブン（積徳行 thambun）と呼ばれており、主に仏教を護持する諸行為として捉えられている。在家信徒は、僧侶や寺院に対して布施や食事などの経済的支援や労働力による支援を行なったり、仏祭日に自ら五戒[10]を持したり、または一時的に出家することでブン（功徳）を得ることができる[11]。

このようにブン（功徳）を生み出す「福田（nabun）」とされている僧侶集団は、現世において直接的に効果をもたらすような神秘的力を人々に与える役割も担っている。たとえば、儀礼一般[12]に使用される、聖水（nammon）や、対象物の周辺に張り巡らして聖化を行なうための聖糸（サーイ・シン saisin）などがその代表格である。また護符として身につける小型の仏像（プラ・クルアン phra khru'ang）なども僧侶によって作成されて在家信徒に配布される。これらの儀礼や護符作成に際しては、パリット（parit）と呼ばれる聖句を読み上げる。この聖句は三蔵経の特定の箇所をパーリ語で読み上げることにより、災難を防ぎ吉祥を招く護咒であり、セイロンにおいて生まれたものと言われている。パリットは上記の場合以外には国王の即位式、新築祝いや仏像の開眼など吉祥を祝う場や葬式や死者供養などにおいても誦唱される［奈良 1973, 佐々木 1986：187-220］。

以上のような、3つの傾向を小野澤正喜は「解脱志向」「タンブン志向」「呪術志向」と称している［小野澤 1982: 105-114］[13]。実際は、思想的な立場の違いによって、輪廻転生の思想から切り離されたタンブンを強調する人々もいれば、出家者でなくても涅槃に至るための修行を行なう者もいる。また、僧侶による神秘的な力の信仰を正統な仏教と見なさない者もいれば、沙弥出家を重視する地方独特な慣習などもある。このような多様な解釈がなされてはいるものの、先に述べた3つの傾向は、今日でもタイ上座仏教の多くの人々によって信仰されている基本的要素と言えよう。

またこれ以外に、ピー（Phi）やテワダー（Thewada）といった精霊・神々や、クワン（Khuwan）と呼ばれる生霊に関する精霊信仰［アヌマーンラーチャトン 1979：247-300, 小野澤 1983］、さらに、王室儀礼を行なう宮廷バラモンや占い

その他の儀礼を行なう民間バラモンといった、一般にプローム（Phrom）と呼ばれる非仏教的なインド系宗教伝統のタイ化した信仰なども上座仏教信仰に連節している［小野澤 1982: 120-125, 1983］。ただし信仰の実践当事者がこれらの諸信仰に対し、仏教とそれ以外の信仰といった形で明確に線引きしているとは限らないし、またその線引きされる箇所が万人共通であるとも限らない。

4　タイ上座仏教と村落研究

　タイに限らず上座仏教に関する研究を切り開いてきた開拓者達は、19世紀に始まるインド学や仏教学の研究者達であった。彼らは経典など古代から現代に至るまでの文献を対象とし、思想史的ないしは歴史学的アプローチに依拠してきた。日本においても明治以来この分野において研究が蓄積されてきた。しかし現代上座仏教の研究については欧米そして日本ともに、ほとんど行なわれてこなかったと言えよう。この傾向が大きく変わるのが、第二次世界大戦後の1950年頃である。この頃から農村社会学や人類学などを中心に現地における実際の信仰形態を調査する傾向が強まり、また1970年代以降は政治学的な研究も蓄積されていった。日本においても事態は同様であり、現代上座仏教の研究は農村社会学・人類学そして仏教学の一部で活発化していった［石井 1990: 221-226］[14]。もっとも、現地に息づく上座仏教を教理からではなく、実際の様態から捉えようとする研究はすでに19世紀中ごろより散見されている［石井 1987: 143］。しかし、理論的な深まりを見せ始めるのは1950年代からである。

　以下、宗教人類学および農村社会学による、タイ上座仏教に関するこれまでの議論を振り返ってみたい。ただし、本章の目的はこれまでの全ての研究を網羅的にかつ詳細に紹介することではなく、本書の課題を明確にすることにある。したがって以下では、村落における民衆的な仏教の研究に関する研究、および1970年以降の仏教運動の研究といった、これらの研究の成果と問題点を中心に整理し、本書の課題と結び付けていきたい。

(1) 仏教と精霊信仰

　タイ上座仏教に関する本格的な現地調査は、1948年のコーネル大学による農村調査を皮切りに、その後1960年代の村落研究へと引き継がれていった[15]。村落における仏教の実体解明に取り組んだ、1960年代までの研究の主な主題を、林行夫は次の2点にまとめている。「第1には、村落生活における仏教の民衆的形態に着目し、それと関連する土着の精霊祭祀との並存状況の様態を記述する方向である。第2には、人びとの社会的行為の動機付けや社会関係を統合する機能に着目した、民衆仏教の形態的な理解である」[林 2000: 21]。

　第1の主題については、非仏教的な信仰をも対象に組み込んだシンクレティズム論として展開され、ロバート・レッドフィールドの「大伝統と小伝統」論をベースとし [Redfield 1956]、そこにインドの人類学的な宗教研究の理論的成果 [Marriot 1955, Srinivas 1952] などが取り込まれていった。しかし識字能力に基づく高文化を担う都市と、文字によらない低文化の村落といったいささか進化論的な二元論に基づく相互影響という視点からは逃れていなかった。このような立場から、さらに一歩進んだスタンリー・タンバイアは、東北タイの一農村の宗教儀礼に着目し、4つの宗教儀礼（僧侶による仏教儀礼、民間バラモンによる魂強化の儀礼、シャーマンによる村の守護霊儀礼、モータム祈祷師による悪霊祓いの儀礼）が相互に関連しあって統一的な意味体系を形成し、儀礼によって構成される互酬性が、村落の社会構造の形成と密接な相互関係を持っていることを明らかにした [Tambiah 1970]。

　このように大伝統と小伝統といった二元論を批判し、村落住民自身から見た宗教的世界は2つの伝統に分割できるようなものではなく、1つの統合的な世界であると捉える視点は、すでにタンバイア以前に、ルイ・デュモンとデヴィッド・ポーコックによる一連のインド宗教の研究が提唱してきたものである [Dumont and Pocock 1957, 1959, 1960]。これはタンバイアに大きな影響を与えたエドマンド・リーチが重視する「実践宗教」（明確に言語化・文字化され論理的に構成された宗教的専門家の知識としての宗教ではなく、一般人の慣習的行為に見られる実際的な宗教）という視点とも大いに重なる [Leach 1968: 1-6]。しかしデュモン達は古典的文書に記された宗教的知識を非歴史的で均一化した総体と見なした上で、それと村の宗教との関係を論じており、多様な思想の系

譜や時代的変化に配慮した文献学や歴史学の遺産を十分消化していないことをタンバイアは批判している[Tambiah 1970: 371]。タンバイア自身は、デュモン達ならびにリーチと同様1つの統一的な生活として村落宗教を捉える立場に立ちながらも、デュモン達のような非歴史的な文字伝統の集積体としての大伝統を前提とせずに、過去に形成された制度や文書化された知識の個別的な各要素が、現在の村の宗教にどのように取り入れられているかという点に着目して、文字の伝統と村落の伝統の関係を論じている。その際、文字的な知識は書物だけではなく口伝といった経路で伝達されうる点や、さらにそれら様々な知識が村落での儀礼や象徴あるいは神話へと具象化されている点にも着目している。このような点から見ても、大伝統と小伝統を区分することはほとんど意味がなくなると言えよう [Tambiah 1970: 372-377]。

　タンバイアのこの研究の後、一方では村落の仏教研究は北タイ村落における神話と儀礼の研究や[Davis 1984]、中部タイの仏教的な呪術儀礼の研究などに引き継がれていき[Terwiel 1994]、他方ではタンバイアの構造主義的なアプローチに見られる極度なパターン化が実際の村落宗教をしっかりと反映していないという批判を掲げ、これを乗り越えていく研究も表れている。たとえば、林による東北タイ農村の歴史的変遷と宗教変容を扱った一連の論考は、仏法的な力で悪霊を除祓する祈祷師としてタンバイアが分類した職能者が、古来より存在した者ではなく、村落外の頭陀行僧ならびにこれを中央のサンガに組み込もうという近代の政治的な働きのもとで、村落内に徐々に形成されてきた歴史的産物であるという点を丹念に捉えている [林 1988, 1989, 2000]。また、南タイのムスリム系住民と仏教徒系住民が混住する村落の宗教的世界を論じた西井涼子は、タンバイアのように儀礼の諸要素をあらかじめ区分された宗教的カテゴリーの中に整理して取り込むといった、観察者視点で文化体系をカテゴライズしてしまう問題を乗り越えようとしている。西井の方法は、仏教やイスラームといった観察者の認識枠に儀礼の諸要素をあらかじめ区分けするものではなく、それらの諸要素自体が社会構造とどのように相互連関した構造を持っているかを捉え、仏教やイスラームという宗教的カテゴリーを、儀礼的諸要素の構造とは独立的なものとし、そのようなカテゴリー化を当事者が便宜的な区分けに利用する戦略的な用具として捉えている [西

井 2001]。

　これらの他には、経典的な知識よりも瞑想修行の経験を伝授し、森の中を遊行する頭陀行僧の系譜といった、経典重視の伝統と異なる仏教伝統が論じられてきた[Tambiah 1984, Taylor, 1988, 1993a, Kamala 1997]。さらにタイ上座仏教のみへの言及ではないが、鈴木正崇は、伝統そのものが近代において形成されるという点や、世界経済システムの中に巻き込まれていく今日の社会変動の中で知識の伝達様式が変化する点など今後の課題を指摘している［鈴木 1996: 6］。

(2) タンブンと社会関係

　次に、林が示した第2の主題（社会的行為の動機付けや社会関係の統合と宗教）については、当初は農村社会学のいささか平板な構造機能主義理論のもと、タンブン（積徳行）が当該社会の政治的経済的な地位を正当化するイデオロギー装置として理解され、また諸信仰の表象は単に社会の統合機能として雑駁なレベルで捉えられてきた［林 2000: 22-23］。しかし、前述のタンバイアの村落研究以降、諸信仰の表象は複雑な形で村落の社会構造と連関していることが指摘されている。タンバイアのこの見解についても、林は批判的に乗り越える試みを展開している。林は、タンブンを通じて構築される社会構造内部の互酬性は、タンバイアが述べているように長幼の序の関係を維持するというだけではなく、それ以外の縦関係や同世代の関係にも幅広く見られるものでもあることを論証している。しかもそのようにブン（功徳）を共有する行為は、単に既存の関係を追認するだけではなく、新たな関係を構築するための方法であることをも明らかにしている［林 2000: 171-186］。

5　都市部の新たな仏教運動に関する研究

　以上述べてきた他にも多様な研究がなされているが、本書の課題と直接関わる新たな仏教運動、タイにおける「近代宗教」運動についての議論を次に取り上げることとし、それ以外については注を参照していただきたい[16]。国民国家の枠組みから外れていく経済や文化のグローバル化、および消費社会や

情報化社会への突入によって、1970年代以降のタイ社会は大きく変容していった。特に村落から都市への人口移動と新たな生活様式の獲得に伴い、宗教実践においても、従来には見られなかった様々な現象が現れ始めた。たとえば、サンガをより民主的な組織へと変えようという僧侶の運動や、右傾化した社会情勢を積極的に支持していくような政治的な発言を行なう僧侶［Somboom 1982］、森林保護を目的として行政側と対峙した僧侶［Taylor 1993b: 79-82］、村落生活者の立場から政府の政策とは独立的に村落開発を手助けするいわゆる「開発僧（Phrasong Nak Patthana）」[17]とそれをサポートするNGOや研究者［Seri 1988, Somboon 1988, 鈴木 1997, 櫻井 2000］、学歴の高い都市新中間層とその予備軍である大学生を中心に広まっていった仏教運動、個人を対象とした霊媒カルトの増化[18]、さらには海外からの布教によって広まっている新宗教の浸透[19]などがあげられる。

　以下に取り上げる新たな仏教運動は、先に述べた村落部を中心に見られる「開発僧」と呼ばれる僧侶たちの活動とは異なり、都市新中間層を主たる成員としたものである。それは既存の地域密着型のタイ上座仏教寺院や都市部におけるサンガ組織の中核的な寺院とは異なった、独自の思想解釈や儀礼形態ならびに集団形態を持っているタイ上座仏教内の運動である。そのような都市部の新たな仏教運動の中で活発な活動を展開しているものとしては、次の3つの運動があげられる。まずは、過去世や来世ならびに地獄などに関する教説を心理主義的かつ非神話的な合理主義のもとに解釈し、禅思想の影響も強く受けている僧侶プッタタート師（Buddhadasa Bhikkhu, Phra Phutthathat）の思想運動。これは、組織としては大きなものではないが、師の思想への共鳴者は多い（「開発僧」の中に師の思想の影響を受けている者もいる）。次いで、プッタタート師の思想に影響を受けながらも独自の律解釈や修行方法をもって禁欲的な日常生活を営み、コミューン活動や政治活動をも展開した集団であるサンティ・アソーク（Santi Asok）。そしてマスメディアとマーケティングの知識を利用し、在家者への瞑想指導と大儀礼といった宗教的サービスを提供するための巨大な信徒組織をもっているタンマガーイ寺などである。

　これら3つの新たな仏教運動を都市部の宗教運動としてひとまとめにし、その内部での異同を問うことも可能であるし、そのような先行研究も散見さ

れる。とはいえ、そのような枠組みによって現象を整理することが現在起きているタイの宗教変動の理解に有益であるかどうかは疑わしい。筆者としてはもう少し異なる区切り方をすべきだと考えている[20]。しかし、既存の議論の問題点を洗い出し、本書で取り上げるタンマガーイ式瞑想実践について問うべき点をより明確にするために、まずは、これら都市民を中心とした新たな運動についての先行研究を比較しながら議論をまとめることとする。

(1) 都市新中間層の台頭

まずほとんど全ての研究が強調しているのは、新たな仏教運動の主たる担い手が都市新中間層であるという点である。都市新中間層とは、比較的高い世帯収入を持ち、職業としては専門職や中間管理職、あるいは高学歴のホワイトカラーや自営業・経営管理者からなり、1960年代以降の工業化の進展やサービス産業の成長、および大学教育の拡大などとの相互影響の中で現れた階層である[21]。都市新中間層に着目した議論では、新たな仏教運動が都市や郊外在住の高学歴者の生活に即した宗教的サービスを提供しており、それはこれまでの村落共同体の仏教とは異なるものであるという点が論じられている。論者によっては、もう少し、細かな区分けをしており、サンティ・アソークは中間層の下層、タンマガーイ寺は中間層の上層が多いと述べている[Suwanna 1990a, 福島 1993a]。ただし、新たな仏教運動の構成員に関する基礎的データを収集し分析した数量的調査はほとんど行なわれていない。

(2) 合理主義的な教理解釈

都市部の新たな仏教運動は、近代科学の合理主義的な観念と一致しないような世界観や思想をできるだけ排除していく特質を持つという議論も見られる。呪術的な儀礼を重視せず、教理解釈における心理主義的な説明を重んじる傾向とも言えよう。このような特質は特にプッタタート師の仏教思想ならびにこれに影響を受けたサンティ・アソークの思想について述べられたものである[Patraporn 1985, Jackson 1988a, 1989, Gabaude 1988, 森 1991, 伊藤 1997]。ただし、プッタタート師の思想を単に心理主義的な合理主義と位置づけるのではなく、彼の思想の中では合理主義的な見解とは異なる禅的な思想も重要性を

持っているという見方もある［Suwanna 1990b, 1993］。

　また合理主義の浸透をタンマガーイ寺の思想にまで当てはめている論者もいるが［Zehner 1990］、一方でこの寺には伝統的な世界観や呪術的な観念などが残存していると慎重に論じている者も多い［Taylor 1990, Bowers 1996, Apinya 1993］。中間層は合理主義志向であると考えているピーター・ジャクソンでさえ、この両義的な性質を認めてしまっている。そのため彼はタンマガーイ寺の運動を、伝統主義的体制側が中間層の思想へ妥協した産物であるとか、中間層の保守化であるといった形で位置づけ［Jackson 1989: 213-218］、結局は合理主義的な中間層という彼の基本概念と矛盾する見解を述べることになってしまった。しかしながら、タンマガーイ寺の組織運営に関しては、効率性を重視する近代的な価値観が影響していると考えている論者は多い[22]。タンマガーイ寺のこの錯綜とした状況を分析的に捉える作業はまだ十分なされていない[23]。

(3) 個人主義的な実践

　都市部の新たな仏教運動において、瞑想実践が重視されていることや、伝統的な儀礼よりも個人の内面的な信仰心を強調し個々人が涅槃を目指すといった教説が重視される傾向に着目し、個人主義的な実践が特徴的であるとする議論も見られる。たとえば、新たな仏教運動に個人の内面を探求し身体的に経典の意味を感得する傾向を読み取る者や［林 1991］、プロテスタンティズムのように、個人主義的かつ合理主義的な宗教的道徳の世俗内実践が強調されていると論じる者や［Keyes 1989, 小野澤 1995］、宗教的な個人主義革命と位置づける者もいる［Taylor 1990］。あるいはプッタタート師の思想を在家者個々人への修行実践の指導という面から捉えている論者もいる［伊藤 1997］。また、サンティ・アソークとタンマガーイ寺の間に一線を設けて、世俗内倫理の実践が、サンティ・アソークの場合は、「非道徳的な」資本主義を拒絶する形をとり、タンマガーイ寺の場合は、資本蓄積を「道徳的」理想とするプロテスタンティズム的な形をとっていると区分けする者もいる［Taylor 1990］。

　ただしこれらの議論は、後期資本主義の消費社会的特質を十分踏まえたものとはなっていない。また、田辺繁治が指摘しているように、個人化を安易

に西欧個人主義と規定してしまう問題点も見られる。新たな仏教運動について、西欧近代の「個人主義」をモデルにして個人の宗教性に着目したジム・テイラーの議論に対し、田辺は「人類学的に個人の宗教性を問題とするとき、その社会における人、個人あるいは自己といった概念を明らかにすると同時に、さらにそれらが、資本主義的な社会関係においていかに変化してきたかという問題を抜きにして論ずる事はできない」と批判している［田辺 1995: 196］[24]。

（4）既存エリートおよび支配的な仏教的イデオロギーへの対抗

さらには、支配エリートの体制的な公民イデオロギーである既存仏教への異議申し立てといった見地から、都市部の新たな仏教運動の政治的特質を捉えた研究も多い［Keyes 1989, Jackson 1989, McCargo 1992］。特にプッタタート師の思想とそれに影響を受けた諸運動や諸思想はその傾向が強いと言えよう。ただし、プッタタート師の思想に影響を受けた政治的な仏教思想や運動の展開を、教条的に思想を受容する集団というモデルで考えてはならないだろう。たとえば、プッタタート師の社会改革思想に共鳴し、さらにキリスト教基礎共同体のアイデアを接木して、より現実的なモデルを構築しようとしている論者もいる［Tawiwat 1996a, 1996b］。このようにプッタタート師の思想は、教条的な形で受容されるのではなく、非組織的な人的ネットワークの中で、思想や運動の各現場の状況に合わせて流用されていく思想潮流と言えよう［矢野 1999］[25]。また赤木攻は、僧位を巡る競争に明け暮れて混乱し、大衆から乖離したサンガに対する改革運動として、新たな仏教運動を捉えている［赤木 1991］。ただし、ここでもタンマガーイ寺を巡る評価は曖昧である。一方では、既存寺院にはない効率的な組織運営と厳しい道徳訓練および布教重視の姿勢が改革運動として指摘されながら、他方ではサンガ組織への批判は行なわずむしろ既存権威への迎合的な姿勢が強いとも論じられている［Jackson 1989, Taylor 1990, Zehener 1990, Apinya 1993, 1998］。

（5）後期資本主義社会への対応

1970年代に大きな運動となっていた都市部の新たな仏教運動は、この当時のタイにおける経済変動と密接な関係を持っていたと考えられる。この点

に着目した議論も数多くなされてきた。都市中産階級の形成と大衆社会の出現によって、個人を中心とする消費への欲望が増大していると捉える田辺は、新仏教運動もこれに対応した運動であり、中でも、「拡大しつつある消費者社会における個人の欲望に直接対応する体験主義を基礎としながら、新しい組織原理、布教・宣伝が駆使される傾向」を持っているのがタンマガーイ寺で［田辺 1993a: 17］、逆にサンティ・アソークは、「消費社会における欲望を統御し、世俗における禁欲主義を徹底させる方向」を強調していると述べている［田辺 1993a: 18］。このようなタンマガーイ寺とサンティ・アソークの対照化は、他の論者の多くが共有している考えだと言えよう［福島 1993a, Suwanna 1990a, Taylor 1990］。ただし、福島は、このような消費社会への対応を単に指摘するだけではなく、認知や行為の複雑性や不確定性を制限しパターン化する装置である既存の儀礼システムが、教育水準の上昇などによってその根拠を疑われているという点を指摘している。そしてサンティ・アソークの場合には、社会変動の激しい状況の中で従来のタンブン（積徳行）ではなく、戒律実践と勤労と社会活動を重視することで、消費社会における生活をよりシンプル化する新たな儀礼システムが構築されていると述べている［福島 1993a］。

　またタンマガーイ寺の活動については、スワンナー・サターアナンが次のような見解を述べている。タンマガーイ寺の活動では、瞑想における理想の具象化が強調され、また布施はその理想を具現化するための行為となっている。さらに手頃な価格で提供される自然・静けさ・秩序・清潔さといった都市中間層の精神的な要望を手に入れることが布施と連動している［Suwanna 1990a: 401-406］。スワンナーと同様の見解は、アピンヤー・フアンフーサクンも述べており、タンマガーイ寺では、功徳の観念がモノのように具象化して扱われ、「タンブンは簡単に手に入り『消費』しやすいようにうまくパッケージ化された既製商品となっている」と述べている［Apinya 1993: 168］。しかしこのようなブン（功徳）の商品化や消費化によって、信徒達が何を行なっているのかという点は十分論じられていないし、そもそも宗教的な消費の特質とはどのようなものかについて、十分に掘り下げられた議論もなされていないといった問題点があげられる。

　後期資本主義社会の消費社会的特質を、理論的に明確に捉えた上で新たな

仏教運動を論じているものとして櫻井義秀の論考があげられる［櫻井 1995］。櫻井は、アルベルト・メルッチの議論をもとに、文化支配とアイデンティティ創出の抵抗運動という枠組みから新たな仏教運動を位置づけようとし、次のように述べている。「現代の資本主義生産システムが環境としての自然に働きかけ価値を生み出す産業資本主義の段階を終えて、システム内部の社会関係や文化的コード領域に働きかける自己準拠・自己言及的な構造に変化した」段階では［櫻井 1995: 33］、「システムは欲求する人間の主体性及びコミュニケーション過程に介入する」［櫻井 1995: 34］。したがって、新しい社会運動においては、「社会システムの支配的コードと個人のアイデンティティの核となるコードとの葛藤と、圧倒的な社会の文化支配の中で自己実現を図る個人」が運動の潜在的な要素となる［櫻井 1995: 34］。そしてそのような社会運動は「政治的・経済的な権利・利得の拡大よりも、文化・シンボルレベルでの社会的合理性への抵抗が中心」となり［櫻井 1995: 34］、システムのコード支配とは異なった方法で新たな集合的アイデンティティを形成する営みとなる。つまり、人々のアイデンティティの基盤となる文化という領域や社会関係が、後期資本主義段階では生産と消費の対象となり、そのような資本主義システムの圧力に抵抗するためには、文化・シンボルレベルでの抵抗運動が行なわれるというわけである。ただし、櫻井の論考では、抵抗が直面する諸問題（消費社会に対する抵抗自体が消費として回収されることなど）に留意しておらず、また新たな仏教運動に関する十分な資料がないため、この理論的な視座が生かしきれていないのが残念である。逆に有用な資料に基づきながらも十分な理論化に至らず、単に、国民国家・共同体・個人のアイデンティティの模索としてのみ新たな仏教運動を位置づけている研究もある［Swearer 1991］。

(6) 村落の民衆仏教や精霊信仰ならびに新宗教との比較

都市部の新たな仏教運動と他の信仰形態の関係を取り上げたものは極めて少ないが、次のようないくつかの研究があげられる。まず、林によるタンマガーイ寺の運動の研究であり、これはタンマガーイ寺の活動が地方村落に入り込んだ稀有な事例を取り上げている。林はこの論考の中で、村落の寺で行なわれるタンブン（積徳行）や瞑想は、社会的な関係性をつくる行為と表裏一

体なのだが、タンマガーイ式のタンブンと瞑想は、精神浄化や立居振舞いの刷新あるいは心身不調の改善といった、行為者個人を目的とする行為になっていると論じている［林 1993: 375-377］。しかし、林はタンマガーイ寺の集合儀礼が作り出す意味空間については十分な調査を行なっていない。そのためタンマガーイ寺の宗教的行為に関して、個人性がいささか強調されすぎた解釈を行なっている。

　新たな仏教運動を直接扱ったものではないが、地域共同体の集合的儀礼が、共同体の解体とマスメディアの拡大ならびに観光産業との連携のなかで、外部の人々に見せるための都市祭礼となり、儀礼が肥大化しているという指摘がある［田辺 1993b: 63］。このような儀礼の肥大化現象は、タンマガーイ寺における大規模儀礼との類似点が多く、さらなる分析が必要となろう。

　他の信仰との関連を論じたものではないが、新たな仏教運動の中にある伝統文化に注目し、文化変容という視点からこの運動を捉えた研究がある［Apinya 1993, 1998］。この論考では、たとえば、タンマガーイ寺の効率的な組織が「一方で近代的な運営やマーケティング技術を使いながら、他方では組織内部の人間関係が伝統的なハイアラーキーに基づいている」と指摘し［Apinya 1993: 179］、またサンティ・アソークについては質素で農村共同体的なライフスタイルを目指しながらも、成員一人一人の批判精神を大切にしているといったことが指摘されている［Apinya 1993: 164-165］。このような点からアピンヤーは、伝統社会と個人主義的な近代社会といった単純な区分を用いるのではなく、それぞれの文化要素がどのように組み合わさって1つの運動を形成しているのかという点に注目すべきだと論じている［Apinya 1993, 1998］。

　以上、都市部の新たな仏教運動と他の信仰や伝統文化との関係を論じた研究を若干紹介したが、新たな仏教運動、特にタンマガーイ寺の研究は、基本的に他の信仰との連続的な関係が十分問われずにきたと言えよう[26]。おそらく、その大きな要因は、プッタタート師の思想とそれに影響を受けた運動が、新たな仏教運動を語る際の暗黙のプロトタイプとなってしまったからだと考えられる。師の思想は民衆的な信仰形態との間に連続性よりも差異を強調し、またプッタタート師を取り上げた思想研究も既存の民衆的な仏教との相違に注目する傾向が強かった。逆にプッタタート思想と既存の宗教との連続性を

取り上げる場合は、モンクット王によるタンマユット派の改革運動や [Keyes 1989]、1930年代に知識人の間で広まった非科学的な宗教に対する懐疑主義といった [伊藤 1997: 126]、言わば知的エリートの宗教観念のみが問われてきたのである。このように新たな仏教運動のプロトタイプをプッタタート師に据えてしまうと、主流の知的エリートの伝統から生まれたわけではないタンマガーイ寺の運動を、的確に理解することはできないと言えよう。そのため、以上述べてきたように、タンマガーイ寺の運動に関しては両義的な説明に陥る研究が多いのである。

6 課　題

　本書の課題は、以上述べてきたタイ上座仏教の既存研究（村落研究・都市部の新たな仏教運動）を踏まえながら、タンマガーイ寺およびその先駆けとなったパークナーム寺の運動、ならびにこれらの運動の社会的背景を明らかにすることにある。それは19世紀後半から20世紀初頭の近代タイにおける宗教変動の特質、ならびにそれが現代タイの宗教変動とどのように関わっているのかといった、長期にわたる歴史的変化を明らかにすることにもなる。また、このような試みは、既存研究を整理することで浮上してきた次のような3つの議論を深めることにもつながるだろう。

　第1の論点はタンバイアの村落仏教研究を受けたものであり、大伝統と言われているものが均一のものではなく多様な思想と実践の複雑な変遷を経たものではないのか、そのような多様性は具体的にはどのようなものであったのか、さらにその多様性が近代化の過程でどのような変化を被ったのかといった問題である。タンバイア自身が理論的に依拠しているわけではないが、この問題は近代における「伝統の創造」[ホブズボウム 1992] や近代の「ナショナリズム」[ゲルナー 2000, アンダーソン 1987] の議論と関連するものだと言えよう。また、新仏教運動の研究で取り上げたプッタタート師のような合理主義思想とは系譜を異にする、守護力信仰の伝統といった非主流派思想の位置づけや、精霊信仰との関連についての問題もここに含まれる。

　第2の論点は、これもタンバイアの村落仏教研究および林による同様の研

究を受けたものであり、タンブン（積徳行）により、ブン（功徳）を共有することで形成される社会関係のあり方が、現代においてどのように変質したのだろうかという疑問である。この点については、都市部の新たな仏教運動の先行研究について批判的に論じたように、個人主義的な実践の問題や後期資本主義（消費社会）への対応といった点に十分配慮して議論を展開する必要があるだろう。ともすれば、村落の儀礼は共同体主義的で、都市の瞑想実践は個人主義的だと想定しがちであるが、このような安易な見解に陥ることなく、自己と社会の相関の全体がどう変質し、そこにブン（功徳）といった観念がどのように関わっているのかを明らかにしなくてはならない。また、これは日本の新宗教研究で教団イベントと呼ばれるタイプの儀礼を理解するための1つの試論となるだろう。

　第3の問題は、宗教運動は消費社会にどのような関わりを持っているのかといった問いである。ここで主眼となるのは、タイの知識人やジャーナリストなど多くの人々から仏教の商業化と批判されているタンマガーイ寺の活動に対して、表面的で安易な消費主義批判を乗り越え、より深い所から批判を押し進めることにある。そのためには、一方で批判者による商業的な仏教といったイメージと、他方で信徒達が述べているような真摯な修行実践が、どのように重なり合っているのかを解きほぐし、その双方の問題点を明らかにしなくてはならない。

　そして本書全体を通してこれら課題に取り組むことにより、以下のような結論が提示されるであろう。

　まず、パークナーム寺の瞑想指導僧の活動に注目し、タンマガーイ式瞑想の由来と思想についての歴史的研究が行なわれる。この歴史的研究は先の第1の論点に対応しており、タンマガーイ式瞑想とは、近代における主流派伝統の形成と同時期に形式化された、主流派伝統をも含み込んだ二重構造の非主流派伝統に属しているということ、ならびに特有の「涅槃」思想に基づく守護力信仰の仏教伝統に位置するものであるということが明らかにされる。さらにタンマガーイ式瞑想の特徴として、守護力の仏教を、外部からの力としてではなく個々人の内面に埋め込み、新たな宗教的自己（個人）の観念を生み出した点を指摘したい。

次いで、タンマガーイ寺の儀礼と瞑想修行ならびに信仰心の特質に関する、社会学的ないしは人類学的な研究を行なう。タンマガーイ寺における寄進や儀礼は、タンマガーイという独特な宗教的自己の観念を介して、間接的ながら社会関係を構築していることが明らかになり、それは従来の村落に見られたブン（功徳）の共有による社会関係の構築といった宗教行為を継承し変容させたものだということが示されるだろう。またタンマガーイ寺における瞑想と修養の実践が、消費社会に即した組織的な寺院活動を行なう心身を形成し、さらに信徒の主観では消費社会に抵抗しているようでありながら、実際は消費社会のシステムに絡め取られているといったことも明らかになる。これらの議論は、先の第2・第3の議論に対応している。

7　方法と構成

　本書が対象とするタンマガーイ式瞑想は、大きく分ければ現在3つの系列の団体において実践されている。まずタンマガーイ式瞑想の発祥の地「パークナーム寺（Wat Paknam）」内部に、2つの異なる集団がある。そのうちの1つは、タンマガーイ式瞑想を確立した僧侶の直弟子の1人である女性を中心とした集団であり、またもう1つの系列は、パークナーム寺の副住職を中心に形成されている団体で、こちらはバンコク近郊のラーチャブリー県（Cangwat Rachaburi）をはじめ国内国外にも多くの支部寺ないしは練成所を有している。これらの系列のほかに、バンコク近郊のパトムゥターニー県（Cangwat Pathumthani）にある「タンマガーイ寺（Wat Phra Thammakai）」を中心とした運動があり、本書の冒頭に風景を描写したのがこちらの寺である。

　これらの団体全てを、本書において包括的に取り扱うことはできない。本書では、都市部の新たな仏教運動として注目を浴びているタンマガーイ寺の思想や活動や信徒の姿を論の中心に据えることとする。しかしながら先述のように、この運動を的確に位置づけて理解するには、20世紀初頭におけるタンマガーイ式瞑想の発生状況にまで遡る必要がある。したがって本書では、タンマガーイ式瞑想の発祥の地であるパークナーム寺について、20世紀初頭の様子から掘り下げ、それが今日のタンマガーイ寺の思想や活動にどう繋が

り、またどのような不連続面があるのかに注目する必要がある。そして、それらの歴史的文脈を踏まえ、さらに宗教社会学・社会学および人類学の分析枠組みを利用しながら、タンマガーイ寺の活動、特にその儀礼と瞑想実践についての分析を進めていく。この目的に必要な範囲において、タンマガーイ寺以外に先述の2団体（パークナーム寺を中心とする団体）についても言及する。

　本書の基礎となる資料は以下のようになっている。まずいくつかの伝記資料および説法集を用いて20世紀初頭のパークナーム寺の様相を把握する。現代におけるパークナーム寺やタンマガーイ寺についても、各寺院が発行している書物を資料として用いるが、これは補助的なものである。現代の事情に関するデータは、主として1995年から1997年に筆者が行なったフィールドワークから得られたものである。特にタンマガーイ寺の活動に関して、筆者は集中的に調査を行なってきており、また一時出家における参与観察なども行なっている[27]。また筆者はこの期間以外にも散発的に調査を行なっている。これらの散発的な現地調査を含めれば、調査期間は1992年から2001年までの10年間となる。したがって、時代的な変化をも考慮して資料の分析を行なわなければならない。さらに現地でのフィールドワークとは別に、1998年1月にタンマガーイ寺の出家者や在家者を対象としたアンケート調査を行なっている。本書ではこの時に得られた資料も利用した。タンマガーイ寺に関する、数ヶ月間にわたる参与観察や体系的なアンケート調査による数量化したデータの提示などは、これまで全く行なわれていないため、本書は貴重な資料をも提供できると言えよう。

　なお、このような調査結果を提示する上では、寺院組織が提示する信仰の規範的モデルが、個々の信徒によってどのように独自の形で解釈されているのかを示めせるよう配慮したつもりである。また、数量化されたデータについては、文献やインタビュー調査や参与観察から得られた知見と組み合わせて、より具体的なイメージを提示できるよう心がけた。

　本書は全体で3部から構成されている。第1部では、20世紀初頭から現代までの「パークナーム寺」の状況とタンマガーイ式瞑想の形成過程を取り上げる。第2部では、1970年代に活動をはじめる「タンマガーイ寺」の来歴や思想

ならびに活動を紹介する。第3部では、上記の内容ついての分析を行なう。具体的には、タイ上座仏教における近代化の歴史を整理し、この整理された図式の中で他の仏教集団や運動との比較を行ない、近代初頭のタンマガーイ式瞑想の形成や、消費社会におけるタンマガーイ寺の活動の位置づけを明らかにする。

　第1部では、まず、タンマガーイ式瞑想を編み出した「プラモンコン・テープムニー（ソット・チャンタサロー）師」の自伝をもとに、師が出家を志し、タンマガーイ式瞑想の極意に達するまでの様子を紹介し、さらに他の伝記資料を用いて、プラモンコン・テープムニー師がタンマガーイ式瞑想を形成していった背景に、当時の公共的でナショナルな宗教（統一サンガ）の形成とその画一的な管理があることを指摘し、プラモンコン・テープムニー師とサンガの攻防を明らかにする（第1章）。ついで、タンマガーイ式瞑想の実践内容とその思想を取り上げ、それが単なる呪術的サービスではなく、独自の形式において仏教教理を把握する思想的な営みであること、主流派の正統的な解釈と独自のタンマガーイ思想が重なった二重構造を呈していることなどを明らかにする。また、上座仏教の経典にある瞑想とタンマガーイ式瞑想との異同ないしは関連についても考察する。タンマガーイ式瞑想の由来をはっきりと突き止めることはできないが、既存の多様な経典の中にタンマガーイ式瞑想のモチーフを断片的ながら読み取ることができるだろう。これらのことから、タンマガーイ式瞑想は、国家によって画一化された仏教伝統から漏れ出た単なる残余ではなく、その画一化による排除と同化の複雑な影響のもとに形成された伝統であることが明らかにされる（第2章）。最後に、プラモンコン・テープムニー師の弟子達や、師が亡くなってから現在までのパークナーム寺の活動を紹介する。そこでは特定地域に在住する人々のための寺ではない、不特定多数の人々に開かれた都市部の寺院の特質が明らかにされる。また、必ずしも1つの組織として活動が統合されているわけではなく、各人が比較的孤立したいくつかの小集団の中で瞑想修行を実践している様子が描かれる（第3章）。第2部に取り上げるタンマガーイ寺は、このような都市寺院の孤立的な小集団から派生したものである。

　第2部では、まず、タンマガーイ寺の形成過程および組織と活動について

の概説を行なう。巨大な宗教集団であり、また多様な活動を展開しているタンマガーイ寺を理解するには、まずもってこのような見取図が必要となるだろう（第4章）。次に、タンマガーイ寺創設の中心となった3名の指導者（タンマチャヨー総代、タッタチーウォー住職代行、女性出家修道者の故チャン・コンノックユーン）の来歴を取り上げ、タンマガーイ寺の活動が始まった経緯や、その過程で思想が脱呪術化および秘儀化していく過程について言及する。次いで、これら創設者の次世代の僧侶であり、またタンマガーイ寺の運動を学生中心の大きな運動に展開させていった中堅の僧侶達の来歴と思想を取り上げる。そこではタイ社会が政治・経済・社会・文化とあらゆる面で急激に変容する中で、仏教運動に身を投じたエリート大学生の社会観や仏教観を取り上げる（第5章）。次に、筆者が行なったアンケート調査の結果をもとに、一般信徒の特質を明らかにする。都市新中間層を中心とした運動と言われるタンマガーイ寺であるが、この見解は職員や僧侶など組織の実働部隊には当てはまるものの、他方で一般信徒の中には比較的学歴の低い都市民も多く、また出家者の中にも地方農村出身の沙弥などが多いことが明らかになる。また、一般信徒が急激な社会移動を経験していることにも言及する。さらに、引き続きアンケート調査の結果に基づいて、一般信徒の信仰心の特質を明らかにする。ここでは、理念的には「瞑想・修養系の信仰」と「寄進系の信仰」といった2つの信仰心の型があることを指摘し、信徒においてはこの2つが結合し一体となっていることを論じる（第6章）。最後に第7章では、以上述べてきた説明を踏まえて、具体的な儀礼や瞑想修行の様子を紹介する。第4章から第6章までの情報が、これらの具体的な事例を読む際の大きな助けになるだろう。まず、タンマガーイ寺で行なわれる日曜日の儀礼、その際に行なわれる寄進の様子、さらに仏祭日に行なわれるイベント化した特別の大儀礼を紹介する。次いで、学生の一時出家の活動内容を取り上げ、規律性と快適性を帯びた心身形成の過程や、家族を中心に社会関係を再構築する過程などを紹介し、さらに一般在家者向けに執り行なわれる、リゾートホテルでの瞑想訓練の様子も紹介する（第7章）。

　第3部では、以上の記述を踏まえて、タンマガーイ式瞑想の形成と展開についての分析を行なう。この分析を通じて、先に掲げた3つの点を論じる。

まず近代タイにおける仏教の画一化の過程を整理し、主流派伝統と、それを含んで二重構造化した非主流派伝統の同時形成について明らかにする。この二重構造は、多様性を許容しつつも画一化が基盤にあり、上座仏教の内の宗派形成を抑制している。そのため、単に分派を抑制するだけではなく、伝統宗教と新宗教といった区分も形成されづらくなるという点も論じる。さらにソット師のタンマガーイ式瞑想については、これを非主流派伝統に位置づけ、特殊な「涅槃」信仰に基づく守護力信仰の系譜にあることを論じる。またこの守護力を、個々人に内在化させて宗教的自己（個人）の観念を形成した点が、タンマガーイ式瞑想の特異性であることを指摘する（第8章）。次いで、これを継承したタンマガーイ寺が、この宗教的自己の観念を「寄進系の信仰」の中で展開し、聖地や聖なる物（仏像や護符）やマスメディアのイメージに、自己と他者による社会関係を埋め込んでいく状況を分析する。またその際に、寄進行為に個人的次元と共同性の次元があることを指摘し、これについての規範的な判断をも行なう（第9章）。さらに、宗教的自己の観念が「瞑想・修養系の信仰」において別な形で展開し、消費社会に即した心身となっていく状況を取り上げる。また、信徒の主観レベルでは、自らの宗教実践が消費社会への抵抗と認識されているが、実質的にはそれがマクロレベルで消費社会に絡め取られていることをも明らかにする。このような議論はタイにおける通俗的な消費批判の問題点を指摘することにもなるだろう（第10章）。

　なお、文中で使用する仏教用語やタンマガーイ式瞑想に関わる特殊用語、ならびに重要人物の名前については、用語解説にまとめてあるので、必要に応じて参照していただきたい。

　また、対象となる人物の名前に「師」という敬称が付いている場合には、その人物が出家中（とりわけ僧侶）であることを示すこととする。出家前ないしは還俗後の時期について言及している場合には、同じ人物でもこの敬称は使用していない。またその他の敬称は省略させていただいた。

注
1　特異な瞑想で知られるこの寺は、1970年代初頭から活動を始め、現在ではタイ国内および海外に多数の信徒と支部を抱える大教団となっている。なおこの寺は、タイ語で、ワット・プラ・タンマガーイ（Wat Phra Thammakai）ないしは、パーリ語を用いてワット・プラ・ダ

ンマカヤ（Wat Phra Dhammakaya）とも呼ばれている。なお、これまで「タマカイ」、「タマガーイ」、「タンマカーイ」、「ダマガヤ」など、様々な日本語表記がなされているが、この団体は2003年に日本で「宗教法人タンマガーイ寺院」として登録を済ませているので、本書では「タンマガーイ」いう表記を使用する。

2　タイはインドと中国に挟まれた東南アジアの大陸部に位置する立憲君主国である。人口5,946万人（1995年）面積は日本の約1.3倍の約51万4,000㎢。西および西北にはミャンマー（ビルマ）、東北にラオス、東南にカンボジア、南部の半島ではマレーシアと接している。ミャンマーとの境にはテナッセリム山脈、ラオスとの境にはメコン川があり大きな山脈と河川が国土の枠となっている。主用言語はタイ語である。インドや中国から入ってきた語意が多く、王室用語や仏教用語にはサンスクリット語やパーリ語の影響が濃い。文字は13世紀末にカンボジアから輸入（カンボジアの文字は南インド系列）されたものが土台になっていると言われている。地方によって方言があり、中部では標準タイ語であるシャム語、北部ではユアン語、東北部ではラオスのラオ語に極めて近いタイ・コラート語が使われている［綾部1982：100-104］。またこれらタイ系諸族はタイ国内だけでなく中国、ベトナム、ミャンマー、ラオスにも居住している

　さらにタイ国内には約20程の山地民や少数民族が存在している。とりわけ北部山地や西部のミャンマーとの国境近くに多い。また南部のマレー人（その多くがイスラム教徒）やカンボジアとの国境に多いカンボジア人、さらにバンコクに多いインド人・バングラディッシュ人・パキスタン人、バンコクや近郊の諸県にいるモン人、東北タイのベトナム人などそれぞれ数万から数十万人の単位で居住している［綾部1991: 96-100］。タイにおける華僑や華人は、その中でも大きなエスニック集団と言えるかもしれないが、その多くはタイ社会へ同化しており（中国語を話せない世代も増加している）、移住民としての「華僑」よりも、住民としての「華人」系タイ人としてのアイデンティティを持ち始めている［綾部1982: 89-95］。

3　1995年以降の統計については、文化省宗教局（旧教育省宗教局）のホームページで閲覧可能であるが、全人口の数値と宗教人口の数値の集計年が一致していいないなどの問題もある。そのためいささか古いデータではあるが、本書では1995年のデータを参照する。

4　スコータイ王朝は13世紀初期から15世紀中期まで栄えた。アユタヤ王朝は1351年から1767年まで、トンブリー王朝は1770年から1982年まで続いた。ラタナコーシン王朝（バンコク王朝）は、1782年に創設され現代まで至る。

5　また、現行憲法の第4章国民の義務、第66条には次のようなことが書かれている。「人は本憲法に基づき民族（chat）、宗教、国王および国王を元首とする民主主義制度を維持する義務を有する」（Rathathammanun haeng Rachaanacakthai Phutthasakarat 2540 1998: 19）。

6　サンガとは一般には僧侶の集団つまり仏教における出家者教団を意味している。インドでは元来、この語は集団や集会、あるいは共和国や経済行為に関わる組合等の意味で使用されていた。後になって、それが仏教修行者の集団の呼称として採用されたのである［中村1970: 145］。またサンガは現前僧伽（サンガ）と四方僧伽との区別があり、前者は特定の自治的な領域内に集合している4名以上の出家者からなる集団を意味し、後者は空間的にも時間的も包括的な仏教出家者の理念的な集合体を意味する［平川1974: 86-88］。

7　1995年の統計によればタンマユット派の寺院数は全国比の統計では4.9％となっており、出家者の人数比では8.4％を占めている［Kromkansasana Krasuwangsu'ksathikan 1995: 9］。

8　白い出家服を身につけた剃髪の女性出家者。現在の上座仏教においては原則として女性が僧侶となることはできないので、メーチーは比丘尼ではない。メーチーは八戒を守って、寺院敷地内やその周辺に住んでいる。ただしスリランカでは、1920年代に尼僧伝統を再興した者がおり［Gombrich and Obeyesekere 1988: 274-295］、2002年2月にはスリランカ人の尼僧のもとで、タイ人女性が沙弥尼として得度し、その後尼僧となっている。しかしこれは極めて希な事例であり、タイのサンガ内でも処遇を巡って協議中である［Santisuda 2002: 6］。

9　この他に、宗教局の統計上は換算されないが、僧侶が一時的に留まる「止住域」(ティー・パック・ソン、thi phak song) と呼ばれる仏教施設がある。これは東北タイに多い［林 2000: 8］。

10　在家者向けの五戒とは、生き物を殺さない、盗みをしない、淫らな行為をしない、嘘を言わない、酩酊するような酒類を飲まない、という5つの戒めである［ウ・ウェーブッラ 1978: 4］。

11　必ずしも全ての男性が出家するわけではないが、男性の多くが結婚前に一時的に出家する慣習があり、成人儀礼的な意味合いも込められている。

12　信徒は通例、7日ごとの仏祭日に寺を訪れ布施を行ない、持戒し説教に耳を傾けるのであるが、仏祭日が陰暦に沿っているため現代の都市的生活にはそぐわない場合も多々ある。また年間の大行事としては、一時出家者が増加する7月頃から10月頃までの雨安居（パンサー）、雨安居明けのカティナ衣奉献祭（袈裟その他の布施をする）、2月の万仏節（マーカブチャー）、4月の新年祭（ソンクラーン。元々はバラモン系の儀礼である）、5月の仏誕節（ウィサーカブチャー）などが行なわれる［小野澤 1991: 116-120］。

13　ただし小野澤は「解脱志向」を出家者の信仰、「タンブン志向」を在家者の信仰と見なして両者を峻別しているが、実際には多くの僧侶が「タンブン志向」を有していると言えよう。

14　インド学・仏教学と人類学的な仏教研究の断絶を再縫合しようという試みも行なわれてきた［Dumont and Pocock 1957, Thambiah 1970, 片山 1990］。また、この両者が構造的な相同性をもって形成されてきたという指摘もある［久保田 2000］。

15　たとえば以下の研究があげられる［Sharp et al. 1953, 1978, de yong 1955, Kirsh 1967, 1977, Hanks 1962,1975, Moreman 1966, Phillips 1965, 水野 1965］。

16　政治と仏教というテーマに関しては、上座仏教とタイの政治的支配者ならびに国家行政との関係について論じたものや［Wyatt 1969, Tambiah 1970, 1976, 1984, 石井 1975, 福島 1991］、1960年代以降の開発政策ならびに反共政策の一環として、タイの地方村落の生活改善や少数民族のタイへの同化政策にサンガが利用されるようになった経緯を論じたもの［Keyes 1971, Somboon 1977］、上座仏教圏全体の仏教と政治に関する研究を幅広く紹介したものなど［石井 1987, 1980］がある。この他にも様々な視点からタイの仏教は論じられてきた。たとえば、都市と農村の間の人的交流の通路となっているサンガの機能を論じたもの［Tambiah 1976］、地方都市における地域住民と寺院の関係を取り上げたもの［Bunnag 1973］、仏教的王制におけるバンコクという都市の文化的な特性に着目したもの［O'Connor 1978］、女性の出家者であるメーチーや、経典における女性の位置づけを考察したもの［Chatsumarn 1991, 高橋 1994, Suwanna 1996, Ito 1999］、少数民族における仏教を論じたもの［高橋 1991, 村上 1988］、さらには仏教学からの歴史的および教学的な研究なども行なわれている［山田 1989, Prapot 1990, Suwanna 1990b, 1993］。

　また1970年代以降の上座仏教に関する人類学研究の動向について、田辺繁治は次の3点に

まとめている。第1は、経典や口頭伝承や儀礼に関する宗教的知識の特異性とその伝達と配分に関する研究（治療カルトや千年王国運動などにおける民俗知識への注目）、第2に言語と行為という2つの特質を持つ儀礼システムの研究（言語行為論的アプローチを用いて、遂行的行為として儀礼を捉える議論）、第3に、教理的な言説やその他の宗教的知識が社会関係や政治関係とどのように分節しているかに関する研究（王制とサンガの関係への注目。ただし歴史や象徴レベルの研究に留まっており、実践領域での権力関係を論じたものは少ない）、である［田辺 1993a: 14-15］。

17　開発僧を運動として一般化し、仏教による内発的な開発と位置づけることの問題点については櫻井義秀が的確に論じている［櫻井 2000］。

18　仏教と関わる霊媒カルトについての研究は、森幹男による中部タイの事例研究［森 1974a, 1974b, 1978a, 1978b］、田辺による北タイのケース［田辺 1993b, 1995］、さらには不敬罪などで弾圧されたサムナック・プーサワン（フーパサワン）という運動についての研究などがある［Jackson 1988b, Yagi 1988］。

19　タイに広まっている日本の新宗教についての研究は、エリザベス・ダレットや竹沢尚一郎による世界救世教の研究［Darrett 1983, 竹沢 1995］や、プラトゥム・アンクーラロヒットによる創価学会についての研究などがある［Pratoom 1993］。また、その他の団体についてはヤギ・シュースケがその来歴をいくつか紹介している［Yagi 1988］。

20　拙稿［矢野 2004］においてこれを試みている。

21　松薗祐子は職業階層をもとに中間層を、学歴が低いがかなり収入のある商工業主や商業自営層といった旧中間層と、高学歴で公務員や民間ホワイトカラーといった職種の新中間層とに分けている［松薗 1989: 280-281］。また末廣昭は、タイ社会の中では所得水準と職種といった2つの基準で中間層を捉えることが多く、所得では「世帯あたりの月収が2万から3万バーツ（10万―15万円）をこえる都市民」を指し、職種では「①大学教官、医師・看護婦、弁護士、コンピュータ技術者などの専門職、②政府機関や公企業の中間管理職、③高学歴のホワイトカラー層」、および「専門的経営なり経済効率を重視する大卒の自営業や大・中企業の経営管理者」を指しており、単に所得を基準にした階層というよりも、むしろ「共通の価値観（公平、効率、専門性の重視など）やライフスタイルを志向する社会勢力、もしくはグループと理解した方が、より適切なのかもしれない」と述べている［末廣 1993: 188-189］。本書では、末廣の定義に基づいて、都市新中間層を捉えていきたい。

22　タンマガーイ寺の布教における計画的なメディア利用の効果を測定する研究なども行なわれている［Nataya and Paop 2000］。

23　森部は、プッタタート師の思想や行為の中にも合理主義的でない部分が多少あることを指摘し、さらにタイの仏教運動を「合理主義」と「呪術的超自然的考え」の厳密な二者択一で捉えるべきではなく、両者共にタイ人が必要としている考え方と捉えるべきだと述べている［森部 1998: 419-420］。これは厳密な二者択一論を展開しようとして破綻しているジャクソンの議論への反論とはなりうるが、常識的な一般論に留まった見解である。

24　田辺は、このような西欧中心主義的な宗教性の「個人主義」という観念ではなく、北タイ社会における人観念の民俗理論を元にして、都市部に広まりつつある霊媒カルトの特質を分析している［田辺 1993b］。

25　プッタタート師が影響を及ぼしているのは、必ずしも政治的な目的を持った人々だけでは

ない。プッタタート師の止住した寺院周辺の村人についての研究や［O'Connor 1970］、在家者への修行指導についての研究［伊藤 1997］なども行なわれている。

26　また、現代東南アジアの宗教復興運動を、精霊信仰運動中心の1960年代から、世界宗教内部の運動が中心となる1975年以降という時代的変容から分析する研究もある［Evers and Siddique 1993］。仏教とそれ以外の信仰形態との関係に注目する点は評価できるが、あまりに大ざっぱな議論である。

27　ただし、この2年間の調査期間の間ずっと参与観察を行なっていたわけではない。都市部の新たな仏教運動の調査は、地方村落部の調査などとは異なり、特定の共同体の中で何年も寝食を共にすることは難しい。寺院の運営組織の中で共同生活をするという選択も可能ではあるが、そのような生活をしている者は信徒全体の中でごく少数の特殊な人々である。また一時出家者として、2-3ヶ月間の共同生活をすることはできるが、これも限られた特殊な状況である。通常の場合大多数の信徒は、週末のみ寺院に集まり、それ以外の日常生活における行動範囲は、自分の家や学校や職場など極めて広い領域に散らばっている。

第1部　近代初頭の宗教行政とタイ仏教：
　　　　パークナーム寺の事例

　第1部では、「プラモンコン・テープムニー師（ソット師）」によって、「タンマガーイ式瞑想」が形成された背景、ならびに師が「パークナーム寺」においてその思想と活動を展開した様子を紹介する。この瞑想形成の歴史的過程を明らかにすることは、上座仏教内部の多様な思想の存在を明らかにし、さらに近代タイにおける仏教の制度化と宗教変容の特質を理解するための良い事例となるだろう（分析については第8章で行なう）。また、ソット師の瞑想思想や実践様式ならびに村落の地縁的関係から離れた都市民に対する活動は、第2部で取り上げる「タンマガーイ寺」に引き継がれているものである。しかしタンマガーイ寺では、師から引き継いだものを一部改変し、さらに新たな活動を付け加えている。したがって、第1部で取り上げる内容との比較においてこそ、第2部のタンマガーイ寺の特質をより鮮明に提示することができると言えよう。

　以下、第1章では、まず、ソット師の自伝を基礎資料として紹介し、次いで、この基礎資料の内容を理解するために、その歴史的背景を語っている伝記その他の資料を利用する。ここでは、タンマガーイ式瞑想の形成や展開、ならびに近代化を目指す国家によるサンガの制度化とソット師の活動との間における軋轢の様子を明らかにする。またタンマガーイ式瞑想が、守護力信仰の特質を持った民衆宗教であることについても言及する。第2章では、ソット師の思想を整理し、これが主流派の正統的な解釈と、タンマガーイ式の独自な解釈が接合された二重構造を帯びていることを明らかにする。さらに、タンマガーイ式瞑想の独自な思想について、その由来を探る。第3章では、ソット師のもとに集まってきた信徒達の社会的背景を取り上げ、彼らが村落の地縁的関係から離れた人々であることを明らかにする。また、師が亡くなった後のパークナーム寺の様子を示し、第2部で取り上げるタンマガーイ寺との接点を提示する。

第1章　タンマガーイ式瞑想と仏教制度改革

本書が議論の対象としている「タンマガーイ式瞑想」とは、自己の内面に、水晶や光球や仏像の姿を内観することで涅槃に至ることを目指す瞑想である。この瞑想は守護力の獲得にも繋がり、また独特な涅槃概念を有している(詳細については、第2章以降を参照)。このタンマガーイ式瞑想が明確な形で形成されたのは、20世紀前半のバンコク近郊でおいてであるが、それは一体どのような経緯によるものなのだろうか。この点を明らかにするために、本章ではまず、タンマガーイ式瞑想の創始者である「プラモンコン・テープムニー師(Phramongkohn Thepmuni)」(図1-A)の自伝を主たる資料として、師が出家を志し、その後タンマガーイ式瞑想で特別な体験を得るまでの様子を取り上げる。次に自伝以外の伝記資料に基づいて、ソット師によるタンマガーイ式瞑想の形成と、タイ国家が行なったサンガの制度改革との関係を明らかにする。

なお以下において、僧侶の位階名であるプラモンコン・テープムニーという呼び名は、特に必要がない限りは使用しない。なぜなら僧侶の位階名は一生の間で順次変容し、また異なる僧侶が同じ位階名を持つことがあるからである(位階名と官職については序章の表0-1・表0-2を参照)。一般にタイでは位階名の後に法名を付して、人物を識別し

図1-A　プラモンコン・テープムニー師(ソット・チャンタサロー師) [S.P.W.P. 1991: 1]

表1-1 ソット師の来歴

1884年	10月10日。スパンブリー県(ソーン・ピーノーン郡、ソーン・ピーノーン区、ソーン・ピーノーン村)に生まれる。
1898年	14歳。父が亡くなり、勉強をやめて米運搬業を手伝い始める。
1903年	19歳。米運搬の帰りに死を覚悟し、一生涯の出家を決意。
1906年	8月。22歳。出家(スパンブリー県ソーン・ピーノーン寺)。その後バンコクのチェートゥポン寺(ワット・ポー)に移動。
1917年	10月。34歳。トンブリー県のボーッボン寺で決意のもと、タンマガーイ式瞑想の奥義に達する。
1921年	12月。位階を授与(プラクルー・サマナタンマサマーターン)。この頃パークナーム寺の住職代行となる。
1947年	5月。戒和尚の資格を与えられる。
1949年	12月。位階を授与(プラパワナー・コーソンテーラ、サーマン位)。
1950年	11月。第1代記念護符(プラ・コンクワン)の配布。
1955年	12月。位階を授与(プラモンコン・ラーチャムニー、ラーチャ位)。
1957年	12月。最後の位階を授与(プラモンコン・テープムニー、テープ位)。
1959年	2月3日。享年74歳。

ている。そこで、本書においては、プラモンコン・テープムニーという位階名を呼び名とせず、代わりに師が得度した際に与えられた法名(chaya)であるソット・チャンタサロー(Sot Canthasaro)を呼び名として使用する。またソット師の位階名の変遷については、表1-1(ソット師の来歴)を参照していただきたい。

1 ソット師の伝記資料

ソット師に関する伝記は、主として師の所属していたパークナーム寺(Wat Paknam Pasicaroen 図1-B ❺参照)、あるいはこの寺から独立して活動を展開しているタンマガーイ寺(Wat Phra Thammakai 図1-B ❻参照)の出版物に記載されている。またパークナーム寺での出家経験のあるT・マグネスによって、英語による伝記も執筆されている［Magness no date］。マグネスによるこの伝記は、藤吉慈海によって日本語訳されている［藤吉1991］。しかしながら、この伝記はすでに書かれた別の伝記をもとに脚色を施したものであり、伝記執筆者自身が実際に見聞きした情報に基づくものではないので、本書ではマグネスと藤吉による伝記を参考資料としては使用しない。

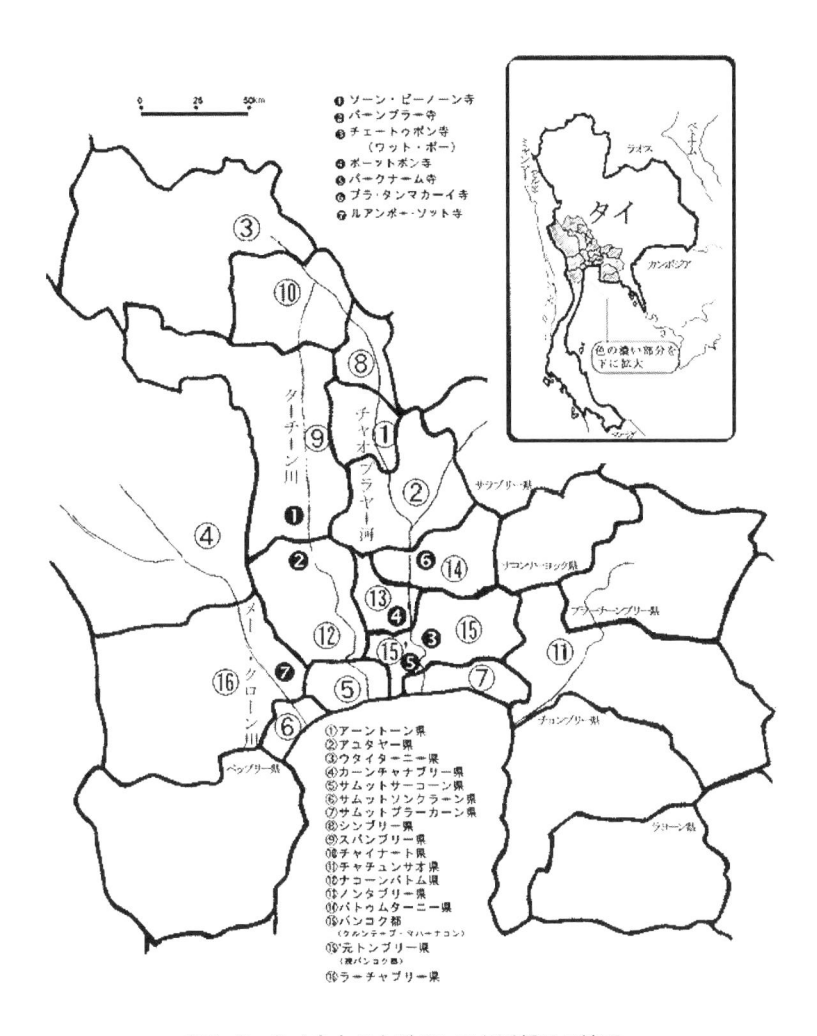

図1-B　タイ全土およびバンコク近郊県の地図

　これらの伝記を取り除くと、ソット師の生涯について述べている一次資料と言えるものは以下の2つの文書しかなくなる。1つは、ソット師自身による自伝 [Phradetphrakhun Phramongkhon Thepmuni (Sot) 1964 以下、P.P.T. (Sot) と表記する]。もう1つはソット師の父方の甥で、第17代のサンカラート(僧王・大僧正)であるプン・プンニャシリマハーテーラ師(Pun Punyasirimahathera)による伝記である [Somdet Phraariyawongsakhotayan (Pun) 1964 以下、Somdet (Pun) と表記する]。

前者はソット師自身が1946年より後に執筆したものと推察されるが[1]、師の直筆の書面は残っていない。初出はソット師が亡くなってから5年後の1964年であるが［P.P.T. (Sot) 1964: 1］、これ以前に出版されている可能性もありうる。またこの自伝は、内容的に十分な情報が盛り込まれているとは言えない。これに対して、かなり細かな情報が記されているのが後者の伝記である。この伝記も初出は前者の自伝と同様1964年である。実際の執筆年代は不明であるが、ソット師の没年（1959年）以降で、かつその後の補稿が書かれる1969年より以前であることは確実である。

　これら2つの伝記以外に、ソット師在世中の様子を伝える資料として有用なものは、次の5点があげられる。第1にプン師が1969年に執筆したソット師およびパークナーム寺の来歴に関する補稿［Somdet (Pun) 1969］、第2に元検事でパーリ語にも詳しいプラティップパリンヤーが1946年に執筆した文章［Phrathipparinya 1946］、第3に1938年にパークナーム寺で剃髪の女性修行者であるメーチー（Maechi）として出家し[2]、後にソット師の弟子協会長となったトゥリーター・ニアムカム（Tritha Niamkham）による回顧録［Tritha 1995］[3]である。ソット師の直弟子であったトゥリーターによるこの回顧録には詳細な情報が盛り込まれている。第4にソット師の直弟子の列伝を収めた書物［Khrongkan Thammapatibat Phu'a Prachachon 1964 以下 K.T.P. 1964 と略す。］も補助的な資料として使用したい。第5に筆者が行なった直弟子へのインタビューもこれらの資料に加えておく[4]。

2　出生から出家まで

　ソット師が住職を務めていたパークナーム寺（図1-B ❺参照）は、バンコク都[5]を流れるチャオプラヤー河の西岸（1915年から1972年までは「トンブリー県（Cangwat Thonburi）」と呼ばれていた。）にあるパーシーチャルーン地区に位置している。地区名を付して「ワット・パークナーム・パーシーチャルーン（Wat Paknam Phasicaroen）」[6]と呼ばれることもある。バンコク西岸を流れるバンコク・ヤイ運河（Khlong Bangkok Yai）がその支線パーシーチャルーン運河（Khlong Pasicaroen）と交わる所に、この寺は位置している。運河に面して建てられたこ

の寺には、現在でもときおり小舟に乗って寺までやってくる信徒を見かけることがある。道路建設がまだ十分進展していなかった20世紀初頭からすでにタイでは河川と運河による交通が発達しており、ソット師も舟を用いてバンコクとの間を往来していた。しかし舟の旅は必ずしも安全なものではなく、盗賊も頻繁に現れたようである［P.P.T. (Sot) 1964: 1-2, Somdet (Pun) 1964: 7］。

　1884年10月10日。このパークナーム寺から直線距離で約70〜75kmほど離れた所（バンコク都から北西方向）に位置するスパンブリー県ソーン・ピーノーン郡（Cangwat Suphanburi, Amphoe Song Phinong）のソーン・ピーノーン区[7]ソーン・ピーノーン村（Tambon Song Phinong, Ban Song Phinong）のある小さな行商人の家に、ソット師は生まれた。5人兄弟の第2子（長男）であった。氏名はソット・ミーケーオノイ（Sot Mikaeonoi）。運河を挟んで実家の対岸にソーン・ピーノーン寺（Wat Song Phinong）という寺院があり、彼はそこで読み書きを習った。この寺でソットに勉強を教えていた叔父にあたる僧侶が還俗した後に、ソットはナコンパトム県バーンレーン郡（Cangwat Nakhonpatom, Amphoe Banglen）にあるバーンプラー寺（Wat Bangpla 図1-B ❷参照）に通ってさらに勉強を続けている。こちらの村は、ソットの父の故郷でもあった［Somdet (Pun) 1964: 6-7］。現在はこのあたりの運河もだいぶ使われなくなったようだが、当時はソットの村からバーンプラー寺まではターチーン川（Maenam thacin）とソーン・ピーノーン運河（Khlog Song Phinong）によって繋がれていたそうである［Warophon 1996: 33］。

　14歳のときに父を亡くしたソットは、その後勉学を切り上げ母の仕事を手伝うようになる［P.P.T. (Sot) 1964: 1］。米を舟に積んでバンコクやナコンチャイシー（Nakhonchaisi）[8]の精米所に運ぶ仕事であった［Somdet (Pun) 1964: 7］。1855年に締結されたボーリング条約以降の米輸出の拡大によって、チャオプラヤー河のデルタ地帯は大規模に開拓され、米作は商品経済の中に組み込まれていった。また当時精米所の多くはバンコクに作られていた。出家前のソット師が行なっていた米の運搬業はこのような時代を背景に行なわれたものである。

　この仕事に従事しているときに、ソットの生涯を左右する大きな事件が起こった。この事件によって彼は生涯の出家を決意している。彼の自伝には、

この事件と出家後の瞑想修行、そして瞑想による神秘体験といった3つのトピックしか語られていない。晩年のソット師が自分の生涯を振り返ってみたときに、この事件がどれだけ大きな人生の分岐点と認識されていたかが推察できよう。

　その事件は米を売って自宅に帰る運河の途中で起こった。彼の乗る舟が運河の奔流からバイパスになっている短い支線[9]に入ってしまったのである。この支線は盗賊が出没することで有名であった。そこでソットは盗賊が舟に乗り込んできたときのために、使用人を自分の身代わりに盗賊の目に付きやすいところに立たせ、自身は隠れた所から銃撃に応戦しようと画策する。しかし、そのような卑怯な行為を恥じた彼は、死を覚悟して自ら堂々と船を守ることを心に決めた。結局事件らしい事件は何も起こらず、無事に運河支線の出口に達したのであったが、この出来事は19歳のソットにとっては大きな心境の変化をもたらすきっかけとなった［P.P.T. (Sot) 1964: 1-2］。盗賊の難を逃れた後に思ったことをソットは次のように述べている。

　　金を稼ぐというのはなんとも難儀なものかと思った。本当につらい。私の父もこうやって暮らしてきたのであり、私も父と同じ道を歩んでいる。みんなそれぞれの人が休みなく働いて、金を稼いでくる。あくせくと働かなければ、蔑まれ誰も敬意を払うことなく、つまはじきにされてしまう。世間の人と付き合う中で自分の貧乏が恥ずかしくなる［P.P.T. (Sot) 1964: 2］。

彼の父はこのような舟の事故で命を落としていた。ソットは自分もまた同じように死を迎えるのではないかと、ぞっとするような思いに駆られる。さらにソットは舟に寝そべり自分が死んだらどうなるかを想像する。幽霊になった自分を誰も省みてくれないという、さらなる孤独な思いに駆られていく［P.P.T. (Sot) 1964: 2］。

　窮屈な世間の付き合い、貧しさへの恐れ、仕事の危険さ、命のはかなさ、そして自分という存在の無意味さが、一度に彼の心を貫き通して異なる世界に旅立つ入り口を開いたのだろうか。彼は身を起こして、ロウソクに火をと

第1章　タンマガーイ式瞑想と仏教制度改革　43

もして次のように祈ったと述べている。

　　出家する前にどうか命が尽きませんように。出家したなら一生還俗い
　たしません［P.P.T. (Sot) 1964: 2］。

彼はそれから3年間働き、母を養う資金を貯めてから出家した。得度式は地元村（スパンブリー県ソーン・ピーノーン郡ソーン・ピーノーン村）のソーン・ピーノーン寺で行なわれた（図1-B ❶参照）。1906年8月初旬、22歳のことであった［Somdet (Pun) 1964: 8］。チャンタサロー（Canthasaro）という法名を与えられたソット師は以後53年間、74歳で死を迎えるまで還俗することなく僧職に従事した。

3　寺院での修行

　得度を果たしたソット師はすぐに止住する寺を変え、バンコクの名刹チェートゥポン寺（Wat Phra Chetuphon 図1-B ❸参照）に移動する。この寺は通称ワット・ポー（Wat Pho）と呼ばれており、現在では多くの観光客が足を運ぶ有名寺院である。アユタヤ時代に創建された王立寺院であるこの寺は、かつては仏教教理や経典用語のパーリ語だけではなく、伝統医学や占星術や文学芸術なども教授していた［山田 1993b: 368］。師はこの名刹においてパーリ語文法や経典読解を習っていた。自伝によると、経典学習だけでなく瞑想修行（Wipasanathura）にも関心を示し、いくつもの寺を訪れて多くの僧侶から瞑想指導を得ていたとも記されている［P.P.T. (Sot) 1964: 3］。ただし、以下に述べるように、自伝および他の伝記においても、ソット師のタンマガーイ式瞑想について決定的な影響を与えたと思われる瞑想指導者の名前や、その瞑想方法を記した経典や碑文の名前などが全く述べられていない[10]。

　ソット師は出家後11年間の学習によって、それなりにパーリ語の翻訳能力も身につけ、以前ソーン・ピーノーン寺で目にして興味を持った『大念住経（マハー・サティパターナ・スット Maha Sati Patthana Sut）』（瞑想方法についての経典）[11]も訳せるようになった。そこで経典学習にきりをつけ、瞑想修行に専念

することを決心する。そしてチェートゥポン寺から近いチャオプラヤー河対岸のトンブリー県（現バンコク都）にあり、以前から書物の援助などをしてくれたボートボン寺（Wat Botbon 図 1-B ❹ 参照）（ソット師はバーンクーウィアン寺と呼んでいるが、この寺がバーンクルアイ郡バーンクーウィアン区［Amphoe Bangkruai, Tambon Bangkhuwiang］にあったためであろう）において、12年目の節目を過ごし、恩返しのため説法を行ないつつこの寺で瞑想修行に励んだ［P.P.T. (Sot) 1964: 3］。

　12年の出家期間が過ぎたとき、ソット師は次のように自分の出家人生を振り返り、悟りへの道を本気で志すことを深く誓った。

　　出家に際して19歳の頃から誓いを立てていたのは、死ぬまで僧侶でいることだった。出家する前に命が尽きないようにと祈っていた。現在15年目（おそらく12年：筆者註）[12]**の安居を迎え、自分の願いをかなえるのに良い年齢に達した。今ここで仏様のお悟り**[13]**になられた真理を、私がまだ到達せず悟っていない真理を、真摯に実践すべきときが熟したのだ。**このように決心したのであった。それは10月の中頃だった。夜中に布薩堂に入り、**誠心誠意を込めて、次のような誓いの祈りを行なった。今ここで坐して仏様の仏法を観る**[14]**ことができなければ、死ぬまでここから立ち上がりはしないと**［P.P.T. (Sot) 1964: 4］。（太字は原文通り）

　このような誓いを立て仏に祈りをささげてソット師は瞑想に入った。しかし仏に祈ったすぐ後に、師は壁を伝って歩いてくる蟻に心を奪われ、蟻がそばに来ないように、油瓶の油を指につけて、自分の坐している周囲に境界線を描き始めてしまう。この最中に師は、今しがた命も惜しまないと決意したばかりなのに、蟻ごときがそばによることを心配している自分を恥ずかしく思い、再び気持ちを集中し瞑想に入った［P.P.T. (Sot) 1964: 4］[15]。

　そしてその日の真夜中に遂に念願の瞑想体験を得ることができた。しかし、自伝ではその内容は省略され次のように述べられている。

　　プラティップパリンヤーさんが編集して配布した**タンマガーイの本に**

ある通りの、仏様の真理の図式を観たのである［P.P.T. (Sot) 1964: 4］。（太字は原文通り）

　思案し思念し思考している（tru'k nu'k khit yu）うちは入り込むことはできない。入り込むには思案を知り、思念を知り、思考を知って、**一点に留めなければならない。しかし留まると消え、消えてから生じてくる。消えなければ生じてはこない**［P.P.T. (Sot) 1964: 4］。（太字は原文通り）

　肝心の瞑想体験については、以上のようにほとんど、自伝では書かれていない。僧侶として自らの瞑想体験を語るのが戒律違反に触れかねないというのなら、配布された本の通りの体験を得たと述べていることと矛盾してしまう。晩年に病に臥した状態で行なった自伝執筆のため、執筆に集中できなかったのかもしれないが、次節で述べるように師はそもそも執筆という行為に不慣れであったと思われる。実際、師の自伝は非常に読みづらい文章である。しかし晩年のソット師の説法は、決してわかりづらいものではなく、生き生きとしたリズムをもって瞑想実践の内容を説いている。師は、むしろ口述に長けた僧侶であり、文字による記述を不得手とし、自らの豊穣な神秘的体験を文字で表すことがわずらわしかったのではないだろうか。師が自伝で重点的に描いたのは、説法では語られないが自分の人生にとって重要と思われた部分だけなのではないだろうか。

　ソット師の自伝の最後は次のようなエピソードで締めくくられている。一大決意のもとに瞑想を行なった日に、神秘的な深い段階に達してから、かつて自分が止住していたバーンプラー寺の像が瞑想によって浮かび上がってきた（図1-B ❷参照）。この寺はソット師が幼い頃に就学した故郷の寺である。このような寺の像が見えたのは、そこに仏法を悟れる者がいるという兆しだと理解した師は、その後バーンプラー寺に向かった。そこで「真理のタンマガーイを初めて布教し」、4ヶ月ほど滞在して瞑想指導を行なった結果、僧侶3名と在家者4名が瞑想に熟達したと述べている［P.P.T. (Sot) 1964: 4］。

4　口述から筆記へ──教法試験の変化

次に、ソット師の自伝とは異なる視点から師の人生を捉えている、プン師が執筆したソット師の伝記を主たる資料として取り上げたい。プン師はソット師の甥であり、またソット師が一時期止住したチェートゥポン寺においてソット師とともに居住していた経験も有していた。したがってこの伝記の内容はかなり信頼できるものと言えよう。またこの伝記は、20世紀初頭のタイにおける経典学習の背景や近代サンガ組織の形成とその軋みをも踏まえて執筆されている点が特徴的である。このような視点から伝記を描けたのは、プン師が、名刹チェートゥポン寺の住職を経て、さらに統一サンガの最高位であるサンカラート（僧王・大僧正）にまで上り詰めた人物だからである。そのようなプン師の視点からは、より幅広くこの時代のサンガ行政の変容が目に見えていたと思われる。

このような時代の変容について、プン師は昔の経典学習の様子を懐かしみつつ次のように述べている。

　　ソット師が経典学習をしていた頃は苦労が多かった。当時は僧坊（kutti）で勉強するにもあちこちの師匠を尋ね歩かなくてはならなかった。朝は河を渡って対岸のアルン寺（Wat Arunnarachawararam）[16]で勉強し、昼にはまた（チェートゥポン寺に：筆者註）戻ってくる。昼食をとってからはマハータート寺（Wat Mahathat）[17]に向かい、夜にはスタット寺（Wat Suthat）やサームプルーム寺（Wat Samplu'm）にまで勉強しに行くこともあった。さらに夜中にはチェートゥポン寺で勉学に励む。とはいってもいつも過密なスケジュールだったわけではない。休みの日もあるし、順番が入れ替わることもあった。

　　ソット師が勉強していた頃は、椰子の葉に鉄筆でコーム文字[18]を刻み込んだ貝葉（bailan）という綴じ本が用いられていた。師匠の所へ学びにいく学僧達は、同じ一節を学ぶのではなく、それぞれ自分の読みたい箇所を学んでいた。つまり、ある僧は始めの方の一節を学び、別の僧は後の節を学ぶといった具合だった。学僧が増えてくると学習所に持ち込む

綴じ本の量も多くなる。10名の学僧がいたら、1名につき一束を学ぶといったことになる。学僧達は出席者の人数分だけ綴じ本を用意しなくてはならない。というのも、自分の学習箇所だけでなく、他の学僧の学習箇所の分も持っていき、その内容をも学習して、幅広い知識を身につけるためである。そういうわけで、学僧は1人で何束もの綴じ本をめいっぱい背負って出かけなくてはならなかったのだ［Somdet (Pun) 1964: 8-9］。

　このような時代に経典やパーリ語の学習を始めたソット師に、出家後しばらくたってから在家の援助者もつくようになった。このような援助を得つつ、ソット師は自己資金を使って、パーリ語試験5段合格者であるプラマハー・ピーワスッタマ（Phramaha Piwasuttama）をマハータート寺から講師として招き、チェートゥポン寺の自分の僧坊で経典学習所を開くようになった。僧侶や沙弥（見習僧）など10名以上の学習者がいたと記されている。当時、チェートゥポン寺にはこのような学習所がいくつも設置されていたそうである［Somdet (Pun) 1964: 9］。

　しかし後に統一サンガは、パーリ語学習における共通の学習方式を導入し制度化していった。この制度化に伴いチェートゥポン寺でも、従来のように個別の学習所でそれぞれが異なる箇所を学ぶ様式ではなく、1つの学習所で同じ内容を学ぶように改革を進めた。このため、ソット師の学習所も統廃合の中に巻き込まれていったのである［Somdet (Pun) 1964: 9］。

　この試験制度改革は、1902年に制定された「ラタナコーシン暦121年サンガ統治法」に基づき[19]、タイ国内の寺院および出家者を国家が一元管理する近代化政策の一環として進められた。その試験制度改革の中心を担ったのは、ワチラヤーン親王（Somdet Kromphraya Wachirayanawarorot）である。彼は、ラーマ4世モンクット王が出家中に形成したタイ仏教教団内の派閥であるタンマユット派[20]に属し、また彼自身がラーマ4世王の息子でもあった。ワチラヤーン師は1893年に、タンマユット派の本山寺院であるボーウォーンニウェート寺（Wat Bowonniwet）の中に、「マハーマクット仏教学院」を創設し、ここを中心にパーリ語ならびに教法の教育内容や試験方式の改革を徐々に進めていった。ワチラヤーン師自らが執筆したパーリ語学習書の『バーリー・ワイ

ヤコーン（Bali Waiyakon）』や、教法教科書の『ナワコワート（Nawakowat）』[21]は、後にタイ仏教の教理試験における基本教科書となった。また従来は口述試験で行なわれていた教理試験を、筆記試験に改める試みもなされた［石井 1975: 175-178］。

　試験制度の改革の試みが国家規模で制度化され始めるのは、1910年にワチラヤーン師がサンガの最高の位階および役職であるサンカラート（僧王・大僧正）に就任して以降である。1912年には新たな「教法学習カリキュラム」が採択され、1913年にこの新カリキュラムのもとで初めての試験が行なわれた。はじめの内は従来型の口述試験と新式の筆記試験を平行して行なっていたと言われている。1914年にはパーリ語試験のプラヨーク3段[22]にも筆記試験が採用されるようになる。さらに1915年には、教法試験の基礎段階である「ナクタム3級」[23]を合格した者のみが、パーリ語試験のプラヨーク3段の受験資格を得られるように改正された［石井 1975: 179-183］。

　ナクタム（Naktham）の試験においては、先述の基本教科書などをもとにしてタイ語で理解しタイ語の筆記によって教理内容を表現する能力が要求されるようになった。パーリ語経典の内容を暗誦し、口述でもって逐語訳するといった従来型の教育および試験内容とは、全く異なるものへと改訂されていったのである。また、経典の基礎的内容を理解し、タイ語で筆記して表現する能力がなければ、プラヨーク3段以上のパーリ語試験も受験することができないわけである。

　このような試験の導入は、一方で教理知識を持たない僧侶を減らすことに効果をあげた。たとえば実際1913年に新カリキュラムの下で行なわれた、「『普通科』試験[24]では、合格者は38名中16名、合格率42％という状態で、旧制度の欠陥を露呈していた」と石井は述べている［石井 1975: 183］。この改革は実際石井が述べているように、徴兵逃れを目的に出家し、教理学習を行なわずにいる僧侶を排除する効果があったと言えよう[25]。しかし他方では、国家による正統な仏教教理の形成と管理によって、それ以外の教理内容や学習方法ならびに試験方法は排除されていったという点も否めない。そのため徴兵逃れの僧侶達だけではなく、旧制度に慣れ親しみその中で努力を積んできた僧侶達をも、この改革は排斥していった可能性がある。

先述のように、ソット師が行なっていたような経典学習の方式は、このような制度改革の中で廃止されたのである。さらにソット師自身の人生もこの教理試験改革に翻弄されることとなった。プン師による伝記には次のような事が書かれている。

　　ルアンポー・ワット・パークナーム[26]（ソット師：筆者註）は懸命になって経典の基本を理解しようと努力したのだが、師は教理・パーリ語の国家試験においてうまく訳せなかった。口述試験から筆記試験に試験方式が変わったのだが、師は合格することができなかった。というのは、師は筆記に不慣れだったからである。そしてもう1つの理由としては、ソット師はこれを望んでいなかったからである［Somdet (Pun) 1964: 10］。

　プン師が述べているように、ソット師は筆記に不慣れであったと思われる。実際師の直筆と思われるものは、管見の限り、僧名を記したサインしか見られない。説法についてもその内容が記録されているのは、テープレコーダーで録音された1953年頃（1949年の説法録が1つだけあるが、残りは1953年以降）のものだけである［P.P.T. (Sot) 1996］。また先にも述べたように、師の自伝は非常に短く、読みにくい文章である。日々文章を書きていた者の文体とは言えない。さらに言えば、師が学んできた経典は、今日のタイ文字ではなく、コーム文字で表記されたパーリ語であった。また、試験制度改革が導入された初年度は、ソット師が29歳の頃であった。新たな様式の学習を行なうのに決して遅い年齢というわけではないが、今までの自分の学習成果がことごとく無意味と化していく中で、新たな文字と内容および筆記という身体動作を身につけていくのは、かなりの努力を要するものであろう。

　もっとも、師はタイ語の読み書きが全くできなかったというわけではない。実際、自伝も書いているし、パーリ語の語句を詳しく説明しながら、週に1～2回は異なる内容で流暢な説法も行なっている［P.P.T. (Sot) 1996］。むしろ師が苦手なのは自分の思いを書くことによって伝えるという行為であり、師の真骨頂は語りによって思考を伝達することにあったと言えよう。

　ソット師は、標準化された教理内容と筆記試験を導入した新カリキュラム

の教法学習に適応しきれず脱落していったのである。プン師によれば、ソット師が瞑想修行に専念するようになったのは、試験に落ちて以降のことだとされている［Somdet (Pun) 1964: 10］。ただし、ソット師は教理やパーリ語の学習を決して軽んじたわけではなかった。ソット師が住職をしていたパークナーム寺は、師の在世中から今日にかけてパーリ語学習の中心地の1つとなっている。むしろ自分が適応できなかったからこそ、その分だけ師は弟子達へのパーリ語学習を重視していたと言えるかもしれない。

5　サンガ統治法との攻防

　教理書とパーリ語の学習よりも、瞑想修行に重きを置くようになったソット師は、上座仏教の戒律・瞑想・経典学習といった三学の内容を整理し、また瞑想方法についても詳述している『清浄道論（ウィスティマック、Wisthimak）』[27]等を、まず教科書として用いたようである［Somdet (Pun) 1964: 10］。もしくは自伝でも述べているように、『大念住経（マハー・サティパターナ・スット Maha Sathipatthana Sut)』も基本に据えていたのかもしれない。その他には前章で述べたように、師はバンコク近郊の諸県の寺院をあちらこちらと訪れては、瞑想を学んでいた。プン師の伝記によると、ソット師が最後に自ら訪れたのはスパンブリー県のプラ・シーラッタナマハータート寺(Wat Phra Siratanamahathat)という人里離れた古寺であったとされている。そこは壊れた仏像があたり一面に散乱している半ば廃寺であり、ソット師はそこに人を集めては仏像修復と瞑想指導を行なっていたようである［Somdet (Pun) 1964: 10］。

　このような遊行と瞑想修行を行なう頭陀僧の存在は、上座仏教では数として多くないとしても決して珍しいことではない。しかし当時のサンガ行政は、僧侶・沙弥の所属寺院を確定しその変更手続きにも注意を払うことを通じて、画一的な制度のもとで僧侶・沙弥と寺院を管理するといった、国家による中央集権化政策を進めていた。1902年に制定されたサンガ統治法では、僧侶や沙弥は特定の寺院への氏名の登録が義務づけられた。1911年にはこの条文をもとに教育省通達が出され、そこでは放浪僧（Phra Chorachat）は逮捕の後に強制還俗させると定められてもいる［石井 1975: 150］。

ソット師の瞑想遊行活動は、このような制度変容の中で問題視されていった[28]。ある日、ナコンチャイシー省［Monthon Nakhonchaisi］[29]の省長官が、当時のパーシーチャルーン郡サンガ長であったチェートゥポン寺の高僧ソムデット・プラワンナラット（ティッサタッタテーラ）(Somdet Phrawannarat, Tissathatathera) 師に対して、ソット師が廃寺のような所で瞑想を行なっているのはその地位に似つかわしくないと進言し、他の寺に移動することを勧めている。そこでソット師は師の故郷のソーン・ピーノーン寺に移動することになり、この寺でナクタムなどを教える教理学習所を開校して過ごしていた［Somdet (Pun) 1964: 10-11］。

その後、先のソムデット・プラワンナラット（ティッサタッタテーラ）師からソット師に声がかかり、師は住職不在となっていたパークナーム寺に住職として赴任するよう申しつけられる ［Somdet (Pun) 1964: 11］。ソット師が教理や瞑想を一から学んだ母寺の、しかもソムデットの位階を持つ高僧からの申しつけを、師は拒否することができず申しつけを承諾した。ただしこの昇進には、当時のサンガ行政の目的が明瞭に反映されており、この目的から逸脱するソット師の素行を矯正する意味合いが込められたものであった。この昇進の件での、ソムデット・プラワンナラット師とソット師のやりとりについて、プン師は次のように述べている。

> ソムデット・プラワンナラット師はルアンポー・ワット・パークナーム（ソット師：筆者註）師に住職の地位を授けて安定した身分を保証してあげたかった。というのはルアンポー・ワット・パークナーム師が特定の寺に留まらず放浪しないようにするためである。はじめはそのような役職を断わったルアンポー・ワット・パークナーム師であったが、最終的にはやむなく承諾することになる。しかもソムデット・プラワンナラット師は、奇跡を見せたりしない、近隣の寺の指導僧に対してでしゃばった事をしない、上司の指示に従う、ことを荒立てないよう我慢する、権力を誇示しない、などといったいくつもの前提条件をもルアンポー・ワット・パークナーム師に提示していた［Somdet (Pun) 1964: 11］。

この文言が示していることは、遊行を行なう瞑想修行僧であったソット師の行為は、当時のサンガ行政の意向から逸脱していたということである。師は一定の寺院に所属せずに放浪し、おそらく瞑想によって得られる守護力を人々に提供していたのであろう。サンガの統治形態の近代化に伴って、経典学習の道から外れてしまったソット師の歩んだ新たな道は、ここでもまた国家的なサンガの統一的な統治によって阻まれてしまったのである。

しかし、ソット師はこの画一的なサンガ統治に対して完全に屈服してしまったわけではなかった。1921年頃[30]にパークナーム寺の住職となったソット師は、ここに生涯にわたり定住することになったが、師は独自の瞑想修行とそれに関連する活動をやめず、瞑想による守護力の提供を以前よりも活発に展開していったのである。ソット師の住職就任後しばらくたってから、先の高僧との関係が再度険悪なものになっていったとプン師は記している。ソムデット・プラワンナラット師は、ソット師が約束を破ったと言って激怒したそうである［Somdet (Pun) 1964: 14］。プン師はどの約束を破ったのかについては言及していないが、当時ソット師に対して悟りを得たと吹聴しているといった批判があり［Somdet (Pun) 1964: 10］[31]、また次節で述べるように瞑想による病気治癒や交霊など、守護力の提供を一般在家者に対して行なっていたことから察して、これらの活動をやめなかったことが、ソムデット・プラワンナラット師との軋轢の大きな原因であったと推測できる。

ソムデット位を持つ高僧を相手に、位階の低い一住職が対抗するというのはかなり精神的な強さが要されることであっただろう。実際師は自分の正しいと思ったことを意地でも貫き通す気性の持ち主だったとプン師は述べている［Somdet (Pun) 1964: 11］。しかし、おそらくそれだけではなかったのだろう。一生涯僧侶でいる事を心に深く誓って出家した師にとって、仏の道への真摯な探求をせずに安穏と暮らすことなどできなかったと思われる。しかも経典学習の道を閉ざされた師には、もはや自らの直接的な体験に裏打ちされた瞑想以外に、その探求の道が開かれていない。それがどれだけ正統な教義解釈から逸脱していたとしても、師は自らの道を切り開き、そこからもう一度正統な教義の世界に踏み込み、両者の間に折り合いをつける試みしか探求の道筋が見えなかったのではないだろうか。あたかも大きな流れから脇に逸れる

運河の支線が、どこかで再び大きな流れに繋がるように。

6　瞑想と守護力

　高僧ソムデット・プラワンナラット師との間に諍いを生じさせたソット師の活動とはいかなるものだったのだろうか。ソット師は、パークナーム寺において毎週木曜日の午後2時に、在家信徒向けにタンマガーイ式瞑想の指導を行なっていた。また、次章で詳しく述べるように、仏教行事が行なわれる際の説法においては、経典内容やパーリ語の説明を行なって日常生活における心身の慎み方を説きつつ、瞑想方法を解説し指導していた。しかし師が行なっていた活動は、それだけではなかった。呪術的とも言える多様な守護力付与のサービスを、瞑想を通じて行なっていたのである。この点を明らかにするために、以下ソット師の活動の内容を取り上げる[32]。

(1) 交　霊

　ソット師は守護力を付与する多様な活動を展開していた。その1つが、瞑想を通じて他界を訪れたり、死者と交流するシャーマン的な活動である。たとえば、タンマガーイ式瞑想を各地に布教する際に、死後世界や涅槃を観ることができるという点を強調していたようである。第二次大戦後にソット師の活動を擁護する文書を書いた元検事のプラティップパリンヤーは、連合軍によるバンコク周辺への爆撃を避けて疎開している最中に、ある年配女性から、タンマガーイ式瞑想について次のような説明を受けている。

　　私はある日疎開先で知り合った近所の年配の女性と話しをしていました。そこにある男性が話しに入ってきて、自分は以前遊行をしているメーチー（剃髪の女性出家者）からウィパサナー（Wipasana）を習ったことがあると言い出したのです。私がさら質問してみたところ、そのウィパサナーとは自分の身体を死体であるかのように見なして詳細に観察するものだったと言うのです。すると先の年配女性が急に話しに割り込んできて、それは無常をはかなむ瞑想であって、ウィパサナーではないと言

うのです。そこで私が、ではウィパサナーとは何なのですかと尋ねると、彼女はウィパサナーで学ぶのは地獄を観ること（hen）、天界を観ること、そして涅槃を観ることです。地獄・天界・涅槃にまで行って見てくる（pai thiao du）ことです。こんなことは今まで耳にしたことがないので、私ももう1人の男性も戸惑いました。私はかつてパーリ語試験の6段まで達した者なのですが、天界や地獄に行くということについては、プラ・マーライ（Phra Malai）[33]やモッカラーナ（目連）の話しとして知っています。しかし涅槃を訪れるなどということは考えたこともありませんでした。全く言葉を失っていると、その女性はさらに追い討ちをかけて、それじゃ後日にルアンポー・ワット・パークナーム（ソット師：筆者註）の本をお持ちしますと言ったのです［Phrathipparinya 1946: 21］。

　ウィパサナーとは、上座仏教における瞑想様式である「止観」の1つである。一般的には精神を一点に集中する「止（ないしは定）」をサマーティ（Samathi）と呼び、自己の心身をくまなく観察し、逐次意識化し、心身へのとらわれを引き離していく瞑想を「観」、つまりウィパサナーと呼ぶ[34]。上の事例においてメーチーが行なっていたものはその1つのヴァリエーションと言えよう。しかし、タンマガーイ式瞑想では、この用語に独自の意味を持たせている。詳しい内容については次章で取り上げるが、簡単に言えば、タンマガーイ式瞑想におけるウィパサナーとは、洗練された内なる身体（kai）を瞑想によって観ること、四聖諦を観ることであり、場合によってはその内なる身体によって死後世界や涅槃を訪問することでもある。いずれにしても、地獄や天界そして涅槃を瞑想によって訪れるということは、布教の際にたびたび言明していたようであり、第2部で取り上げるタンマガーイ寺（Wat Phra Thammakai）の創設者の1人であるメーチー（剃髪の女性出家者）も、死後世界を訪れることができるという噂を耳にして、ソット師のもとを訪れている［Aphichat 1988: 17］。

　この女性修道者の場合にも見受けられるように、一般の人々にとってまず興味を持ちうるのは涅槃を観たり訪問することではなく、死後世界との交流を持つことの方である。とりわけ亡くなった肉親や親しい人との交流を望む

場合などがそうである。先の事例で、涅槃への訪問という言葉で混乱していた元検事は、後にバンコクでルアンチョップという名前の軍人に出会い、この軍人とその妻がかつてソット師を訪れて、妻の亡父を降ろすセアンスを行なったと聞いている。セアンスは次のような形で行なわれていた。

　亡父が今どこにいるのかについてソット師ははっきりと述べなかったので、ルアンチョップ夫婦が本当に見えるのか、噂に聞いた評判は偽りだったのかと文句を言っていた。すると業を煮やしたソット師は僧侶を1名とメーチーを1名呼んできて、ルアンチョップ氏が知りたがっている内容を伝えた。僧侶とメーチーは所定の位置に座した。ルアンチョップが父の名前を告げてしばらくたつと、僧侶が、出会えませんと答える。するとソット師が名前などをもう一度正確に確かめると、今度は僧侶が、出会えました、天神(thewada)となって夜摩天[35]にいますと返答した。ソット師は（この天神を：筆者註）招いてから、メーチーに体を貸してくれと頼んだ。メーチーが目を閉じてから、ソット師が再びメーチーに尋ねると、メーチーは、夜摩天からやってきました、生前人間だったときにヤーイロム寺の方面にいましたと語った。ソット師が、どんなタンブン（積徳行）をして天神になられたのですか、と尋ねると、布薩堂を建てました、とメーチーが答えた。これを聞いた瞬間にルアンチョップは仰天したのです。というのは、実際に妻の父は布薩堂を建てており、ルアンチョップ自身もこれを長年にわたって支援してきたからです［Phrathipparinya 1946: 21］。

　同様のセアンスは遺族からの依頼があるたびに、葬式用の読経を行なってから執り行なわれていた。霊を招いてからソット師はその霊に五戒を授け、用意した座布団の上に座らせ、その後メーチー達に霊との交流を行なわせた。またこのような依代の役割を行なったことがある元メーチーは、まだ若かったので信用されないのではないかと思い、人前で依代として語ることを恥ずかしく思っていたと回顧している［Tritha 1995: 63］。しかし、1940年代以降に行なわれたセアンスの事例は見当たらず、このようなセアンスは次第に行な

(2) 祈祷所

ソット師の存命中から行なわれ、現在においてもパークナーム寺で継続されているのが病気治癒の瞑想である。ソット師存命中は、瞑想だけではなく実際に薬も渡していたようであるが[36]、薬については現在目にしなくなった。病気治癒の瞑想は、ソット師を中心に、その他タンマガーイを内観できた修行者だけが行なうことができたものである。そのような修行者の中にソット師の古くからの直弟子が多いことから見て、この活動はソット師の住職就任後の比較的早い時期から行なわれていたと思われる。病気治癒を行なう部屋は、「ローンガーン (Ronggan)」と呼ばれている。一般的にはローンは建物を意味し、ガーンは仕事を意味する。通常、ローンガーンと言えば、工場という意味であるが、ここで行なわれる「仕事＝勤行」とは、瞑想者本人の修行もさることながら、もっぱら瞑想の神秘的な力で人々や社会の問題を解決する守護力の提供（呪術的サービス）に主眼が置かれている [Tritha 1995: 81]。本書では、そのような意味を考慮しローンガーンを「祈祷所」と訳出しておく。

祈祷所には寺院の部外者はおろか、寺院内の関係者であっても、タンマガーイ式瞑想を実践しタンマガーイを内観できていない者は、入室を許されていなかった。また祈祷所での瞑想は、男性と女性別々の部屋で、それぞれがいくつかの班をつくって交代しながら、24時間連続で行なわれていた [Tritha 1995: 81]。そのような特別な仕事を行なう者は僧侶だけではなく、沙弥（見習僧）やメーチーも多かった。とはいえパークナーム寺全体から見れば、祈祷所の活動はごく少数の者によって行なわれるものであったと言えよう。筆者がインタビューした（1997年2月6日に取材した）ソット師の直弟子僧は、ソット師存命中のこの寺には、多いときで僧侶と沙弥がそれぞれ300名ずつ出家していたが、瞑想を専門的に行なっていた者は20-30名程度であったと述べている。またソット師が亡くなってからは、祈祷所で瞑想を行なう僧侶はいなくなってしまい、今ではごく一部のメーチーだけが祈祷所で瞑想を行なっていると述べている。

部外者が祈祷所の中に入れないということは、祈祷により病気の治癒を願

う一般の人々も中へ入ることを許されなかったことを意味している。祈祷を願う人が行なうことは、指定の用紙に氏名・住所・生年月日・病状を書き込んで、僧坊の前に置いてある箱に入れて置くことだけなのである。記入済みの用紙は祈祷所に待機している瞑想に長けた弟子達に渡され、ソット師の指導のもと治病瞑想が行なわれるのである [Tritha 1995: 66][37]。ただし、一般人が自ら瞑想することによって、病気を治癒することもできるとされている。ソット師は難病の患者にタンマガーイ式瞑想を修行させて病気を治したこともあると、直弟子で元メーチーであったトゥリーターは述べている [Tritha 1995: 62]。しかしながら、生業を抱える多くの人は瞑想のための十分な時間をとることは難しいし、様々な障害に阻まれて瞑想修行を続けられないこともある。そのため人々の病気治療にソット師達がその力を分け与えているのだと言うわけである [Tritha 1995: 65]。

祈祷所で行なわれていたのは、病気の治療だけではなかった。第二次世界大戦中になると、パークナーム寺の付近にも連合軍による爆撃が行なわれるようになった。ソット師達の特別瞑想チームは、この爆撃を避けるための瞑想を、日夜祈祷所で行なっていたのである。戦時中、祈祷所は、フル回転で瞑想を行なっていた。メーチーの部屋だけでも、2班が6時間ごとに交代して瞑想を行なっていたという。戦争が終わると3班が4時間ごとに交代するシフトに戻ったと言われている [K.T.P. 1984: 138]。ソット師の直弟子の中でも瞑想に長けていた元メーチーの伝記では、次のようなことが述べられている。

> 当時の勤行（Tham Wicha）と言えば、世界大戦が人間界に引き起こす大災害を除去してもらえるように、仏様のバーラミー（波羅蜜）を懇請する祈祷（Caroen Phawana Tham）ばかり行なっていた [K.T.P. 1984: 139]。

後にパークナーム寺から独立してタンマガーイ寺を創設したメーチーのチャン・コンノックユーン（Can Khonnokyung）[38]も、このような戦時中の祈祷所での瞑想について言及している。ただし、タンマガーイ寺では、メーチーが空を飛んで爆弾を払い落としたという噂や [Ubasika Thawin 1988: 42-46]、祈祷所での瞑想で祈った結果、原子爆弾はタイに落ちてこなかった（日本に落ち

た）という話になっている［Phra Phadet Thattachiwo 1987: 24-26］。

　平時における祈祷所の瞑想は、さらに特殊な使われ方をしていた。それは万仏節（マーカ・ブーチャー、Makhabucha）や仏誕節（ウィサーカ・ブーチャー、Wisakhabucha）などの仏教年中行事の際に、プラ・ニッパーン（Phra Nipphan）と呼ばれるタンマガーイとなった仏を人々の目の前に召還するという瞑想であった。この瞑想によって、プラ・ニッパーンは、大きな仏や光球あるいは法輪の姿となってお堂の上空に現れると言われている。とりわけ行事中に人々が寺のお堂の周囲を回る儀礼（ウィアン・ティアン Wianthian）[39]を行っていると、お堂の上空にその姿を現すというのである。誰もが目撃できるというわけではないが、目撃例は多い［Phrathipparinya 1946: 22, Tritha 1995: 96, Sutham 1973: 9-12］[40]。筆者がインタビューしたソット師の直弟子のメーチーは、プラ・ニッパーンを召還する瞑想はソット師の指示によって行なわれていたものなので、ソット師が亡くなって以降行なわなくなったと述べている。しかし、現在でも信徒の中には、空中に浮かぶ不思議な像を目撃したという者が時折現れる[41]。またパークナーム寺から独立したタンマガーイ寺において、1998年9月に行なわれた行事の最中に、上空に光球とソット師の姿が現れ、多くの信徒がそれを目撃したという出来事が生じたが、そのモチーフは上記の祈祷所の瞑想に由来するものであろう。

（3）護　符

　このような祈祷所での瞑想以外に、ソット師は1950年頃からさらに新たな瞑想方式を生み出している。それは仏像型の護符を配布し、それを瞑想によって内観させるというものであった。この瞑想のやり方の詳細は次章で取り上げることとし、ここではこの護符がどのような作用をもたらしたかについてのみ簡単に述べておく。

　瞑想に秀でた僧侶が作成した小仏像の護符には、超自然的な守護力があるという観念は、タイ社会においてかなり広く信じられている[42]。これらの小仏像と同様、ソット師が作成した小仏像にも、守護力にまつわる話しは多く、自動車事故で一命を取り留めたという話や、戦場で敵兵の銃撃から逃れたという話や、中には小仏像が内面から話しかけてきて危機を事前に知らせてく

れたという話など、様々な奇跡話が語られている［Samnakgan Prachasamphan Wat Paknam 1991: 45-46（以下、S.P.W.P. 1991 と略す）］。しかしソット師の作成した小仏像は、ただ身に付けていればよいというわけではない。自ら瞑想し、体中深くその小仏像を内観することによって、この仏像が様々な祈りや願いごとに答えてくれるようになるというのである。さらに、この小仏像を内観し、その姿が水晶のように透き通ったものに変わり、さらにその中心から中心へと入り込んでいくと、輝きが増して、そこから地獄や天界など好きな所に行くことができるとされている［S.P.W.P. 1991: 46-47］。また小仏像と同様に、瞑想に使用する水晶もガーイヤシット（Kaiyasit）と呼ばれる超自然的な力が宿った特殊な物体であり、人々を守護し、瞑想の上達を促すと言われている［Tritha 1995: 193-194］。

　ソット師は、パーリ語学習学校の校舎の建設費を工面するために、この小仏像を数多く作成し配布した。師はこれを聖なる記念護符を意味するプラ・コンクワン（Phra Khongkhwan）と命名している。その後も、随時新たなプラ・コンクワンを作成して配布している。ソット師の在世中には初代から3代までのプラ・コンクワンが作成され、それ以後は初代から3代までのプラ・コンクワンの粉末を練り込んだ新たなものが作成され、初代から含めて1989年までに9種類の小仏像の護符が作成されている［S.P.W.P. 1991: 48-147］。

　以上、ソット師の生い立ちと出家後の活動を、自伝と伝記に基づいて考察してきた。20世紀初頭のタイ国家は全国規模で僧院・僧団の統一組織を制度化し、教法試験や教法解釈の画一化を進めていた。そのような中でソット師は、筆記を重視する教法試験への制度改革に適応できず、独自の瞑想活動を展開することとなる。ソット師は、この制度改革の影響を受けながら、タンマガーイ式瞑想法を練り上げていったのである。

　しかし、ソット師の活動には、交霊、祈祷所（病気治療・空爆回避・プラ・ニッパーンの召還）、護符の作成と配布を等を通じて人々に守護力を付与する（呪術的サービス）という面もあった。このような非合理的な守護力を重視する活動が、サンガの高僧との仲を険悪なものにした要因の1つであったと推察できる。しかし、それは一方ではサンガの規制とのせめぎ合いの中から生ま

れてきた、新たな守護力付与の行為と見ることも可能である。なぜならば、ソット師が行なったこれらの瞑想による守護力の提供は、僧侶が直接に守護力を提示する傾向を徐々に排除しているからである。確かに交霊においては、僧侶も直接に関わっているが、憑依をしているのはメーチーだけであった。さらにこのようなセアンス自体が、1940年代以降行なわれなくなっている。また祈祷所における諸活動は、部外者の目にさらされることがない状況で行なわれるものとなっていった。そして、最後に僧侶やメーチーが介在するのではなく、在家者自身が直接的に、ときには小仏像の護符の守護力を通じて、守護力のセルフサービスを行なうようになっていくのであった。ソット師は、一方で説法と瞑想指導を通じて人生の指針を与えつつ、他方では、守護力の秘匿化と在家者への力の分散を通じて、その影響力を培ってきたのであった（詳細は第8章を参照）。それは、教理学習の制度変容および遊行や守護力の行使の制限といった、サンガ統治法の施行による僧侶と僧院の一元的な管理との攻防の中で生まれてきた独特の瞑想実践だと言えよう。

注

1 自伝の中でソット師は、1946年にプラティップパリンヤー（Phrathipparinya）が執筆した書物へ言及している。
2 サンガの成員としての正式な尼僧ではないが、一般に「出家（Buat）」という表現を使う。
3 これは第3版であり、初版は1984年。
4 これ以外にも、ソット師のもとで出家したイギリス人リチャード・ランドールによる英文の手記もある［Randall 1990］。しかし、彼が出家したのはソット師の晩年であり（1954年5月に出家）、また彼はタイ語がそれほど堪能ではない。したがって、本書では、ランドールの手記をソット師についての基礎資料としては使用しないことにする。
5 バンコクという名称は主に外国人が使用するものであり、タイ国内ではクルンテープ・マハーナコーン（Khrungthep Mahanakon）あるいはクルンテープと称している。
6 ワットは寺という意味であり、パークナームは河口、パーシーは税、チャルーンは繁栄を意味する。
7 タンボンは行政区ないしは行政村と訳されることが多いが、ここでは区という訳語をあてておく。
8 ナコンパトム県のかつての名称。現在はバンコク隣県のナコンパトム県内の郡の名称。
9 ナコンパトム県を流れるナコンチャイシー川のバーン・イーテーン運河（Khlong Bang Ithaen）の支線［P.P.T. (Sot) 1964: 1］。
10 師が自身の瞑想指導僧として掲げているのは次の5名である［P.P.T. (Sot) 1964: 3, Somdet (Pun) 1964: 8］。第1に、スパンブリー県ソーン・ピーノーン寺のプラ・アチャーン・ノーン

師（Phra Acan Nong）。この僧はソット師が得度した際の教授師（得度の際に臨席する三師の1人）であった。第2に、スパンブリー県ノーイ寺（Wat Noi）のルアンポー・ニアム師（Luang Pho Niam）。第3に、ラーチャシッターラーム寺（Wat Ratsitharam）のチャオクン・サンワラーヌウォン（イアム）師（Caokhun Sangwaranuwong, Iam）。第4に、チェートゥポン寺のプラクルー・ヤーナウィラット（ポー）（Phrakhru Yanawirat, Po）。第5に、トンブリー県ラコーンタム寺（Wat Lakhontham）のプラアチャーン・シン師（Phraacan Sing）。

ソット師自身は中でも4番と5番の僧侶から瞑想指導者となる資格を与えられたと述べている［P.P.T. (Sot) 1964: 3］。しかしながら、この4番目と5番目の僧侶が在籍していた寺院で筆者が取材を行なった際には、この2つの寺にはタンマガーイ式瞑想の痕跡は残っていなかった。おそらくソット師がこれらの僧から学んだ瞑想は、タンマガーイ式ではなかったのだろう。

また、プン師の伝記ではこの他に、チャクラワット寺（Wat Chakrawat）の元住職プラモンコン・ティッパムニー（ムイ）（Phramonkhon Thiphamuni, Mui）と、カンチャナブリー県ターマカー郡（Cangwat Kancanaburi, Amphoe Thamaka）にあるカオヤイ寺（Wat Khaoyai）のプラアチャーン・プルーム（Phraacan Plu'm）などがソット師の瞑想の師匠としてあげられている［Somdet (Pun) 1964: 10］。しかし、この2名の僧侶にしても先の5名にしても、ソット師がタンマガーイ式瞑想を語る際には、一切言及されていない。

11　当時の経典は椰子の葉に鉄筆で刻んだ文字に墨を入れて束ねた、いわゆる貝葉の書物であった［Sot 1964: 3］。
12　原文では15年となっているが、前後関係および他の伝記を参照すると12年と推測される。
13　原文を直訳すると「知り理解する（見る）」（than ru than hen）となる。
14　原文ではヘン（hen）という用語があてられている。これは一般には視覚的に見るという意味であるが、理解するという意味にも使われる。ここでは仏教的な文脈から「悟る」という訳が適していると思う。しかし、ソット師の瞑想法は光球や内なる自己を内観するものであるため、「見る」という意味をも重ねている可能性もある。これらの含みを踏まえた上で、本書では便宜的に「観る」という訳語をあてておく。
15　この蟻のエピソードが、ソット師の人生にとってどのような意味を持っていたのかは、文面を読む限り明らかにされていない。他の伝記でもこのエピソードを十分説明したものはないし、場合によっては割愛されていることもある。たとえば、［Somdet (Pun) 1964, Phradetphrakhun Phrapawanakosonthera〔Wira〕1984］にはこのエピソードは出てこない。
16　この寺は日本では三島由紀夫の小説『暁の寺』として有名である。
17　この寺は統一サンガの2つの派閥のうち、在来派であるマハー・ニカーイの中心寺院。
18　パーリ語は、それ独自の文字を持っていない原語である。したがってパーリ語経典が伝播した地域の文字を使ってパーリ語は筆記されている。かつての中部タイではクメール系のコーム（khom）文字が、東北部ではタム文字などがパーリ語表記に用いられてきた。現在では一般にタイ文字が使われている。
19　サンガ統治法の制定および変遷過程については、石井が詳述している［石井 1975: 148-167, 195-224］。
20　タイ仏教教団のもう1つの派閥は、在来派のマハーニカーイ（派）である。ソット師が若い頃に止住したチェートゥポン寺や、師が住職となったパークナーム寺、そしてそこから独

立したタンマガーイ寺は、マハーニカーイに所属している。
21　ナワコワートの内容については、佐々木が詳しく解説している［佐々木 1986: 58-97］。
22　パーリ語試験はプラヨーク初段から9段である。
23　現在では教法試験のレベルは3級から1級までの3段階に分かれている。
24　普通科は初級と上級があり、いずれもパーリ語を必要としない。もう1つの高等科ではパーリ語が必修とされている。1915年に、普通化の初級と上級がまとめられて「ナクタム3級」となった［石井 1975: 181-183］。
25　徴兵制と教法試験の関係については、石井［石井 1975: 178］が詳しく論じている。
26　ルアンポー（Luang Pho）という言葉のルアンの部分は、僧侶に対する敬称であり、また王室や国家に関する用語にも使われる。ポーは父あるいは主（あるじ）などを意味し、ワットは寺院を意味している。タイでは一般に、兄を意味するピーや、長老・老爺などを意味するプーないしはターという言葉を使って、比較的若い僧侶を「ルアン・ピー（Luang Phi）」、壮年の僧侶を「ルアン・ポー」、高齢の僧侶を「ルアン・プー（Luang Pu）」「ルアン・ター（Luang Ta）」等と呼ぶことが多い。
27　パーリ語ではヴィスディマッガ（Visuddhimagga）。
28　地方を遊行する瞑想修行僧をサンガの中央部が統括し、それら瞑想修行僧の民衆への影響力をナショナルな仏教の構築に役立てようとする戦略についてはタンバイアが詳細に論じている［Tambiah 1984］。その論稿では、東北タイの遊行僧とサンガ中央部（主にタンマユット派）との結びつきや、これに関連した護符信仰が取り上げられている。一方、東北タイの遊行僧が影響を与えた在俗の宗教的職能者（モータム Mo Tham）とその信徒集団については、林行夫が取り上げており［林 2000］、人々の移住経路や社会関係の変容についての厚みのある記述とともにこの事例が論じられている。本書が扱うタンマガーイ式瞑想とその一連の活動は、これらの宗教変容とパラレルな現象の中部タイ版と考えられる。
29　省はラーマ5世（チュラーロンコーン王）時（在位歴1868-1910年）の地方行政の最大単位。
30　プン師は、1916年にソット師が住職（代行）となったと述べているが、住職就任前に位階を与えられたとプン師が述べていることから、1916年に住職就任ではなく、位階を得た1921年以降に就任したと考えられる。また遊行中のソット師がタンマガーイ式瞑想の奥義に達したとされるのが、1917年である事からもこの推測は支持されよう。
31　自分がまだ到達していない悟りの域に達したと嘘をつき、吹聴することは、僧侶にとっては重大な戒律違反であり、還俗に値する。
32　ソット師の守護力付与の活動を間近で見聞きしていたはずのプン師は、この件について何も記していない。それは自身がサンガの重要な役職に就いているため、ソット師の活動を擁護することはできないものの、その反面、血縁的にも極めて近しい先輩僧であったソット師を異端者として告発する気にもなれなかったからではないかと推察される。また、プン師自身が伝記の補稿において、タンマガーイ式瞑想を擁護している文章も見られるが、その内容はタンマガーイ式瞑想の独自性を取り払い、既存の主流派の瞑想や思想解釈の中に取り込もうとするものである［Somdet(Pun) 1969: 33-40］。なお、ソット師のもとでメーチーとして出家していた愛弟子のトゥリーターは、当初タンマガーイ式瞑想の効果を信じていなかったプン師が、後に自身の病をタンマガーイ式瞑想の実践で癒してから、プン師の所属するチェートゥポン寺の僧侶をソット師のもとで学ばせるようになったと述べている［Tritha 1995: 118-

119]。ただし、このいきさつについて、プン師は一切言及していない。
33　パーリ三蔵には含まれていない仏教説話。マーライというの名の僧侶が、地獄界に降りて布施の機会を提供したり、梵界を訪れて未来仏の弥勒菩薩と会話をするといった話が記されている。また未来仏がいつか降臨して人々を苦難から救済するということも述べている。
34　パーリ語でヴィパッサナー。詳細については次章を参照。
35　仏教世界を構成する三界（欲界・色界・無色界）のうち、欲界の六欲天の第三の領域。
36　ソット師の直弟子のある僧侶は、姉の神経症を治すために、1954年頃ソット師を訪れて薬をもらったと述べている［筆者によるインタビュー：1997年2月6日］。
37　このような遠隔治療は人々の間で、ソット師の内なる身体が遠くまで飛んでいって治療を行なうという噂や伝説になっていった［Warawan. no date. 45］。
38　タンマガーイ寺では、メーチーではなく、ウバーシカーと呼んでいる。
39　仏教年中行事の夜に、花と線香とロウソクを手に挟んで合掌しながら、寺院の回廊などを右回りに3周する行事。
40　スタム氏の文章1984年発行の書物に記載されているが、氏の文章は1973年に執筆されたものである。
41　筆者が1997年1月16日にインタビューしたある男性在家信徒は、1995年頃に行なったウィアンティアンの最中に、布薩堂の上空に直径20メートルほどの輪が10分ほど浮かんでいるのを、他の人々とともに目撃したと述べている。
42　東北タイの瞑想遊行僧と彼らによって作成された護符、および中央の都市部からこれらの護符作成に援助を与えたり、護符を収集しようという人々との関わりについては、タンビアが詳細に論じている［Tambiah 1984］。

第2章　タンマガーイ式瞑想とその思想

　本章においては、ソット師が練り上げたタンマガーイ式瞑想の具体的な実践方式を取り上げる。さらに、その瞑想実践方式が他の経典解釈とどのような形で繋がり、また師の瞑想実践のどこに、近代サンガ行政のもとで制度化された経典解釈と異なる独自性があるのかを明らかにする。具体的な実践の方式については、まず基礎的な瞑想方法および護符を使った祈願の瞑想を明らかにする。次いで、これらの瞑想実践とパーリ語三蔵経典との接点を論じる。さらに、一般人向けのタンマガーイ式瞑想ではあまり紹介されていない独特な世界観を紹介し、ソット師のタンマガーイ式瞑想全体を、この独特な世界観に位置づけて理解する。さらにこれらを踏まえた上で、タンマガーイ式瞑想とその他の上座仏教瞑想との異同を探り、20世紀初頭のタイにおけるサンガ改革（ないしはそれ以前）において排除された上座仏教の傍流の伝統が一部影響している可能性を考察する。

　なお、本章で明らかになるソット師の瞑想思想は、第2部および第3部において、タンマガーイ寺の瞑想実践の特質を明らかにする際にも必要なものである。実際タンマガーイ寺の場合、ソット師によるタンマガーイ式瞑想の様々なモチーフが、大儀礼やマスメディアのイメージなどを通じて具象化されており、タンマガーイ寺で行なわれる儀礼やその象徴の意味を理解するには、ソット師の瞑想実践の様式やそれに関わる世界観を事前に把握しておくことが必要となる。

1　タンマガーイ式瞑想における基本瞑想——内なる身体

タンマガーイ式瞑想について記した書物は、寺院や信徒によるものも、また研究者によるものも、ある一定の基礎的な様式のみを取り上げていることが多い。本書では、タンマガーイ式瞑想を記した一般向けの書物に記載されているこのような、公式化された瞑想過程を、便宜的に基本瞑想と名づけておく。信徒らはこのような表現は使用していないが、通常はタンマガーイ式瞑想として知られているのはこの瞑想方法である。したがって、このような呼称や区切りは、信徒らの実感から離れたものではない。また、これ以外にもタンマガーイ式瞑想実践に基づいて三蔵経典を解釈する作法や、奥義的な瞑想実践とその思想もあるが、これは必ずしも多くの信徒が共有している知識ではない。したがって、まずは基本瞑想の実践様式を明らかにし、次いでそれ以外の瞑想や思想を取り上げることとする[1]。

タンマガーイ式瞑想は、上座仏教の他の伝統的な瞑想（呼吸法に基づく瞑想や、自身の思考・感情・感覚・行為を常に意識化することによって客観化して突き放していくようなウィパサナー（観）瞑想など）とはスタイルを異にする（詳細については本章第6節を参照）。タンマガーイ式瞑想では、自分の中に光の球やブッダないしは仏像の姿を観るという手法を用いている。自己の内部にそのようなイメージを観て(Hen)[2]、そのイメージを洗練し、いくつもの段階を経て自らがタンマガーイ（法身）となって「涅槃」[3]に至ることが目指されている。

正式な方法としては、瞑想実践に入る前に一連の聖句を唱え、仏像に対して礼拝する。この聖句は礼拝文や三帰依に始まり、三宝功徳、懺悔文、招来文、祈願文へと続いている。それぞれの聖句の内容については、**表2-1**にまとめてある［プラ・クル・パーワナ・マハテーラ 1982：6-10］。

これらの聖句を唱えた後に、右足を左足の腿の上にのせる半跏趺坐の姿勢になり、左手を腹部正面の右足首の上に掌を上向きにして置き、その上に右手を同様にして重ねる。両手の指は軽く伸ばし、左右の親指が互いに軽く触れる程度の距離にしておく。呼吸を静かにし、軽く目をとじて背筋を伸ばす。この姿勢で瞑想を行なう［従野 1983: 3-5］[4]。

タンマガーイ式瞑想の基本瞑想は、3つの段階からなる。まず最初の段階では、サンマー・アラハン(Samma Arahang)[5]と唱えながら水晶（あるいは白色や透明な球体、透明な仏像）のイメージを想起する。想起された水晶や光球ない

表2-1　瞑想修行の前に唱える聖句

礼拝文	私は、阿羅漢であり正覚者である釈尊を礼拝いたします。
三帰依文	私は、仏に帰依いたします。私は、法に帰依いたします。私は、僧に帰依いたします。 （以上をさらに2度繰り返す）
仏の十徳 法の六徳 僧の九徳	釈尊は、阿羅漢正覚者・婆伽梵であります。（大意） 法は、釈尊によって善く説かれ、各自が知るべきものであります。（大意） 僧団は、法に従い涅槃に向かって修行するものであり、釈尊の弟子であり、供養に値する福田であります。（大意）
懺悔文	釈尊、応供、正覚者に帰依いたします。 私がおろかで無知なるが故に、仏法僧に対して犯した身口意による過ちをお許しください。 以後繰り返すようなことはありません。（大意）
招来文	四大海にあるすべての真砂の数よりも多い、過去の正覚者の方々、未来や現在の正覚者の方々が、私の目耳舌鼻、身体、心の全てを働かせます。私はこれら六根の全てを開いてこの瞬間に皆様をお招きいたします。 現在、未来、過去を通し、私は六根を働かせ、九段階の証果をこの瞬間に招きます。 現在、未来、過去を通し、私は六根を働かせ、聖者の僧団と未覚者の僧団の双方を、この瞬間にお招きいたします。
祈願文	仏法僧、わが先師（女性の場合は先生）、我が先祖、そして私が幼少時以来、さらに過去百回、千回、万回、十万回の生まれ変わりの間に為した十の完全な行ない、即ち寛容、善行（持戒）、棄欲、智慧、努力、忍耐、真実、自己決心、親切、平静など。これらが記憶の有無を問わず私の支えとなり、崇高な道に達するため、この瞬間に私を助けてくださいますように。

聖句の訳文のうち、礼拝文・三帰依文・三法功徳については、［ウ・ウェーブッラ 1978: 3-6］を参照し、懺悔文・招来文・祈願文については、［プラ・クル・パーワナ・マハテーラ 1982: 7-9］を参照した。またいずれの文章についても、筆者が若干手を加えた上で文面を整えてある。

しは仏像などは、ニミット（相 Nimit）と呼ばれ、自分で意識的に想起したイメージにすぎないが、瞑想レベルが上がるに連れて、単なるイメージではない神秘的な実体となっていく[6]。修行者は、自己の心(Cai)[7]を、この想起されたニミット（相）に集中し留めて、徐々に体内を移動させていくのである。ここでのニミットの移動は7つのステップに分かれており、イメージしたニミットを鼻孔[8]から眼窩へ、さらに頭中、口蓋、喉、臍奥の身体内部の中心と順に移動させ、最後に臍上約2ニウ（Niu, 1ニウは約2センチ）の身体内部の中心部分（第7ポジション）に留める［図2-A 上部参照］。各ポジションにおいて、サンマー・アラハンという聖句を3度唱える。

次の段階では、第7ポジションに安定するようになった球体（あるいは仏像）が輝きを放つまで、サンマー・アラハンと唱えながら集中する。球体が安定し輝くようになったものが、初向（パトママック Phathomamak）と呼ばれる最

第2章　タンマガーイ式瞑想とその思想　67

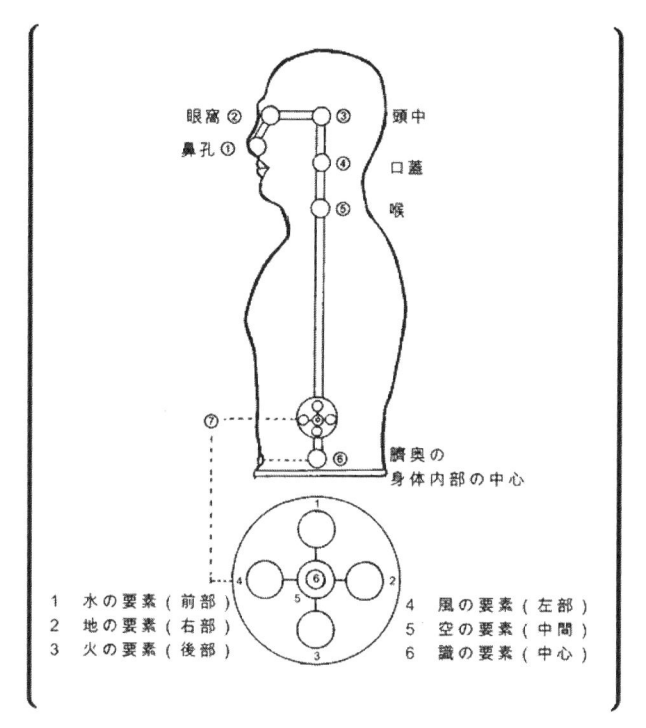

図2-A　タンマガーイ式瞑想における身体内部の球体の移動部位、および第7ポジションの球体

[Phra Ajahn Maha Sermchai 1991: 60] をもとに筆者が作成。

初の到達点である。またその輝く球体の中に地（Din）・水（Nam）・風（Lom）・火（Fai）・空（Akat）・識（Winyan）の6つの元素（That）の連係した球体が見えてくる（**図2-A**下部参照）。さらにその球体の中心から戒球（ドゥアン・シーン、Duang Sin）・定球（ドゥアン・サマーティ、Duang Samathi）・慧球（ドゥアン・パンニャー、Duang Panya）・解脱球（ドゥアン・ウィムッティ、Duang Wimutti）・解脱智見球（ドゥアン・ウィムッティヤーンタッサナ、Duang Wimuttiyanthassana）と呼ばれる5つの球体が順次生じる[P.P.T. (Sot) 1996: 50][9]。これら6要素や5球体が何であるかについては、一般向けの公式の瞑想解説では扱われていない。その内容については、後の節で取り上げることとする。

　5つの球体の最後である解脱智見球（ドゥアン・ウィムッティヤーンタッサナ）に達すると、次に「身体」を内観する瞑想に入る。これが第3の段階であり、18

種の「身体」(ガーイ Kai) なるものを順次内観していく。これらの「身体」は、人間の内面に存在するとされている「身体」である。自己とは、このような多層の内なる身体からなる存在とされている [P.P.T. (Sot) 1996: 68]。タンマガーイ式瞑想においては、自己の内面にあるこの特殊な身体の観念を、「内なる身体」(ガーイ・パーイ・ナイ・トゥア Kai Painai Tua) あるいは、単に「身体」(ガーイ Kai) と呼んでいる。本書では、これを通常の身体と区別するために、内なる身体と呼ぶことにする。

この内なる身体はそれぞれ粗い (Yap) 段階と・精妙な (Laiat) 段階の2つに分かれた9レベルからなり、つまり合計18身のレベルから構成されている (**表2-2**参照)。瞑想が上達するに従い内部の中心部分から、より上位の「内な

表2-2 タンマガーイ式瞑想における内なる身体

段階	瞑想の各層名称	各層名称の漢訳		上座仏教一般の修行階位(四向四果)
9	タンマガーイ・プラ・アラハット・ライアット	精阿羅漢法身	↑↑真我↓	阿羅漢果
	タンマガーイ・プラ・アラハット・ヤープ	粗阿羅漢法身		阿羅漢向
8	タンマガーイ・プラ・アナーカミー・ライアット	精阿那含法身		阿那含果 (不還果)
	タンマガーイ・プラ・アナーカミー・ヤープ	粗阿那含法身		阿那含向 (不還向)
7	タンマガーイ・プラ・サカターカミー・ライアット	精斯陀含法身		斯陀含果 (一来果)
	タンマガーイ・プラ・サカターカミー・ヤープ	粗斯陀含法身		斯陀含向 (一来向)
6	タンマガーイ・プラ・ソーダー・ライアット	精須陀洹法身		須陀洹果 (預流果)
	タンマガーイ・プラ・ソーダー・ヤープ	粗須陀洹法身		須陀洹向 (預流向)
5	タンマガーイ・コートラプー・ライアット	精種姓法身		
	タンマガーイ・コートラプー・ヤープ	粗種姓法身		
4	ガーイ・アルーブ・プロム・ライアット	精無色梵身	↑↑仮我↓	
	ガーイ・アルーブ・プロム・ヤープ	粗無色梵身		
3	ガーイ・ループ・プロム・ライアット	精色梵身		
	ガーイ・ループ・プロム・ヤープ	粗色梵身		
2	ガーイ・ティップ・ライアット	精天神身		
	ガーイ・ティップ・ヤープ	粗天神身		
1	ガーイ・マヌット・ライアット	精人間身		
	ガーイ・マヌット・ヤープ	粗人間身		

粗人間身 ⇒ 初向の法球 [戒・定・慧・解脱・解脱智見の球] ⇒ 精人間身 ⇒ 法球 [戒・定・慧・解脱・解脱智見の球] ⇒ 精天神身 ⇒ 法球 [戒・定・慧・解脱・解脱智見の球] …と純化されていく。

る身体」が現れてくる。1つの内なる身体の中心には、初向（パトママック）と同様の法球（ドゥアン・タム）があり、その中心から先と同様に戒球（ドゥアン・シーン）・定球（ドゥアン・サマーティ）・慧球（ドゥアン・パンニャー）・解脱球（ドゥアン・ウィムッティ）・解脱智見球（ドゥアン・ウィムッティヤーンタッサナ）の球体が順次生じる。そして解脱智見球（ドゥアン・ウィムッティヤーンタッサナ）の中から次の段階の内なる身体が生じてくる［P.P.T. (Sot) 1996: 50-54］。また各「内なる身体」のレベルが上がるごとに、徐々に煩悩がなくなっていき、いわば浄化された身体となっていく［P.P.T. (Sot) 1996:64］。

　死後の霊魂（精人間身）や天界の神々（粗天神身・精天神身）などは、内なる身体の中でも比較的洗練度の低いものとされている。その上のレベルになると、色界・無色界における梵天の身体となる。また第5レベル以上の内なる身体が、法身つまり法（ダルマあるいはタンマ）の身体（ガーイ）であり、タイ語でタンマガーイと呼ばれる。第1レベルから第4レベルまでにおいて瞑想で観られる内なる身体は、瞑想者と同じ顔立ちや姿かたちをした、座して瞑想している姿の像であり、第5レベルの法身以上になると、蓮の花の上で座して瞑想している透明な仏像の姿になるとされている［P.P.T. (Sot) 1996: 44］。

　法身レベル以上に達すると、再度第1〜4レベルの各身体に入り込み、そこで色界の四禅定・無色界の無色禅定を得[10]、さらには各身体においてそれぞれの四聖諦を観て、最終的には四向四果の諸段階を経て[11]、精阿羅漢法身（タンマガーイ・プラ・アラハット・ライアット）[12]の段階に至り、「涅槃」を観るとされている［P.P.T. (Sot) 1996: 39, 176-177］。

　これら18身のうち法身レベルの「内なる身体」は、浄化された内なる身体であるほどその大きさも拡大し、輝きも増していく。たとえば、種姓法身（タンマガーイ・コートラブー）の中心に入り込むと、そこには直径5ワー(wa)[13]の透明な輝く球があり、その球体の中心に左右の膝幅5ワーで高さ5ワーの須陀洹法身（タンマガーイ・プラソーダー）の座像が現れてくる。須陀洹法身（タンマガーイ・プラソーダー）で禅定に入り四聖諦を熟考すると、その内なる身体の中心に直径10ワーの透明な輝く球が生じ、その球体の中心には左右の膝幅10ワーで高さ10ワーの斯陀含法身（タンマガーイ・プラサカターカミー）の座像が現れてくる。斯陀含法身（タンマガーイ・プラサカターカミー）で禅定に入り

四聖諦を熟考すると、その内なる身体の中に直径15ワーの透明な輝く球が生じ、その球体の中心には左右の膝幅15ワーで高さ15ワーの阿那含法身（タンマガーイ・プラ・アナーカミー）の座像が現れてくる。阿那含法身（タンマガーイ・プラ・アナーカミー）で禅定に入り四聖諦を熟考すると、その内なる身体の中に直径20ワーの透明な輝く球が生じ、その球体の中心には左右の膝幅20ワーで高さ20ワーの阿羅漢法身（タンマガーイ・プラ・アラハット）の座像が現れてくる [P.P.T. (Sot) 1996: 32]。

　このようなタンマガーイ式瞑想は個々人で実践することもあるが、寺院などでは集団で行なう場合も多い。瞑想を行なう理想的な場所は、周囲の音に心を惑わされず集中できるような室内である。部屋の前部には、イメージ喚起力を高めるために、水晶の球や透明な仏像などが設置されている。また瞑想指導を行なう僧侶を伴うことも多い。指導者はときおり沈黙を破り、静かで落ち着いた声で瞑想指導を行なう。その指導とは先に述べた瞑想の全過程や、サンマー・アラハンなどの聖句を繰り返し述べることである。つまり、瞑想修行は指導者の声によって誘導されていくわけである。指導者不在の場合などは、瞑想指導を録音したテープをかけて瞑想することもある。瞑想修行の時間は特に指定されているわけではない。初心者は15分程度から始めることが多いが、一般のセッションでは、20分から1時間程度で休憩が入る。通常は、指導者が瞑想修行をやめるための聖句を唱えて後に、修行者が仏像と僧侶に向かって三拝し、休憩に入る。

　ソット師のタンマガーイ式瞑想では、このような瞑想実践を経て「涅槃」に達することが目的とされており、それは出家者だけに限らず在家者にとっても同様の宗教的目標となっている。したがってタンマガーイ式瞑想では、これまでタイの民衆的な仏教の特質として強調されてきたような、寄進などのタンブン（積徳行 thambun）によって良き将来と来世を確かなものにしようとする「タンブン志向」だけではなく、出家者向けの仏教の特質とされてきた「解脱志向」も在家者に向けて強調されているのである。ただ、タンマガーイ式瞑想の場合には、目標とする「涅槃」の概念が特殊であるという点と、自己の内部に多層化されて隠れている内なる身体が強調されている点で、一般的な「解脱志向」と異なっている。つまり、タンマガーイ式瞑想では、独特

の「涅槃」に達するために、内面の神秘的自己を観て、それをより純化していくことが重視されているのである[14]。

2 護符を利用したタンマガーイ式瞑想——内面の他者

以上述べてきたものが、タンマガーイ式瞑想の基本的な実践方法であるが、実際にはこれと若干異なる瞑想法がある。その1つが第1章でも取り上げた、仏像型の記念護符をニミット（相）として内観する瞑想である（記念護符については図2-B参照）。この瞑想はパークナーム寺でソット師が護符を作成し配布するようになった1950年頃にあみ出された瞑想方法と思われるが[15]、基本的な方式は、先に述べた基本瞑想とさほど変わりはない。しかし、そこで行なわれている瞑想実践では、基本瞑想ではあまり触れられずにいた点が強調されている。まずは、この護符を使用した瞑想方式を紹介し、その後にこの特殊性について分析を進めていきたい。

ソット師の説法内容を録音し、後に文書化した資料には[16]、ソット師が、護符を受け取りにきた信徒に向かって、次のような形で護符を使用した瞑想方法を説いている様子が記されている。まず記念護符を手にとってじっくり眺めてその像を記憶する。そして目を閉じてからその像を想起し、そのイメージを男性は右の鼻孔から、女性は左の鼻孔から体内に取り入れる。それを体の中心にまで移動させ、サンマー・アラハンと何度も唱える。護符の像がありありと観え、どんな姿勢でも観えるようになるまで想起する。すると像は勝手に大きくなったり小さくなったりし、また色が様々に変わり、そのうち透明色になる。瞑想によってさらに体の中心の、そのまた中心へと入り込んでいくと、透明な仏像がますます透明になり、純粋になり、より大きさを増していく[S.P.W.P. 1991: 41-42]。

図2-B　記念護符（第1代第1鋳）
[S.P.W.P. 1991: 54]
（実寸は、高さ約2cm、幅約1.5cm、厚さ約0.5センチ）

そしてその透明な仏像に祈れば、地獄界や餓鬼界や阿修羅界および畜生界などといった他界ある

いは人間界に自由に入り込み、そこに存在している者に対して話しかけ、どんな悪徳によってそこに生まれたのかなどを質問することができるようになる。また天神・神々や十六梵の界にまで至ることも可能で、さらには「涅槃」において仏に謁見することも可能とされている [S.P.W.P. 1991: 42-43]。

また、この護符は様々な守護をもたらすとされており、ソット師自ら、商人や公務員や農民さらには旅行者向けなどの護符の祈りの言葉を教えている。さらに、説法の中でソット師は、ある海軍の軍人が、身につけていた記念護符から発する不思議な声に即して行動したために、銃撃戦から無事逃れる事ができたという興味深いエピソードを述べている [S.P.W.P. 1991: 45]。

記念護符の瞑想実践は以上のようなものであるが、これにはいくつか述べておくべき特徴がある。まず第1に、その瞑想方法は、先述の基本瞑想とほとんど同じやり方であるという点があげられる。ニミット(相)として水晶や仏像を使い、最終的には多層化した内なる身体としての透明な仏像を観るという点で、基本瞑想の方法と同じである。ただニミットが、護符の仏像であるという点が異なっている。第2に、護符による瞑想の場合は、守護力が強調されている。この点は、基本瞑想ではあまり強調されていない。しかし、通常の瞑想実践でもその行ないがブン(功徳)になりまた守護力を招くという説明は、他の説法などでもなされており [P.P.T. (Sot) 1996: 372, 633]、強調の度合いが異なるだけと言えよう。第3に、記念護符による瞑想の場合は他界探訪が強調されている。ただこの点も守護力と同様に、通常の瞑想実践によって他界探訪が可能となると説いている場合もある[P.P.T. (Sot) 1996: 727,733]。したがって、この点でも護符瞑想と基本瞑想の間にはそれほど大きな差はない。

最後に第4点目として、自己の内部に想起されるイメージが、記念護符の場合には、必ずしも自己自身ではないという特徴があげられる。内観される護符の仏像は、一方で、基本瞑想において観られるものと同様に座した透明な仏像の姿となるのだが、他方でそれは自己を他界に導いてくれる自己以外の存在であり、また身に迫る危険をささやき声で教えてくれる何者かである。基本瞑想で観えるものは自己の内なる身体であったのだが、護符瞑想では自己ならざる何者かが自己の内部に観えるのである。

しかし、この相違もまた見かけ上のものにすぎない。基本瞑想では、自己

の似姿を観ることから瞑想を始めているが、タンマガーイのレベルに至るとその姿は座した透明な仏像へと変質している。そこでは、自己が自己ならざる何者かに変化しているのである。ただし基本瞑想で観られるタンマガーイ段階の自己と、護符瞑想の仏像イメージとが、同じものであるのか否かについて、ソット師はまったく説明を行なっていない。しかし、以上述べてきたように類似点は見られる。また、以上の第1から第3までの特質が、双方の瞑想の類似性と強調度の相違として集約できるように、第4点についても同様の類推を行なうことができるであろう。そうであるとすれば、わかりづらい表現となるが、瞑想で観えるタンマガーイとは、自己であり、また同時に自己ではない何者かであるということになる（この点についての分析は、第9章を参照）。そして、護符瞑想では、自己ではない何者かという側面が強調されているのである[17]。

　後の第2部・第3部で詳しく述べるが、自己でありまた自己以外の何者かでもあるといった、タンマガーイのこの両義的な特質は、パークナーム寺の実践に留まらず、タンマガーイ寺の諸実践にも引き継がれており、それがタンマガーイ寺の大儀礼を分析する際の重要な点となってくる。

3　タンマガーイ式瞑想と仏教教理

　タンマガーイ式瞑想における基本瞑想や記念護符の瞑想だけが強調されると、この瞑想が三蔵経典（上座仏教の根本聖典）の内容と関わりがあるのかどうかと疑問をおぼえる人も多い。そのため、タンマガーイ式瞑想についての一般向け解説書では、この瞑想が三蔵経典に書かれている内容に即しているものだと示すために、次のような点を提示している。たとえば、水晶や光球は、ニミット（相）を想起する際に便宜的に使用するものであり、これは三蔵経典の中の『清浄道論（ウィスティマック、Wisthimak）』[18]において述べられている光明遍と呼ばれる業処[19]の1つであるとされている［Phra Ajan Maha Sermchai 1991: 30-31］。また、18段階ある内なる身体については、欲界・色界・無色界の三界や［P.P.T. (Sot) 1996: 75］、『清浄道論』で述べられている智見清浄と呼ばれる修道の最高階位における諸レベルの名称（四向四果）[20]と一致したものと

されている［P.P.T. (Sot) 1996: 79］。さらには、タンマガーイという言葉が、三蔵経典の中で、ブッダ自身や如来を意味するものとして使われている点などを主張している［Phra Ajan Maha Sermchai 1991: 27, P.P.T. (Sot) 1996: 254］[21]。

　また、以上のように瞑想用語の由来を経典に関連づけるだけではなく、ソット師は、上座仏教の基本的な思想とタンマガーイ式瞑想を様々な点において関連させようともしている。たとえば、1953年頃に録音されたソット師の説法を集めて印刷した説法集を見てみると[22]、週に1度か2度行なわれるソット師の説法の題名は、五蘊・自灯明・四摂事[23]・戒・定・慧・吉祥経[24]・その他の経典といった、上座仏教一般に見られるテーマが幅広く選ばれていることがわかる［P.P.T. (Sot) 1996］。しかも、冒頭にその日の説法の題材になる経典をパーリ語で読み上げ、その言葉を逐次解説している。その後にこの解説した内容を瞑想実践に関連づけて説明している。またこの説明を行なうときは、その場で瞑想修行をも行なっているのである。

　このように瞑想実践と経典解釈とを関連づけた説明は、瞑想を仏教的な日常倫理へと結びつけ、信徒の生活全体を新たな形で構成する力を有していたと言えよう。たとえば、タンマガーイ式瞑想の実践方式だけを記した書物を読んでも納得しなかったある男性は、ソット師の説法を実際に耳にして、ソット師の教えに興味を持つようになっている。なぜなら、ソット師が経典的な知識にも詳しい稀有な瞑想指導僧であり、またパーリ語経典にまで遡ることで瞑想実践の正統性を示していると、この男性には思えたからである［Phrathipparinya 1946: 23］[25]。さらに、かつてソット師の直弟子メーチーの1人として活動していたトゥリーターは、ソット師と出会うことによって、自他の生活を、四摂事や四無量天[26]といった観点から捉えるようになっていった［Tritha 1995: 109, 157］。

　つまり信徒の中には、ソット師を単に守護力を提供する僧侶としてだけはなく、自己の人生へ反省のまなざしを向けさせるような教えをも説く僧侶と見なしていた者がいるのである。多くの信徒は、ソット師を守護力を持ったカリスマ僧侶として、つまり持戒と瞑想修行によって身につけた道徳的に正しい聖なる守護力を持ち、その力によって守護力を帯びた記念護符を作成し、遠隔治療で病気を治してくれるような僧侶として見ていた。しかし中核的な

信徒は、単に守護力を外部から得るというだけではなかった。彼らは自ら出家を志し、または日常生活において持戒と瞑想を実践することでより清く正しい生活を行ない、さらに自らが守護力を人びとに提供できるようになるために修行を行なっていたと言えよう。

　ただし、ソット師の瞑想実践を通じた三蔵経典の解釈は、必ずしも全ての点で近代以降のサンガ行政によって制度化された上座仏教の思想解釈と一致していたわけではない。たとえば戒定慧という三学の実践は、国家レベルで制度化された主流派の解釈では身口意[27]において善をなし悪をなさないという戒律を実践し、その上で瞑想によって心を安定させる定を実践し、さらに智慧を身につけ悟りにいたる慧学を修することを意味する。もちろんソット師もこのような戒定慧の理解に基づき信徒達に身口意を慎んで精神修行に励み、智慧を身につけるよう説いている。しかし、ソット師はこのような戒定慧の解釈は「外側（Phainok）」の戒定慧であり、パーリ語経典の中にある大戒（Athi Sin）・大心（Athi Cit）・大慧（Athi Panya）という言葉を引き合いに出して、この三学の方がより重要だと主張する。そして、大戒・大心・大慧とは個々人の身体内部の奥深くにある輝く法球（ドゥアン・タム）[28]であり、それは順次入れ子状に層をなしている戒球（ドゥアン・シーン）・定球（ドゥアン・サマーティ）・慧球（ドゥアン・パンニャー）であり、このような大戒・大心・大慧（戒・定・慧の球体）を得ればより高次な内なる身体に到達し、最終的には解脱できると述べている［P.P.T. (Sot) 1996: 194-203］。このようにソット師の経典解釈は、タンマガーイ式瞑想による解釈を付加した二重の意味レベルを形成しているのである。

　同様の説明は、説法の至るところに現れている。たとえば、自らを灯明とし自らを頼りとし、法を灯明とし法を頼りとする、という自灯明・法灯明の教説の場合には、拠り所とすべき自己とは18層の内なる身体を意味し、同様に拠り所とすべき法とはこれらの内なる身体の中心にある法球（ドゥアン・タム）[29]であるという意味が付加される［P.P.T. (Sot) 1996: 68-69］。そして特にタンマガーイを得た（第5レベル以上）の内なる身体こそが、生死を越えた出世間の真我（Atta Thae）であり、それより下位の内なる身体や通常の肉体は仮我（Atta Somot）にすぎず、いずれは崩れ去る無我であると説いている［P.P.T. (Sot)

1996: 32, 43］（表2-2参照）。さらには苦集滅道の四聖諦の教説についても、苦しみの原因は欲望にあり、それを滅する方法が戒定慧の実践であるとし、個々人の内なる戒定慧の球体を瞑想によって観てそれを浄化し、煩悩を減らしていく実践が大切だと説いている［P.P.T. (Sot) 1996: 235-236］。つまり経典中に、仏・法・戒・定・慧・解脱・心・身体・天神・梵・欲界・色界・無色界といった経典およびタンマガーイ式瞑想の双方において使用される用語があった場合には、その用語の意味を二重化して、近代サンガが制度化した解釈にタンマガーイ式の解釈を接合しているのである（この制度史的背景を踏まえた分析については第8章で行なっている）。

　ソット師は、このように近代サンガが制度化した経典解釈を排斥するのではなく、それを認めた上で、そこにより高度な智慧と師が見なしているタンマガーイ式瞑想に基づく解釈なるものを上乗せしているのである。たとえば、制度化された教説によれば、仏法の修道には三蔵経典の学習（パリヤット、Pariyat）・実践（パティバット、Patibat）・大悟（パティウェート、Patiwet）の3つの領域があるが、ソット師はこれに独自の解釈を施し、パリヤットとは通常の字義通りの経典解釈を意味し、パティバットとはタンマガーイ式瞑想であり、パティウエートとはより静寂でより高度な内なる身体に達することであると述べている［P.P.T. (Sot) 1996: 128, 143-144］。このようにソット師は、タンマガーイ式瞑想に基づく経典解釈を他の解釈よりも上位に位置づけているのである。

4　涅槃処（アーヤタナ・ニッパーン）

　ソット師のタンマガーイ式瞑想とその思想は、以上のように近代サンガが制度化した仏教思想を否定するのでなく、そこに独自の思想を接木するという特質を持っている。それは一方では、制度化された仏教解釈を保持し、思想的な正統性を主張し、一般のタイ仏教徒へアピールするための準拠点となる。しかしながら、ソット師の教えは、他方でそのような解釈を越えた独自性をも具備している。先に述べたような透明な法球や内なる身体としてのタンマガーイを観るという見解も、近代サンガが制度化した解釈に収まるのか

どうか疑わしい部分がある。ただ、仮にこの瞑想実践が、上座仏教の多様な瞑想実践様式における1つの応用形式と位置づけられたとしても[30]、ソット師が説いたこれ以外の教説には、このような複数の並存する方法からの選択という説明に収まらないものが多い。それが、「涅槃処（アーヤタナ・ニッパーン、Ayatana Nipphan）」に関する教説と、「無辺微細瞑想（マッカポン・ピッサダーン、Makkaphon Phisadan）」および「闘魔の術智（ウィチャー・ロップ、Wicha Rop）」と呼ばれる教説である。これらの思想は、ソット師が一般向けの説法においても提示していた教説であり、またソット師の思想の全体像を捉える際に極めて重要なものである。さらにこれらの教説は、後に本書の第2部・第3部で論じるように、タンマガーイ寺の教説や儀礼に影響を与え、後には大きな論争にまで発展している重要な見解であり、これらの見解を踏まえていないと、後述のタンマガーイ寺の活動を十分理解することはできない。そこで本節でまず前者の涅槃処（アーヤタナ・ニッパーン）の観念を紹介し、次節で無辺微細瞑想（マッカポン・ピッサダーン）と闘魔の術智（ウィチャー・ロップ）について解説する。

　ソット師の「涅槃」についての教説は、一般在家者向けの説法においても時折説かれることがあるが、ここでは師の教説を弟子達がまとめた『積善への導き（クームー・ソンパーン、Khumu' Somphan)』という書物［Chaluwai 1949］をもとにし、そこにおいて明確に示されている「涅槃」の解説を取り上げることとする。この書物は、1949年に執筆され当時の第13代サンカラート（僧王・大僧正）に献呈されたものである[31]。序文は僧王の秘書を務めていた僧侶が執筆しているが[32]、彼はこの書物に書かれている「涅槃」の概念に対して、婉曲的な表現によって疑念を表し、また最終的な判断は読者に任せると述べている［Chaluwai 1949: 133-135］。

　そこで述べられている「涅槃」とは、涅槃処（アーヤタナ・ニッパーン、ayatana nipphan）およびプラ・ニッパーン（Phra Nipphan）と呼ばれるものである。涅槃処という用語はおそらく三蔵経典には出てこないソット師独自の用語ではないかと言われている［Phra Thammapidok (Po. O. Payutto) 1999: 103-107］。仏教用語で「処」などと訳されるアーヤタナとは、認識対象をとらえる感覚器官としての六根（眼・耳・鼻・舌・身・意）[33]と、認識対象としての六境（色・声・香・

味・触・法)³⁴を合わせた十二処のことである。また処（アーヤタナ）という言葉はこれ以外にも、住処・鉱山・会合所・産地・原因などといった意味で使われることがある［ブッダゴーサ 1940: 89-93］。

しかしソット師の説く涅槃処（アーヤタナ・ニッパーン）の「処（アーヤタナ）」とは、十二処のような処ではない。それは特別な処であり、ブッダやアラハンのみが認識できる対象であり、ブッダやアラハンなどの最高度の内なる身体（つまりタンマガーイ・アラハン［阿羅漢法身］）が住んでいる領域を意味している³⁵。これら涅槃処（アーヤタナ・ニッパーン）に住している者をプラ・ニッパーンと呼ぶ³⁶。この涅槃処の領域を「訪れる」³⁷には、無常・苦・無我の特質を帯びた仮我としての内なる身体ではなく［P.P.T. (Sot) 1996: 32, 43］、常・幸・真我であるタンマガーイのレベル以上の内なる身体にならねばならない（表2-2参照）。涅槃処は、欲界・色界・無色界の三界³⁸よりもはるか上方にある透明かつ巨大な球体であるとされている。その中には、多数のプラ・ニッパーンが住んでいるとされている。また各プラ・ニッパーン（プラ・タンマガーイと呼ぶこともある）あるいはブッダは、その周囲に多数のアラハンを従えている。これらのブッダやアラハンは、身心が光り輝く球体の形をしている［Chaluwai 1949: 160-163］。

このような涅槃処には、瞑想を通じて一時的に達することができる。それが有余涅槃であり、タンマガーイ式瞑想の用語では「活涅槃（Nipphan Pen）」という［Chaluwai 1949: 162］³⁹。瞑想によってタンマガーイのレベルに達してから、タンマガーイ以下の内なる身体1つ1つに⁴⁰再度折り込むように入っていくと、その中に透明な球体をした涅槃処を観ることができる。その球体の中には、プラ・ニッパーンが伏在しているのである。本書の第1章第6節②において筆者は、パークナーム寺の祈祷所で、プラ・ニッパーンと呼ばれるタンマガーイとなったブッダを召還する瞑想について取り上げたが、そこで召還されているのはこのような存在なのである。また本章第2節で記念護符の瞑想について論じたのと同様に、涅槃処の教説においても、自己の内部奥深くに、自己ならざる存在が現れてくるという事が指摘できる。

このように、涅槃ないしは涅槃処を球体の領域とし、そこに球体のブッダやアラハンが住しており、内潜する瞑想によってこの領域に入っていけると、

ソット師は説いているのである。この涅槃処に達するには、瞑想実践の諸段階で諸煩悩を捨て去り五蘊からも解放されることが必要となる。したがってここでも、涅槃の教理は二重化している。つまり、タンマガーイ式瞑想を実践している者たちが目指している「涅槃（涅槃処）」とは、通常の意味の無我としての涅槃だけではなく、真我となった者が瞑想体験に基づいてのみ認識できるような、特異な領域でもあるのだ。しかし、この両者の涅槃概念が矛盾なく両立しうるのか、球体や内なる身体を観ることで自己を浄化する体験は通常の解釈での煩悩から逃れることと同じことなのかという点については、あまり深く議論されてはいない。

5 無辺微細瞑想（マッカポン・ピッサダーン）と闘魔の術智（ウィチャー・ロップ）

近代サンガが制度化した仏教解釈との間に少なからず齟齬が見られる涅槃処の教説であるが、これよりもさらに制度化された解釈とかみ合いにくいのが、無辺微細瞑想（マッカポン・ピッサダーン、Makkaphon Phisadan）[41]の教説と闘魔の術智（ウィチャー・ロップ、Wicha Rop）[42]の教説である。この2つの教説は、主として瞑想上級者向けの書物とされ、あまり一般には知られていない『無辺微細瞑想の術智（ウィチャー・マッカポン・ピッサダーン、Wicha Makkaphon Phisadan）』という題名の書物に記されている[P.P.T. [Sot]. 1985a, 1985b, 1985c][43]。その内容の基本的な部分は一般在家者向けの説法においても度々説かれており、その意味では秘教ではない。しかし、その詳細にわたる内容はソット師の直弟子達だけに説かれており、また書物化された内容が極めて難解なことから、一般信徒でその詳細な内容を知るものは少ない[44]。

この2つの教説の基本的なアイデアは極めてシンプルに見える。しかしその全体像は極めて難解である。なぜなら、これらの教説で使用される用語は、ソット師独自のものが多く三蔵経典との繋がりも示されてなく、またこれらの用語は学術的な意味での概念のようにしっかりと定義されたものではないため矛盾点も多いからである。したがって全体を矛盾なく体系的に説明する事は非常な困難を伴う。しかも、資料として残っているものは、ソット師の

口述を師の弟子達が筆記してまとめたものであるため、弟子達の解釈や誤解が入り込んでいる可能性もある。このような問題点があるため、この2つの教説を詳細にしかも矛盾なく説明することはおよそ不可能である。しかしここでは、この2つの教説の体系をある程度理解してもらうために、あえて矛盾する点を筆者の判断で削ぎ落とし細かな点を省略したた上で、筆者なりの解釈に基づいて簡略化して紹介することにする。

　まずこれらの教説においてソット師は、本章第1節で述べたような基本瞑想の過程をその一部として組み込むような、より重層的で広大な瞑想体系を想定する。つまり18身の内なる身体それぞれに、「涅槃」・三界・無間地獄があり、それをさらに重層的に重ねていくのである。実際の瞑想実践者の外界にある世界の位置づけが十分説明されていないので理解に困難を感じる部分もあるが、とにかく自己の内面に、内なる身体や「涅槃」などの諸世界が何層にもわたって入れ子状に重なって広がっているというわけである。上級の瞑想では、このような内側に向かって無限大に広がる内なる身体と諸世界を隈なく観ていくのである。

　次いで、それらの内なる身体や多層の世界を構成している元素に着目する。この元素は「源発生法元素（カムナート・タート・タム・ドゥーム、Kamnoet That Tham Doem）」や「法元素（タート・タム、That Tham）」と呼ばれており[45]、球体形であるとされている。この諸元素が集合して、心[46]や五蘊や空間が形成されると説かれている。つまり心身や世界を構築する元素が、源発生法元素ないしは法元素である。この元素は地（Din）・水（Nam）・風（Lom）・火（Fai）・空（Akat）・識（Winyan）の6つの要素（That）に分割され、その分割された要素はさらに6要素に分割されていく。そしてこの分割を無限小にまで行なっていく。

　そしてこれらの源発生法元素ないしは法元素、あるいはその分割されたものの中に、諸元素を活動させる力の源である「道具（クルアン、Khru'ang）」とその「統括者（プー・ポックロン、Phu Pokkhrong）」がいる。道具とは輪のようなものであり、これを回転することで諸元素は活力を得る。統括者はこれを管理している。このような統括者として最も原初の存在が、先述のプラ・ニッパーン（あるいはブッダ）であり、この世を成り立たせる「大道具」を管

理している。他の世界や無間地獄にもそれぞれの道具と統括者がいる。また、人間等の生物の場合はその諸元素に活力を与える役割を担う「育成者（プー・リアン、Phu Liang）」がおり、自然物の場合はその諸元素に活力を与える働きをする「ガーイヤシット（Kaiyasit）」がいる。いずれも「統括者」の亜種と言えよう。本書第1章第6節③で取り上げた、水晶の中に存在し、水晶の保持者に守護力を与えるガーイヤシットとはこのことである。

　さらにこれらの道具や統括者は、白派（Phak Khao）と黒派（Phak Dam）の影響下にあるとされている。白派は純粋で透明で輝いており、煩悩に汚染されていないものであり、黒派は逆に不透明で汚れており煩悩そのものである。瞑想を通じて諸元素を観ると、それら諸元素の球体の色がわかり、煩悩に染まっている程度が理解できる。

　つまりタンマガーイ式瞑想の上級編である無辺微細瞑想（マッカポン・ピッサダーン）とは、無限に重層化した内なる身体と、その中にさらに無限に重層化している「涅槃」・三界・無間地獄などの諸世界を観て、それらを構成する無限数の諸元素全てを隈なく観ていき、その諸元素の原動力である道具なるものを白派に変え、諸元素の色を白く透明なものにしていく作業である。このような瞑想によって、諸存在は浄化され、煩悩を脱していくとされている。

　このような無辺微細瞑想（マッカポン・ピッサダーン）は、守護力としても発現する。パークナーム寺では瞑想祈願による病気の遠隔治療を行なっているが、これは瞑想の専門家が病人の身体の諸元素の隅々まで観て、これを白派のものに変えていくことで可能になるとされている。またパークナーム寺の記念護符に守護力が備わっているのは、ソット師が1つ1つの護符の諸元素隅々まで観ていって、これを白派の純粋なものに浄化しているからと説かれている。

　さらにこのような白派と黒派の力の作用は、両派の究極的な存在から発せられるものであると理解されている。白派の極がプラ・ニッパーンやブッダであり、黒派の極が「魔（マーン、Man）」[47]である。魔は、微細な諸元素に入り込んで、諸存在や諸世界を黒派へ引き込もうとしている。魔の影響で、悪意が生じ災害や病気などが生じるのである。したがって、究極的な救済を求

めるならば、魔を完全に根絶しなくてはならない。タンマガーイ式瞑想は、このような魔と闘う術と智慧、つまり闘魔の術智（ウィチャー・ロップ）を兼ね備えているのである。また本書の第2章第4節②で論じた、瞑想実践の精鋭者が祈祷所に篭もって24時間連続で毎日行なう瞑想とは、この無辺微細瞑想と闘魔の術智なのである。

　以上が、無辺微細瞑想（マッカポン・ピッサダーン）および闘魔の術智（ウィチャー・ロップ）の教説である。いわば、道徳粒子論および善悪二元論的な道徳力学とでも呼ぶべき様相を帯びている。これらの教説は、部分的には三蔵経典の記述（たとえば、心身や世界を地水火風の要素に分解する瞑想や、人格神・精霊的な魔の概念）と繋がりうるものの、それには収まり切らないソット師独自の解釈が顕著に表れている仏教的な思想である。しかし、これらの教説を含めた全体こそが、ソット師のタンマガーイ式瞑想であり、信徒の人生を刷新する道徳性を帯びた教えを説くとともに、守護力をも提供する僧侶として活躍した師の行動への、彼なりの説明なのである。

6　上座仏教における一般的な瞑想との比較

　以上、タンマガーイ式瞑想の様式について詳細に述べてきたが、この瞑想は上座仏教における主流な瞑想方法とかなり様相を異にする。タイの主流派僧侶の中には、タンマガーイ式瞑想がサマーティという初歩的段階にしか達しておらず、しかも瞑想の集中の対象に固執していると批判している者もいる　［Jackson 1989: 203-204］。この批判点をどう捉えるかは後で考察することとし、まずは、上座仏教における主流派の瞑想方式がどのようなものであるかを明らかにしておく。

　上座仏教における瞑想は、止観と呼ばれる2つの段階からなっている。止とは心を落ち着かせ一点に集中させる瞑想で、タイ語で一般にサマーティ (Samathi)[48]と呼ばれている。一方、身体や心理の状態を細かく観察し、解脱に向けて心を鍛錬する瞑想が観であり、タイではウィパサナー (Wipasana)[49]と呼ばれている。このウィパサナーにおいて無常・苦・無我の本質を直感的に理解する智慧を養い解脱に至るというのが、上座仏教の瞑想修行論である。

タイ上座仏教の主流派において行なわれている瞑想は、細かな点ではその実践方法が異なっているが、大枠では同一の瞑想であると言えよう。それは、『入出息念経（アーナーパーナ・サティ・スット、Anapanasathi Sut）』や『大念住経（マハー・サティパターナ・スット、Maha Sathipatthana Sut）』などに基づいた瞑想であり、呼吸の1つ1つなどに注目する事で集中力と静寂さを獲得する「止」の瞑想から始め、徐々に「観」へと進み、心身に生じる現象に自覚的になり、それらの現象が全て無常であり無我であると悟っていくものである[Phutthathat Phikhu 1992: 5-24, ローゼンバーグ 2001: 219]。この両方の経典の題目に出てくるサティという言葉は、英語では"Insight"、仏教用語では「念」、一般の日本語では「気づき」や「洞察」と訳されているものであり、自己の心身の状態を冷静に観察する修行実践を意味している。

　『入出息念経』に記されている瞑想には細かな段階がある。最初の1～4段階では、息の出入とその動作（歩行動作や腹部の伸縮）の細部に意識を集中し、さらに手足や胸や背中など全身の感覚に集中し、そして心の静けさを得ていく。息の出入りへの集中の仕方は様々であり、鼻腔で息を感じる場合もあれば、腹部の伸縮で呼吸を捉えることもある。あるいは呼吸を1から10まで数え、それを何度も繰り返す場合もあれば、ブッダの呼び名の1つである「プッ・トー」という言葉に合わせて息の入出を行なうこともあり[ローゼンバーグ 2001: 35-36]、タイではこれらそれぞれの集中の仕方から瞑想の系統がいくつかに分かれている[Pradoen 1965, Phit 1987: 76-154]。瞑想を行なう姿勢も座るだけではなく、立つ・歩く・横になるといった4つの姿勢を適宜とることで体の調子を整えていく。

　次の5～8段階では、心の感覚作用のあり方に集中し、安らぎに満ちた喜悦の感覚や至福の感覚を捉え、次いで心に生じる快不快の感情やそれ以外の感情を1つ1つ意識化していく。たとえば足が痛いと感じたら「痛い」、集中が逸れて他のことを考え始めたら「考えている」、瞑想が心地よいのなら「心地よい」とラベルを貼るように把握していく。

　さらに、9～12段階では、静けさを得た心の状態でありのままの心を常に洞察し、次にこれまで達成してきた瞑想段階の1つ1つに静かな喜びを感じ、またそれぞれの段階で得た集中力の作用に洞察を広げ、感情や思考から自然

と解放されるまで修行する。

　そして最後の13〜16段階において、諸現象の背後の本質を直感すること目指す。それは、まず1つ1つの息が発生し消滅することや、感じた痛みが発生し消滅することなどを洞察し、そこに無常のあることを理解する。そしてそのような発生消滅の形成作用が自分の思い通りになるものではなく、それへの執着が苦であることを理解する。次にこのように絶えず変化する対象への執着から自然と解き放たれるようになり、そのような執着が消滅していくのを見つめながら、自分が瞑想を行なっているといったこだわりをも手放していく［Phutthathat Phikhu 1992: 5-24, ローゼンバーグ 2001: 15-216］。

　入出息念（アーナーパーナ・サティ）はこのようなプロセスを経ていく瞑想である。この瞑想とほぼ同じ方式ではあるが、集中の段階にあまり重きを置かず、もっぱら自己の身体感覚や感情や意識をつぶさに洞察し（気づき）、言葉によって（慣れてくると言葉によらずに）ラベルを貼るように枠取りしていく事を重視する、いわゆるヴィパッサナー瞑想（タイ語ではウィパサナー）などもある。そこでは、洞察（気づき）の水準を、単純なものから徐々に詳細にしていく。たとえば、足の上げ下げへの集中から、足の変化の微細な感覚や、足の移動を可能にする身体全体の感覚の変容などにも注意を行きわたらせ、ラベルを貼るように枠取りしていく。場合によっては心身の微細な部分にまでその一瞬一瞬の変化を直感的に把握することができ、そこに無常・苦・無我を感得することもある［鈴木1999: 106-114, 180］。

　ウィパサナー瞑想は、『大念住経』に依拠している場合が多いが、この経は『入出息念経』とほぼ同様の瞑想体系をなしている[50]。『大念住経』は、「身に関する随観」「受に関する随観」「心に関する随感」「法に関する随観」の4部分からなる。身とは身体のことであり、これに関する瞑想は、呼吸の出入への集中に始まり、身体の動作（立つ・歩く・食べる・噛む等）や体の部位（髪・歯・皮・臓器・種々の体液など）や構成要素（物質を構成する地水火風の各要素）について細かく洞察し、さらに身体が死後腐敗し骨だけになるまでの過程を観想する。次いで、受についての瞑想では、苦・楽およびそのどちらでもない感情を細かく洞察する。心についての瞑想では、心の多様なあり方（貪り・怒り・愚鈍さ・意志の弱さ・慢心など）を洞察して執着をなくすようにする。そ

して法に関する瞑想において、悪しき心・五蘊・感覚の発生消滅の過程を把握し、これらの発生と消滅の背後に法のみがあると悟り、そのような発生と消滅への執着から離れる。さらに、悟りの条件を理解し、ついで苦集滅道の四諦を詳細に把握することで解脱に至る［ウ・ウェープッラ1978: 83-118］。

　以上がタイ上座仏教において行なわれている一般的な瞑想である。この瞑想方法と比較することで、ソット師のタンマガーイ式瞑想の特質がより鮮明となるだろう。そのような比較を踏まえたタンマガーイ式瞑想の特質として次の5点があげられる。まず第1に阿羅漢に至るまでの数多くの修行成果の段階を想定している点、第2に瞑想実践に基づく神秘な守護力（他界探訪や病気治癒等）を強調している点、第3にタンマガーイという特定の用語を価値の中心に置いているという点、第4に自己の内面のイメージに集中しそれを展開させるという点、第5に「真我」と「涅槃」と「魔」について特殊な考えをもっている点である。以下に述べるように、このうち第3、第4、第5の点のみが、純粋にタンマガーイ式瞑想の特質と言えよう。

　第1の点については、実際の所双方の差はそれほど大きなものではない。一般的な瞑想においては、この修行によって得られる悟りの段階が詳細に記されていないだけである。たとえば『大念住経』の最後の部分では、阿羅漢果や不還果（阿那含果）などについての言及も見られる。また、四向四果の悟りの諸段階については、上座仏教の他の経典に出てくる教説である。したがって、この点に関して言えば、一般的な瞑想とタンマガーイ式瞑想には大きな相違はない。

　第2の点に関する両者の相違は、瞑想方式にあるというよりも解釈の立場にあると言えよう。実際、一般的な瞑想の方式を実践している者の中にも、瞑想によって得られた精神の段階が神秘的な力をもたらすと信じている者はいるし、パーリ三蔵の中でもそのような記述は見受けられる。もっとも、そのような神秘力にこだわることは、ウィパサナー（観）を行なう妨げになると経典には記されてはいる［ブッダゴーサ 1937: 194］。しかしそのような神秘力を守護力として求める民衆仏教もまた広まっている［Thambiah 1984, 林 2000］。

　第3の点については、一般的な瞑想と全く接点がないが、タンマガーイと

いう用語の由来については上座仏教傍流の影響が考えられる。この傍流の伝統については、本章の第8節において取り上げる。

　第4の点については、タンマガーイ式瞑想では他の瞑想よりも内面の像（似相や取相）を重視していると言えよう。ただし、そのため、タンマガーイ式瞑想はサマーティ・ウィパサナー（止観）のうちのサマーティ（止）しか行なっていない初歩の段階の瞑想だという批判的な見解が後を絶たない。しかし、ソット師はサマーティ・ウィパサナー（止観）について独自の考えを持っており、師は、タンマガーイ式の基本瞑想のうちの初歩の段階である、球体への意識の集中をサマーティ（止）と考え、18身の内なる身体を観ることや、さらにはタンマガーイ・レベル（第5レベル以上）に達した後に、18身の内なる身体の全てにおいてそれぞれ四聖諦や十二縁起を観る作業をウィパサナー（観）と呼んでいる［P.P.T.(Sot) 1996: 10-16］。したがって、サマーティ・ウィパサナー（止観）という点から述べれば、一般的な瞑想とタンマガーイ式瞑想では、その意味や対象が異なっているのである。タンマガーイ式の瞑想思想が上座仏教として正しいかどうかの判断は本書において取り上げる対象ではないが[51]、経典において直接的に瞑想方法とその思想が記されている一般的な瞑想と違い、タンマガーイ式瞑想の場合はその正統化にかなり複雑な作業が必要だと言えよう。

　最後の第5点目は、双方の立場が最も分かれる点である。一般的な瞑想では最終的な目標が全ての事象における無常・苦・無我を直感的に把握し、そのような理解が自然に為されるような状態を身につけることにある。しかし、ソット師のタンマガーイ式瞑想は、そのような無常・苦・無我は、内なる身体の中でもレベルの低い身体にのみ当てはまるものであり、瞑想レベルが高くなるにつれて、常・幸である真我を獲得していけるという立場である。しかも、そのような真我は、プラ・ニッパーンのように超常的な領域に住している常なる何者かである。さらに言えば、プラ・ニッパーンと対照的な魔（マーン）と呼ばれる存在も想定されており、この善悪の究極的存在から発するエネルギーが、心身や諸世界を構成する微細な粒子の1つ1つに染み込んでいるとされている。つまり、一般的な瞑想を行なう者から見れば、タンマガーイ式瞑想はレベルの低い教説であり、無常・苦・無我の把握が徹底化さ

れていない思想と見えるが、逆にタンマガーイ式瞑想の立場からすれば、自分達の瞑想は通常の無常・苦・無我を超えたよりレベルの高い教説だと見えているのである。ただしこの点についても先と同様、経典によるタンマガーイ式瞑想の正統化を行なうとすれば、かなり複雑で困難な作業が必要となるだろう。

　実際、本書第2部で紹介するタンマガーイ寺の活動が社会問題として取り沙汰された際、教学僧侶として著名なパユットー師(Payutto Bhikkhu)(プラタンマピドック師、Phra Thammapidok)は、タンマガーイ寺の教理が三蔵経典に基づいていないといった指摘をし[Phra Thammapidok (Po.O. Payutto) 1999]、また国会下院(人民代表院)の宗教・芸術・文化審議会が提出したレポートも、この寺の教えを正すよう指摘している[Khanakammathikan Kan Sasana Sinlapa Lae Watanatham Saphaphutaenrasadon. 1999: 124]。ただし、その後もタンマガーイ寺は教えを維持したまま、タイ上座仏教内での活動を認められている。

7　ソット師の経典学習

　以上のように、タンマガーイ式瞑想の中には一般的な瞑想や経典解釈に収まらない特殊な思想が見られることが再度確認されたわけだが、このような独自の思想は何に由来するのであろうか。全てがソット師の独創なのであろうか。もしそうだとすれば、この瞑想方式の詳細さや体系性を生み出した師の創造的な能力の高さに注目すべきかもしれない。しかし実際は、そのような完全な独創とは思えない。なぜなら、ソット師の瞑想体系全体は、いくつかの段階から構成されており（たとえば、7つのポジション、中心の6つの球体、タンマガーイという用語、18身の内なる身体、無辺微細瞑想、闘魔の術智）、それぞれの段階はその内部では一貫性を保っているが、各段階相互の関係はそれほど明確ではないからである。したがって、タンマガーイ式瞑想とは、ソット師1人による産物というよりも、各段階ごとに様々な修行者が工夫を凝らしてきた成果の積み重ねがすでにあり、ソット師はそれを独自のやり方でまとめ上げ、さらに師の解釈を付け加えていったものと考えられる。以下に、そのような瞑想の系譜がどのようなものであったのかを、仮説的に提示してお

く。この作業によって、ソット師のタンマガーイ式瞑想の主要な部分は、20世紀初頭のタイにおけるサンガ統一と改革の中で（あるいはそれ以前において）排除されてきた、広い意味での上座仏教（傍流）の系譜に位置づけられると指摘できよう。

まずは、ソット師がタンマガーイ式瞑想の極意を体得したとされる以前に、読んでいたと思われるいくつかの経典の内容を確認し、タンマガーイ式瞑想との関わりの有無を明らかにしておきたい。ここで扱う経典は次の3つである。第1にソット師が子供の頃に地元の寺で読み書きを習った際に使用していたと思われる『プラ・マーライ』経[52]、第2に出家後にパーリ語学習のために使用したとソット師自ら述べている『大念住経』（第1章第3節を参照）、第3にプン師が指摘している『清浄道論』（第1章第5節を参照）、この3つの経典である。

第1の『プラ・マーライ』経は、パーリ三蔵には含まれない経典ないしは仏教説話である。その内容は、マーライという僧侶が、地獄にまで降りて行って地獄の住人達に布施の機会を与えるといった話や、彼が梵界を訪れ梵達がどのようなタンブン（積徳行）を過去世に為したのかを語るという話、また梵界の仏塔へ参拝にきた未来仏の弥勒菩薩とマーライ僧が会話をするという話、また未来仏が未来に降臨して人間の苦悩を救いすばらしい世界が訪れるだろうという話が描かれている [Suphaphon 1981]。しかしこの経典の中には、タンマガーイという用語や、瞑想様式について語った箇所は見当たらない。タンマガーイ式瞑想との接点があるとすれば他界訪問のモチーフくらいである。しかしこれだけでは、タンマガーイ式瞑想独自の思想の源とは考えらない。

第2の『大念住経』については、すでに前節でその内容を紹介している。その内容から見てもタンマガーイ式瞑想との接点はない。ただし、ソット師自身この経典に何度か言及しており、たとえばこの経典の「自己の身において身を随観し続け」という部分や [ウ・ウェープッラ 1978: 85]、「自己の受において受を随観し続け」といった箇所を [ウ・ウェープッラ 1978: 93]、自己の「粗人間身」の中に精妙な内なる身体を観て、自己の各内なる身体の中に球体となった快・不快・喜・憂を観ることだと解釈している [P.P.T.(Sot) 1996: 520-524,

531-534]。しかしマハー・サティパターナ・スットをこのように読むことから、タンマガーイ式瞑想が形成されたとは言えないだろう。なぜならソット師がこの経典に言及する際に取り上げられるのは、この経典全体の意味内容や体系ではなく、そのごく一部のフレーズにすぎないからである。むしろソット師のこの読み方は、本書第3章第3節で論じたような、サンガ行政によって制度化された経典解釈にタンマガーイ式経典解釈を付加する二重化された解釈様式の現れと言えよう。

　最後に『清浄道論』[53]を取り上げる。これは、5世紀の中頃にインドの学僧であるブッダゴーサが、セイロン（スリランカ）の当時の首都であったアヌダーラプラの大寺において記したものであり、大寺派教学に基づき、仏教における三学の修行を詳述しまとめ上げたものである。現在のパーリ三蔵における論書の一部として組み込まれており、タイではパーリ語の高段位における試験科目のテキストとしても使用されている［石井 1975: 192］。この書物は、日本語訳の南伝大蔵経の62・63・64巻と全3巻にわたる大著であり［ブッダゴーサ 1937, 1938, 1940］、その内容を詳細に解説するゆとりはないので、次のように簡略化して紹介しておく。『清浄道論』の全体は、戒定慧の修行段階の順序で構成されている。はじめの2品は戒律の意義と実践方法について詳述したものである。次の11品においては定に関する修行方法として、40種類のサマーティ（止）瞑想の方式(四十業処)[54]とその成果が紹介されている。最後の10品は慧に関する修行であり、主にウィパサナー（観）瞑想の様々な方式と、それによって得られる7つの智慧の段階が記されている。

　40種類のサマーティ（止）瞑想は、土の塊や、水や火あるいは青・赤・黄といった色や、光の点などに集中する方式や、仏法僧の善き特質を想起するもの、死体の腐敗していく様、息の出入、慈悲喜捨の思い、あるいは地水火風などの事物の構成要素など様々な事象が瞑想の対象として掲げられている。それらの瞑想は、実践者の性格に合わせて適宜選んでいくものとされている。またこれらの実践によって色界・無色界における諸禅定に達し、精神集中と静寂さを修すると、様々な神通力が使えるようになるとも記されている。

　ウィパサナー（観）瞑想においては、五蘊の無常・苦・無我、四諦や十二縁起などを観取する瞑想を修する。これにより、名色の無常・苦・無我を、過

去・現在・未来においても観取し、その後に光明等が生じる智慧の段階に達し、さらに智慧の段階を高め、四向四果に順次達していくことが述べられている。

　この『清浄道論』の中には、法身（タンマガーイ）という言葉が、仏身論の文脈で次のように1度だけ記されている。「かの世尊には八十随形好に飾られ三十二大人相に彩られたる色身あり、一切種類の遍浄なる戒蘊等の徳実を成就せる法身あり、名声の偉大・福の偉大・身力の偉大・神変の偉大・慧の偉大の極に達し、無等・無等等・無比・無双の阿羅漢等正覚者なり、……」[ブッダゴーサ 1938: 11, Phra Phutthakhosa 1999: 13]。ただし、ここでの法身（タンマガーイ）とは、ブッダの特質を示した数ある呼び名の1つにすぎない。また、光の球などを似相・取相とする点や、地水火風の諸要素に還元した事象を観るというモチーフ、修すれば大梵天界に生まれるとされる四無量心（慈悲喜捨）の想、色界の四禅定と無色界の四無色定といった三界（欲界・色界・無色界）と禅定の諸段階[55]、瞑想によって得られる神秘力を持った身体についての言及や、さらに四向四果を経て解脱に至るという修行階梯などは、タンマガーイ式瞑想とも重なる部分は多い。ただしこのような点を最低限共有しているからこそ、タンマガーイ式瞑想を上座仏教の枠組みの中で取り上げることができると、むしろ消極的に言うべきであろう。

　以上、『清浄道論』とタンマガーイ式瞑想の関連を簡単に論じたが、やはりここでもこの経典を基盤にしてタンマガーイ式瞑想が形成されたとまでは言えない。なぜなら、タンマガーイという言葉へのこだわりや、基本瞑想における7ステップ、球体化した諸要素、入れ子状の身体や諸世界（しかも内部に行くほど外よりも大きいものがある）、真我と「涅槃」の特異な思想、無辺微細瞑想（マッカポン・ピッサダーン）に特有な用語、闘魔の術智（ウィチャー・ロップ）における白黒の二元的世界観などは、この経典では全く言及されていないからである。

　タンマガーイ式瞑想と関連すると思われるその他の経典（パーリ語三蔵内の経典）については、佐々木が『ギリマーナンダ経』[56]を指摘している。その理由は、ソット師の瞑想には止観の双方が含まれており、この経は止観双方の修習を十想[57]にまとめているのが特徴的だからというものである［佐々木

1986: 183]。しかし、実際のところこの経典の基本モチーフである病を癒す瞑想という点を除いて、タンマガーイ式瞑想との接点は見当たらない。

　以上、タンマガーイ式瞑想と諸経典の関係ににについてのまとめとしては、『清浄道論』を除きこれらの経典はタンマガーイ式瞑想とほとんど接点を持たず、しかもその『清浄道論』でさえ、タンマガーイ式瞑想の独自性を生み出したとは言えないということになる。

8　タンマガーイ式瞑想と上座仏教の仏身論

　タンマガーイ式瞑想の由来については、以上取り上げてきた経典以外の思想との関係を論じた論考がいくつかある。その多くは、パーリ三蔵以外の経典や文献に着目したものである。以下にこれらの説に依拠しながら、タンマガーイ式瞑想の由来を推察してみたい。

　まずジェフリー・バウアーによるチベットのタントラ仏教の影響についての推論から取り上げる。バウアーは、タンマガーイ式瞑想とチベットのタントラ仏教との相似点として、次の6点をあげている。第1に、双方ともにタンマガーイ（法身）という言葉を重視している点、第2にタンマガーイ式瞑想の地水火風空識の6要素の球体図（本章第1節の図2-A参照）と地水火風空の五要素からなるチベットのマンダラが相似している点、第3に双方ともに究極的な存在が輝きを帯びている点（たとえば、タンマガーイと金剛薩埵）、第4に双方ともに瞑想を補助する人格的な要素を想定している点（タンマガーイ式瞑想の場合はブッダやアラハン、タントラ仏教の場合は iha という天神）、第5に重層化した諸身体という観念（内なる身体と five sheaths）[58]、第6に双方ともに身体の中に意識を集中する7つのポジションがあるという点である［Bowers 1996: 33-43］。

　これらの点は、一部強引な比較とも感じられる点もあるが、相似度は高いと言えるだろう。しかしバウアーは双方の瞑想の直接的な影響関係のみを想定しており、他の可能性が全く考慮されていない。そのため、影響関係の経路としてバウアーはいささか無理な展開を想定し、かつてソット師が在していたチェートゥポン寺は、僧院大学として栄えていたのでおそらくチベット

僧も訪れており、そこでソット師はチベットのタントラ仏教の知識を手に入れたのだろうと推論している。しかし、そのような証拠は管見の限りでは見当たらないし[59]、バウアー自身この点を一切論証してはいない。

またそもそもなぜ他のタントラ的な仏教ではなく、チベット仏教に注目したのかという理由もバウアーは述べていない。タイには極めて少数ながら、中国系とベトナム系の大乗仏教が入っており、いくつかの寺では密教的瞑想を行なっている[60]。したがって、これらの大乗仏教とソット師の瞑想思想との接点を考察する方が現実的であろう。しかしながら、下層階級の移民として渡タイしたこれら中国系・ベトナム系の人々の中には、教学を詳しく理解している僧侶が極めて少なかった状況に加え、ソット師が彼らの言葉を理解しえたとも思えない。さらに以下に述べるように、これらの大乗仏教とは別系統の瞑想実践が、タンマガーイ式瞑想と酷似していることから考えて、中国系・ベトナム系の大乗仏教の影響を過大視することはできない[61]。

次にバウアー自身も言及しているが、彼の議論には反映させていない、フランク・レイノルズの議論を取り上げよう。レイノルズは、3つの視点から上座仏教内の仏身論について考察している。第1の仏身論は、ブッダの遺産を2つの点から捉える考えである。その一方は、ブッダの聖遺物を重視する立場であり（仏舎利や仏塔さらにはブッダの姿を象った様々な相や仏像など）、他方は教説を重視する立場である（サンガや三蔵と同一視されるタンマガーイ［法身］の重視）[Reynolds 1977: 375-378]。

このようなブッダの身体の分離をさらに教説の中で展開したのが、第2の仏身論であり、これは正統パーリ聖典に記されている3つのレベルの仏身論である[62]。その最も低いレベルは、肉体として業のもとにあるブッダの身体。中程度のレベルとして、瞑想実践によって肉体を脱し仏教コスモロジー（三界）の中を移動し、また禅定による神秘的な能力をも具備した、「意生身」（パーリ語でManomayakāya）[63]としてのブッダの身体。そして最高度レベルであり、四向四果の智慧の段階を成就して涅槃に至り、法の本質であるとされる法身（タンマガーイ）である［Reynolds 1977: 378-380］。このような区分は、単にレイノルズの視点からのみ捉えられたものというわけではなく、同様の視点から仏身を論じた文献が15世紀のセイロンに存在していた事が例示されて

いる。それは、ダンマディンナーチャリヤ・ウィマラキティ師（Dhammadinnācariya Wimalakitti）という僧侶によって記された、『サダルマラタナーカラヤ』（Saddharmaratnākaraya）という現地語文献である。ただしこの文献では、仏身が3レベルではなく、4レベルに階層化されている。この4仏身を低い段階から順次示せば、肉眼でも見えるブッダの色身（Rūpakāya）、色界・無色界の身体であり、禅定を得た目で観える法身（Dhammakāya）、四向四果を得ているが完全な涅槃までは到達していない相身（Nimitthakāya）、そして最後に完全なる滅の状態である空身（Sūnyakāya）である［Reynolds 1977: 380-382］。

　さらにレイノルズは、以上のような主流派の上座仏教とは異なり、その傍流とも言えるヨーガ的な上座仏教の存在にも言及している。それは、かつてタイの北部やセイロン（スリランカ）で活動していたと思われる一団である。タイ北部の事例では、フランスの東洋学者ジョルジュ・セデスが、『スッタジャータカニダーナーニサンサ』（Suttajātakanidānānisansa）というパーリ経典群の中から見つけた、『ダンマカーヤッサ・アッタワンニャナー』（Dhammakāyassa Atthavaṇṇanā）という文献が紹介されている[64]。タンマガーイと題したこの文献は、法身を30相に区分けし、涅槃への入り口が鼻であり、禅定の獲得は額であり、全知を得るのが頭部で、涅槃は髪の毛であるといった形で、身体の様々な部位で法身が成就した諸要素を具現化している。またこの文献では三界の世間と涅槃の出世間が繋がり、禅定の獲得と四向四果が連続的に捉えられている。

　以上のようなレイノルズの論じた仏身論では、タンマガーイ式瞑想との連続性は全く取り上げられていない。しかしながら、上座仏教の主流の中にも（タイではないが少なくともセイロンにおいて）仏身論を展開し、法身という用語に注目してきた伝統があるということ、さらに上座仏教の傍流の中で、しかもタイにおいてタンマガーイという表題をつけた経典が存在していたということは注目に値すると言えよう。つまりレイノルズの議論は、タンマガーイ式瞑想はその全てがソット師の独創によるものではなく、またチベットのタントラ仏教などの直接的な影響を想定せずに[65]、そのルーツを推察する可能性を示しているのである。

　このようにレイノルズの仏身論は、上座仏教の幅広い伝統とタンマガーイ式瞑想の接点を指摘する可能性を秘めている[66]。しかしながら、そこで取り

上げられた瞑想の形式、特にタイ北部のヨーガ的瞑想の実践形式は、タンマガーイ式瞑想とあまり関わりがないように見える。この点については、レイノルズが自身の論考の注で言及していながらも詳述していない、セイロンの瞑想方法を記したヨーガ的仏教の古い文献が、重要な補足的資料となるだろう[67]。

この古い文献とは、1892年にセイロンで発見されたパーリ語とシンハラ語の混在する貝葉の文献である。通称『神秘への手引・ヨーガ行者の入門書(Manual of Mystic: The Yogavāchara's Manual)』と呼ばれるこの文献は、実のところ題名や作者も判明していない。また執筆年代も正確には判明していないが、おそらく17世紀か18世紀に執筆されたものだろうと言われている。その当時のセイロンは、僧院組織が崩壊状態にあり、そのため18世紀中頃にタイ（当時はシャム王国）から僧侶を招き、僧団を建て直し経典類を整備していった。『神秘への手引』は、このような歴史的状況の中、シャム派上座仏教の影響のもとに執筆されたのではないかと推察されている［Davids 1916: v‒vii］。

この文献は、序文と祈祷文のほかに、8つの瞑想法と2つの鍛錬法が記されている。瞑想法と鍛錬法のうち、最初の瞑想法を除いた残りの部分は、『清浄道論』の40種類のサマーティ（止）瞑想や、その他の経典にも出てくる方法と一致している［Davids 1916: xiv-xv］。逆に最初の瞑想方法だけは、他の経典とは接点を見出しにくい独自性を有している。その瞑想方法の基本的な部分だけを述べれば次のようになる。

まず鼻と臍の間で息を出入させ、それに集中しながら、「ア・ラ・ハン」と唱える。次に、似相として染みや煙を想起し、次にそれを鏡や月のように澄んだ状態にし、さらには太陽光のように自ら輝かせ、そして青色や黄色の花へと変化させていく。また、このように想起されたイメージを、鼻から心臓へ移動させ、さらには臍にまで移動させるという作業を行う。そして、火の要素・水の要素・風の要素・空の要素・拡張の要素等を順にイメージして、先と同様の形式で変容させて身体内部で移動させる［Anon. 1916: 1-15］。

このように、瞑想中に唱えるアラハンという言葉、光るものへの意識の集中、想起されたイメージを鼻から臍に移動させる作法、および諸要素への言及などは、タンマガーイ式瞑想の基本瞑想における第1段階と極めて似通っ

ている。ただし、『神秘への手引』全体を通じて、タンマガーイ (Dhammakāya) という用語は1度も使用されていない。もっとも、タンマガーイ式瞑想の基本瞑想における第1段階においても、同様にタンマガーイという言葉は出てこないので、この部分に限って言えば、タンマガーイという用語の不在はむしろ両者の瞑想の共通性を保証するものと言えよう。しかも、先述のようにこの文献自体が、タイの上座仏教の影響を受けている可能性も指摘されているのである。

　以上の事例以外に、別な形でタンマガーイ式瞑想のルーツを探ろうという試みもなされている。タンマガーイ寺に以前所属していた、教学専門家の僧侶メーターナントー師は、オックスフォード大学の仏教学科に留学していた際に学んだ知識などをもとにして、タンマガーイ式瞑想のルーツを探求した書物を執筆している。師は、一方で、タンマガーイという用語が、ソット師の独創によるものではなくパーリ三蔵やその注釈書にも見られることを指摘しつつも、他方では、パーリ三蔵全体においてタンマガーイという語句が4ヶ所しか発見することができず、注釈書を含めてもそれほど多く使われていないとも述べている［Mettanantho Phikkhu: 1988 13-18］。

　そこで師は、タンマガーイ式瞑想のルーツを、これらの正統的経典以外の資料に求めたのである。例えば、部派仏教の大衆部が記した経典の中にタンマガーイという表現があり、それが如来や真我として理解されているという点や［Mettanantho Phikkhu: 1988 21-22］、前近代のタイにおける碑文の中にタンマガーイという表現があること［Mettanantho Phikkhu: 1988 33-37］、またタイで古くから行なわれた仏的瞑想の中に、光球に集中しサンマー・アラハンと唱える方式や、息に集中し光球を鼻から体内に入れて他界を内観するという瞑想や、身体内の7つのポジションへの集中や、プラ・ヨーカーワチャラ（ヨーガ修行を行なっている僧侶）とタンマガーイの関係について述べた文章があることなどを例示している［Mettanantho Phikkhu: 1988 45-49］。さらに、大乗仏教の法身論への言及や［Mettanantho Phikkhu: 1988 25-31］、古典語で書かれた経典や口述で伝えられた教えなどがパーリ三蔵の校訂過程において排除されていったこと等にも言及し［Mettanantho Phikkhu: 1988 39-44］、大乗以前ないしは正統パーリ三蔵以外という、広義に拡張された上座仏教の伝統の一部にタ

ンマガーイ式瞑想を位置づけようとしている。ただし以上の点についてそれぞれの論証が十分とは言えないのが問題ではあるが。

　以上のように、正統的なパーリ語聖典に基づくとされる主流の上座仏教と、その周辺に位置する傍流の思想の双方における仏身論から、タンマガーイ式瞑想の由来を考察してきた。十分な証拠とは言えないが、この瞑想が広い意味での上座仏教における仏身論の影響のもとに形成された可能性があるということは推察できる。ただし、これら上座仏教の傍流の思想は、13世紀から15世紀のスコータイ時代のタイに存在し、クメール経由の大乗仏教やバラモン教の影響を受けていたと考えられる、サンスクリット上座部の系統に属する可能性もある。ただこれも全くの大乗仏教というわけではなく、上座仏教との人的・思想的な交流を持っていたようであり［Phrakhru Aphichai 1977: 331, 佐々木 1986: 3-16］、その意味ではやはり上座仏教の傍流と言うことは可能であろう[68]。もちろん、以上に示した諸文献は、それぞれの点が明確な線で繋がれて、タンマガーイ式瞑想へと至るわけではない。しかし、これらの諸文献に見られるいくつかの要素、たとえば、タンマガーイという用語を重視するという立場や、光球を重視する瞑想、さらにその光球を臍のあたりに向けて身体内部のいくつかのポジションを移動させる作法、その際にアラハンと唱えるという点、また諸要素への集中、層化した身体の観念などは、タンマガーイ式瞑想との共通性が高いと言えよう。

　しかしながら、これらの文献においても、ソット師の思想に見られる「涅槃（処）」の教説や、無辺微細瞑想と闘魔の術智などと関連する要素は全く見つけることはできない。もっとも、涅槃処（アーヤタナ・ニッパーン）というソット師独自の涅槃論と真我論については、大衆部の真我論や（筆者は未確認ではあるが）、あるいは先のいくつかの議論が主張されているように、大乗系の思想の影響があるのかもしれない。しかしながら、影響関係を明らかにするのはかなり困難な作業となろう。

　また、無辺微細瞑想と闘魔の術智については、その基本的な発想は、事象の構成要素としての地水火風の要素を観る瞑想や、修行の妨げになる魔についての教説などのように、パーリ語三蔵の中にも存在するものと考えられる

が、そのような基本的な共通部分を越えた特異性の方がより顕著だと言えよう。もちろんこれらの特異な瞑想と世界観については、まだ文献の発見されていない上座仏教の傍流その他の思想的影響が「ない」という事を実証することはできない。しかしながら、これらの瞑想についてソット師は、パーリ語を使わずにタイ語のみで特殊な瞑想用語を語り、またパーリ語三蔵との接点もほとんど述べていない。したがって、無辺微細瞑想と闘魔の術智は、かなりの程度ソット師の独創による思想であると推察できよう。

　以上、ソット師のタンマガーイ式瞑想の特質を論じてきた。これらの一連の作業から明らかになったことは、ソット師のタンマガーイ式瞑想は、上座仏教圏において広く行なわれている入出息念（アーナーパーナ・サティ）やウィパッサナー（ヴィパッサナー。観）瞑想とは、だいぶ異なった様式と思想をもっているということである。その特質としては、第1にヨーガ的に光球を体内で移動させる瞑想と連係したタンマガーイという独特の観念を持った仏身論、第2に無常と無我の教説とは対照的な「涅槃処」の教説ならびに個々人の内奥に存在する「真我」の教説、そして第3に善悪二元論の道徳的な粒子論に基づく衆生や世界全体の救済の思想（無辺微細瞑想と闘魔の術智）、この3点が指摘できる。この3つの特質のうち、第1点については、上座仏教の主流および傍流の仏身論と瞑想実践の伝統を、おそらく貝葉（バイラーン）に記された古い経典や碑文などから、ないしは口伝によって引き継ぎ[69]、独自の形で組み合わせ練り上げた可能性が高い。第2点については、もしかすると大衆部その他の仏教思想の影響もありうるかもしれないが、全く異なる思想の系譜に属するか、あるいはソット師独自の思想である可能性も拭い切れない。第3点については、ソット師が独創した思想である可能性が高い。

　しかしながら、以上のような独自性を有するタンマガーイ式瞑想は、現在主流となっている経典解釈から全くかけ離れているわけではない。そのような正統的な解釈とタンマガーイ式の解釈といった二重の正統性に依拠する構成になっているのが、ソット師のタンマガーイ式瞑想の思想であると言えよう。この二重構造が、一方では瞑想の実感を通じて、個々人に涅槃と日常倫理の重要性を納得させる力となり、他方では記念護符の内面化と「真我」を

観ることを通じて、神秘的な守護力が在家者個々人へと分配されることとなった。その背後には、瞑想修行を行なう既存の頭陀行僧とは異なり、特定寺院への所属を強いられ神秘的な守護力の提示をも制限されていたという、ソット師の置かれた状況があったのだが、この点については本書の第1章で述べた通りである。

その意味では、師の瞑想実践方法と思想とは、単に上座仏教の傍流の思想伝統が、現在まで生き延びてきた可能性を示唆する稀有な事例に留まらない。それは、20世紀初頭におけるサンガ統治法の中で排除された思想と実践様式でありつつ、さらにそこから、正統化された主流の仏教思想との接点を再度模索する中で生まれてきた新たな思想であると言えよう。しかしながら、このような独自の思想と実践様式がどこまでタイ社会において許容されるのかについては、タイ国内の主流派とタンマガーイ派との間で必ずしもコンセンサスが得られているわけではない。そこには、上座仏教という定義をどこまで拡張しうるのかという思想解釈上の問題[70]と、実際に活動している仏教団体をどのように処遇するかという政治上・行政上の問題[71]が横たわっているのである。

注

1　本節では、ソット師による説法集や瞑想講義録ならびに「パークナーム寺」の瞑想解説書だけを資料として採用し、「タンマガーイ寺」の瞑想解説書は資料として扱っていない。理由は、タンマガーイ寺の瞑想解説書は、ソット師やパークナーム寺の解説書よりも、瞑想方法が簡便化されており、タンマガーイ式瞑想の原型を明らかにするには適していないと判断したことによる。ただし、ソット師やパークナーム寺の瞑想解説書は、それぞれ微妙な点で食い違いもある。その際には、ソット師による説法を基本に据えて、一貫性を持たせることにした。

2　タンマガーイ式瞑想では、内観についてヘン（Hen）というタイ語を用いている。これは、見るという意味のほかに理解するというニュアンスもある。そこで本書では、双方の意味を加味して「観る」という訳を当てることにする。

3　この「涅槃」は厳密には通常の上座仏教の解釈と異なるものである。この点については、本章第4節で詳述する。

4　ただし、足がしびれたら姿勢をくずして瞑想することも許されている。場合によっては歩きながら瞑想することもある。

5　サンマーは、聖なるという意味を持っている。アラハンはアラハット（阿羅漢）を意味する。また、この聖句は、サン・マー・ア・ラ・ハンといったそれぞれ多様な意味を持った5

つの語からなる、古来の呪文であるという説明もある［Tritha 1995: 91-93］。

6　三蔵経典の『清浄道論』には、2種類の相が記されている。1つは目を閉じて対象物の姿を心中に想起した場合の取相（ウガハ・ニミッタ、Uggahanimitta）であり、もう1つは、取相に集中していくことで、この相よりも純化されて色や形を持たなくなった状態で想起される似相（パティバーガ・ニミッタ、Patibhāga-nimitta）である［ブッダゴーサ 1937: 250-251］。

7　ソット師は、心というものは、観（Hen）・記憶（Cam）・思考（Khit）・知識（Ru）から構成されていると考えている。

8　男性は右の鼻孔、女性は左の鼻孔を使う。

9　戒球（ドゥアン・シーン）の中心から透明な定球（ドゥアン・サマーティ）が生じ、さらに定球（ドゥアン・サマーティ）の中心から透明な慧球（ドゥアン・パンニャー）が生じ、この慧球（ドゥアン・パンニャー）の中心から透明な解脱球（ドゥアン・ウィムッティ）が現れ、最後にこの解脱球（ドゥアン・ウィムッティ）の中心部から解脱智見球（ドゥアン・ウィムッティヤーンタッサナ）が現れる。形式としては入れ子状になっており、内側に入り込むほど無辺微細で浄化された、より大きな球体（あるいは身体）があるとされている。この形式は、ソット師の瞑想思想の基本的なパターンである。

　また、この5つの球ではなく、観・記憶・思考・知識からなる球体の心が、それぞれの「内なる身体」の中から生じると説明している場合もある［P.P.T.（Sot）1996: 36］。

10　禅定とは正しい精神統一の状態を意味する。パーリ語三蔵経典に基づけば、色界の四禅定（初禅・第二禅・第三禅・第四禅）が達成されると、無色界の四無色定（空無辺処・識無辺処・無所有処・非想非非想処）の4段階に進んでいく。

11　パーリ語三蔵経典に記されている解脱に至るための4レベルの修行階位。須陀洹・斯陀含・阿那含・阿羅漢の4レベルからなる。この4つのレベルは、それぞれ向（ないしは道）と果との2つのレベルに分かれている。

12　精阿羅漢法身などのように、パーリ語ないしはタイ語を安易に漢字表記してしまうことには問題があろう。たとえば、漢字表記が基本となる仏教用語との意味の相違を見落としがちになる。しかし、タンマガーイ式瞑想の場合、パークナーム寺の瞑想解説書の段階ですでに漢字表記が当てはめられている。もちろんそれでも、漢字の意味が妥当なのかどうかの問題は残されるが、本章での考察にとって大きな問題ではない。とりあえずは当事者の使用している表現として記しておくこととする。

13　1ワーは、約2メートルである。しかし、瞑想による内的な神秘的体験を、客観的な数値で実際に表しているとは思えない。ここで述べられている数値は、むしろ、内側から内なる身体や球体が殻を突き破るかのごとく現れる体験の特質や、より高度でより大きな何ものかが湧き出てくる体験（あるいは、内部のより大きな世界に自己が吸い込まれていくような体験）の特質を形式化した表現だと思われる。

14　ただしこの理解では、タンマガーイ式瞑想で観られる対象の半分しか捉えていない。残りの半分については本章第4節と第5節において詳説している。また上座仏教の他の瞑想との具体的な相違については、本章の第6節以降において取り上げる。

15　ただし、ソット師が護符を最初に配布したのは、第二次世界大戦中だったとされている［Tritha 1995: 142］。本節で述べている護符は、パークナーム寺に建造物を建立する際に、資金集めのための記念品として大量に作成されたものであり、この寺で記念護符（プラ・コン

クワン Phra Khongkhwan）と呼ばれるものである。

16　文書化したものの初出は1984年に出版された書物だとされている［S.P.W.P. 1991: 42］。

17　基本瞑想における仏像のイメージを想起している場合には、瞑想上達など修行に関する祈願内容が多く、他方で記念護符やソット師を想起している場合には、病気治癒や危険回避などの日常生活の問題解決に関する祈願内容が多いように思える。しかし厳密な区分とまではいえない。また、パークナーム寺の信徒達が祈願の対象とするのは護符だけとは限らず、自己の内部に観えた透明な仏像や、ときにはソット師を想起して祈ることも見受けられる。

18　パーリ語では、ヴィスディマッガ（Visuddhimagga）と言う。これは5世紀の中頃に、ブッダゴーサというインド人僧侶がセイロンにおいて執筆した文献であり、仏教の三学（戒定慧の学）についての修行を詳述しまとめてある。

19　業処（カンマターン Kammathan）とは、瞑想修行およびその際に意識を集中する対象およびを意味している。『清浄道論』には、この業処が十遍処・十不浄・十随念・四梵住・四無色・食厭想・界差別の合計40種類（四十業処）に分けて提示されている。そのうちの十遍処の中の1つである光明遍は、清浄道論の中では、壁や窓や鍵穴あるいは樹の枝の隙間から漏れ出る光や、その光が壁や床に当たって明るい円形をつくっている部分に意識を集中する瞑想作法とされている［ブッダゴーサ 1937: 346-347］。ただし、この説明によって、タンマガーイ式瞑想において観られるような、それ自身神秘的で特異な実在である光球までをも正統化するのは、いささか困難があるように思える。

20　智見清浄は、七清浄の修道段階の最高段階である。智見清浄の1つ手前の智慧は種姓智と呼ばれ、さらに智見清浄は、四向四果、つまりそれぞれ向（ないしは道）と果との2つのレベルに分かれている須陀洹・斯陀含・阿那含・阿羅漢の4レベルからなっている［ブッダゴーサ 1940: 430-475］。

21　ただしタンマガーイという言葉は、三蔵経典にはほんの数箇所しかない。また、ブッダの名称には、如来やタンマガーイ以外にもいくつもの名称があり、それらの呼称よりもタンマガーイという呼称を重視する経典上の根拠も十分とは言えない。

22　この書物は、ソット師のほぼ唯一の説法集であり、文章で自分の考えを述べていない師の思想を伝える貴重な一次資料である。この書物には1949年になされた説法が1つだけ記録されているが、残りは1953年以降の説法を記載している。

23　四摂事とは、人々を救うための4つの徳で、布施・愛語・利行・同事（協力）からなる。

24　吉祥経は、38項目の道徳的実践項目が記された経典であるが、タイでは守護力をもたらす護呪経典（パリッタ）としても使用されている有名な経典である。

25　確かにソット師はパーリ語で経典を紹介しこれに釈義を与えているが、後述のようにソット師の経典解釈は必ずしも、近代サンガ行政によって制度化された解釈と同じものとは言えない。

26　修すれば大梵天界に生まれるとされる4つの利他心。慈・悲・喜・捨。

27　身体的行為、言語表現、心意作用のこと。

28　法球（ドゥアン・タム）とは、基本瞑想において生じる初向（パトママック）と同じ形式の輝く球体であり、この初向（パトママック）よりもレベルの高い球体を意味しているものと思われる。詳細については本章第1節を参照。

29　この法球（ドゥアン・タム）の中に、先に述べたような戒定慧の球がある。

30　公式の解説や信徒の体験によると、このようにして観えた内面の体験は、単なるイメージの産物とは見なされず、独特の意味とリアリティを持ったものとされている。しかしそうなると、タンマガーイ式瞑想が三蔵経典から正統性を得るのはより困難な作業となろう。

31　発端はソット師の弟子の1人が瞑想中にサンカラート（僧王・大僧正）の姿を内観したことにある。その後この弟子は、上流階級の知人の紹介によってサンカラートに謁見することとなる。その際にサンカラートは、タンマガーイ式瞑想法を詳しく書いた書物を所望したと言われている。そこで、急遽ソット師の直弟子達が集まってこの書物を執筆編纂し、サンカラートに献呈したのである［Chaluwai 1949: 136-137］。

32　この書物を第13代サンカラートに献呈したときには、サンカラートは病に伏していた。そこでサンカラートの秘書を務めていた僧侶（インド人僧侶）が代わりに目を通して、序文を書いたと言われている［Karun 1997a: 3-5］。

33　この六根を別名、六内処あるいは六内入と言う。

34　この六境を別名、六外処あるいは六外入と言う。

35　パーリ語三蔵のある箇所に、このような特殊な意味で使われた処（アーヤタナ）という用語が出てくると、タンマガーイ式瞑想を擁護する立場の人々は主張している［Chaluwai 1949: 160-161］。

36　プラとは聖なる存在に使用するタイ語の接頭語。またプラだけで、僧侶や仏像や護符などを意味することもある。したがってプラ・ニッパーンをあえて訳せば聖涅槃などといった訳語が考えられる。しかし、後に説明するように、タンマガーイ式瞑想の用語における「プラ」は、「プラ・タンマガーイ」の略語をも意味している。そのような重層的な意味を訳出することは難しいので、本書では、そのままプラ・ニッパーンと表記する。

37　「涅槃」に常に「住んでいる」ことと一時的に「訪れる」ことは異なるとされている。

38　ソット師の教説では、三界も大きな球体であり、無間地獄も同様に球体であるとされている［Chaluwai 1949: 164-5］。

39　さらにこの瞑想状態で内部に深潜すると、無余涅槃（タンマガーイ式瞑想の用語では「死涅槃（Nipphan Tai）」）に達するとされているが［Chaluwai 1949: 162］、文字通りに解釈するとこの見解は通常の無余涅槃の解釈と大きく異なると言えよう。なぜなら無余涅槃についての一般的な解釈に基づけば、心の束縛としての煩悩だけでなく肉体も滅した状態を意味しており、他方タンマガーイ式瞑想による無余涅槃の説明では、肉体を持ったままの人間が瞑想を通じてこのような涅槃に達するからである。ただし、心や肉体が滅するということを、タンマガーイ式に再解釈する可能性は残されているので、その点が明らかにならない限り、両者の解釈の齟齬を突き詰めて論じることはできない。

40　人間身（ガーイ・マヌット、Kai Manut）、天神身（ガーイ・ティップ、kai Thip）、色梵身（ガーイ・ループ・プローム、Kai Rupphrom）、無色梵身（ガーイ・アループ・プローム、Kai Arupphrom）のこと。

41　マッカポンとは、直訳するとマッカは向（ないしは道）となりポンは果となる。これは、原因と結果という意味もあるが、上座仏教の修行の階位である四向四果とも関わりのある言葉である。たとえば阿羅漢に向かって修行する道程が「向」ないしは「道」であり、修行の結果到達した境地が「果」である。前者を阿羅漢向で、後者を阿羅漢果と呼ぶ（表2-2参照）。ただしソット師の思想の中では、マッカポンとは、透明で輝く球体や内なる身体を瞑想

によって観る一連の過程を意味している。またピッサダーンとは「広大な」あるいは「詳細な」という意味を持っており、ソット師の思想の中では、透明で輝く球体や内なる身体を何度も繰り返し観て、心身や世界の細かな諸要素を隈なく瞑想して浄化することを意味している。このような意味を考慮し、本書ではマッカポン・ピサッダーンに「無辺微細瞑想」という訳語を充てておく。

42　ウィチャーとは仏法による妙智などと訳されるが、タイでは神秘的な守護力をもたらす知識という意味合いで使われることが多い。これらの意味を踏まえて、ここでは術智という訳をあてておく。またロップとは戦闘を意味しており、ソット師の思想の中では、煩悩や諸悪の根源である魔と闘うことを意味している。このような意味を考慮し、本書ではウィチャー・ロップに「闘魔の術智」という訳語を充てておく。

43　この書物は出版年代の異なる3つの文献を再度編集して1冊にしている。いずれもソット師が講義した内容を弟子が筆記し，後にパークナム寺内部のある集団（K.T.P.［Khrongkan thammapatibat phu'a prachachon Wat Paknam phasicaroen]）が編纂したものである。第1部は、1985年（初版1974年)、第2部は1985年（初版1976年)、第3部は1985年（初版1977年）の発行となっている。第1部、第2部、第3部それぞれで内容が重複しているだけでなく、相互に矛盾した説明も見られる。これらの講義録のもとになった説法は、ソット師が直弟子に布教を行なわせた1942年頃に行なったものだとされている［P.P.T.［Sot］.1985a: ko]。

44　無辺微細瞑想や闘魔の術智について解説し、これに即した瞑想実践を勧めている者もいるが［Karun 1997b]、彼の解説でもソット師独自の用語はわかりづらい。また筆者はこの著者の活動についての調査を行なっていないので、その活動規模はわからない。

45　源発生法元素や法元素という訳語は、筆者が仮に訳した用語である。決して良い訳語とは言えないが、それほど重要な観念でもないので、本書ではこの訳語を使用する。また法元素（タート・タム）という言葉を、仏性ないしは悟りの源というニュアンスで捉えている者もいる。しかし、後に述べるように、黒派の影響など悪に染まる可能性もあるものなので、ここでは仏性などの用語は使用しないこととする。

46　先述のように、ここで言う心（Chai）とは、観（Hen)・記憶（Cam)・思考（Khit)・知識（Ru）からなるものである。この心の観念をソット師は様々な場所で強調しているが、その由来は明確になっていない。また、これと五蘊の受想行識との関連なども明確ではない。

47　魔とはパーリ語ではマーラ（Māra）と呼ばれ、仏道修行や善行を妨げる様々な存在や状況を意味する。魔はパーリ語三蔵においては多様な意味づけがなされており、その中にはソット師のように半ば人格化した存在として理解する教説もある。

48　一般にはパーリ語を用いてサマーディ（Samādhi）と呼ばれている。漢語では三昧あるいは奢摩地などと記されている。本書では、タイ語に基づいた表記を採用する。

49　一般にはパーリ語をもちいてヴィパッサナー（Vipassanā）と呼ばれている。漢語では毘鉢舎那と記され、現代日本語では、気づきの瞑想などとも呼ばれている。本書では、タイ語に基づいた表記を採用する。

50　ラリー・ローゼンバーグは、次のように述べている。「『アーナーパーナサティ・スートラ』は、それよりもっと長くて、あまり整理されていない経典である『サティパッターナ・スートラ』を手際よくまとめて実践的にしたものだ、という見方があります。［ローゼンバーグ 2001: 217-218]」

51 一般的なパーリ三蔵経典の解釈に依拠して、タンマガーイ式瞑想の方式や思想を批判したものも近年いくつか見られる［Phra Mahasupha 1999, Phra Thammaphidok (Po. O. Payutto) 1999, Sathianphong 1999］。またこの批判に対して、タンマガーイ寺の教学を担う僧侶からの反論も出版されている［Phra Somchai 1999, Munlanithi Thammakai 1998a: 91-106］。

52 ソット師の伝記を執筆したプン師によると、ソットはバーンプラー寺でプラ・マーライ経 (Phra Malai Sut Khamluang) を教科書にしてコーム文字 (Khom) を習っていたそうである［Somdet (Pun) 1964: 7］。

53 清浄道論は、タイ語ではウィスティマック (Wisthimak)、パーリ語ではヴィスディマッガ (Visuddhimagga) と表記される。

54 業処（パーリ語でカンマターナ [kammaṭṭhāna]、タイ語でカンマターン [kammathan]）とは、瞑想修行の際に意識を集中する対象を意味する。『清浄道論』では、「止」の業処として40業処以外に、「観」の業処も記されている。

55 禅定とは正しい精神統一の状態を意味する。色界の四禅定（初禅・第二禅・第三禅・第四禅）が達成されると、無色界の四無色定（空無辺処・識無辺処・無所有処・非想非非想処）の4段階に進んでいく。

56 パーリ語で Grimānnada-sutta。

57 十想とは、「無常想・無我想・不浄想・過患想（病気を観ずること）・断想（欲、瞋、已生の害、已生の悪不善法を断除すること）・離貪想・滅尽想・一切世間不喜想・一切行無常想（一切行に対して羞恥すること）・入出息念（安般念）」である［佐々木 1986: 182］。

58 五相成身のことであろうか。

59 チェートゥポン寺における様々な学芸の伝統については次の書物が参考になる。［Warawan 1987］。

60 タイにおける中国系・ベトナム系の大乗仏教については、以下の文献を参照した［Blofeld 1964, 1971, 1982, Wat Mangkonkamalawat 1969, Phrakhru Khananam 1974］。

61 ただし、1点だけ奇妙な共通点がある。それは寺院内の台所である。精進料理を重視する大乗系寺院では、上座仏教の戒律との齟齬があり、托鉢の際に食べられないものが鉢に入れられてしまう。そのためタイの大乗系の寺院では、寺院内に独自の台所を設けて、托鉢せずに食事が行なえるようにしている［Blofeld 1964: 70］。同様に、ソット師もパークナーム寺の内部に僧侶の食事を作る台所を設置し、托鉢を行なわずに済ますといった新たな方式を採用した［Tritha 1995: 108-112］。

62 レイノルズが取り上げている経典は、意生身については中部経と清浄道論、法身については相応部経の注釈と長部経および清浄道論である。

63 意生とは、肉体を持たず意によって生じるという意味や、中有や色界・無色界の生き物を意味する。

64 この古い文献を筆者は未だ入手しておらず、またレイノルズもこの文献が書かれた時代がいつであるか言及していないので、これがどの程度古いものなのかわからない。ただしレイノルズが、この文献はサンスクリット上座部の系統に属するのではないかと述べていることから推測すると、おそらくこれはスコータイ時代（13世紀初期から15世紀中期）の文献であろう。

65 間接的な影響はありうるかもしれない。

66　ただし後述のように、この上座仏教の傍流自体が、大乗仏教の影響を受けている可能性がある。
67　この瞑想法とタンマガーイ式瞑想の共通性については、ヴァン・エステリックがすでに指摘している［Van Esterik 1977: 58］。
68　レイノルズは、上座仏教の主流および傍流における仏身論が大乗思想の形成に与えた影響の有無や、上座仏教の仏身論と大乗思想の相互影響についての考察を行なうべきだと提案している。
69　ただし第1章第3節でも述べたように、タンマガーイ式瞑想の知識をどこで学んだかについて、ソット師は一言も述べていない。
70　ソット師の思想を全面的に正統と見なす立場や、上座仏教の傍流的な思想を一切認めないという立場もありうる。あるいは、傍流的思想を一部認めつつも、ソット師の瞑想実践と思想にいくつかの断層があり、それぞれ異なる由来があるという事を鑑みて、上座仏教として認めうる部分とそうでない部分とに区分けするという立場もありうるだろう。
71　仏教教義の正統性は、タイにおいては政治的問題となりうる。タイ国憲法における宗教・仏教の位置づけの重要性から言っても、上座仏教の定義や教説の解釈は、国家的な問題になりうると言えよう。

第3章　パークナーム寺の活動
──2つの脱地縁性と瞑想活動の低迷

　本章では、ソット師のもとに集まってきた信徒達、また師の指導のもとで展開していったパークナーム寺の諸活動の特質を明らかにする。まずはパークナーム寺の活動が、国家的な宗教政策の影響のもとに、一方でタイ国家の宗教行政の一翼を担う教理教育の一中心地となり、他方で地縁的関係から離れた人々に多様な宗教的ニーズを与える宗教センターとなっていったことを示す。さらに本章では、筆者が1993年と1997年にパークナーム寺およびルアンポー・ソット寺で行なったインタビューと観察記録に基づいて[1]、ソット師没後のパークナーム寺の活動状況をも取り上げる。

1　教理教育と布教・開発研修

　これまでの章に見られるように、本書の主たる対象はタンマガーイ式瞑想の形成と変容にある。そのためパークナーム寺があたかも瞑想のみを重視する寺院であるかのような誤解を読者の方々に与えたかもしれない。しかし実際は、ソット師の活躍していた当時からすでにこの寺院は、教理教育やパーリ語教育に力を注いできていた。ソット師自身は、そのような教理教育に携わらなかったものの、師は教理教育に極めて強い関心を持っていたことは明らかである(第1章参照)。ただソット師は出家者に対して瞑想修行や教理学習を奨励していたとはいえ、仏道修行のいずれを重視するのかについては、出家者各人の自由意志に任せていたようである[2]。

　しかしながら、このように寺院が発展していくことを、必ずしも全ての人々が快く思っていたわけではない。ソット師の寺院運営は、20世紀前半の

パークナーム寺周辺における地縁的な人間関係との間に摩擦を生み出していた。ソット師がパークナーム寺に赴任した当時の様子からこの点が窺える。

　ソット師が住職に就任したばかりのパークナーム寺は、管理の行き届いていない荒廃した寺であったと言われている。しかし全くの廃寺だったわけではなく、すでに僧侶たちが住み着いていた。サンガ統治の面から見た場合、逸脱する傾向の見受けられるソット師ではあったが(第1章参照)、パークナーム寺の先住僧たちから見れば、必ずしもそうとは言えなかった。彼らはむしろソット師のことを、名刹チェートゥポン寺の高僧が送り込んだ、近代サンガ統治を推進するための下級官僚と見なしていたようである。実際、ソット師が住職として着任後にパークナーム寺は急激な変貌を遂げている。ほんの少し前まで寂れた地方の一寺院にすぎなかったこの寺は、1930年代末から1940年代初頭にかけて僧侶と沙弥を合わせて150名程度抱える大寺院になり [Tritha 1995: 199]、タイ各地から出家者が集まるような教理学習センターへと変貌していった。また、プン師が伝記で述べているように、ソット師の信徒の多くは他村や他地域などからやってくる者であり [Somdet (Pun) 1964: 12]、地域住民に関わる托鉢についても、パークナーム寺ではこれを行なわず、僧侶の食事については寄進を元手にメーチーが準備するようになっていった [Somdet (Pun) 1964: 14][3]。

　このような変容を快く思わない者も多かった。ソット師は住職就任当初の講話で、先住の僧侶達が寺院管理に協力してくれないのならそれでもかまわないが、少なくとも自分の活動の邪魔はしないで欲しいと述べていたそうである [Somdet (Pun) 1964: 12]。しかし両者の関係はますます険悪なものになり、また地域住民も、ソット師よりは先住僧に肩入れしていたと言われている [Somdet (Pun) 1964: 12][4]。たとえば、祈祷所（第1章第6節(2)を参照）と接している隣の家の住人は、ソット師等の活動に対して始終文句を言っていたそうである [Tritha 1995: 87]。さらに、ある華人が寺の前で鉢植えを売っていたのを見た外部者が、祈祷所（発音はローンガーンであり、一般的な用法では工場を意味している）において秘密につくった物をソット師が売って金を稼いでいるのだと勘違いして非難するという状況まで生じた [Phrathipparinya 1946: 24]。そして遂にある晩、読経を終えて僧坊へ帰る途中のソット師めがけて殺し屋が発

砲するという事件まで起こったのである［Somdet (Pun) 1964: 14］[5]。

このようにパークナーム寺の活動は、先住僧を含め地域社会との間に軋轢を生み出した。しかしまた、一面でこの寺は20世紀初等に始まるサンガ改革に則した形で発展し、教理教育を行なう都市部の寺院へと変貌していったのである。実際、今日では瞑想活動よりも教理教育の中心地としてこの寺は機能しているとさえ言える[6]。たとえば、現在のパークナーム寺の住職であるプラタムパンヤーボディー〔チュアン・ワラプンヨー〕師（Phrathampanyabodi［Chuang Warapunyo］）（本章第2節の**表3-1**の11番を参照）[7]はパーリ語の最高段位の取得者であるが、師はタンマガーイ式瞑想の指導だけでなく瞑想に関わるような実践をほとんど行なっていない。師が最も力を注いでいるのは、出家者への教理教育と布教・開発研修である。

さらに述べれば、筆者がインタビューを行なった1997年当時、この寺でタンマガーイ式瞑想実践を行ない何らかの形で指導に関わっている僧侶は、30名弱にすぎなかった[8]。他方で1996年の集計に基づくと、一時出家者が多数加わる雨安居時期には、僧侶291名、沙弥150名が出家していた。一時出家者は、ナワカプーム（Nawakaphum）と呼ばれる、仏教史や戒律の学習と経典学習を中心としたプログラムへ参加することになる。瞑想実践は必ずしも重視されていない。瞑想修行は個々人の自由裁量による部分が多い。また、雨安居が明け一時出家者が還俗しても、パーリ語試験の時期が近づくと、他県やバンコクの他寺院から僧侶や沙弥がやってきてパークナーム寺に宿泊し、パーリ語学習の研修（オプロム・バーリー、Oprom Bali）を行なうのである。しかもその人数は、雨安居時期を越えている（1996年の合宿参加者は約500名であった）。これ以外に、1994年からこの寺で始まった活動として、タンマトゥートの研修（オプロム・タンマトゥート、Oprom Thammathut）がある。この研修は地方などへの仏教伝道や地域開発などの社会活動を行なう僧侶を養成するものであり、この寺での研修に参加する者のほとんどは他県で役職に就いている僧侶である。1996年の研修参加者は約600名であった[9]。

2　移動する住民と定住する遊行僧

　以上述べてきたように、今日のパークナーム寺は国家規模で行なわれている教理教育の枢要を担う位置にある。しかしその一方でこの寺での瞑想活動の影響力は減少していった。一見すると今日のパークナーム寺での瞑想活動の低下を、国家行政に裏打ちされた教理学習の影響や、地域共同体の寺院の解体によるものと見えるかもしれないが、先述の地元民との諍いにも見られるように、事態はもう少し複雑である。なぜならタンマガーイ式瞑想の形成自体もまた、脱地縁的な特質を持っていたからである。この点を明らかにするために、まずソット師のもとに集まってきた弟子達がどのような人々であり、タンマガーイ式瞑想が彼らにとってどのようなタイプの宗教的サービスであったのかについて考察し、次いで瞑想実践活動が低迷していく要因を述べることとする。

　ソット師の古くからの直弟子でかつ資料が残っている者の出身地などを筆者がまとめた**表3-1**を見てみると、その多くは、パークナーム寺周辺の中部タイの諸県から来ていることが見て取れる（出身県の位置については、第1章の**図1-B**を参照）[10]。僧侶に関しては、ソット師と同村・同郷出身者である2番と19番の僧侶や、ソット師の村ではないが互いに同郷出身者の8番と11番の僧侶など、地縁関係を頼りに上京してくる者が見受けられる。このように地縁や血縁を利用して都市部の有名寺院に移動してくるという傾向は、以前から見られるものである［Bunnag, 1973, Tambiah 1976: 288-364］。20世紀前半のバンコク近郊の諸県は、すでに運河網が張り巡らされており舟での移動は比較的容易であった［高谷 1982: 230-236, 271-278］。また世界大戦の影響[11]もあって、都市生活者の中には職業を変えなくてはならない状況に追い込まれる者や、あるいは疎開が必要となる者もいた。たとえば12番、13番、17番の者がそうであろう。また1930年代前半には世界恐慌のため都市部での雇用機会が減り農村へ帰る者もいたと言われているが、これは逆に言えばバンコクに出稼ぎに出てくる者がすでに多く存在していたと言うことでもある。6番のメーチーなどはその例である。他県出身の僧侶の地縁や血縁者、地方村落からの出稼ぎ者、戦争で生活の変容を迫られた都会の比較的裕福な人々などが、20世紀

前半におけるパークナーム寺の中核信徒となっていったのである。また彼らの移動を可能にした運河網も広域型の信徒集団を生み出した条件の1つであろう。

　ちなみに同様の信徒集団の編成は、正統な主流派仏教に重層的に関わる都市部の職業的シャーマンを中心にした集団にも見られる。たとえば、1970年代初頭にバンコク周辺の都市部の職業的シャーマン（「Cao Pho信仰」）[12]を調査した森幹男の報告によれば、都市部の職業的シャーマンは、多種多様な呪術・宗教的サービスを一手に引き受けている「万能の魔術師」であり、このような多様な呪術・宗教的サービスの習合の要因は都市化にあるとされている。つまり、都市化によって地域共同体の役割関係が変容・解体し、地域共同体の成員に統合的な世界観を提供してきた相互連関した諸信仰や、それに関わる呪術・宗教的サービスの分業も変容・解体をきたし、そこで新たな統合的な世界観が求められたというわけである。また広域な生活圏をもつ都市生活者にとっては、多様な呪術・宗教的サービスそれぞれの専門家を捜すのは面倒であるため、諸々のサービスが収斂したセンターに通う傾向があるという点も指摘されている［森 1974b: 184-188］。

　バンコクの職業的シャーマンとソット師の瞑想活動との間には、様々な隔たりがある。しかし興味深いことに、森の見解にいくつかの留保をつければ、ソット師の活動状況と大きく重なる点が指摘できる。第1に活動年代がバンコクの職業的シャーマンとソット師の間では相違がある。ただ、この点について森の調査は1970年初頭のシャーマンを対象にしているものの、シャーマン達の来歴を細かく調べてみると、1940年代に活動が始まり1950年代に急増している事がわかる。これはソット師の活動が活発化した時期と大きく重なっている。

　第2に「都市化」という社会現象を共有している。森の論考における都市化とは都市域の拡大を漠然と示しているものであり、その特質や時期などは明確にされていない。もし都市化を1960年代以降の工業化・インフラの整備・産業地域の一極集中化とバンコクへの流入人口の増加などを前提にした議論と解すると、ソット師の活動の事例では時期的な齟齬をきたしてしまう。しかし、先述のようにバンコクの職業的シャーマンの活動が1940年代から始

表3-1 パークナーム寺の中核的信徒 (1920-1956年)

	氏名	生没年	出家年	出家経験	出身地	瞑想開始年	役職その他
1	プック・ムイ プラセート	1886-1984年	1921年	メーチー	トンブリー県バンサケー村	1920年頃	ソット師の直弟子の中で年長者。祈祷所におけるメーチーの長の1人。
2	チュア・オーパーソー（プラ・クルー・ウィナイ）	不明-1968年	不明(他寺院)	僧侶	スパンブリー県ソーン・ピーノーン郡	1921年頃	ソット師と同村出身で親類。祈祷所で瞑想していた。
3	トーンスック・サムデーンパン	1899-1963年	1939年	メーチー	バンコク都バーンラック地区	1929年	大学病院の外科医を勤めていた夫がもともとソット師の信徒であった。（資料にはないが、祈祷所で瞑想していたと思われる。）
4	タノーム・アーサワイ	1900-不明	1945年	メーチー	アントーン県ムアン郡	1934年	王室関係の医者および王族の宮殿内の守衛などを行なっていた夫が、もともとソット師の信徒であった。祈祷所におけるメーチーの長の1人。アントーン県の瞑想支所に移籍。
5	ヤーニー・シリウォーハーン	1916-1976年	1936年	メーチー	チャチューンサオ県ムアン郡	1936年以前	継母がパークナーム寺でメーチー出家していた。祈祷所におけるメーチーの長の1人。タイ・メーチー協会長。
6	チャン・コンノックユーン	1909-2000年	1938年	メーチー	ナコンパトム県（ナコンチャイシー）	1937年	他界した父に会うため瞑想を始める。出稼ぎでバンコク上京。祈祷所におけるメーチーの長の1人。後にタンマガーイ寺の創設者の1人となる。
7	トゥリーター・ニアムカム	1926-	1938年	元メーチー	サムットプラカーン県バーンボー郡	1937年	中学3年卒業後に母親の病気を治癒するために出家。祈祷所で瞑想を行なっていた。後にソット師の弟子協会の会長となる。
8	ティーラ・タンマタロー（プラ・パワナー・コーソンテーラ）	1924-1968年	1937年（他寺院で沙弥として出家）。1945年（パークナーム寺で僧侶として出家）	僧侶	サムットプラカーン県バーンパリー郡	1937年頃	ソット師没後に教学および瞑想指導の大先達となり、パークナーム寺の副住職となる。小ルアンポーと呼ばれた。「祈祷所」で瞑想していた。
9	ナロン・ティッタヤーノー（プラ・ラーチャモーリー）	1926-1981	1939年（沙弥として出家）。1946年（僧侶として出家）	僧侶	アユタヤー県サナオ郡	1939年頃	ソット師在住中の住職補佐。ソット師没後は副住職となり、その後に別寺の住職となる。

第3章 パークナーム寺の活動

	氏名	生年	出家年	身分	出身地	瞑想開始年	備考
10	チャルアイ・ソムバットスック	1923-	1941年	元メーチー	チェンマイ県ムアン郡	1940年	教員経験者。父親が自身の病気治癒のために始めた瞑想をきっかけとし、家族そろってソット師の信徒となる。祈祷所で瞑想を行なっていた。
11	チュアン・ワラプンヨー（プラタムパンヤーボーディー）	1925-	1939年（他寺院で沙弥として出家）。1945年（僧侶として出家）	僧侶	サムットプラカーン県バーンパリー郡	1945年以前	8番の僧侶と同村出身。現在パークナーム寺の住職。
12	プラティップ・パリンヤー（本名トゥープ・カランパスット）	不明	他寺院で出家	元僧侶	不明	1945年頃	第二次大戦中の疎開先でタンマガーイ式瞑想を知る。元検事。パークナーム寺の活動を弁護する文書を執筆した。
13	ティアン・ティーラサワット	1906-不明	1946年	メーチー	トンブリー県パークルット郡	1946年	輸入商を営んでいた。第二次大戦中に爆撃の被害を受けなかったことに感謝して出家。ナコーンサワンの瞑想支所に移動。
14	ラムパー	1927-	1947年	メーチー	サムットプラカーン県	1947年	祈祷所で瞑想を行なっていた。
15	スタム・ジャンタカラット	不明	1957年	元僧侶	不明	1947年	元検事。ソット師の弟子協会設立者。
16	（プラ・アチャーン・サンウィアン・アティアワットー）	1916-	1971年	僧侶	アユタヤー県バーンパイン郡	1949年頃	元航空会社勤務。ダムナンサドゥアック瞑想支所に移動。
17	ウィーラ・クンタモー（プラ・パワナー・コーソンテーラ）	1919-	1954年	僧侶	トンブリー県バーンクンティアン郡	1953年	父親は日本人。第二次大戦中に大学を中退し、父母の貿易業を手伝う。後にパークナーム寺の瞑想指導の大先達および副住職となる。祈祷所で瞑想していた。
18	（プラ・クルー・パワナーヌワット）	1914-	1955年	僧侶	ウタイタニー県	1954年	高卒後公務員となり、大戦後は姉の商売を手伝う。姉の病気治癒のために瞑想を始める。祈祷所で瞑想を行なっていた。
19	ウィチアン・アノームクノ（プラ・メーティー・ワラーポーン）	1937-	1941年（他寺院で沙弥として出家）。1957年（パークナーム寺で僧侶として出家）	僧侶	スパンブリー県ソーン・ピーノーン郡	1956年	ソット師と同郡異村の出身者。後にパークナーム寺の副住職となる。

・氏名の後の括弧の中は僧侶の位階名である。
・表は、瞑想開始年の早いものから順に並べてある。
・瞑想開始年とはタンマガーイ式瞑想を始めたと思われる年を意味する。
・出家年については、「他寺院での出家」という表記がない場合、パークナーム寺での出家を意味する。
・出典：14番および18番は筆者による聞き取りに基づく。
　6番は [Aphichat 1988]、7番は [Tritha 1995]、15番は [Sutham 1973]、それ以外は [K.T.P. 1984] を参照した。

まっており、ならびにソット師の弟子達の経歴を取り上げた際に述べたように、1960年代以前からすでにバンコク近郊県の人の移動は活発化していた。したがって都市化という用語ではなく、脱地縁的な生活空間の拡大という点から考えれば、バンコク近郊の職業的シャーマンの台頭とソット師の活動の展開は、同様の社会的背景を共有していると考えられる。

最後に第3点として、両者の活動形態もまた似通っている。森が述べる「万能の魔術師」という概念はソット師にも当てはまる。ソット師を中心にした当時のパークナーム寺では、一般的な仏教儀礼の他、出家在家を問わずに教理学習や瞑想実践の場を提供し、さらに記念護符の配布、瞑想による信仰治療、死者の霊との交流、ブッダ降臨の祈り、爆撃を避ける祈り、治療薬の提供や占いなどが行なわれていた（第1章参照）。その意味では師は、森が述べているような多種多様な呪術・宗教的サービスを提供する「万能の魔術師」であった。また、そのように多様な呪術・宗教的サービスが収斂していくことにより、生活全般そして実存的な問いにも答えるような教祖的な指導者が生まれてきたとも考えられる。村落社会の社会関係に即して諸儀礼の専門家が分業し、諸儀礼の遂行が社会関係の持続と変容をもたらすといった社会状況から飛び出した人々にとって、多様な呪術・宗教的サービスを一手に引き受けてくれる人物や寺院は、心強いものであっただろう。

さらにパークナーム寺では、一般在家者にもそのような呪術・宗教的能力が与えられており、自らタンマガーイ式瞑想を実践することにより、多様な生活上の問題や苦悩を自ら解決する精神力や守護力を得ていった。このように個々の一般在家者に分散された「万能」の守護力の信仰は、新たな社会関係の中での自己を再構成する際の準拠点となったと言えよう（この点については第8章参照）[13]。

以上は信徒の側の社会的背景であるが、さらに重要なのは、このような信徒達の移動域拡大の中で、逆にソット師は特定寺院への所属を迫られ、さらには住職になったため一般僧侶のように他寺院へ所属を変更することさえも難しくなり、現実的には定住を迫られたということである（第1章第5節を参照）。従来ならば、遊行僧は一定の寺院に長く留まることはない。したがって、瞑想を行なう遊行僧の聖人カリスマの周囲に在家信徒の集団が形成されると

いうことはまれなことであっただろう。これに対してソット師の場合は、住職としての役割を得ることで特定寺院に居を構え、そこで独自の瞑想活動を展開していったという経緯がある。ソット師は信徒にとっては複数いる聖人の1人ではあるが、定点に留まって信徒集団を束ねる宗祖的なカリスマ性を帯びた僧侶となったのである。その定点に、先に述べたような、バンコク近郊県で広域な生活圏を持つ人々が集まってきたのである[14]。

　以上述べてきたように、タンマガーイ式瞑想とその実践集団は、当時のサンガ政策とバンコク近郊住民の生活状況との接点において生まれたものである。ソット師の活動は、地域共同体の宗教的サービスとは関わりを持たない多様な宗教的ニーズを集約的に担い、シャーマンを含む民衆宗教の再編過程とも連動したものであった。さらに師の活動は、国家規模での教理教育の均一化にも寄与していた。20世紀初等のパークナーム寺は、瞑想修行と教理教育の双方におけるセンターとしての役割を担い、二重の意味でこの寺を脱地縁化させたのである。

3　ソット師没後のパークナーム寺

　以上述べてきた瞑想修行と教理学習は、教理学上では相互補完的な実践である。しかしソット師自身の対応には、この相補性にほころびが見られる。師は一方で瞑想修行を強制することはせず、自分が十分に果たせなかった教理学習（国家レベルで制度化された教理学習）への参入のチャンスを弟子達に最大限に確保しようと努力していたが、他方では、瞑想実践に基づくタンマガーイ式の教理解釈をより高度な智慧として位置づけていたのである（第2章第3節を参照）。そしてこの2つの実践は、ソット師の没後にパークナーム寺において明確な形で分裂していくことになり、先述のように瞑想修行よりも教理学習の権威がこの寺の中心に位置づけられるようになっていく。その経緯ならびに現在の瞑想実践の状況を以下に明らかにしておく。

　ソット師の没後、この寺での瞑想活動自体は師の生前の状況と比べ力を失っていった。しかし守護力への信仰は全く衰えなかった。その理由の1つは、ソット師の遺体が荼毘に付されず、一般在家者が集う瞑想実習室の壇に

安置されていることにある。この措置は信徒の要望に即したものでもあり、また寺院の経営上の必要によるものであった［Somdet (Pun) 1969: 39-40］。このような遺体安置が、その後、ソット師がまだ最終的な涅槃に達することなくどこかレベルの高い世界に生まれ変わっているという見解や［Tritha 1995: 198］、師の魂が現世に現れて人々の苦難に手を差し伸べてくれるという伝説を生み出していった。そのため現在でも、いやむしろ肉体に縛られるという特質を失った現在だからこそ、ソット師は幻視や幻聴あるいは夢への出現といった形で、師の信奉者に度々姿を現すようになったと言えよう［Tritha 1995: 64, 198, Soiphet 1984: 80, Nuwanphot 1984: 111-112 ］[15]。

　ソット師の守護力への信仰が現在でも根強いもう1つの要因としては、護符の作成が継続されているという点も指摘できる[16]。すでにソット師は他界しているため、師によって護符が作成されるということはありえないが、ソット師の没後には、パークナーム寺の住職や副住職によって護符やメダルが作成されている。この護符の中にはソット師の頭髪や、ソット師が作成した記念護符の粉などが配合されていると言われており、ソット師の守護力を保とうとしている［S.P.W.P. 1991: 102］。

　このようにソット師自身への信仰は師の没後も衰えることなく、むしろ以前よりも高まっていったと言えよう。しかしながら、パークナーム寺における瞑想実践はこれと裏腹に影響力を低下させていった。ソット師の在世中には80名ほどいたと言われる瞑想修行を中心的に営む僧侶の数は、現在では20〜30名程度に減少し、また瞑想修行に重きを置くメーチーも減っていった。さらに瞑想の高度習熟者が人々の救済のために行なう「祈祷所」での特別瞑想も、現在ではその実践者のほとんどがメーチーのみとなっている[17]。しかも、ソット師の生前には祈祷所で勤行を行なっていたメーチーは80名ほどいたそうだが、現在では20名ほどになっている[18]。また本章第1節でも述べたように、現在におけるパークナーム寺の活動の主要な部分は、教理学習と布教・開発研修となっている。ソット師への信仰が衰えることなく、他方で瞑想活動が低迷し、教理学習に重きが置かれていったのはなぜだろうか。その主たる要因は、瞑想指導における権威ある後継者に恵まれなかったことにあると考えられる。

第3章　パークナーム寺の活動　115

　1959年にソット師が亡くなってからしばらくの間、パークナーム寺の住職代理となっていたのは、ソット師の甥で後にサンカラート（僧王・大僧正）となるプン師であった。プン師は当時すでに名利チェートゥポン寺の住職であり、またサンガ法（仏暦2484年サンガ法）において、いわば内閣に相当するタイの統一サンガの行政機関である「法臣会議」（サンカモントゥリー、Sangkhamontri)[19]の役職を有する高僧であった［K.T.P. 1984: 69-70］。このような多忙な高僧が、もう1つ大きな寺院の住職として実質的な運営を監督する余裕はなかったと思われる。そこで実際には、パークナーム寺の運営を、ソット師の愛弟子のプラパワナー・コーソンテーラ（ティーラ・タンマタロー）師（Phraphawana Kosonthera [Thira Thammatharo]）に任せることとなった（表3-1の8番を参照）。このティーラ師はタンマガーイ式瞑想に非常に長けており、ソット師が晩年に病に伏した際には、ソット師に代わって瞑想指導と記念護符の配布を任されていたとも言われている［Tritha 1995: 175］。またティーラ師は教理学習にも長けておりナクタム1級およびパーリ語4段をも有していた。このように例外的に、教理学習と瞑想実践の双方において極めて有能な僧侶であったティーラ師は、ソット師没後にパークナーム寺の副住職に昇進し、さらにこの寺の教学と瞑想双方の教育長の役職を担うようになっていった［K.T.P. 1984: 80-81］。師はパークナーム寺の信徒から「小ルアンポー」(Luang Pho Lek）と呼ばれ、ソット師（大ルアンポー）を引き継ぐにたる十分な権威と能力を有していた僧侶であった。
　しかし、体の弱かったティーラ師は体調を崩して入院し、1968年に44歳の若さでこの世を去ってしまったのである［K.T.P. 1984: 83］。ティーラ師のもとに、活動を再編しようとしていたパークナーム寺の瞑想修行者達は、有能な指導者を早くに失い、その後十分に組織化されることなく現在に至っている。ティーラ師の没後には、日系タイ人のプラパワナー・コーソンテーラ（ウィーラ・クンタモー）師（Phraphawana Kosonthera [Wira Khunttamo]）が、瞑想指導の代表者となっている（表3-1の17番を参照）。このウィーラ師も瞑想に長けた僧侶ではあるが、ソット師やティーラ師ほどのリーダーシップを発揮することはできなかった。それはおそらくウィーラ師がソット師の晩年に弟子入りした僧侶であり、ウィーラ師の周囲には師よりも長い修行期間を有する僧侶や

メーチーが多く存在していたことによると推察される。現在は以下に述べるように、複数の少集団が緩やかに繋がりながら活動を展開しており、これらを統括するような権威者はいない。また、ティーラ師の逝去により、パークナーム寺の運営は、瞑想よりも教理学習に長けた現在の住職達によって担われるようになっていったのである。

　もっとも、ソット師在命中から、パークナーム寺の瞑想修行者ならびに瞑想実践を行なっている諸集団は、相互に深い関わりを持たず、ソット師や自分が師事する僧侶やメーチーとの直接的な師弟関係を中心に、緩やかに繋がっている集まりであった。諸集団の中心にいたソット師が亡くなって後、これらの信徒を組織化するため「ルアンポー・ワット・パークナーム弟子協会 (Samakhom Sit Luang Pho Wat Paknam)」が設立されているが、必ずしもこの弟子協会が信徒全体を統括するには至ってない。おそらく弟子協会を発足させたティーラ師が早くに亡くなったことも影響していよう。

　ティーラ師の後、この弟子協会の協会長を引き継いだ人物は、在俗の女性信徒トゥリーター・ニアムカム [Tritha Niamkham] であった（**表3-1**の7番を参照）。彼女はソット師の守護力信仰を強調し、自ら占い師やヒーラーとしても活動している [Pramuwan 1984: 54, Cook 1981: 96-97]。彼女はかつてソット師のもとでメーチーとして出家し瞑想修行を積み、ソット師の霊媒の巫女役としても活躍していた経歴の持ち主である [Tritha 1995: 63]。現在でも苦難を抱えた多くの人々が、彼女を訪れてくる。彼女はこれらの人々に対して、祈祷所に病気治癒願いを出すことを勧め、さらに守護力が強いと信じられているソット師の記念護符を身につけることを奨励している。また、守護力は日常における五戒と瞑想の実践に影響されるものであると説き、自己の内面にある光球に心を留めることが何ものにも動ずることない、精神を鍛えることになるのだと説いている [Bowonsi 1984: 229]。

　またトゥリーターの活動とは関わりの少ない小集団もいくつか存在している。筆者が1997年に取材したある集団は、(明確な組織ではないため厳密な意味での成員というものはないが) 10名程度からなる小集団であった。この小集団には教員や地主など比較的裕福な職業者が多く、仕事を終えてから夕方にパークナーム寺に立ち寄り、師事している2〜3名の僧侶のもとで瞑想修行に励

んでいる。彼らもトゥリーター達の活動と同様に、ソット師の瞑想と護符の守護力の偉大さ、ならびにそのような守護力を得るために必要な戒律などの道徳的実践と日々の瞑想修行の大切さを、部外者である筆者に説明してくれた。また、タンマガーイ式瞑想がいかに自己の内部に独特のリアリティを感じさせるものであるかについても強調している。

　興味深い点は、彼等は自分達が最も懇意にしているパークナーム寺の瞑想指導僧侶のもとでの瞑想修行だけでなく、(次章以降で詳しく論じる) タンマガーイ寺の活動にも並行して参加している点である。パークナーム寺では瞑想の個人指導は受けられるものの、長期間の瞑想研修やその他の在家者向け宗教的サービスは必ずしも充実しているとは言えない。彼らはこの点について、タンマガーイ寺の活動に参加することで補っているのである。パークナーム寺の瞑想指導僧達とタンマガーイ寺は、必ずしも全ての面で友好的な関係にあるとは言えないのだが、組織の運営に関わらない一部の一般信徒においては、両者の宗教的サービスをプラクティカルに利用している面が見られる。またパークナーム寺側の信徒自身の認識においても、タンマガーイ寺はパークナーム寺の数多くある支部寺の1つにすぎないと理解されている。逆にタンマガーイ寺側の信徒は必ずしもそのように認識せず、自らの寺院を独立した寺院であり、タイにおける瞑想修行の中心地として認識していることが多い。

　これらの集団の他に、現在のパークナーム寺との緊密な関係のもと、最も活発な瞑想活動を展開しているのが、ルアンポー・ソット寺 (Wat Luang Pho Sot http://www.dhammakaya.org/) の住職であるプララーチャヤーン・ウィシット (サームチャイ・チャヤマンカロー) 師 (Phrarachayanwisit ［Soemchai Chayamangkhalo］) である。サームチャイ師の寺はバンコク近郊のラーチャブリー県に位置している (所在場所は、第1章の図1-B ❼を参照)。師は、パークナーム寺の瞑想指導代表者であるウィーラ師の直弟子であり、ルアンポー・ソット寺やパークナーム寺だけでなく、他の寺院においてもタンマガーイ式瞑想の指導を手広く行なっており、ラジオやテレビでの瞑想指導なども積極的に展開している。サームチャイ師の活動は、タンマガーイ寺の活動に触発されこれに対抗する形で形成されてきたが、今の所は在家信徒を組織化する方向には向かわず、

出家者の瞑想指導に力を注いでいる。また、パークナーム寺の祈祷所で行なわれていた特別瞑想を行なうことはせず、護符の守護力ならびに在家者各人の瞑想実践による守護力の獲得を強調している[20]。

　以上紹介してきた瞑想実践集団の他にも多数の集団がタンマガーイ式瞑想を実践しており、パークナーム寺の外部で活動を行なっている者も多い。これらは正式な支部寺というわけではないが、タンマガーイ式瞑想を指導し、パークナーム寺と緩やかに繋がっているいくつかの活動拠点である。パークナーム寺はバンコクや中部タイだけでなく、東北タイや北タイさらに南部タイにもそのような拠点を持っており、筆者が調べた限りでは1997年に16の拠点（その中にはタンマガーイ寺やルアンポー・ソット寺も含まれている）を有していた[21]。また現在では日本（千葉県大栄町）にも拠点を有している。

　本章においては、パークナーム寺の活動が、二重の脱地縁的な特質を帯びていたことを明らかにしてきた。一方でパークナーム寺は、パーリ語と教理学習ならびにタイ・サンガの地方布教活動のための教育実習を行なう重要な寺院へと発展し、地域社会の寺院というよりはタイ全土から修行者を集め、またタイ全土に彼らを送り出すといった国家規模での役割を担っていくようになる。また他方で、ソット師の瞑想活動に参加した信徒もその多くはパークナーム寺周辺の地元民ではなかった。そのような脱地縁的な瞑想集団が形成された背景には、瞑想修行を通して守護力を持つと信じられている遊行僧の所属寺院を明確にさせようという政府の政策、地域共同体から離れつつあった人々という2つの要因が考えられる。そしてソット師という定住化したカリスマ的遊行僧と地域共同体から離れた人々の出会いは、タンマガーイ式瞑想という形に結実する。そこでは信徒の多用な宗教的ニーズに答えるために多用な神秘力が収斂する宗祖的な人物を生み出し、またその守護力を信徒自身に内在化させるという現象が生じたのである。

　またソット師の没後には、パークナーム寺において師のカリスマ性を引き継ぐ指導者が不足したため、一方で守護力への信仰は持続しつつも拡散し、他方で瞑想活動においては、支部寺院は増加したもののパークナーム寺自体の指導力は低下していった点も明らかにした。次章で詳しく述べるが、この

脱地縁的なパークナーム寺の活動からタンマガーイ寺の最初期の集団が形成されていったのである。タンマガーイ寺はこの脱地縁的な特質をさらに展開し、社会変容に即して在家者に新たな宗教的サービスを提供しつつ、新たなアイデンティティの模索を行なっている。この点パークナーム寺は、在家者向け活動の組織化を戦略的に展開しているとは言えない。そのため本章で述べたように、パークナーム寺で瞑想修行の小集団に所属している在家信徒の中には、タンマガーイ寺の活動にも同時に参加している者が多いのである。

注

1 1回目の調査は1993年6月28日から同年8月16日に実施し、8日間、3名の僧侶へ複数回のインタビューを行なった。2回目の調査は、1997年1月3日から同年2月21日の間に、12日間行なった。インタビューは、僧侶7名、メーチー1名、在家信徒5名に対して行なわれ、その他瞑想修行および教理学習の状況や、追善供養ならびに万仏節(マーカブーチャー)などの儀礼を観察する機会を与えられた。

2 1997年2月1日に行なった、パークナーム寺内の教理学校の事務室での聞き取りに基づく。ちなみに、瞑想と教学のいずれか1つを重視する傾向は、タイ上座仏教において古くから見られる特質でもある。また現在では、パーリ語試験への対応は別として、タイ全土においてナクタムと呼ばれる教理学習はいずれの僧侶に対しても必修とされている。

3 この寺は出家者数が多いため地域住民や周辺寺院への影響を考慮して托鉢を控えているという面もある。また、住職の意向を無視して托鉢行を行なっている僧侶もパークナーム寺にはいる。

4 ただし、パークナーム寺の周辺は多数の寺院が密集している地域であり、比較的凝集性のある1つの地域社会に対応した1つの寺院が存在しているというわけではない。

5 ソット師は袈裟を2発撃たれただけで負傷しなかったが、彼のそばにいた信徒が顔を撃たれて重傷を負った。

6 またパークナーム寺は多数のメーチーを抱える寺としても有名である。この点について筆者は、ジェンダー論から考察する準備はできていない。パークナーム寺のメーチーについては、ネリダ・クックが詳述している [Cook 1981]。

7 この位階名は1987年段階のものである。現在のチュアン・ワラプンヨー師は、サンガの役職階梯の中で最高位のサンカラート(僧王)に次ぐ、ソムデット位を持っている高僧となっている。

8 ただし、後の説で述べるように瞑想実践者の組織化がされているわけではないので、正確な人数を把握できたわけではない。

9 雨安居期の出家者数とタンマトゥート研修参加者数は、1997年1月31日に筆者が行なった、パークナーム寺広報部での聞き取りに基づくものである。

10 1名のみチェンマイ(北タイ)出身者がいる(10番)。彼女の場合、父親がチェンマイの県知事の知人であり、彼女自身バンコクとチェンマイの間を何度も往復できるほど、時間的にも金銭的にも余裕があった。

11　連合軍による爆撃や、日本軍がタイ経済に寄生したために生じた物資不足とインフレによる影響［和田・生田 1983: 243-251］。
12　森の表記では「Chao Phou 信仰」となっている。
13　ただし「万能の呪術師」論には、いくつか問題点がある。1つは、マスメディアの介在が宗教的サービスの収斂に一定の歯止めをかける可能性があるという点である。たとえば、1980年代から宗教的サービスを提供する様々な寺院・祈祷所・祠・護符などを紹介する雑誌が刊行されており、これがかなりの発行部数を有している。1ヶ月で4万部発行している雑誌もある（1997年の筆者の調査による）。このような情報誌を読むことで、都市においても多様な宗教的サービスにアクセスすることが容易になるだろう。そうなれば宗教的サービスの内容において差異化が進行し新たな分業が生じる可能性もある。第2に、村落内部においても宗教的サービスの再編が生じているという点である。林が東北タイの事例で述べているように、モータムという新たな在俗の宗教職能者は、村落内の既存の多様な宗教儀礼を一手に引き受けるようになっている［林 2000:268］。したがって、宗教的なサービスの収斂を、地縁の解体や、脱地縁的な生活空間の拡大という点のみに関連づけることはできない。
14　ただし、ソット師やその他の有力な僧侶との同郷がパークナーム寺の中心的な役職に就くという傾向は見られる（表3-1の2番の僧侶とソット師ならびにプン師は同村出身者であり、19番の僧侶はソット師と同群の出身である。また8番の僧侶と11番の僧侶も互いに同村出身者である）。その意味では、完全に地縁や血縁が見られないというわけではない。むしろパークナーム寺は、そのような地縁や血縁をも含めて、多様な人々を取り込んでいくレベルでの脱地縁性を有していたと言えよう。
15　生前の肉体的特質を失ったソット師に対し、現在でも諸儀礼の際には食を捧げている［Tritha 1995: 63-64］。
16　この護符は、法蘊護符（プラ・タンマカン、Phra Thammakhan）と呼ばれ、ソット師が直接作成した記念護符とは分けられている。しかし、この護符は記念護符が初代から第3代まで造られた後を次いでおり、1971年に作成された最初の法蘊護符は第4代と名づけられている［S.P.W.P. 1991: 101］。
17　1997年1月17日に筆者が行なった、パークナーム寺のある瞑想指導僧への聞き取りによる。
18　1997年1月30日に筆者が行なった、パークナーム寺で長年出家している高齢者のメーチーへの聞き取りによる。また現在、メーチーのみが祈祷所に関わっているのは、おそらく後述の在家指導者が女性であることと関わりが有るだろう。
19　法臣会議のメンバーは10名からなる。また仏暦2484年サンガ法においてのみ法臣会議という行政機関とその役職が存在している。現在使用されている仏暦2505年サンガ法にはこのような役職はない。サンガ法ついては石井が詳細に論じている［石井 1975: 195-224］。
20　1993年8月8日に筆者が行なった、サームチャイ師への聞き取りに基づく。
21　1997年1月31日に筆者が行なった、パークナーム寺の広報部の僧侶ならびに瞑想指導僧への聞き取りに基づく。

第2部　消費社会とタイ仏教：
タンマガーイ寺の事例

　第1部では、ソット師によるタンマガーイ式瞑想法の形成過程とその背景、ならびにパークナーム寺の活動を明らかにした。第2部では、パークナーム寺内部の瞑想集団として活動を始めて独立し、後に巨大な仏教団体へと運動を展開していくタンマガーイ寺について取り上げる。タンマガーイ寺は、既存のタイ仏教寺院とは一線を画す独自の活動を展開しているが、その特質をより鮮明にするためには、第1部で詳述したパークナーム寺におけるソット師を中心とした活動との比較が必要となる。タンマガーイ寺の活動における特殊性は、ソット師の思想と実践における独自性を受け継いだことに由来するだけではなく、それを変容させている点でも独特なものがあり、さらにはソット師の活動には見られなかった新たな特殊性をも付加しているのである。この3つの特殊性を明確に区分することにより、タンマガーイ寺の活動が、20世紀初頭のサンガ統一において排除されながらも再編を通して生き延びてきた独特な仏教伝統の系譜に位置づけられるということだけではなく、20世紀後半における民衆仏教の変容と急激な消費社会化に対応した仏教運動であるということも明らかになる。
　第4章では、まずタンマガーイ寺の形成過程と活動全般についての概説を行なう。第5章では、タンマガーイ寺の中心的な創設者である僧侶と女性修行者の来歴を紹介し、次いで、タンマガーイ寺の活動を拡大することに貢献した大学生のリーダー達の活動を取り上げる。第6章ではアンケート調査に基づいて、一般信徒の社会的特質ならびに信仰心の特質を取り上げる。第7章では、タンマガーイ寺で行なわれる儀礼と寄進の様子を具体的に描写し、次いで、大学生用の訓練出家の活動および一般在家者向けの瞑想訓練の様子も紹介する。

第4章　タンマガーイ寺の概略
――形成・組織・活動

　本章でははじめに、タンマガーイ寺における組織の形成と活動の概要を紹介し、次いで、「出家者」の集団構成、業務遂行上の組織、一般在家者の集団と活動、教義と儀礼、外部社会との関係を概説する。巨大な組織体であり、幅広い活動を展開しているこの寺を理解するには、まずこのような全体の見取図を用意することが必要であろう。また、この寺の活動と思想については、すでにアピンヤーによる優れた研究がある [Apinya 1998]。したがって、本章では主としてこれに依拠しつつ、タンマガーイ寺とタンマガーイ財団が発行している書籍ならびに筆者が取材によって得た情報を加えていくことにする。

1　組織形成と活動の概要

　首都バンコクの北方約40キロメートル、バンコク隣県であるパトゥムタニー県に莫大な敷地(2,730ライ。約437万㎡)[1]を持つタンマガーイ寺は、この30年の間に急激に活動を広げてきた。この寺の前身と言える集団は、1960年代初頭にパークナーム寺内部の小さな瞑想集団の1つとして始まっている。その後この集団は、1970年に現在の敷地の一画（196ライ。約31万㎡）を寄進によって得て独立し、そこに仏輪瞑想センター（Sun Phutthacak Patibattham）を建設している。寺院設立の中心的役割を果たしたのは次の3名である。

・タンマガーイ寺の最高権威者（初代住職）[2]プララーチャパーワナー・ウィスット[3]（チャイヤブーン・タンマチャヨー）師（Phraracha Pawanawisut [Chaiyabun Thammachayo] 1944年～）(以下呼称はタンマチャヨー師とする)[4]

・2代目住職（元副住職・現住職）プラパーワナー・ウィリヤクン[5]（パデット・タッタチーウォー）師（Phrapawana Wiriyakhun [Phadet Thattachiwo] 1941年～）（以下呼称はタッタチーウォー師とする）
・上記2名の瞑想の師匠である女性修道者の故ウバーシカー・チャン・コンノックユーン[6]（Ubasika Can Khonnokyung, 1909～2000年）（以下呼称はウバーシカー・チャンとする）。

　初期の瞑想所は、タンマチャヨー師とタッタチーウォー師および彼らの学生時代の知人、さらに女性修道者ウバーシカー・チャンの弟子達が、大学生の修行実践の場をつくること等を目的として一から形成していったものである（詳細については第5章参照）。

　タンマガーイ寺が急成長を遂げたのは1977年頃からである。1977年には宗教局から寺院登録の許可を得て寺院名をプラ・タンマガーイ寺（Wat Phra Thammakai）とし（第1章の図1-B❻参照）[7]、さらに「世界タンマガーイ・センター（Sunklang Thammakai Haeng Lok）」[8]を建設するために周囲の土地を買収し、大規模な儀礼を悠々と行なえるほどの大寺院へと拡大していった。この時期には、一方で、チュラーロンコーン大学の仏教クラブを中心に有能な指導者達が現れて運動を進展させ、他方では、政府の森林保全部の長であったポン・レンイー氏（Phong Lengi）や、広告・マーケティング業界における著名な実業家であるマーニット・ラタナスワン氏（Manit Ratanasuwan）などが中核的な信徒となって、用地買収や宣伝活動を手がけている（第5章第6節を参照）。現在では、序章の冒頭で描写したような、公称10万人程度の参加者を集める仏教行事を年に数回行なっており、また100万人近くの参加者が一堂に会することができる野外の大儀礼場も建設している。

　信徒の多くは、学歴の高い都市部の新中間層である。また僧侶や職員達についても、その大半は大学レベルの教育を受けた者である（第6章第2節参照）[9]。このことは、経済的な問題から進学が困難である人々が、世俗教育を得るためのオプションとして出家するといった［Tambiah 1976: 288-312］、既存寺院に見られた状況とは明らかに異なる特色を有している。

　組織全体としては、国内73県中50県に在家者組織の支部があり［Zehner

1990: 411]、国外18ヶ国（地域）にも支部がある（日本では東京・大阪・栃木・長野・神奈川に支部を有している）[10]。出家者は、僧侶511名、沙弥(20歳以下の見習僧)226名、修行者を兼ねた財団職員が男性108名・女性307名おり (1997年4月時点における長期出家者・職員のみの人数。筆者の聞き取りに基づく)、その他、年間約2千名の短期出家者がいる。ただし、在家者については、確固としたメンバーシップ制をとっていないので、自覚的な信徒の実際的な人数ははっきりとしない（成員構成に関する数量的な調査については第6章参照）。

　この寺の特色としては、水晶や光の球などを内観するタンマガーイ式瞑想法の実践、規律と管理の行き届いた組織業務、およびマスメディアとマーケティングの知識を利用した宣伝やイベント化した大儀礼があげられる。パークナーム寺のソット師の教えに依拠するタンマガーイ寺では、瞑想の諸段階を経て「涅槃」に達することが、究極の目的とされており、それは出家者だけに限らず在家者にとっても同様の宗教的目標である。したがってタンマガーイ寺では、これまでタイの民衆的な仏教の特質として強調されてきたような、寄進などのタンブン（積徳行 thambun）によって良き将来と来世を確かなものにしようと努力する「タンブン志向」[11]だけではなく、出家者向けの仏教の特質とされてきた「解脱志向」も在家者に向けて強調されているのである [Phra Phadet Thattachiwo 1998]。そのような救済構造の変容に呼応して、この寺ではタンブンという表現だけではなく、「バーラミーを積む」（サーン・バーラミー、sang barami）という表現が頻繁に使われる。つまり寺院や僧侶への寄進や出家などによってブン（功徳 bun）を積むだけではなく、さらに涅槃に達するための実践として10項目のバーラミー[12]に励むのである。「全ての人にとって人生の目的」とは、「涅槃」に入ったブッダと同様に「バーラミーを積む」ことであるということが、この寺では強調されており [Phra Phadet Thattachiwo 1997b: 138]、瞑想はブンとバーラミーを積むための最高の方法とされている。なお、バーラミーとは波羅蜜と訳すことができるが、ブンに近い特有の意味合いも帯びているので、漢訳的な意味に限定されないようカタカナ表記としておく。

　またタンマガーイ寺の出家者および在家者の組織は、他の寺院信徒集団と比べてはるかに組織的な管理が行き届いており、そこで培われる規律もこの寺が誇りとしているものである。一般の寺院と異なる白を基調としたシンプ

ルでモダンなつくりの布薩堂（序章の図0-B参照）も、修理の際に建築資材を手軽に入手できるようにするといった利便性を考慮して、設計されたと言われている。また規律と管理のもとで、年に数回催される大儀礼では、公称10万人以上の人々が美しく整然と並び、ある種感動的な雰囲気を醸し出すイベントが執り行なわれている。その大儀礼の姿はパンフレットや雑誌あるいは新聞やテレビなどを通じて宣伝に使用される（第7章第3節を参照）。その映像は明らかに人目を引くことを意図し、しっかりとデザインされたものである。その他の活動としては、週1度寺院に集まり瞑想修行や僧侶への寄進等を行なったり、リゾートホテルでの短期集中瞑想セッション等も行なっている。学生向けの活動としては、大学仏教クラブが中心となり、寺側のサポートを得て、仏教知識の全国試験や一時出家を兼ねた訓練を行なっている。これは新規成員の獲得の場ともなっている（第7章参照）。

　ただしタンマガーイ寺の急成長は、その一方においていくつかの紛争や問題を生み出してもいる。1985年から1988年にかけては、寺院周辺の一部の農民との間に土地買収と立ち退きを巡って紛争が生じたこともあった[13]。さらに1998年末から、この寺の活動について、寄付の強要、仏教教義の歪曲、幹部の土地の横領疑惑といった点が取り沙汰され大きな社会問題となった。そして初代住職タンマチャヨー師は、土地問題で刑事告発された。また起訴後に、師はサンガより住職休職を命じられた（寺院側は師の健康上の問題を理由に休職としてきた）。現在は、元副住職のタッタチーウォー師が住職となっている。ただし一部の過剰な批判記事や誤報ついては謝罪する新聞社も出てきている［Sayamrat 2001: 13］。また社会問題として取り上げられた背景には僧侶間の意見対立等が影響していたと述べる者もいる。なおこのタンマガーイ寺問題（事件）の真偽については現在も裁判係争中であり、決着には至っていない。

2　「出家者」の集団構成

　タンマガーイ寺の「出家者」集団は、大きく4つに区分される。第1は自らの一生を僧侶としての生活に捧げた終身僧侶[14]、第2は一時出家やその延長

で僧侶生活を営んでいる一般僧侶、第3は沙弥（20歳未満の見習僧）、第4は財団職員である。財団職員は、僧侶・沙弥と一般在家者の間を取り持つ人々であり、厳密には僧侶・沙弥と同じレベルの出家者とは言えない。とはいえ、彼らの居住地や職場は財団敷地内や寺院内にあり、彼等は財団業務の傍らで瞑想修行に励み、日常的には八戒[15]を持し、常に白い制服を着用している。さらに男性職員の中には心の中では、僧侶と同様の修行をすると決意している者もおり、職員業務は終身僧侶になる前の訓練期間にもなっている。他方女性職員の場合、タンマガーイ寺ではメーチーとして出家することはできない。というのは、剃髪の女性出家者であるメーチーは、タイの一般的な通念としては世俗社会から離れた存在と見なされており、タンマガーイ寺が求めるような財団業務を担って世俗社会の中で働ける人材として不適当であると考えられているからである。したがって修行生活を営みたい女性は基本的には財団職員になるしかない。以下本書では、便宜的に「出家者」という括弧を付した用語を使用するが、それはこのような状況を踏まえて、僧侶・沙弥・財団職員を1つのカテゴリーにまとめたものである[16]。

　第1の終身僧侶の中で最高責任者であるのがタンマチャヨー師である。師はこの寺で最も権威の高い瞑想指導者であり、信徒の中には師を神秘的な力の持ち主と信じている者もいる。師は一般信徒から距離を置きあまり姿を表さず、瞑想に長けた信徒と特別の修練所で高度な瞑想実践に励んでいるとも言われている。次いでその下に2代目住職のタッタチーウォー師が位置している。タッタチーウォー師は、実務的な指導者である。この寺の書物を執筆しているのは主にタッタチーウォー師であり、また外部者の接客なども精力的に行なっている。師は、信徒から厳しさと優しさを兼ね備えた父親というイメージを持たれており、信徒との距離も近い。

　この中枢の二者以外にも、住職補佐の役職にある数名の僧侶も終身僧侶である。彼らの多くは、タンマチャヨー師やタッタチーウォー師とともに、タンマガーイ寺の建設の当初から力を合わせてきた者達であり、タンマチャヨー師等がカセートサート大学の学生であった頃の後輩も多い。この他には、大きな功績を得た信徒や、教団職員を長年務めた後に終身出家として認められた僧侶などがいる。いずれにしても、これらの終身僧侶はこの寺で最も尊

敬され、また組織の運営を実質的に左右する力を有している。彼らは、儀式において最上段に座し、また僧衣も特別のしつらえになっていると言われている。もちろん、このような終身僧侶には極めて限られた者しかなれず、この寺の慣習では職員として10年程度働いた後に許されることになっている。1990年には、10名程度の僧侶が終身僧侶として認められていた［Apinya 1998: 25］。また、僧侶ではないが、タンマガーイ寺の創設者であり、タンマチャヨー師等の瞑想の師であるウバーシカー・チャンは、特別に敬意を払われている人物である。この寺において唯一彼女のみが、パークナーム寺のソット師の直弟子であるという点もその理由の1つであろう。

　第2の区分である一般僧侶の大半は、後述の「仏法継承者訓練と集団出家」というこの寺独自の活動において一時的に出家している僧侶か、その出家生活を継続している者である。ただし現在では[17]「仏法継承者訓練と集団出家」は3年間まで延長が認められ、その後も継続して出家生活を送りたい場合には、新参僧侶（Phra Nawaka）としての訓練を経て後に一般僧侶となるか、1度還俗して財団職員になり、10年程度業務に従事して後に終身僧侶として許可されるのを待つかの、二者選択となる。僧侶は、瞑想修行を行い、また経典およびパーリ語ならびに外国語や話術や礼儀作法なども学んでいる。さらに瞑想指導や説法、その他の寺院組織の業務も行なっている。

　第3の区分である沙弥は、「仏法継承者訓練と集団出家」の活動に基づく者と、他寺院から移動してきた者に分かれる。前者の場合は、基本的に一時出家であり、夏休みなどを利用して出家し、その後は還俗して世俗の学校の生徒に戻る。後者は、世俗の学校には通わず、寺院内部ないしは仏教教理学校などで、仏教と世俗の科目を学習している。他寺院から移動してきた沙弥の特質については、本書の第6章第2節で取り上げる。

　第4の区分は、先にも述べたように、この寺独特のカテゴリーである財団職員（Cao na thi）である。正式には、男性職員をウバーソク（Ubasok）、女性職員をウバーシカー（Ubasikha）と呼ぶ[18]。正式の出家者と一般の在家者の中間に位置する財団職員は、組織活動の実働部隊となっている。職員になるためには、志願時点で学歴がアヌパリンヤー（Anuparinya, 短大卒程度）以上、年齢が35歳以下で、未婚者でなければならない。筆記試験と面接試験を合格

した後に、3ヶ月間の訓練を受け、さらに3ヶ月間の試験採用期間を経て正式な職員となる。訓練ならびに試験採用期間には、外部社会で戸別訪問による布教活動なども課されている。給与は低く1ヶ月に2,000バーツ程度であるが、食事や宿泊所などは財団が提供している[19]。年に数日間の帰郷が許されるが、それ以外はタンマガーイ寺に隣接する財団敷地内の共同宿舎で質素な生活を営んでいる [Apinya 1998: 26-27]。

3 業務遂行上の組織

タンマガーイ寺の「出家者」と在家者は、その活動の幅を広げるための母体として1970年にタンマプラシット財団(Munlanithi Thammaprasit)を設立している。これは1982年に改名してプラ・タンマガーイ財団(Munlanithi Phra Thammakai)となったが、1985年にタンマガーイ財団(Munlanithi Thammakai)という名称に再度変更している [Munlanithi Thammakai 1999b: 20](以下、本書では便宜的にタンマガーイ財団という名称を使用する)。この財団の構成員の中心は、先に述べた財団職員や、一部の一般在家者などである。表向きはこの組織が、信徒向けの瞑想指導業務の運営、儀礼の準備と実施、勧進活動、宣伝活動、食事の準備、経理、渉外、研究などを行なっている。このように法的には寺と財団という組織しかないのだが、実際に機能している組織（図4-C 参照）はこのような区分にとらわれず、在家者と財団職員と僧侶が一体となって業務を担当している。その実際的な組織の特徴は、これがタイの寺院にこれまで見られないほどの、堅固な管理体制と細かな役割配分を持っている点にある。この寺の組織体系の変遷ついては、アピンヤーが詳細に調査している [Apinya 1998: 28-33]。ここでは、アピンヤーがまとめたタイにおける従来の寺院の組織図（図4-A）と1990年のタンマガーイ財団の組織図（図4-B）[Apinya 1998: 29,31]、ならびに1999年のタンマガーイ寺の実質的な組織図（図4-C）を以下に提示しておく。

タンマガーイ寺の業務組織内部の特質としては、アピンヤーは2つの点を指摘している。それは一方で規律や分業や効率性の徹底化ならびに個人の競争意識の重視などといった、近代ビジネス的な管理が行き届いている反面、

他方では、上位の出家者や年長者の権威や決定権が極めて強い伝統的な権威主義的関係があるという点である。アピンヤーは、このような組織内の矛盾を指摘し、効率性と権威主義の狭間で心理的な圧迫感を感じている者も多いことを明らかにし、その心理的圧迫感を取り除くために長期間の瞑想修行な

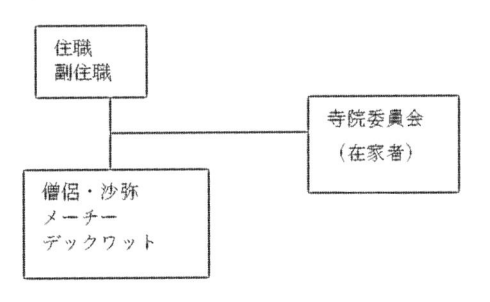

図4-A　従来の寺院の組織図

[Apinya 1998: 29]

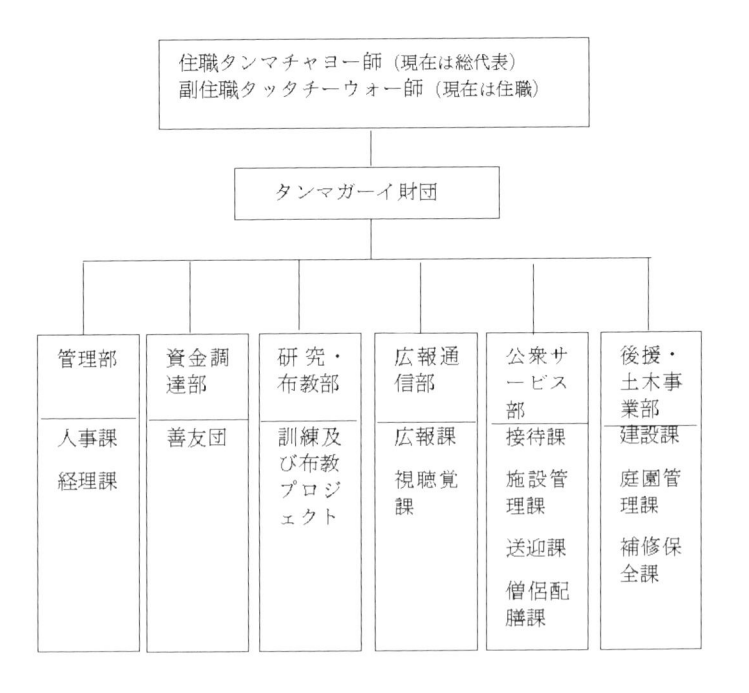

図4-B　タンマガーイ寺の組織管理の構造（1990年版）

[Munlanithi Thammakai 1999b: 22. 一部筆者が改訂]

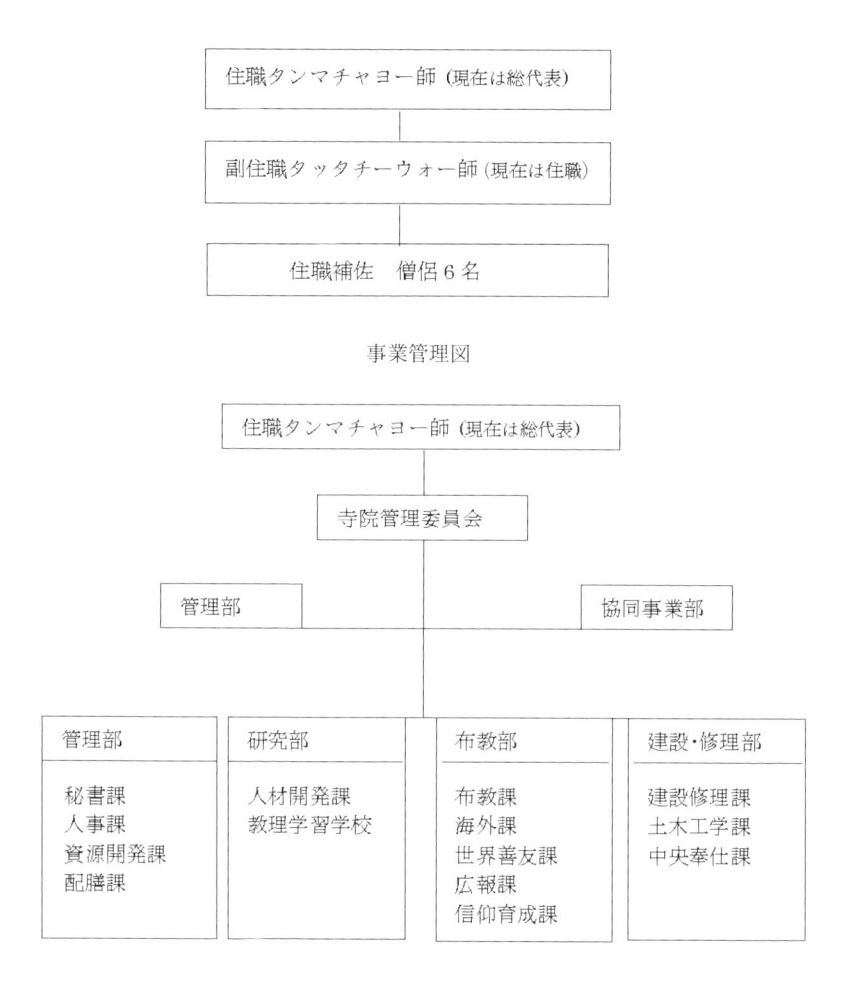

```
        ┌─────────────────────────────────┐
        │ 住職タンマチャヨー師 (現在は総代表) │
        └─────────────────────────────────┘
                        │
        ┌─────────────────────────────────┐
        │ 副住職タッタチーウォー師 (現在は住職) │
        └─────────────────────────────────┘
                        │
        ┌─────────────────────────────────┐
        │    住職補佐　僧侶6名              │
        └─────────────────────────────────┘
```

事業管理図

図4-C　タンマガーイ寺の事業管理の構造 (1999年版)

[Munlanithi Thammakai 1999b: 22. 一部筆者が改訂]

どが利用されているとも述べている [Apinya 1998: 33-34]。

　また、これらの組織業務が提供するサービスの特質としては、利便性（無料の食事や送迎バスのサービス、寄進に必要な道具が全て揃っている店舗など）[20]、寄進を促し購買意欲を誘うような多様な宗教的物品の生産（各種の仏像や護符や水晶、さらにはデザインが逐次変わる白いTシャツのユニフォームや、水晶型の貯

金箱などもある)、広々として静寂かつ清潔な環境、規律性とスペクタクルを組み合わせた大儀礼、巧みな管理技術（勧誘方法の講義や信徒間での勧進・寄進の競争など）などが指摘されている［Apinya 1998: 49-50］。

4　一般在家者の集団と活動

(1) 大学生の集団——世界仏教クラブ

　一般在家者の集団は、大きく2つに分かれている。1つは大学生を中心とする「世界仏教クラブ（Chomrom Phut Sakon）」と、このクラブ員以外の一般在家者による「善友（善知識）（カラヤナミット、Kalayanamit）」という集団である。前者は、大学生の修行集団を中核に据えて成長してきたタンマガーイ寺に特有の組織であり、現在ではタイ全国の大学や上級職業学校に広がり、およそ50の支部を有していると言われている。ただし中には実質的な活動を展開していないものもある。積極的な活動を行なっているのは、カセートサート大学・チュラーロンコーン大学・タマサート大学・ラームカムヘン大学などの仏教クラブである。これらの支部は、大学で公認された仏教クラブに活動の拠点を置いている。ただし、チェンマイ大学の仏教クラブなどのように、タンマガーイ式の活動に反対する勢力が強いため、公認の仏教クラブの実権をタンマガーイ信徒が掌握できていない場合もある［Apinya 1998: 43］。公式には世界仏教クラブは、タンマガーイ寺やタンマガーイ財団から独立して活動する組織であり、ソムデット位を有するベンチャマボーピット寺（Wat Benjamabophit, 通称：大理石寺院）の住職が代表監督者になっている。しかしこれは名目上のものであり、実際のところ本部はタンマガーイ寺の敷地内にあり、活動員も基本的にはタンマガーイ寺信徒であり、さらにタッチチーウォー師およびチュラーロンコーン大学のサーオワラック・ピアムピット教員（Saowalak Piampit）（タンマガーイ寺の信徒）の2名が相談役となっている[21]。

　世界仏教クラブの活動（各大学の仏教クラブが活動の中心となっている）の中で最も重要なものは、1972年に始まる「仏法継承者訓練（オプロム・タンマタヤート、Oprom Thammathayat）」と呼ばれる夏季の学生向け瞑想規律訓練である。1979年からは訓練期間が延長され、集団出家がこれに加わるようになった

[Munlanithi Thammakai 1999a: 10]。また1986年からは女子学生向け訓練も開始されている。クラブ員は自らがこの訓練に参加したり、あるいは参加者の勧誘と出家訓練の準備などを手伝ったりする（詳細については第7章第4節を参照）。訓練への参加者は必ずしもタンマガーイ寺の信徒とは限らず、参加者の半数程度は未信徒と思われる。未信徒の参加者も多いという点は、一方でこの活動が寺から独立したものであることを示しているが、他方ではこの訓練がタンマガーイ寺への新規成員獲得の場ともなっていることを意味している。1998年には、男子大学生向けの訓練出家の参加者が581名、女子大学生向けの訓練は293名となっている[22]。

　世界仏教クラブの活動の中で次に重要なものは、「進歩の道・仏法試験プロジェクト（Khrongkan Toppanha Thamma Thang Kaona）」である。これは1982年に開始され、それ以降毎年、全国規模で行なわれる活動である。これは、全国の高校生以下の生徒を対象にした仏教知識の試験であるが、現在では大学生や警察官などにも受験対象者を広げている。この試験では、タンマガーイ寺の書籍がテキストとして使用されている。その内容は、上座仏教圏では著名な経典である「吉祥経（Mongkhon Sut）」38項を解説したものであり[23]、タンマガーイ式瞑想の解説もこれに付加されている[24]。この企画の運営は、タンマガーイ寺の僧侶や職員の協力のもと、仏教クラブの大学生が行なっているが、受験者はタンマガーイ寺の信徒に限られていない。この活動もタンマガーイ寺の布教を兼ねたものとなっており、タンマガーイ寺信徒の学校教員が、学内授業や課外授業においてテキストの内容を教えており、これらの教員の勧めで試験に臨む生徒等もいる。また成績優秀者には記念品と奨学金が与えられる。1996年の受験者数は約4万2千人に達している[25]。これらの活動の他には、「吉祥経」38項を解説したパネル展[26]や、地元の僧侶を大学に招いての朝の托鉢、タイの伝統的な行事である拝師儀礼（Wai Khuru）等を行なっている。

(2) 社会人の集団——善友団

　一方、大学生の仏教クラブに未加入の信徒の場合は、タンマガーイ寺および財団によって運営されている善友団に所属している場合が多い。しかしこの団体への加入は任意であるため、団体活動に全く所属していない信徒も少

なくない（第6章第3節を参照）。善友団が正式に設立されたのは1986年である。1990年には60団体が活動を展開し、各団体の成員数は5名程度から100名程度となっており、総勢で5,000名程度の所属者がいるのではないかと言われている[Apinya 1998: 45-46]。もともとは一般信徒が任意に形成したインフォーマル集団から始まっている。そのため、現在でも人的なつながりは、インフォーマルなものが重視されており、信徒は自分が正式に所属する団体以外の活動にも適宜参加している。また、各集団の指導者の資質によって成員の移動があり、政治家や経済界の有力者などが加入すると、有力者との繋がりを求める成員が集まってくるとも言われている[Apinya 1998: 46]。また成員達は、各団体の宗教活動を行なうだけではなく、日常生活での相互援助や仕事の斡旋、メンバー同士の土地の売買、旅行を兼ねて地方の他寺院に寄進を行なう等の活動も行なっている[Apinya 1998: 47]。

　善友団の活動としては、寺の儀礼への参加と奉仕活動、その他のタンブン（積徳行）儀礼（河川への放魚など）、ならびに大儀礼のための勧進活動などが行なわれている。とりわけ大儀礼の前の勧進活動に力が注がれており、その際には、特別の善友団が編成され、僧侶と職員の指導のもと、寄進を募るチラシの配布やダイレクトメールの送付、ならびに直接的な勧誘などの勧進活動が行なわれる。集団内部ないしは集団間で勧進競争を行なうこともある。このような熱心な勧進や寄進は、それ自体がバーラミーやブン（功徳）を積むための行ないとして重視されているだけではなく、多くの寄進を集めた人や自ら多額の寄進をした成員には、寺から記念品（タンマガーイ式の仏像、ソット師の像、水晶など）なども与えられる[Apinya 1998: 51-53]。

　また、財団や善友団と少なからぬ関係にある企業活動も多い。たとえば、幹部クラスの在家信徒の1人マーニット・ラタナスワン氏[27]が代表者となって進めている「宝石の町（Muang Kaeomani）」プロジェクトは、タンマガーイ寺近辺にコンドミニアムやアパートを設け、これを信徒向けに斡旋する事業である。美しく静寂な都市郊外のオアシスを思わせ、天窓のある瞑想室までもが備え付けられたコンドミニアムやアパートの広告が、信徒向けの雑誌に何度も掲載されている[Munlanithi Thammakai 1996a: 0-1]。

　さらに、大学仏教クラブや善友団の活動とは別に、信徒各人が自由に参加

する修行も行なわれている。たとえば、「トゥドン（Thudong）」[28]と呼ばれる週末の屋外瞑想修練や、地方のリゾートホテル等で行なわれる「特別瞑想修練会（Patibattham Phiset）」等がある[29]。前者は、土曜日の夜から日曜日にかけてタンマガーイ寺と財団の敷地内で行なう修行である。屋外ないしは屋根のみがある半屋外において、薄い敷布と毛布、ならびに個人用の小さな蚊帳のみを用いて寝泊りする。参加者は八戒を持し、瞑想修行に励み、日曜日の朝からは寺の儀礼に参加する。信徒達は質素な寝具や屋外での寝泊りして夕食を抜くという体験から、日常生活における贅沢さを反省し、また仏教修行の魅力をも体感している［Aranap 1986: 40-42］。後者の、特別瞑想修練会は、チェンマイ県やプーケット県などの、山や海のリゾート施設において快適な状況で瞑想修行に励むものである。この活動については本書の第7章第9節で詳細に取り上げる。さらにこれら以外にも、一般企業の社員や公務員（各省庁の職員や兵士や警察官、および教員など）および病院などの国営企業の就労者向けに、数日間の修行セミナーが数多く行なわれている。

5 教義と儀礼

　タンマガーイ寺の教義の基本はもちろん上座仏教である。ただし、タンマガーイ寺といった名前が示すように、この寺の特色はタンマガーイ式瞑想を重視することにある。瞑想の形式は基本的にはパークナーム寺のソット師によって確立されたものに基づいており、本書の第2章第3節でも述べたように一般的な上座仏教の教説とタンマガーイ式の瞑想に基づく思想が同居している。ただしタンマガーイ寺では瞑想の初歩的な部分が強調されている。もちろん第2章第1節で取り上げた基本瞑想については多くの信徒が熟知しているが、実際に18身の内なる身体まで到達したという者は少ないようである[30]。また護符瞑想なども行なわれていない。おそらく、無辺微細瞑想（マッカポン・ピッサダーン）や闘魔の術智（ウィチャー・ロップ）などについて知っている者はごくわずかであろう。ただし、涅槃処（アーヤタナ・ニッパーン）については、1998年末からのタンマガーイ問題以降、この教説の正統性を主張する書物がこの寺から出版されており［Phra Somchai Thanawutto 1999］、現在では多

くの信徒が認知しているものと思われる。

　またタンマガーイ寺の仏教思想は、地獄や天界などの他界ならびに神霊の存在など、超自然的な観念を事実的なものとして捉えている。この点で、同時代に注目を浴びたプッタタート師やサンティ・アソークの運動と比較して、非合理性を維持し保守的な解釈に収まっているという指摘もある［Jackson 1989: 205］。ただしこの超自然性についての信仰は、ソット師の行なっていた活動と比較すると、若干合理化されている面があり、超自然性への信仰が即、保守的であると位置づけることはできない（第5章第2節を参照）。

　タンマガーイ寺において数多くの信徒が参加する儀礼は、主として2つに区分できる。一方は、日曜日に行なわれている通常の儀礼であり、他方は、仏祭日などに行なわれる大儀礼である。既存の仏教寺院では、陰暦にあわせて行事を行なっているところもあるが、タンマガーイ寺では、日曜日が休日であることの多い都市生活者の便宜をはかって、日曜日を通常儀礼の日として選定している。

　まず前者の通常儀礼であるが、これは次の2つに区分できる。通常儀礼の第1の部類は、月の第1日曜日に行なわれるものである。この日には、「涅槃」に住する「プラ・タンマガーイ（プラ・ニッパーン）」に瞑想を通じて食施を行なう「ブーチャー・カオ・プラ（Bucha Khao Phra）」と呼ばれる、この寺独自の儀礼が行なわれる。この特別な食施儀礼は大きなブン（功徳）を得られると信じられており、地方からの参拝者も多く集まってくる（第7章第1節を参照）。また食施儀礼以外に、読経・瞑想・説法などが行なわれる。通常儀礼の第2の部類は、月の第2週目以降の日曜日に行なわれる儀礼である。この日は、プラ・タンマガーイへの食施儀礼は行なわれないが、それ以外の内容は、第1日曜日のものと同様である。また参拝者の数は、第1日曜日よりも少ない

　後者の仏祭日などに行なわれる大儀礼は、通常儀礼とは異なりイベント化した儀礼が催される。タンマガーイ寺では大功徳祭（ガーン・ブン・ヤイ、Gan Bunyai）と呼んでいる。こちらも2つに区分することができる。大儀礼の第1の部類は、上座仏教圏で広く行なわれている伝統的な年中儀礼である。タンマガーイ寺では、2月頃に行なわれる万仏節（マーカ・ブーチャー、Makha

Bucha)³¹、5月頃に行なわれる仏誕節（ウィサーカ・ブーチャー、Wisaka Bucha)³²、そして10月から11月にかけて行なわれるカティナ衣奉献祭（Thot Kathin)³³といった、3つの儀礼が行なわれている。既存の仏教寺院では、ジャータカ祭や、7月頃の入安居前日に行なわれる初転法輪節（アーサンハ・ブーチャー、Asanha Bucha)³⁴などの行事も行なっているが、これらはタンマガーイ寺では行なわれていない。大儀礼の第2の部類は、タンマガーイ寺独自のものであり、1月上旬の新年祭、4月22日の大地の日（Wan Khumkhrong Lok)³⁵、8月初旬の瞑想の日（Wan Samathi Lok)³⁶、9月のタンマガーイの師の日（Wan Khru Thammakai)³⁷などがある。以上のような大儀礼、特に前者の伝統的な年中儀礼は、最も参拝者の多い行事であり、規律と静寂さと華やかさを兼ね備えたイベント的儀礼が執り行なわれる。

6　外部社会との関係

　本章の第1節でも言及したように、思想の特異性や、布教勧進活動、土地買収の方式などの点において、タンマガーイ寺の運動に反対している者も少なからずいる。とりわけ、この寺の資産運用（寺院に寄進された土地の名義をタンマチャヨー師個人の名義に書き換えたのではないかという疑惑、多大な資金を必要とする大仏塔の建立、財団や幹部が土地開発等のビジネスとの関わっていること）や教義解釈（涅槃とは無我か我［真我］かを巡る議論）、あるいはタンマチャヨー師の僧侶としての資質等を巡り、1998年末から大きな社会問題となって以降、批判は手厳しくなっている。一方、タンマガーイ寺側の意見としては、この問題については新聞やテレビの誤報も多く、またサンガ内部の意見対立も関わっている可能性もあるということが主張されている。なお本書では、この寺院問題の経緯や背景についての詳細な紹介や分析を行なっていない。この点については、タイのジャーナリズムの信頼性や裁判経過を踏まえた上で、稿を改めて慎重に論じたい³⁸。その代わり本書では、社会変動と寺院運営の構造的な特質というレベルでこの問題を位置づけ、分析を行なっている。

　一方で、タンマガーイ寺はこれまで王室や政府やサンガの中央部との間に良好な関係を保とうと努力してきた。たとえば、1977年12月に行なわれたこ

の寺の布薩堂建立の定礎式にシリントーン王女とチュラーポーン王女が参拝し、1979年3月の本尊像の鋳造式には、プーミポン国王（現国王ラーマ9世）の御母が参拝している。また、1985年11月のカティナ衣奉献祭には、ワチラロンコーン王子（王位継承権第1位）が参拝している [Munlanithi Thammakai 1990a: 22-28]。また、1996年には、このワチラロンコーン王子の子息がタンマガーイ寺で沙弥として出家している [Munlanithi Thammakai 1996b: 129][39]。ただし、1998年末からタンマガーイ寺の運営や教義解釈が社会問題として取り上げられて以降、王族は参拝していない。また、王室と同様に、政府やサンガの要人などもタンマガーイ寺の行事に賓客として招かれている。たとえば、パークナーム寺の現住職などソムデット位の高僧がタンマガーイ寺の儀式に招かれたり[40]、チュワン・リークパイやチャワリット・ヨンチャイユットなど当時大臣職などの政府高官であり後に首相となる人物や、アーティット・カムランエーク（元）国軍最高司令官などが、一時出家や展示会などの仏教クラブの行事を見学している[Buddhist Club of 18 Universities 1986: 21, 38-39]。ただし、これら行事への要人参加については、要人をタンマガーイ寺の宣伝に利用しているという批判や、寺院と権力者との癒着を危惧する者も少なくない。

　またタンマガーイ寺は国際的な活動にも取り組んでいる。1986年には、世界仏教徒協会（World Buddhist Association）に加盟し、さらに1990年には仏教者の国際会議をタイで開催し、大乗仏教の研究者や僧侶等も集め盛大な会議を催した[41]。また大乗系寺院を含め、世界40ヶ国の仏教団体と交流をもち [Apinya 1998: 80-81]、台湾の臨済宗系寺院である仏光山や日本の立正佼成会などといった仏教系の新宗教団体との繋がりも深い [Dhammakaya Foundatin 1993: 36, 1994c: 36][42]。さらにイギリスのオックスフォード大学や、日本の東京大学や京都大学の仏教学科に僧侶を留学させ、教学指導僧を育成するなどしている。この他にはタンマガーイ財団とアメリカ合衆国のカリフォルニア大学バークレー校のランカスター教授との協同により、ローマ字表記のパーリ語三蔵をCD-ROM化するプロジェクトが立ち上げられ、1996年に完成している [Apinya 1998: 81, 高須 1996: 4]。

　これらの活動以外に、タンマガーイ寺と財団は福祉活動なども地道に行なっている。主な活動としては、献血活動（年間1,500人程度）、被災民への食

料や物資の援助などを行なっている［Munlanithi Thammakai 1999b: 112-114］。また、1991年からは、年間300名程度、タイ全土の僧侶・沙弥および一般生徒・学生に対し奨学金を授与している［Munlanithi Thammakai 1999b: 86-87］。このような社会福祉活動も展開しているタンマガーイ寺ではあるが、寺の基本的な方針としては、瞑想や持戒や教理学習などの修行を通じ、個々人の道徳心を育成して社会平和に貢献することこそが寺院活動の本筋であり、知識を増すために学校を建てたり健康な者を増すために病院を建てるといった活動を、寺院にとっては二義的な活動と位置づけている［Munlanithi Thammakai 1998a: 96-97］。

　以上、タンマガーイ寺の諸活動の概略について、アピンヤーによる先行研究と、タンマガーイ寺とその財団が発行している書物、ならびに筆者による取材などを情報源として紹介してきた。このようなタンマガーイ寺の活動を、アピンヤーは、近代的な価値観と伝統的な価値観が複雑に混じり合ったものだと指摘している。そのような混じり合いは、競争主義や近代的組織管理と伝統的な権威主義との接合、既存のブン（功徳）観念とマーケティング技術を駆使した資本主義の消費文化との接合、脱呪術化（瞑想の心理学的な解釈）と再聖化（タンマガーイや護符の守護力への信仰）の接合、個人による瞑想と匿名の集団による儀礼の接合、タイ国内の活動と国際的な活動の接合であると述べられている。さらには、年長制と業績主義の矛盾や、上座仏教を強調した国内向けの姿と大乗仏教との繋がりを匂わす国際向けの姿の矛盾、大儀礼の実施や敷地の購入に際して莫大な資金が動くことによって、世俗権力との癒着が生じる可能性などの問題点も指摘している［Apinya 1998: 85-88］。

　筆者はこれらの分析の多くに同意するが、本書の第1部で論述してきたタンマガーイ式瞑想の思想的位置づけがアピンヤーの論考では不十分であるため、タンマガーイ寺の思想や儀礼の意味が十分に論じられていないという点に問題を感じる。また、指導者層の思想的ならびに社会的背景の分析にも不十分な点が見られる。さらに、タンマガーイ寺形成の考察においても、タイ社会の特殊性を十分視野に入れた分析になっていない。したがって、このような問題点を克服するため、以下の章において、指導者層の姿や一般信徒の

表4-1　タンマガーイ寺の来歴

1909年	・ウバーシカー・チャンがナコンパトム県で誕生
1937年	・ウバーシカー・チャンがタンマガーイ式瞑想を始める
1941年	・タッタチーウォー師（世俗名：パデット・ポーンサワット。後の初代副住職・2代目住職）カーンチャナブリー県で誕生
1944年	・タンマチャヨー師（世俗名：チャイヤブーン・スティポーン。後の初代住職）シンブリー県で誕生
1959年	・パークナーム寺のソット師逝去
1963年	・タンマチャヨー師がパークナーム寺のウバーシカー・チャンに弟子入り
1966年	・タッタチーウォー師が留学から帰国し、タンマチャヨー師と出会う
1969年	・タンマチャヨー師、カセートサート大学卒業後すぐにパークナーム寺で出家
1970年	・パトゥムタニー県クローンルアン郡に仏輪瞑想センター（後にタンマガーイ寺に昇格）を設立 ・タンマプラシット財団（後にタンマガーイ財団に改名）を創設 ・タッタチーウォー師がパークナーム寺で出家
1972年	・仏法継承者訓練（オプロム・タンマターヤート）と呼ばれる学生向けの瞑想規律訓練を開始
1977年	・寺院登録の認可 ・布薩堂建立の定礎式にシリントーン王女とチュラーポーン王女が参列
1979年	・仏法継承者訓練（オプロム・タンマターヤート）に集団出家が加わる ・本尊像の鋳造式にプーミポン国王の御母が参列
1980年	・三大学仏教クラブ設立（チュラーロンコーン大学、カセートサート大学、ラーマカムヘン大学）
1982年	・進歩の道・仏法試験プロジェクトの開始 ・布薩堂の完成
1984年	・パーリ語三蔵の電子データベース化開始 ・大会堂の建設。(2万人程度収容可能) ・実務組織の機構改革を開始
1985年	・機関誌『善友（カラヤナミット）』創刊 ・献血活動を開始 ・テレビ番組を持つ ・寺院周辺の大規模な土地を購入 ・寺院周辺の土地購入を巡り地元農民との争いが始まる ・カティナ衣奉献祭にワチラロンコーン王子が参列
1986年	・女子大学生向けの仏法継承者訓練（オプロム・タンマターヤート）の開始 ・世界仏教徒協会に加盟
1988年	・善友団（カラヤナミット）の創設（支部組織）
1989年	・世界タンマガーイ・センターの建設開始（寺およびその周囲の財団の土地に建設）
1990年	・カリフォルニア大学バークレー校東洋学部ランカスター教授と三蔵データベース化（CD-ROM化）の共同開発の契約を結ぶ ・台湾のChun-Hwa仏教研究所との間で僧侶の交換留学 ・バンコクでタンマガーイ寺主催の仏教国際会議を開催
1991年	・各大学の学生仏教クラブが、タンマガーイ寺系の世界仏教クラブという上位団体に包括される ・タンマチャヨー師がサーマン位の位階名（プラスタンマヤーンテーラ）を授与される
1992年	・初の海外支部開設（アメリカ合衆国） ・タッタチーウォー師がサーマン位の位階名（プラパーワナーウィリヤクン）を授与される
1993年	・リゾート地での特別瞑想訓練の開始 ・台湾の臨済宗系寺院である仏光山の僧侶がタンマガーイ寺を訪問
1994年	・大仏塔（マハー・タンマガーイ・チェディー）の建設開始
1996年	・ワチラロンコーン王子の子息がタンマガーイ寺で沙弥として出家 ・巨大会堂を建設（10万人程度収容可能） ・パーリ語三蔵のデータベース化（CD-ROM化）完成 ・タンマチャヨー師がラーチャ位の位階名（プララーチャパーワナー・ウィスット）を授与される
1998年	・寄進・教義・土地取得などの疑惑を巡り大きな社会問題となる。これらの問題についての裁判は継続中
2000年	・幹部信徒のポン・レンイー氏が上院議員に初当選 ・ウバーシカー・チャンが逝去

特質ならびに瞑想修行や儀礼の様子を具体的に紹介し、第3部においてこれらを分析していきたい。

また本章で述べてきたタンマガーイ寺の来歴については、**表4-1**にまとめておく。

注

1　総計は2,730ライであるが、正式には、寺院所有地が196ライで、在家者を含めた運営組織であるタンマガーイ財団の所有地が2,534ライとなっている［Munlanithi Thammakai 1999b: 55］。1ライ（rai）は、1,600㎡である。

　ちなみに寺院所有地の196ライ（約31万㎡）は、東京ドーム（1万3千㎡）の約24倍の面積となる。また寺院と財団の総合敷地面積2,730ライ（約437万㎡）は、東京ドームの約336倍、成田国際空港（1,065万㎡）の半分弱の面積になる。さらにここで取り上げた敷地以外にも、他県で購入した莫大な土地がある。一部の報道によれば、他県の土地は総計で、タンマチャヨー師名義のものが939ライ、財団名義のものが3,435ライあるとされている［Pongsak 1999: A1］。

2　タンマチャヨー師はタンマガーイ寺の初代住職であるが、1998年末からのタンマガーイ寺問題以後、住職としての正式な役職を降り、元副住職のタッタチーウォー師に住職代行を任せている。ただし、寺の実際上の最高権威者は現在でもタンマチャヨー師であり、師はいわば寺の総代という立場にあると言えよう。

3　1995年に与えられたラーチャ位の位階名（位階については、序章の表0-1を参照）。

4　呼称は通例では僧侶名の前の部分を使用する。ただしタンマガーイ寺では後ろの部分（出家前から使用していた名前）を使用しているので、タンマガーイ寺の僧侶に関しては、この慣例に従って表記する。

5　1992年に与えられたサーマン位の位階名（位階については、序章の表0-1を参照）。

6　一般的にウバーシカーとは熱心な女性在家信徒を意味する。タンマガーイ寺ではメーチーを基本的に受け入れていないので、この寺唯一のメーチーであるチャンについても、正式にはウバーシカーと呼んでいる。

7　実際には、この寺院名を使う以前にワラニー・タンマガーヤーラーム寺（Wat Warani Thammakayaram）という名称を使用していた。これは土地の寄進者の名前を入れたものと言われている［Somprasong and Prayat 1999: 18］。

8　タンマガーイ寺と財団が建設中の仏教総合施設。巨大な礼拝場や大仏塔ならびに集団修行場や仏教大学などの建設が計画されている。

9　ただしタンマガーイ寺のリーダーの1人である女性修道者の故ウバーシカー・チャンは例外的に読み書きが十分にできなかった。このことはタンマガーイ寺の中では、世俗的な学的知識がなくてもタンマガーイ式瞑想を体得することができ、その宗教的な智慧は世俗の知識よりも奥深いものであるといった解釈によって位置づけられている。

10　最初の国外支部は、1992年1月にアメリカ合衆国において設立された。その後、アラブ首長国連邦、イギリス、イスラエル、オーストラリア、カタール、シンガポール、スペイン、台湾、デンマーク、ドイツ、中国（香港）、日本、ニュージーランド、フランス、ベルギー、

11　「タンブン志向」と「解脱志向」については、序章第3節を参照。
12　十波羅蜜に対応する。布施・持戒・出家・智恵・精進・忍辱・真実・決意・慈悲・中正（公正）の10項目。
13　大半の農民は、土地の委譲に承諾したのであるが、断固として拒否した農家も数件ある。タンマガーイ側の主張としては、反対派の一部に土地売買を目的とした不動産業者が介入してことを荒げているのだとされているが、現在においても周囲の農民や寺院の中には一部に根強い反対意識を持っている者がいる［Apinya 1998: 39-40, The Nation 1999b: A6］。
14　アピンヤーは、タンマガーイ寺においては、終身僧侶を中核僧侶（Phra Nai）と呼び、一般僧侶を周縁僧侶（Phra Nok）と呼んでいると指摘している［Apinya 1998: 25］。また終身僧侶という考え方は一般の寺院ではあまり見られない。タンマガーイ寺以外には、サンティ・アソークという新たな仏教運動がこれに近い制度を有している［福島 1993a: 394］。
15　不殺生戒・不偸盗戒・不邪淫戒・不妄語戒・不飲酒戒の五戒の他に、不非時食戒（昼過ぎに食事をとらない）・不塗飾香鬘・不歌舞観聴戒（身を飾ったり歌舞音曲を楽しんだりしない）・不用高床大床戒（贅沢な臥床を使用しない）という3つの戒を加えたものを八戒（八斎戒）という。沙弥の十戒は身を飾らないことと、歌舞音曲を楽しまないことを2つの戒に分け、さらに不受金銀戒（金銀や金銭を受け取らない）を加えたものである［水野 1972: 104-105］。
16　ただし、当事者達がこの用語を用いて自らを分類しているわけではない。むしろ当事者にとっては、僧侶・沙弥と一般在家者の狭間にある特有のカテゴリーとして、財団職員を位置づけていると言えよう。また財団職員というこの独特のカテゴリーは、タンマガーイ寺の組織運営にとって極めて重要な役割を担っている（第6章第2節を参照）。
17　この現在の状況は、2001年3月9日に筆者がある男性職員から聞いた情報に基づいている。
18　仏教一般においてウバーソク・ウバーシカーとは、男女の在俗信者を意味している。サンスクリット語の音訳では優婆塞・優婆夷という字を充て、漢語訳では清信志・清信女などとも記される。ただし、先にも述べたように、タンマガーイ寺の場合には、正式の出家者と一般在家者との中間に位置するカテゴリーとされている。
19　2002年2月1日現在で、1バーツは約3.1円。ただし、1990年代の為替相場は1バーツ約6円から約2.5円までと変動幅が大きい。また、タイで都市新中間層と呼ばれる人々は、所得水準による分類では、「世帯当たりの月収が2万から3万バーツを越える都市民」とされており、また1992年の大卒の初任給は公務員で4,500バーツ、民間企業では6,000バーツ（文系）、8,000から12,000バーツ（理系）であった［末廣 1993: 188］。
20　ワゴン車に設置された移動 ATM などもある。
21　1993年7月25日に筆者が世界仏教クラブのクラブ長に行なった聞き取りに基づく。またこの調査時においては、世界仏教クラブは、クラブ長のもとに研究・経理・資金調達・通信報告・接待・広報・美術といった7つの部署を有し、19名のメンバーがこれらの業務を担当していた。ただし、正式な役職者はこのクラブ長1人だけであり、その他のメンバーはボランティアであった。ちなみに、これらのボランティア・メンバーはタンマガーイ寺の信徒であり、クラブ長はタンマガーイ財団の職員でもある。
22　これら以外の訓練に参加した人数は次のようになっている（1998年）。小学校高学年から中

学生の男子生徒向けの訓練出家で548名、男子高校生向けの訓練出家で184名、女子高校生向けの訓練で107名、雨安居時期の男性向け訓練出家で170名、大儀礼前の特別訓練出家で92名、兵士警察関係者向けの訓練出家で39名、タンマチャヨー師生誕記念の訓練出家者で73名となっている［Munlanithi Thammakai 1999a: 10,13］。

23　38項目とは、1.愚者と付き合わない。2.賢者と付き合う。3.表敬すべき人を表敬する。4.適切な土地に住む。5.過去に為した善行の功徳。6.正しい立身。7.博学になる。8.技芸を身に付ける。9.良い規範。10.良い語り。11.両親を養育する。12.子供の面倒を見る。13.妻(夫)を援助する。14.仕事を滞らせない。15.喜捨する。16.仏法に適った振舞。17.親族を援助する。18.害のない仕事をする。19.悪徳を抑制する。20.飲酒を抑制する。21.軽率にならない。22.尊敬。23.謙遜。24.知足。25.知恩。26.適時に仏法を聞く。27.忍辱を持つ。28.忠告を素直に受け入れる。29.出家者に会う。30.仏法についての会話。31.苦行を行なう。32.梵行の振舞。33.聖なる真理を理解する。34.涅槃を明らかにする。35.動揺しない。36.憂いなき心。37.心に塵がない。38.安らかな心［Phra Somchai Thanawutto 1988a, 1988b］。

24　このテキストは、タッタチーウォー師が約2年間（1982-1983年）にわたって毎週日曜日の説法で「吉祥経」を解説したものがもとになり、さらにこれを弟子のターナウットー師が2冊の本として編集し執筆したものである［Phra Somchai Thanawutto 1988a, 1988b］。ちなみにタッタチーウォー師のこの説法は全て録音され、タンマガーイ寺でカセットテープとして販売されている。またその説法の初回の部分のみ書物となっている［Phra Phadet Thattachiwo 1991］。

25　タンマガーイ寺の仏法試験担当者である僧侶から、1997年4月14日に筆者が取材した情報に基づく。

26　もともとはこのパネル展の一環として「進歩の道・仏法試験プロジェクト」が行なわれていたのだが、次第に仏法試験の方が活動の主軸になっていった。

27　本章の第1節でも言及している人物であり、広告業界における気鋭の実業家である。詳細については第8章第3節参照。

28　トゥドンとは、本来は出家者が野外で行なう遊行であり、人里はなれた山間部などを練り歩き、そこで瞑想修行などに励むことを意味する。いわゆる頭陀行と称されるものである。

29　この特別瞑想修練会は1982年から試験的に行なわれてきており、1993年に正式に開始されるようになった。

30　パークナーム寺とタンマガーイ寺の双方の信徒を取材してみたところ、内なる身体まで達していると筆者に答えてくれる信徒は、パークナーム寺の方がかなり多かった。また筆者が1998年にタンマーイ寺で調査票を用いた調査を行なった際には、寺院側からの要請で、内なる身体についての質問は信徒に行なわないよう要求された。理由は、ほとんどの信徒はそのレベルにまで達していないので、質問されることで混乱を招きかねないからというものであった。

31　万仏節（マーカ・ブーチャー）は、陰暦3月の満月の日に行なわれる仏教の年中行事である。ブッダが悟りを得た後に、ラージャグリハ（王舎城）で説法を行なったときに、4つの事（天空の月が特別な位置にあり、事前の約束なしで1,250名の僧侶が参集し、これらの僧侶が皆ブッダから直接具足戒を受けており、しかも彼等が全て阿羅漢果を得ていた）が、奇跡的に重なったことを記念する行事である。この日はタイの公休日となっている。

32　仏誕節（ウィサーカ・ブーチャー）は、陰暦6月の満月に行なわれる仏教の年中行事である。ブッダ生誕の日と悟りを開いた日と逝去（入涅槃）した日を記念する行事である。この日はタイの公休日となっている。

33　雨安居明けの約1ヶ月間に、特別な僧衣（カティナ衣）を僧侶に献上する行事。地方の寺院などに観光を兼ねて集団参拝し、衣やその他の品々を寄進することが多い。

34　初転法輪節（アーサンハ・ブーチャー）は、陰暦8月の満月の日に行なわれる仏教の年中行事の1つである。ブッダが悟りを開いた後に初めて法を説き、最初の5名の弟子が帰依した日を記念する行事である。この日はタイの公休日となっている。

35　この日は、タンマガーイ寺の最高権威者であるタンマチャヨー師の生誕日でもある。

36　この日は、パーリ語試験合格者の記念式典なども行なわれる。

37　パークナーム寺のソット師がタンマガーイ式瞑想の極意に達した日を記念する行事。陰暦10月の満月の日。

38　この事件の経緯については、野津幸治の論稿が参考になる［野津 2002］。

39　ただし、王子の家族において問題が生じて以降、この子息を一般メディアやタンマガーイ寺で見かけることはなくなった。

40　参列者の詳細はアピンヤーの論考に記載されている［Apinya 1998: 77］。

41　会議の内容については、タンマガーイ財団が出版してる次の書物に詳しく記載されている［Dhammakaya Foundation 1994a］。

42　ソット師没後のパークナーム寺は、一時期、日本の曹洞宗や仏教系新宗教の真如苑と交流を持っていた［真如苑 1966a, 1966b］。

第5章　タンマガーイ寺の形成
──開拓の世代と組織拡大の世代

　前章ではタンマガーイ寺形成の見取図と現在の主だった活動の概要を紹介した。ただしこの見取り図だけではタンマガーイ寺の特質は十分に明らかにされたとは言えない。たとえば、パークナーム寺の瞑想実践活動からどのようにしてタンマガーイ寺が独立したのかは明らかになっていない。またこの概要は、独立時のタンマガーイ寺が、ソット師の思想や活動から何を引き継ぎ、何を捨て去り、何を改訂し、そして新たに何を付け加えたのか、その持続と変容はなぜ生じたのかについても明らかにしていない。

　本章ではこれらの問題に答えるために、筆者による取材情報といくつかの伝記記事とをもとにして、タンマガーイ寺形成期の指導者層達の行動や思想を個人レベルから明らかにしていきたい。30年間以上に及ぶタンマガーイ寺の形成史は、大きくは3つの異なる世代によって担われてきたと言える。本章では、まずは、1930年代後半からパークナーム寺で修行を始めたウバーシカー・チャンの来歴、そして第2世代としてタンマガーイ寺のリーダーとなっていくタンマチャヨー師とサブ・リーダーのタッタチーウォー師の来歴を明らかにする。次いで、タンマガーイ寺の活動が急成長を遂げる1970年代中頃に注目し、この成長を支えた在家者の幹部信徒と第3世代の若手の僧侶を紹介する。

1　ウバーシカー・チャン・コンノックユーン
──死後世界とタンマガーイ

　20世紀のほぼ全体を生き抜き、新世紀を目の当たりにしてすぐに逝去し

たウバーシカー・チャン・コンノックユーン（Ubasika Can Khonnokyung）（図5-A参照。以下、メーチーとして出家する以前の彼女の呼称については、敬称を略してチャンと記す）は、タンマガーイ寺の中で唯一パークナーム寺のソット師から直々に瞑想指導を受けた人物であった（第3章の表3-1の6番の人物）。彼女は1909年にナコーンパトム県の農村に生まれた（第1章の図1-Bの⑫）[1]。当時はまだ義務教育制度も十分整備されていなかったため、学校には通わず幼少の頃から実家の仕事を手伝うという生活を営んでいた。彼女は亡くなるまで読み書きができなかった。このことは後にタンマガーイ寺の中でも強調され、世俗の知識がなくても瞑想実践は可能で

図5-A　ウバーシカー・チャン・コンノックユーン
[Munlanithi Thammakai 1998c: 表紙]

あり、しかも瞑想によって得られる智慧は世俗の知識よりも崇高なものであるという説明によって意義づけされている。

　学校に通わずに農村の仕事をする生活というのは、受験勉強と職場組織の人間関係の中で圧迫されている現代人からすれば、ストレスの少ない生活に思えるかもしれない。しかし実情はそれほど牧歌的なものではない。チャンの伝記によれば、少なくとも彼女の実家では両親の喧嘩が絶えず、息苦しい雰囲気が漂っていたようである［Aphichat 1988: 16, Prathattham 1990: 17-18］。ある日、いつものような口げんかの末に、チャンの父親は自分の妻に手をあげてしまった。この様子を目にしたチャンは、父親の暴力を押しとどめようとしたが、父親の怒りはチャンにまで向けられた。そして父親は「おまえ達まで母さんをかばうのか。母さんが俺のことを罵らなかったと言うのか。おまえ達なんか、500回生れ変わっても耳が聞こえなくなってしまえ！」と呪いの

第5章　タンマガーイ寺の形成　147

言葉を投げかけたのである。当時12歳であったチャンには、この出来事が心の中に重くのしかかっていった。この揉めごとの2年後に父親は亡くなっている。伝記によれば、死の間際に家族の者達は父親に対して許しを乞う儀礼を行なったそうである。しかし、運悪く外にいたチャンはこれに間に合わなかった［Prathattham 1990: 18-19］。以来チャンは、自分が来世以降、耳が聞こえなくなるのではないかと本気で悩むようになった。そのため夢の中で父に会って許しを乞えるよう、読経をしてはお願いを繰り返した。またチャンを哀れんだ親戚は、あの世の父親にブン（功徳）を転送するため、タンブン儀礼を行なってもくれた。しかし、チャンの不安は解消されることはなかった［Prathattham 1990: 19］。

　それから10数年が経ちチャンが28歳になったとき、彼女はタンマガーイ式瞑想を行なえば地獄や天界に行くことができるという噂を耳にする。この瞑想実践を試みたいと思ったチャンは、すぐさま母親を説得してバンコクへ上京し、ソット師のもとでメーチーとして出家していたトーンスック・サムデーンパン（Thongsuk Samdaengpan）に弟子入りし、タンマガーイ式瞑想を習い始める［Aphichat 1988: 17, Prathattham 1990: 20-22］。

　瞑想修行に励んだチャンは、瞑想をはじめて2年近く経ったときに、自身の体中に輝く光球をはっきりと観ることができるようになった。そして師であるメーチー・トーンスクの指導の通り、徐々に内なる身体も観えるようになっていく。さらに、内なる身体がタンマガーイのレベルにまで達したとき、彼女は父に会えるよう祈念しながらさらに深く自身の中に入り込んでみた。そしてこのときにチャンは、様々な姿の生き物が苦しんでいる地獄界をありありと観るという体験を得たのである。この他界探訪の瞑想で父親を発見したチャンは、彼に話しかけてみた。父親はこれに答えて、自分が生前に酒をたくさん飲み、蛙や蟹や魚や鳥などを殺生して食料としていたので、このように地獄に落ちているのだと、チャンに告げたと言われている。そこで、父を哀れに思ったチャンは、自身がこれまで行なった修行のバーラミーによって父を苦難から救ってくれるよう、プラ・タンマガーイに祈願した。このときチャンは、父親の姿が天界身となり、プラ・タンマガーイとともに上昇し、いくつもの天界を突き抜けて最上天にまで至るのを瞑想によって観たと言わ

れている［Aphichat 1988: 17-18, Prathattham 1990: 22-25］。

　その後、チャンは29歳のときにパークナーム寺を訪れ、ソット師のもとでメーチーとして出家する[2]。出家後は祈祷所での高度な瞑想実践を行なう集団に入り、第二次世界大戦中には爆撃をプラ・タンマガーイに懇請して払いのけることなども行なっていた（第1章第6節(2)を参照）。また戦後には地方布教にも出かけ、亡くなった人があの世でどうしているのかをタンマガーイ式瞑想によって示したり、霊媒師の活動を封じ込めたりもしていた［Ubasika Thawin 1988: 51-52］。しかし、ソット師が亡くなった後には、祈祷所の活動も衰退し、しばらくすると直接の師匠であるメーチー・トーンスックも病で亡くなり、チャンの周囲に修行者はほとんどいなくなっていた。当時、チャンの所を訪れた占い師が、信徒が大勢来るようになると託宣したが、チャンはそれを一笑に付していたと言われている。しかし、その後、託宣どおり女子学生の集団が訪れてきた［Prathattham 1990: 36］[3]。そしてしばらくすると、チャイヤブーン（後のタンマチャヨー師）もチャンを慕い瞑想修行に訪れるようになる。

2　チャイヤブーン・タンマチャヨー師およびパデット・タッタチーウォー師——タンマガーイ寺開拓の世代

　後にタンマガーイ寺の初代住職タンマチャヨー師となり、多くの若者を率いて活動を展開していくチャイヤブーン・スティポーン（Chaiyabun Sutthiphon）が何を考え、何を感じ、何を語ってきたのかについて明らかにしてくれる資料は少ない。タンマガーイ寺20周年記念の書物に、タンマチャヨー師の伝記が記されてはいるが、後述のように師は仏教一筋の聖人的な存在として理想化されて描かれており、師がタイ社会や自分の人生をどう感じていたのか、どのような葛藤を経て現在に至ったのかというような、心の陰影が記されていない［Munlanithi Thammakai 1990a］。

　チャイヤブーン・スティポーン（後のタンマチャヨー師［図5-B参照］。出家するまでの師の呼称については、敬称を略しチャイヤブーンと記す）は、1944年にシンブリー県（第1章の図1-Bの⑧）の比較的裕福な家庭に生まれた。父親は工業省

図5-B　プララーチャパーワナー・ウィスット師　　図5-C　プラパーワナー・ウィリヤクン師
　　　　（チャイヤブーン・タンマチャヨー師）　　　　　　（パデット・タッタチーウォー師）
　　　［Phra Athikan Chaiyabun Thammachayo 1988c: 表紙］　　　［Phra Phadet Thattachiwo 1988a: 裏表紙］

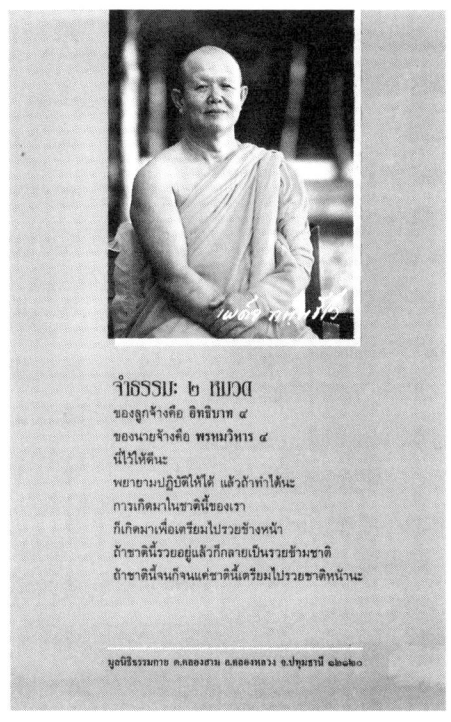

工業工場局の技師長を務めていた。いささか神話化されているが、チャイヤブーンを身ごもった際に母親は、有名な仏像が夢に現れてお腹の子供は特別な子だと述べたという特異な経験をしたらしい。しかし母親の子育ても短い期間で終わることとなった。チャイヤブーンが3歳の時に両親は離婚し、以後チャイヤブーンは父親と暮らすことになったのである。その後、教育熱心であった彼の父親は、英語の学べる進学校とされているキリスト教系の私立小中学校にチャイヤブーンを入学させようとした。ただしここに入学することはできず、バンコクにある別の小学校に親戚の家から通うこととなる。また父親は地方勤務となり、親子離ればなれの生活となってしまう。その後チャイヤブーンは、中学4年時（現在の高校1年に相当する）にバンコクにある有名進

学校のスワンクラープ校[4]へ上位の成績で入学する。その頃のチャイヤブーンは、彼のために建てられた家に1人で暮らしており、他県に単身赴任していた父親は週末だけ家に戻ってきていたそうである［Munlanithi Thammakai 1990a: 35-43］。

　1960年、チャイヤブーンが15歳のときに人生の転機が訪れた。学校の仏教教育で仏教に興味を持ったチャイヤブーンは、仏教クラブの活動なども始め、とりわけ瞑想に興味を持つようになっていった。その後様々な種類の瞑想を試し、バンコクにあるマハーニカーイ派の中心寺院マハータート寺などの瞑想指導にも参加していた。彼は瞑想で得られる神秘的な体験や幸福感に興味を覚えたと記されている。この頃彼は、パークナーム寺のタンマガーイ式瞑想に関する書物を入手し、何度かこの寺を訪れてもいる。また、当時のチャイヤブーンは、「我々は何者であり、何故に生まれ、死後にどうなり、人生の目的とは何であるのか」と人生についての疑問を抱き[5]、いくつかの書物を読むうちに戦いに明け暮れる世俗社会の指導者となるよりも、仏教の世界に生きることに価値を見出し始めたと言われている［Munlanithi Thammakai 1990a: 43-46］。

　その後父親の反対もあり、チャイヤブーンはしばらく瞑想修行をやめて大学入試の準備に専念する。1963年、チャイヤブーンはカセートサート大学経済経営学部の農業経済学科に入学を果たした［Munlanithi Thammakai 1990a: 48-49］。この大学は農業・林業・水産業などを中心とした大学で、現在では理工系や人文社会系などの学部も備わった総合大学となっている。最高峰の教育機関とまではいかないが、1961年の大学就学率が0.5％にすぎない当時の状況からすれば［村田 1982: 197］、やはり彼も当時のエリート候補生であったと言えよう。

　大学進学後にチャイヤブーンは、知人からパークナーム寺のウバーシカー・チャン（当時54歳）を紹介される。このときには、すでにソット師は亡くなっており、チャイヤブーンは直接ソット師に会うことはできなかった。その後彼は、彼女のもとで瞑想修行をするため、毎日夕方になると2時間近くかけて大学からパークナーム寺に向かい、瞑想修行を終えて夜中10時頃に寮に帰宅するという生活を送るようになる。そして次第に出家生活への興

味を増していったと言われている［Munlanithi Thammakai 1990a: 49-52］。

　この当時、後にチャイヤブーンのパートナーとなり、タンマガーイ寺の初代副住職(現在の2代目住職)となるパデット・ポーンサワット(Phadet Phongsawat)(後のタッタチーウォー師［図5-C参照］。出家するまでの師の呼称については、敬称を略しをパデットと記す)と出会っている。パデットはチャイヤブーンより3つ年上で1941年にカーンチャナブリー県で生まれている(第1章の図1-Bの④)。彼もまたカセートサート大学に入学し、農業と獣医学を学んだ。また彼は学生時代にオーストラリアに2年間留学し、乳製品について学んできたという経験をも有している。チャイヤブーンよりも先輩のパデットではあるが、この留学経験があるため、帰国後の1966年に在学中のチャイヤブーンと出会ったのである［Munlanithi Thammakai 1990a: 53］。パデットについての伝記はないので、彼の生い立ちはわからない。しかし、様々な書物の随所に現れる彼についての描写は、彼を一癖も二癖もある無頼漢と描いている[6]。

　たとえば、チャイヤブーンと始めて出合ったときにパデットは、酒を飲まずに戒を持しているチャイヤブーンに興味を持ち、彼を試そうとしている。パデットは、煮えたぎる油に手を突っ込む術や、かんぬき外しの術などを見せようとするが、戒を持しているチャイヤブーンの前では失敗するばかりであった。その後パデットは、自分の術の師匠の所へチャイヤブーンを連れていくが、ここでも術はチャイヤブーンの(持戒と瞑想に基づく)神秘力によって阻止されたと言われている［Munlanithi Thammakai 1990a: 53-56］。この一件でタンマガーイ式瞑想に興味を持ったパデットは、さらにチャイヤブーンの地獄や天界についての知識を試そうとしている。そして後日、パデットはウバーシカー・チャンを訪れることになるのだが、そのときにもチャイヤブーンから、他の弟子の迷惑になるようなことはしないようにと釘を刺されている。しかも、ウバーシカー・チャンのもとで初めて瞑想を習った際には、自分が本気であることを示そうとして、1度に3時間瞑想をやらせて欲しいと頼み込んでいる［Phra Phadet Thattachiwo 1988b: 18］。これらのエピソードがどの程度事実に即していて脚色から免れているのかはわからない。しかしこのどことなくユーモラスでありながら、闘争心に溢れている彼の性格描写には、後に優しさと厳しさを兼ね備えた、身近な父親的雰囲気を信徒に対して示して

いる、現在のタッタチーウォー師（パデット）の姿が透けて見える。

　またこのエピソードからは、タンマガーイ式瞑想の実践における時代的な変容が微かながら読み取ることができる。まず、神秘力や地獄や天界についての信仰の様相が若干変化している。たとえばチャイヤブーンが、パデットとの神秘力比べにおいて戒律と瞑想実践をもって勝利したというモチーフは、精霊信仰の守護力が仏教の持戒と瞑想による守護力によって封じ込められたと解釈することもできる。つまり、このような守護力への信仰を、仏教優位のモチーフの中に馴化して取り込んでいるのである。そして、このような神秘力（守護力）の二重化が、そのままチャイヤブーンとパデットとの権威の差に繋がっている。

　もちろん精霊信仰よりも仏教的守護力の優位性を主張する点は、ソット師やウバーシカー・チャンにも見受けられる。しかしながら、彼らの場合と異なって、チャイヤブーン（タンマチャヨー師）やパデット（タッタチーウォー師）は、瞑想によって他界探訪をするということを強調していないし、それを自身で実践したり弟子に行なわせたりといったこともしていないのである[7]。つまり、ウバーシカー・チャンの瞑想実践と比較して、その基本的な思想を否定はしないが、表立って実践もしないという形に変えているのである。地獄や天界の実在を信じると公言しているため、保守的な既存の仏教思想から抜け出ていないと研究者に指摘されているタンマガーイ寺ではあるが、もともと神秘性や守護力を強調したソット師の思想や活動と比べて、チャイヤブーン達の一般向けの実践活動は他界を強調しない脱呪術化へと向かっており、現世での「涅槃」を目指す志向性を強調し、神秘的な法術の実践は秘儀的なものとされていったのである。

　とはいえ現在でも、タンマチャヨー師を中心として秘儀的な瞑想実践が行なわれているらしい。タンマチャヨー師が選別した100名程度の修行者（男女の一般在家者も含む）には、無辺微細瞑想や闘魔の術智を教示しているとタンマガーイ寺の元幹部僧侶メーターナントー師は述べている[8]。しかし、この点でも、タンマチャヨー師達のこの活動は、ソット師が行なった祈祷所の活動のように、病気直しの祈りを一般信徒から引き受けるといったことはせず、それどころか彼等の活動内容や活動場所までがベールに包まれている。

ソット師の場合は、神秘的な力の行使を公開の場から祈祷所という非公開の家屋の中に移動させたのだが、タンマチャヨー師の場合には、活動の存在そのものが見えなくなっているのである。この点でも表向きは、より脱呪術化に向かい、さらに秘儀化を押し進めていったと言えよう。

3 運動の形成とタンマチャヨー師のカリスマ性
——梵行と心身訓練

　チャイヤブーンがチャンと出会うことによって、パデットをはじめ多くの学生が、ウバーシカー・チャンの所へ瞑想を習いにいくようになった。瞑想指導のための部屋が手狭になったので、しばらくするとパークナーム寺近くに彼等だけの専用の瞑想所（仏法成就の家、Ban Thamprasit）を設立する。この頃から、チャイヤブーンが瞑想指導を担うようになっていった ［Ubasika Thawin 1988: 67-68］。次第に信徒も増えていく中で、ウバーシカー・チャンは、チャイヤブーンやパデットと付き合うことが目当てでやってくる女子学生達から、彼等を引き離して修行に専念させようとしていた。そのためウバーシカー・チャンは彼等が出家することを望んでいたようである ［Prathattham 1990: 9, 40］。

　この助言を受け入れたのか、あるいは瞑想修行と出家生活に絶大なる魅力を感じていたのか、1967年のウバーシカー・チャンの誕生日に、チャイヤブーンは彼の人生に関わる重大な事柄を誓約している。彼はウバーシカー・チャンへの誕生日プレゼントとして、今後一生にわたって性行為を行なわず独身生活を貫くという梵行（Phromacan）、つまり一生にわたって出家生活を営むことを宣言したのである。これを期に翌年には、パデットをはじめ7人の弟子達が男女を問わず一生涯梵行を貫くことを宣言し始める。さらにその翌年にも宣言者は増えた。中には誓いを破ってしまった者もいたため、1970年からは誓いを受け付けないことにしたと言われている。しかし残りの多くの者達は、後にこの誓いを破らないようにするため、自分達が寝泊りできる修行場所を作り始めている。折りよく、ある上流階級の篤信家がパトゥムターニー県の所有地を寄進してくれたので、そこに彼ら生涯梵行者のための修行場（仏輪瞑想センター、Sun Phutthacak Patibattham）を建設することとなった。こ

れが後にタンマガーイ寺となったのである［Ubasika Thawin 1988: 71-76］。おそらく、このような生涯梵行の宣誓と、宣誓を受諾することへの制限という慣わしが、後にタンマガーイ寺の終身僧侶の制度として確立されたのだろう[9]。

1969年に大学を卒業したチャイヤブーンは、卒業後すぐに出家してタンマチャヨー師と名乗り、生涯梵行の道を歩みつつ、自分達のための寺を作る開拓作業にも従事するようになる。そして師の後を追うように、パデットやその他の仲間が続々と、僧侶ないしはウバーシカーとして「出家」し、タンマガーイ寺の開拓世代を形成していったのである。開拓世代は総勢25名程度いたと言われている［Munlanithi Thammakai 1990b: 111］。そして1972年からはこの開拓地に、学生達を集めて厳しい規律訓練と瞑想訓練を施すようになり、これが後に「仏法継承者訓練（オプロム・タンマターヤート）」となっていった。このような瞑想以外の心身訓練を一般在家者に施すということは、ソット師の活動には見られなかったものであり、瞑想体験との相乗的な効果をもって信徒をひきつけたようである。

以上述べてきたように、チャイヤブーンは学生時代から瞑想に興味を持ち、ウバーシカー・チャンと出会って以降、彼女の指導とタンマガーイ式瞑想の体験に心酔し、出家生活へと強い興味を持つようになったと思われる。しかし、大学生という当時ではエリート候補生であった彼が、なぜそのような思いに駆られたのかについて、伝記は彼の心情を全く記していない。伝記には、後に偉大な業績を残す僧侶になる者だから仏道に邁進することは当然のことであるとの前提があり、事の成り行きが淡々と記されているだけである。ただそのような描写の中でいささか気になるのは、母親が不在で育ち、また父親とも離れ離れで暮らしてきたという彼の生い立ちである。彼の心情の揺れる様を記していない伝記ではあるが、逆に父母との心情的な繋がりも一切語られていない。その上、聖人のように描かれているチャイヤブーンの生い立ちにもかかわらず、師は信徒の見本となるべき孝行息子として美化されたり理想化されてもいない。あえて孝行に近い行為をあげるとしたならば、ウバーシカー・チャンの誕生日に彼女の願いを受け入れて、一生涯梵行を貫くと宣言したことであろう。チャイヤブーンとウバーシカー・チャンの心情的な繋がりについても記した資料はないので、うがった見方にすぎないが、

チャイヤブーンはウバーシカー・チャンとの間に親子の繋がりを擬似的に感じていたのかもしれない。一生涯梵行を貫くという宣言は、タンマガーイ式瞑想への傾倒を表明しただけではなく、ウバーシカー・チャンのそばで生涯生活を送るということをも意味していたのかもしれない。

もちろん他の信徒の中にも生涯梵行を誓った者達は多かったわけだが、彼らはウバーシカー・チャンのためにそれを宣言したとは記されていない。チャイヤブーンの宣言と出家に促されたかのように増加した生涯梵行の誓い、そして当時既にチャイヤブーンが瞑想指導を行なっていたという状況、またパデットがまずもって一目置いたのはウバーシカー・チャンではなくチャイヤブーンであったことなどから考えると、後続の生涯梵行宣言者は、チャイヤブーンについていくことが主眼であったと思われる。

おそらくチャイヤブーン（タンマチャヨー師）には、人を引き付ける特有のカリスマ性があるのだろう。それがどのようなものかは、伝記では十分に記されていない。ただし初期の頃から活動に関わっていたある信徒は、出家したばかりのタンマチャヨー師の姿に強い魅力を感じ、この僧とともに出家してみたいと感じたと述べている［Takkasarano 1985: 24-25］。また、後にタンマガーイ寺を離れてタンマチャヨー師を批判しているメーターナントー師も、初めてタンマチャヨー師と出会ったときには、タンマチャヨー師の存在そのものから静寂さと安らぎが溢れているのを感じ取ったと述べている。また、師との会話によって自分の人生や社会の騒乱に関する悩みがとるに足らないものであり、無限への挑戦とも言える「涅槃」を目指すことに本当の生き甲斐があるのだと、当時は実感できたのだと回顧している［Venerable Mettanando 1991: 74-76, Santisuda 2000: 1, 3］。このように、タンマチャヨー師は、信徒との直接的な触れ合いの中で、カリスマ性を発揮する能力があると思われる。ソット師以降のパークナーム寺における瞑想集団の指導者や、ウバーシカー・チャンなどが十分に発揮することのできなかったカリスマ的指導者の資質を、当時の若きタンマチャヨー師はすでに有していたと思われる。

4　マノー・メーターナントー師
——組織拡大の世代：仏法継承者訓練と集団出家

　以上述べてきた第1世代と第2世代の開拓者の仕事を引き継ぎ、教団を拡大したのは若き大学生たちであった。本節以降では、この第3世代における2名の主要人物（メーターナントー師とターナウット―師）を取り上げる。

　外科医の父と薬剤師の母を持つ、マノー・ラオハワニット（Mano Laohawanit、後のメーターナントー師。以下、出家前の師の呼称については、敬称を略しマノーと記す）は、1956年にバンコクに生まれた。教育熱心な両親のもとで育った彼は、小中学校は、アサンプション・カレッジ（英語も教える私立のカトリック系進学校として有名）に通い、さらに高校は、タイ有数の進学校であり、卒業者の多くがチュラーロンコーン大学（タイ教育機関の最高峰）へ入学すると言われている、トゥリアム・ウドムスクサー校に通っていた。極めて成績優秀であった彼は、その後1975年にチュラーロンコーン大学の中でも最難関と言われる医学部に入学した[10]。

　マノーとタンマガーイ式瞑想との出会いは高校時代に遡る。彼は1974年に高校の友人に誘われてタンマガーイ寺の学生向け規律瞑想訓練である「仏法継承者訓練（オプロム・タンマターヤート）」（第6章第4節(1)および第12章参照）に参加している。参加を決めた理由は、受験を控えて集中力を養うために瞑想をやってみたかったという思いと、そのような宗教活動に対して全く価値を認めなかった父親に対して反抗の意思を示すためであった［Santisuda 2000: 1, 3］。マノーはこの訓練を通じて、自分が生まれながらの仏教徒だとの自覚を得たと述べている。

　大学の医学部に進学した後、彼は1975年8月にタンマガーイ寺を再度訪れ、当時住職であったタンマチャヨー師と初めて出会っている。この時期のタイでは、民主化を推し進める学生運動や左翼の活動家などが活発な運動を展開していた。しかしその一方で、右翼の大衆組織も台頭しており、政治家や大衆運動そして僧侶集団までもが、左派と右派に分かれて対決し混乱を生じていた時代であった。マノーはこの国の行く末を心配し、自分の為すべきことを見きわめるために、タンマチャヨー師に思いのたけをぶつけたのである。

タンマチャヨー師は、タイ国民がこれまで為してきた善行があるのだから何も心配することはないとマノーを諭し、タイだけではなく宇宙全体をも正しい方向に進めるためのより大きな善行を為し、「涅槃」を目指す修行を行なうことが大切だと励ましの言葉を与えたのであった。タンマチャヨー師から得たアドバイスだけではなく、師の存在そのものが醸し出す静寂さと安らぎが、自分の強張った気持ちを和らげたのだと（マノー）メーターナントー師は述べている。またそのようなタンマチャヨー師の姿と自分の父を比べ、父の人生が無意味に思え、父と同じ道を歩み始めていた自分の姿に愕然とした思いを感じたとも記している［Venerable Mettanando 1991: 75-76, Santisuda 2000: 1, 3］。

　その後マノーは心機一転し、寺の活動や仏教クラブの活動に精力的に参加するようになる。1976年からは仏法継承者訓練にほぼ毎年参加し、この訓練活動の変革に力を注いでいった。彼が行なった大きな改変は、この仏法継承者訓練に一時出家を組み込んだことである。ただし、タンマガーイ寺の施設が完成する以前は、他の寺で出家修行を行ない、タンマガーイ式瞑想だけではなく、呼吸に集中する入出息念（アーナーパーナ・サティ）の瞑想や、ビルマ式のウィパサナー（観）瞑想[11]なども取り入れて修行をしていたと、（マノー）メーターナントー師は述べている。1976年から1977年にかけてはサラブリー県のタムプラ・ポーティサット小寺（Samnaksong Thamphraphothisat）や、バンコクのラーチャ・オーロット寺（Wat Rachaorot）などで一時出家と瞑想実践を行なっていた。1978年には、瞑想実践で有名なチャー師（Phra Acan Cha）の許可を得て、東北タイのウボンラーチャターニー県にあるノンパポン寺（Wat Nongpaphong）で出家修行も行なっている。また、当時は社会問題化していなかったサンティ・アソーク（Santi Asok）[12]で修行を行なう計画もあったそうである。チャー師が病に伏し、様態が悪化した1979年からは、ベンチャマボーピット寺（通称大理石寺院）で出家式を行なうようになった。バンコクの名利王立寺院であり、広大な布薩堂を有するこの寺は、現在でもタンマガーイ寺の仏法継承者訓練の一時出家式に使用されている。また、この年からタンマガーイ寺の施設が整備され、出家式後の瞑想修行は、タンマガーイ寺と財団の敷地内で行なわれるようになった。マノーは、このように様々な寺院関係者に連絡をつけ、仏法継承者訓練の出家者を受け入れてもらえるよう交

渉していたのである。

　このような形で、仏法継承者訓練に出家式を組み込んでいくのは、画期的なことであった。なぜなら、タイでは今でも未婚の男性が一時出家を行なう慣行が根強く維持されているからである。つまり、夏休みの学生向けの瞑想訓練に出家活動を組み込むということは、まずもってタンマガーイ寺の勧誘活動の対象として、新たに巨大な市場を生み出したということを意味する。次いで、一時出家に厳しい訓練を組み込むということで、他の寺の一時出家とは一線を画した新たな出家のイメージをも提供することができたのである。

　このような勧誘体制の刷新を行なった医者志望のマノーは、僧侶となって心の面からも多くの人を助けたいという思いを抱くようになる。大学を卒業した彼は一時インターンとして医療現場で訓練を受けていたが、1982年8月にタンマガーイ寺の終身僧侶メーターナントー師（Phra Mano Mettanantho）として出家した。その後住職から大乗経典の研究を行なうよう指示を受け（研究の内容については、第2章第8節を参照）、1985年にオックスフォード大学の仏教学科に留学し、1987年にそこで修士号を取得している［Venerable Mettanando 1991: 78-81］。帰国後の1990年に、メーターナントー師は、タンマガーイ寺の内部組織改革の先導者に選出されて改革を進めていった［Apinya 1998: 31］。しかし、特例の終身出家という早すぎる出世などによる組織内部の人間関係の軋轢や、寺の資金調達方針へ疑念を抱いてタンマチャヨー師と口論になったため、師は1997年頃にタンマガーイ寺を去った。現在では、タンマガーイ寺の活動には一切関わることをやめ、別の寺院で僧侶としての生活を営んでいる［Santisuda 2000: 1, 3］。

5　ソムチャーイ・ターナウットー師
──組織拡大の世代：仏教クラブと広報活動の刷新

　ソムチャーイ・ワッチャラシーロート（Somchai Wacharasirot, 後のターナウットー師。以下、出家前の呼称については、敬称を略しソムチャーイと記す）は、1961年にタイ南部のナラーティワート県に生まれた。その後1971年には家族と伴に東北タイのサコンナコーン県に移っている。幼少の頃から成績が優秀で

あったソムチャーイは、1976年に、中学3年生であったにもかかわらず、地元の中学高校合同の学生委員長に当選し、学生のデモ隊を率いて活動し、内閣の代表者と交渉を行なったこともあると述べている[13]。

ソムチャーイは高校時代にバンコクへ上京して、先のマノー（メーターナントー師）と同じ最高峰の進学校トゥリアム・ウドムスクサー校に通い、1980年にチュラーロンコーン大学の医学部へ入学している。ソムチャーイがタンマガーイ式瞑想と出会ったのも、マノーと同様に高校時代であった。それまで全く仏教や瞑想などに興味のなかったソムチャーイは、1978年に仏法継承者訓練のビラを見て興味本位でこれに参加したのである。訓練に参加した際には、自分は生半可な説明では騙されないと意気込み、様々な質問をタッタチーウォー師（当時の副住職）にぶつけたそうである。このとき、どんな質問にも即座に答えてくれたことが、ソムチャーイにとってはとても新鮮な体験であった。また訓練に参加することで、寺での生活というものを初めて知り、自分のそばにありながらもほとんど関わることのなかった仏教に、多少なりとも興味を持つようになっていった。ただし、このときの仏法継承者訓練では、ソムチャーイは高校生だったこともあり一時出家はしていない。そのため、大学に入学し20歳を迎えた1981年に、再度訓練に参加して一時出家を遂げている。2度目の訓練参加をきっかけとして、タンマガーイ式瞑想やこの寺の活動に大きな魅力を感じたソムチャーイは、1982年から1984年かけてチュラーロンコーン大学の仏教クラブのクラブ長となり[14]、またその後もクラブ顧問として活動し、学生クラブ活動の刷新を手がけていった。

ソムチャーイは、まずチュラーロンコーン大学の仏教クラブの組織を全面的に刷新した。それまでこのクラブは、古代遺跡の研究班や地方寺院を訪れる観光班などから構成されていた。この組織を見たソムチャーイはこれでは有効な活動はできないと判断し、委員を7人から16人に増やし、部長・秘書・会計の他に、研究・事務管理・広報・一般サービスといった4つの部署を担当する副部長4名という構成へと改変を行なったのである。そしてソムチャーイの指揮のもと、「即決実行・徹底管理と業務完遂」をモットーに、布教活動を展開していった。主な活動は、仏教知識のパネル展ならびに学生向けの夏季の仏法継承者訓練であった。パネル展に関しては、1982年にソム

チャーイが先導し、他大学の仏教クラブと協同で、「進歩の道」パネル展と「仏法試験プロジェクト」を展開し、シリントーン王女も見学者として招かれまずまずの成功をおさめている［Buddhist Clubs of 18 Universities 1986: 35. 第4章第4節(1)を参照］。

　またソムチャーイは、仏法継承者訓練の宣伝と資金調達の面でも大きな改革をもたらした。自立心溢れるソムチャーイは、それまで資金面では寺や財団の世話になって行なわれてきた仏法継承者訓練を、寺任せにせず自分達で行なうことを決意し、新戦略を打ち出したのである。1984年末から1985年にかけて彼が行なった宣伝と資金調達の新戦略は、カレンダー販売とダイレクトメール、および無料送迎バスサービスであった。（ソムチャーイ）ターナウットー師は、自信と誇りに満ちた口調で以下の新戦略を語っている。

　まず彼が手がけたのは、宣伝と資金調達を兼ねて、仏法継承者訓練のカレンダーをデパートの売り場を借りて販売するというものであった。カレンダーおよび後に使用するダイレクトメールの印刷等の諸経費は、およそ200万バーツ（約600万円）というかなりの高額のものであったが、これはソムチャーイの親友の父親が印刷会社を経営しており、この方の好意で貸してもらうことができたと、（ソムチャーイ）ターナウットー師は述べている。その後、このカレンダーの売上げが30万バーツ（約90万円）ほどになった。

　しかし、勧誘活動もさらに活発に展開したため訓練への参加者も増加し、この資金だけでは足りなくなる可能性が生じた。そこでソムチャーイが次に行なったのが、ダイレクトメールである。内容は、息子を持つ親に子供の一時出家を勧め、また息子のいない者には一時出家の際の寄進を勧めるものであった。ここでもソムチャーイは持ち前の鋭さを発揮し、ダイレクトメールの対象者を富裕者層に絞るという戦略を立てた。そして、当時は電話所持者が限られていたため、彼は電話帳を利用して対象者50万件分の宛名をプリントし、また翌年以降も使えるように、その原本を名簿として保持しておいたのである。しかも、この名簿の中から銀行の支店長や宝石店や金行店など約3万件をピックアップし、彼らに対しては手書きで宛名を作成して好印象を得ようとしている。これら一連の戦略は大成功し、1,000万バーツ（約3,000万円）ほどの寄進が集まった。

第5章　タンマガーイ寺の形成　161

　これらの宣伝活動や、プロの写真家(タンマガーイ寺信徒)による美しい写真を載せたビラの作成、若い男性を意識したキャッチフレーズ[15]、そしてこの年 (1985年) からタンマガーイ財団がテレビやラジオや新聞などを使って大々的に宣伝を行なうようになったため、仏法継承者訓練への参加者は急増した。参加者数は1979年までは毎年60名程度であったが、1980年に250名に増加し、1982年から84年にかけては400名程度にまで伸び、そして全国的な宣伝活動を展開した1985年には一挙に900名以上にまで至っている [Buddhist Clubs of 18 Universities 1986: 27]。このように一連のマーケティング戦略はかなり効果的なものであった。そのためこの当時のタンマガーイ財団の活動 (1984年～1986年の活動) は、タマサート大学とタイ起業協会が協同で行なった第1回マーケティングコンテストにおいて、最優秀賞の1つ (他に18件の最優秀賞があった) に選ばれている [Khrongkan Purakwat Phongan Kantalat Diden 1988: 339-352]。

　またこの頃ソムチャーイは、彼の活動で得た寄進の中から仏法継承者訓練に必要なもろもろの経費を工面し[16]、残りの一部を爆発的に増加した訓練参加者が寝泊りできるように、緊急の土地整備費として都合している。さらにその残金を、貧富の差にかかわらず寺に来てもらえるようにするため、毎週日曜日にバンコクの8ヶ所の地点とタンマガーイ寺を結ぶ無料送迎バスを運行する資金として使っている。この無料送迎バスは好評であったため、その後このサービスの運営は寺と財団が引き継いでいる。

　ソムチャーイは、マノー(メーターナントー師)と同様、大学卒業後間もない1985年6月にタンマガーイ寺の終身僧侶ターナウットー師 (Phra Somchai Thanawuttho) として出家している。その後1988年には、学生仏教クラブの主要な活動であったパネル展の内容を発展させた『人生の吉祥「仏法継承者」版』(仏教クラブ主宰の仏法試験のテキストとなっている) を執筆している [Phra Somchai Thanauttho 1988a, 1988b]。さらに、1990年には東京大学文学部の仏教学科に留学して2003年に博士号を取得し、現在 (2006年) はタンマガーイ寺日本別院の住職を務め、日本だけではなく台湾や中国などの支部を監督し、また他の仏教団体との交流を進めている。

6 ポン・レンイー氏とマーニット・ラッタナスワン氏
——土地買収と宣伝に関わる在家者幹部

　以上に述べてきた2名の僧侶が行なった、大学生を対象とする仏教活動の刷新は、タンマガーイ寺と財団の信徒や職員・僧侶候補生の増加に大きく貢献した。しかし、タンマガーイ寺と財団の活動の変容と急成長の理由を、学生による活動の躍進にだけ求めることはできない。たとえばソムチャーイ（ターナウット一師）は、集めた寄進の一部を仏法継承者訓練の参加者が居住する場所の土地整備費として提供しているが、これはあくまでも整備費であり、これ以前に財団は土地を購入しているのである（第4章の**表4-2**を参照）。しかもその年（1985年）には、寺院周囲の莫大な土地を購入することで、一部の農民との間に諍いが生じている。つまりすでにこの頃には、学生の活動とは別に莫大な資金が集められており、土地を購入して巨大な施設を建設する計画が出来上がっていたのである。また、財団はソムチャーイの活動とは別に、1985年からマスコミを通じての積極的な宣伝活動にも着手している。

　これら一連の計画には、タンマチャヨー師やタッタチーウォー師など開拓世代の僧侶達も深く関わっていたと思われるが、それ以外に在家者の中でも影響力を持った者が様々な形で力を貸していたと考えられる。これら組織上層部の成員とその内部関係はあまり明らかになっていない。しかし、1998年末からのタンマガーイ寺問題以降、マスコミなどに出なくなったタンマチャヨー師やタッタチーウォー師の代わりに、2名の在家者幹部が公衆の場に頻繁に現れ、信徒代表として活発に活動を展開し、マスコミへの対応などを担ってきた。彼らの活動には不明な点も多いが、タンマガーイ寺の運動の変容と急成長に何らかの形で深く関わっていると推測されるので、以下に彼等の略歴を記しておく。

　まず、ポン・レンイー氏（Phong Lengi）であるが、彼はタッタチーウォー師とほぼ同世代の1940年に生まれ、タンマチャヨー師やタッタチーウォー師ならびにその他の多くの開拓世代の出家者と同様、カセートサート大学の出身者でもある。後にアメリカに留学し、帰国後は政府の森林局や家畜局の副局長などを歴任している。タンマガーイ財団が1982年に敷地拡張計画を発

案した際には、森林局の副局長を通じて政府に計画が打診されている [Apinya 1998: 30]。計画自体はこのときには政府から却下されているが、政府に計画を打診した副局長とはおそらくポン・レンイー氏であろう。また以前に、ある僧侶[17]に率いられたタンマガーイ寺付近の一部の農民が、自分達の土地を不正に奪った者としてタンマチャヨー師やタッチチーウォー師達を名指するという事件が起こっているが、その際に抗議の対象として掲げられた者の中にはポン・レンイー氏も含まれていた [The Nation 1999b: A6]。氏は、1998年のタンマガーイ寺問題の際にも、土地の不正売買に関与していたのではないかと疑いをかけられたが、有罪とはなっていない。土地売買に関わる嫌疑の真偽は別としても、このような状況で氏の名前があがるということは、氏がタンマガーイ寺の組織において重要な位置にあることを示していよう。さらに氏は2000年の上院議員選挙で初当選し、タンマガーイ寺信徒に後押しされた唯一の議員ともなっている。また氏の子息はタンマガーイ寺で僧侶生活を営んでいる。一部の信徒の話では、この僧侶はタンマチャヨー師がお墨付きを与えたほど瞑想実践に優れており、現在では若手の中で有数の瞑想指導僧侶と見なされているとのことである。

　もう1人の著名な在家者幹部は、マーニット・ラッタナスワン氏 (Manit Ratanasuwan) である。筆者は彼の経歴を入手していないので、詳しいことはわからないが、MGAという会社 (タイ音楽産業界における巨大企業として有名なグラミー・エンターテイメント社の宣伝部門を担当している) の協同創始者として有名な人物である。彼はサイアム・セメント社の赤象のロゴを生み出し、またプレミア・マーケティング社の経営部長や、タイにおけるAM/PM社の代表取締役なども歴任している。タンマガーイ寺の信徒となったのは1980年代であり、その後この寺の宣伝活動をサポートしてきた [The Nation 1999a: B3]。彼はタンマガーイ寺近隣のアパートやコンドミニアムを信徒向けに販売する会社なども経営している (第4章第4節(2)参照)。また、先述のように1998年末にタンマガーイ寺問題が生じた際には、信徒代表のスポークスマンとしての役割を果たし [The Nation 1999c: A2, Avudh 1999: A2]、最近では仏教書なども執筆している [Manit 2000a, 2000b]。おそらくタンマガーイ寺のイベント的な大儀礼の企画にも、マーニット氏は関わってきたのであろう [The Nation 1999a:

B3]。

7　仏教クラブの指導者と社会的背景

　本節では、先に紹介した2名の仏教クラブ指導者を再度取り上げたい。先述のように、彼等の活躍は1977年から1985年にかけてタンマガーイ寺の運動が急成長した要因の1つであった。しかし、彼らエリート大学の学生は、なぜこの運動に魅力を感じ、医者としての将来を捨ててまで仏教の道に進んだのであろうか。しかも、静寂な人生を求めて隠棲するのではなく、なぜ多くの学生を導いて運動を拡大しようとしたのだろうか。もちろんそこにはすでに布教におけるマスメディアの利用や広大な土地を買収しての事業計画など、タンマガーイ寺の活動を拡大していく意向が影響していたことは無視できない。しかし、エリート学生指導者達は単にそれに同調したのではなく、そこに自分達なりの意義を見出していったという点も見落とすことはできない。その意義の中には瞑想実践によって培った価値ある体験を多くの人々にも広めたいという見解も存在しただろう。しかし彼らが思い描いていたことはそれだけではない。以下に見るように、彼らは政治的混乱の時代とその後の急激な社会変動の中で、自分達なりの社会改革運動を志していたのである。

　先にも多少述べたが、1970年代のタイは政治的動乱の時代であった。周辺諸国の共産主義・社会主義化の中で、タイ国内の共産党によるゲリラ活動も活発になっていた。またそれに対抗する政府の警察・軍事行動も緊迫したものとなっていた。さらにこの時期には政府の政策に異議申し立てを行なう労働運動や農民運動も活発になり、新たな政治勢力として学生運動も台頭してきた。1973年10月には当時の政権の腐敗に抗議する学生デモと警察や軍との衝突が生じ、デモ隊に多数の死傷者を出した。これによって政権は崩壊して、いわゆる民主化の時代が訪れている。しかしその後に、「ヴィレッジ・スカウト」や「赤い野牛」「ナワポン」といった右翼の大衆組織も結成され、中には暴力行為に及ぶ者も現れ始めた。とりわけ1975年4月のサイゴン陥落と同年12月のラオスにおける王制廃止以降、タイにおいて右翼の大衆運動が活発になっていった。そして1976年10月に再び多数の死傷者を出す大惨事が

生じている。この時には学生運動に参加した群衆と警察ならびに右翼団体が衝突し、再度、軍によって政権が掌握され、学生などによる政治活動が一切禁止されていったのである［和田・生田 1983: 294-342］。

　このような政治的動乱の時代の中、タイ経済も急激に変動していった。そもそも大学生による政治運動は日本製品不買運動という形で始まった経緯もあり、それは経済のグローバル化の中でタイの経済構造や社会構造が大きく変動していく時代における社会現象であったと言えよう。1970年代のタイ経済は農水産畜産物の加工品の生産と輸出を中心に、繊維や家電品の生産など輸入代替型の工業も急成長し、さらに1980年代末からは金融自由化を進め、高度化した工業製品や重化学工業製品などを輸出するようになっていった。1960年から1990年までの30年間、タイの実質経済成長率は7～8％と極めて高い水準を維持してきたのである［末廣 1993: 123-141］[18]。それは当然経済構造の変動に留まらず、社会構造や社会関係の変容、政治変動にも結びつく複合的な社会変動となっていった。

　マノー（メーターナントー師）やソムチャーイ（ターナウットー師）達が学生として過ごし、生き方を模索してきたのはこのような政治的動乱と社会・経済的な急変の時代であった。

8　メーターナントー師の社会観──もう1つの学生運動

　1976年10月の暴動が起こったときに大学2年生であった（マノー）メーターナントー師は、当時を振り返り次のように述べている。

　　当時は、国の平和が危うくなり、これからどうなってしまうのだろうかと、とても不安でした。私は柔道と水泳のクラブには入っていましたが、政治活動には参加していませんでした。もちろん周囲の影響は受けていましたが。
　　何と言ったらいいのか、当時は社会全体が脅されているという雰囲気でした。それで、どうしたらいいのかとても悩んだあげく、1975年8月12日にタンマチャヨー師を訪れて相談してみたのです。……

(1976年10月の)学生蜂起に私は参加しませんでした。蜂起は感情的で知性を欠いていて、タイ社会の基盤にある大切なものをただ壊そうとしているかのように見えました。私自身も彼らの基本的な考えには同意していましたし、社会は発展しなくてはならないし、当時の権力者だけではなく多くの人々が力を持つような仕方で発展しなくてはならないと思ってました。しかし、彼らのやり方は暴力的でした。当時の学生の多くや運動のリーダーたちは共産主義者でした[19]。人民による革命を起こそうとしていたのです。しかし私はそれではだめだと感じたのです。問題がありますよね、多くの血が流れるのですから。私は血の流れない社会変革が好ましいと思いました。平和的で人々の合意を得られる変革です[20]。

このような思いを抱いてマノーは多くの友人と袂を分かち、タンマガーイ寺の活動に専念していったのである。また、彼は後にチュラーロンコーン大学の学生連合の委員長に立候補しているが、それは左傾化した学生活動をニュートラルなものにしたいという一部の学生からの要望に基づくものであった[21]。

非暴力の社会変革を求めていたマノーは、タンマガーイ寺の僧侶となって以降、独自の思想活動を展開している。それは社会正義や人権問題にコミットしていく仏教思想である。師は、仏教思想には次の3つの層があると述べている。

仏様はこう仰ってます。「私の教えは一枚岩ではなく、多面的である」とね。1つは涅槃にまっすぐ向かう禁欲の涅槃仏教(Nibbāna Buddhism)、もう1つは良い人生を得るためにタンブン(積徳行)する業仏教(Kamma Buddhism)[22]。この2つは上座仏教国の主要な層です。
しかし、まだ別の層があります。それはもっと力強く論理的で、また包括的な層です。自己と他者の関係を考えている仏教、つまり吉祥仏教(Mangala Buddhism)です[23]。……
涅槃仏教での良い人生は家族を捨てて僧侶になることです。業仏教で

の良い人生とは、僧侶や寺院に寄進しタンブンすることです。しかしそれだけのことです。でも吉祥仏教では、自己と社会を良くすることが良い人生なのです。

　涅槃仏教は涅槃を目指すだけで、社会正義など関係ない。そこにあるのは一時性・無我だけです。業仏教でも法律や社会秩序は関係ない。タンブンがあるだけで、僧侶だけが大切にされています。ときには人生がタンブンのビジネスになってしまうこともあります。しかし吉祥仏教では人生の主要な目的は発展です。社会正義のために規律や社会秩序などといった良い環境を創っていくことが必要なのです[24]。

　彼がここで述べている吉祥仏教とは、吉祥経に依拠したものである。38項目からなる吉祥経の教説は、本書の第4章第4節(1)で取り上げたように、タンマガーイ寺で重要視され、学生クラブのパネル展や仏法試験プロジェクトで使用されているものである。（マノー）メーターナントー師は、これに社会変革の仏教思想を読み取っていたのである。そしてタンマガーイ式瞑想の実践で個々人の精神を根本から整えることができ、そのような実践がゆくゆくは社会変革を進めるための基盤になると考え、仏教クラブの活動を展開していったのである。

　その後メーターナントー師は、吉祥仏教の思想に基づいて、HIV感染者の増加と差別に関するタイ社会の構造的な問題を論じた新たな修士論文を執筆している［Dhammakaya Foundation 1993: 38］。さらに、アメリカで起こった大量殺人事件[25]について、裁判や報道におけるアジア人差別ならびに被疑者（タイ人少年）の冤罪を糾弾し、タイの人権団体と歩調を合わせた活動なども行なっている［Dhammakaya Foundation 1994b: 22］。

　しかし社会正義や人権問題に関して、タンマガーイ寺の幹部や信徒の多くは、あまり興味を示していない。このような思想的な志向性の違いも、後にメーターナントー師がタンマガーイ寺を去っていった1つの要因であろう。当時メーターナントー師は、タンマチャヨー師（初代住職）に向かって、この寺の資金調達活動が扇動的になっておりそのため一部の信徒の家庭が崩壊していると抗議し、口論となっている［Santisuda 2000: 1, 3］。メーターナントー

師が寺を去ったのは、筆者の取材に対して熱意を込めて吉祥仏教の重要性を語り、タンブン重視の仏教におけるビジネス性の問題を主張した約3年後のことであった。その後別の寺院に移った師は、寺院近辺の住民に対する無料の医療診断や、瞑想による心のケアーなど独自の活動を行なっている[Santisuda 2000: 1, 3]。

以上のメーターナントー師のように積極的な見解を述べているわけではないが、他にもこの時代の学生信徒は、似たような社会観を持ちそれと呼応する仏教観を有していた。1970年代にかけてカセートサート大学の仏教クラブ長にあり、後にタンマガーイ寺の僧侶となったA師とB師は次のように述べている[26]。

　　当時学生運動や民主化運動が活発でしたが、私は興味を感じませんでした。学生運動の中には諍いや権力争いなどもありましたしね。とても混乱した状況でしたよ。だから私は外側の実践ではなく、内側の実践に専念したのです。[A師]

　　私も学生運動には興味を持っていませんでした。中には勉強をサボる口実で運動しているような人もいましたしね。政治に興味を持っていたら、仏教クラブの長にはなっていません。性質が違うのですよ。……
　　……多くの学生が慈善活動などをしたいと思ってますが、田舎で開発活動をするのも、寺を掃除したり、寺で瞑想するのも同じことです。タンマガーイ寺なら、田舎に行かなくてもバンコクでそれができるのです。学生はお金がありませんから、これは助かりますよ。田舎に橋やトイレをつくる代わりに、寺で瞑想することで社会的に良い人間になれるのです。自分が清まれば社会も良くなります。[B師]

このように、社会改革志向はメーターナントー師ほど鮮明ではないが、これらの僧侶も学生時代には、メーターナントー師と同様の社会観と仏教観を有していたのである。彼等は政治的動乱の時代に、左翼でも右翼でもない、もう1つの道を模索して仏教運動を展開していたと言えよう。

9　ターナウットー師の社会観——遍在化する無秩序への対応

(1) 社会変革としての仏教運動

　タンマガーイ寺の運動に、社会変革の可能性を読み込んでいたのは、マノー（メーターナントー師）だけではない。ソムチャーイ（ターナウットー師）も同じような理想を抱いていた。ただしソムチャーイの場合はマノーと異なり、中学3年時に東北タイで学生デモ隊を率いて政治運動に積極的に参加している。しかし、その理由はマノーの立場に似ており、「私のデモは平和のデモです」と強調している。

　ソムチャーイが目にした最初のデモは、第二次世界大戦後に難民としてタイ東北部に移住してきたベトナム人が、タイ人に暴力を振るったことに起因していた。反ベトナム人というスローガンを掲げて集まった群集の振る舞いは、ベトナム人の集落を破壊するという暴力行為にまでエスカレートしていった[27]。この暴動に参加せずにいたソムチャーイ（ターナウットー師）は、次のように感じたという。

　　「こんなことをしてはいけない。どんな理由があっても、他人の家を壊してはいけない」と私は思いました。でもそのとき私はまだ小学校7年生[28]ですから何もできませんでした。

　　それから、しばらくして中学校3年になった頃です。またデモが起こりそうになったのです。私が学生委員長になった学校は生徒数も3,500人と多くて、他の短期大学の学生も参加したらとても大きなデモになります。しかし、その年のデモはどうしても止めることのできない状況にありました。そこで私は1つの条件を出しました。絶対に暴力を行使しないということです。もし暴力行為を行なった者がいたらデモはすぐにとりやめです。各グループの代表はこの条件を認めてくれました。デモは1ヶ月間にわたって行なわれましたが、暴力沙汰は1度も起きなかったのです。

　1976年10月の政変以降しばらくは政治運動が一切禁止されることになっ

た。ソムチャーイのデモもこのときに禁止され、以後彼は政治に関心を持つことなく、高校生活と大学生活を過ごしていった。そしてタンマガーイ寺の活動に触れることで、彼は医者になる道を捨て、僧侶としての人生を歩むことになったのである。その当時の気持ちを（ソムチャーイ）ターナウットー師は次のように述べている。

　学生はみんな心が純なのです。社会が良くなって欲しいという気持ちが強いのです。でも、どうやったら社会が良くなるのかわからない。ただ、その方法を教えてあげたら、そして彼がそれに納得できたなら、すぐにでも手伝ってくれますよ。まだ仕事もしていませんし、家族とか将来のこともあまり考えなくて済みますから。……
　社会が良くなる条件はですね、まずその社会にいる人々の生活習慣が良くなるということです。人々の心がもっと清らかになって静かに落ち着くことが必要です。物質的な欲望をなるべく減らして、慈悲の心をもって平等な社会を築こうとすることです。心が良くならなかったら法律などがあっても全然ダメです。
　それが、私が出家した理由ですね。世の中には私よりも知識のある人や力のある人が大勢いますが、そういう人の多くは物質的なものを求めています。社会のためになることもしていますが、大抵は自分と家族のために仕事をしています。精神面で役に立つために仕事をしている人は少ないのです。道徳と心のように、他の人があまり重視していないけれど大切な事柄を、自分の仕事にしようと思ったのです。

　ソムチャーイもまた、動乱の時代に左翼でも右翼でもない非暴力的な社会変革を目指していた。そして政治活動が下火になった頃に、社会改善の道を求めてタンマガーイ寺の運動に関わっていたのである。もちろんその当時には、政治的な混乱は収まっており、政治運動の第3の道としてタンマガーイ寺の運動を選ぶという意義は薄れていたであろう。その代わりソムチャーイが実感していたのは、政治的混乱だけではなく社会関係や経済の急変における無秩序性であった。彼はここに自分の活動の意義を見出していく。

(2) 社会観の変容

　以下、彼の社会観と仏教思想について、彼がターナウットー師として出家後に執筆した『人生の吉祥』という書物（吉祥経の解説書。タンマガーイ寺系学生仏教クラブ主宰の仏法試験コンテスト用教材。第4章第4節(1)を参照［Phra Somchai Thanauttho 1988a, 1988b］）から読み取ってみたい。その際、教育省宗教局の元局長であったピン・ムトゥカン（Pin Muthukan）(1916～1972年) による同名の書との比較を通じて、ターナウットー師の社会観の特質を明らかにするという方法を試みる。なぜこのような比較を行なうことが有効なのかについては、多少説明が必要だろう。第1の理由は、ターナウットー師が、この書を現在の完成版に改訂する際に、ピン・ムトゥカンの同名の書を主たる参考書として使用しているという点である。この2つの書物には内容に大きな重なりがある一方で、ターナウットー師独自の記述も見られる。そこに注目していくことで、師の思想の時代性を読み取ることができるだろう。第2に、その時代性とは、客観的な社会状況の違いに由来するだけではなく、それを彼等がどのように把握しているのかという主観的な社会観の相違でもある。したがって、1980年代に執筆されたターナウットー師の書と、1950～60年代に執筆されたピンの書との比較を通じて両者の社会観の相違を際立たせることによって、1970年代以降の急激な社会・経済的変容の真っ只中にいたターナウットー師の社会観と仏教思想を明らかにできると思われる。以下に、その相違を2点ばかり例示する。

　ピンとターナウットー師の双方に共通しているのは、執筆当時のタイ社会のあり方に危機意識を抱いているという点である。しかし両者が抱く社会観、この場合は社会的危機の主観的な状況把握は明らかに異なっている。たとえば、ピンにとっての社会的危機とは、外国文化の浸透によってナショナリズムの核としての仏教やタイ文化が維持できなくなるというものであった。跪拝（クラープ、Krap）や合掌式の挨拶（ワイ、Wai）といったタイ式の挨拶をせずに握手をする人々や、西洋の乱暴なメロディーの音楽などが流入しており、タイ文化はキンノーン（Kinnon、上半身が人間で下半身が鳥という空想上の動物）のように、不自然な混合対になりつつあるとピンは嘆いている［Pin 1984:

.221-225, 247］。

　このような文化や社会の一体性が外部の存在によって浸食されつつあるというピンの社会観と異なり、ターナウットー師は、もはやこの一体性自体が存在していないと感じているようである。

　　……もしタイをお湯の入った大きな鍋にたとえるならば、鍋の湯は沸騰し煮えたぎっています。5000万本の薪で燃やされているからです。つまり約5,000万人の国民がぶつかりあっているのです。規律を守らないから衝突しているのです。もし自分が規律を守ったならば、それは薪の束から1本引き抜くのと同じことなのです。鍋のお湯はまだ沸騰してるとしても、それは自分のせいではありません。そしてもし各人がそれぞれ進んで自分を苦難から引き出したならば、やがて苦難の炎は消え去り国も通常の幸せな状態に戻ることでしょう［Phra Somchai Thanawuttho 1988b: 68］。

　ターナウットー師の記述に見える社会の一体性の欠如、無秩序な社会のイメージは、仏教そのものに対してさえ同様の形で抱かれている。まず、比較のためにピンの均質性を帯びたナショナリスティックなタイ仏教観を先に示しておきたい。ピンは料理の味が多様な調味料の絶妙なバランスと総合によるものだという比喩を述べつつ、仏教における不可思議な神通力の源を説明している。デュルケームによる宗教の社会起源説を彷彿とさせる語り口で、神通力とはタイ国民の精神の総体とブッダの力の総合によって生まれると主張している。

　　簡単に説明させてもらいますと、たとえば仏教徒が拝むもの、簡単な例として、仏像がありますが、これは心の力を集めるものです。つまり誰もがそれを眺め、仏様のことを心に思い浮かべる像です。みんなが心を集中し敬意を表する対象です。自宅の仏像であれ、1人で拝むのであれ、当然知っておくべきことは、それぞれの仏像が国中で拝んでいる人の代理だということです。私達が仏像を心に思うことは、我々自身の精

神の流れを思うのと同じことなのです。国中の人々の心の力が仏像に入り込み、そしてその力が私達に入り込んでくるのです。仏像はそれによって偉大な力を持つのです。私達が仏像を拝むとき、私達の心の力がその偉大な力に繋がり、逆に私達にその力が伝わってくるのです。つまり、私達の精神の流れは仏様の偉大な力と国中の人々の精神の流れによって改善されるのです。これこそが神通力の基本なのです ［Pin 1984: 231］。

これに対しターナウットー師は、日本の経済的発展との比較を通してタイ社会の現状と仏教を位置づけ、次のように述べている。

タイの場合、地理的環境には恵まれてます。自然の脅威はそれほど大きなものではありません（住居が心地よい）。食料も豊富です（食が心地よい）。しかし欠けているものがあります。それは規律を守らない人の存在です。また奮闘努力も十分とは言えません。私たち仏教徒は精神を統合する仏教の教えを持っているにもかかわらず、自分勝手で自分の都合のよいことばかり考えています。私達が仏様の教えを十分に実践していないので、私達の国は他の国よりもとても遅れたままであり、繁栄に至らないのです ［Phra Somchai Thanawuttho 1988b: 31-32］。

ターナウットー師の場合は、仏教そのものがすでに形骸化しており、機能していないのだと感じているのである。またここでは、そのような仏教文化の一体性を維持すると言うよりも、自明で形骸化しているものを再活性化することが経済的発展に繋がるのだと述べられている。そこにはピンのように文化的な統合は異文化の流入で破壊されているという認識は見られない。固定化した文化と文化の衝突として、1950〜1960年代におけるタイ社会の混乱や無秩序を捉えていたピンの社会観に対して、1970年代以降のタイ社会について意見を述べているターナウットー師の場合は、混乱や無秩序は社会や個人の内部にまで入り込み、文化的な統合性はもはや維持されるべきものではなく、むしろ獲得すべき課題として実感されているのである。

以上見てきたように、ターナウットー師やメーターナントー師は、ともに学生時代を左翼と右翼が暴力的に衝突した混乱と無秩序の時期に過ごしており、非暴力的な第3の道を求めようとしていた。メーターナントー師の場合は、そこからタンマガーイ寺の運動に深く関わっていった。ターナウットー師の場合は、そのような共通の考えを持ちつつも、政治動乱の時代の後に大学生となっており、主たる問題は経済と社会の急激な変容における混乱と無秩序へと移っていった。両者が思想形成を行なった時代と主たる問題にずれはあるものの、両者ともにタイ社会内部に遍在的に広まっている混乱と無秩序を実感していたと言えよう。それは、もはやピンの時代のような固体的な文化の衝突による混乱ではないのだ。

　メーターナントー師やターナウットー師の思想は、ソット師のように魔（マーン）という根源的な悪に災因を求めていないし（第2章第5節を参照）、民衆宗教のように精霊や悪霊にそれを投射するものでもない。しかし、それは1世代前の人物であるピンのように、外部文化の流入として認識されているものでもない。彼等が災因と考えているのは、タイ社会内部にそして個々人に遍在する規律の欠如や無秩序性なのである。この無秩序性を整えることが社会改善に繋がるのであり、そのための方法としてタンマガーイ式瞑想と規律訓練が生み出す個々人の内面からの秩序感覚や平安に、彼らは賭けたのである[29]。

　以上、本章ではタンマガーイ寺形成の歴史過程に即し、3世代の指導者を紹介してきた。第1世代の、ウバーシカー・チャンは、ソット師の瞑想実践と思想にじかに触れてきた人物であり、彼女の活動は主として、異界や他界に結びついた守護力信仰とそれに関わる特異な「涅槃」信仰に基づいたものであった。それは精霊信仰に関わる守護力信仰を、タンマガーイ式の仏教信仰の中に取り込んでいく過程とも言える[30]。またそれは本書第3章で論じたように、社会関係と密接に結びついた民衆宗教の再編過程でもあった。村を飛び出してきたウバーシカー・チャンを迎えたのは、村落共同体の社会関係から離れて移動する人々を受け入れ、また広域な移動をも促していたソット師の脱地縁的な寺院集団だったのである。

ソット師の逝去以降、ウバーシカー・チャンのもとで新たに形成された第2世代の集団も、地縁的な繋がりのない大学生を中心とするものであった。その中で指導的地位を担うようになったタンマチャヨー師とタッタチーウォー師は、それまでのタンマガーイ式瞑想の思想を微妙に改変し、さらに新たな要素を付け加えている。まず第1に師は、瞑想に長けた僧侶などの法術者から守護力が放射されるようなタイプの守護力信仰（祈祷所での治癒儀礼など）や他界信仰を、否定はしないが表立って実践もしないという形で、脱呪術化と秘儀化をはかったのである。さらに第2点として、厳しい鍛錬を伴った心身の規律訓練を導入していったのである。瞑想による体験だけではなく、この心身訓練を通して規律と忍耐を身に付け、その実感を瞑想体験と組み合わせるという形式に変えていったと言えよう（この点については、第6章、第7章、および第10章を参照）。第3点目として、ソット師以後のパークナーム寺の瞑想集団に欠けていた、カリスマ的な指導者が現れたという点である。タンマチャヨー師の魅力にひきつけられて共に生涯梵行を誓い、自分達の修行の場をつくる活動に人生の意義を見出した者達が、タンマガーイ寺の開拓世代となって、この寺を築いていったのである。

　さらに1970年代後半以降のタンマガーイ寺における第3世代の指導者として、運動の拡大、とりわけ学生信徒の急増に繋がる大きな活躍を見せたのは、タイの最高学府であるチュラーロンコーン大学のエリート医学生達であった。彼らが学生仏教クラブの活動を拡張し、組織や勧誘の方法を改変し宣伝方式を洗練していったのである。またこのような運動の拡大と方法の刷新は、熱心かつ有力な在家者幹部である政府の役人や企業家などが寺の活動に加わった影響も考えられる。いずれにしてもこのような勧誘体制の確立および寺院におけるイベント化された大儀礼は、ソット師の活動には全く見られない新たな特質と言えよう。

　また、これらの変革を導いた学生仏教クラブの指導者達は、ソット師には見られない思想を展開していった。それは、政治的動乱の時代における左翼でもなく右翼でもない非暴力の社会改革の思想であり、また社会経済変動における混乱と無秩序を個々人の精神や身体の内部から整えていくという思想であった。その社会改革を実践する基盤に瞑想と規律訓練を据えていったの

である。このように、仏教クラブを率いた指導者達は一種の社会改革運動としてタンマガーイ寺の活動を展開していったと言えよう。

ただし、彼らが主として問題に据えていたのは、政治や経済や社会関係における暴力性や混乱や無秩序を取り除くことであり、その混乱や暴力を生み出した階層間の経済格差や、政治的な不平等ではない[31]。彼らが実感していたのは、主として都市の比較的裕福な人々が、争いや混乱に巻き込まれていくという類の苦に限られている。その意味で彼らは、社会的な問題に直接的に立ち向かうことをせずに、理想郷を作り上げていったとも言える。その中で、社会の構造的な、あるいは現実的な問題に取り組むことに転換したメーターナントー師は、結局タンマガーイ寺から去っていったのである。

注

1 　当時この県はナコンチャイシーと呼ばれていた。

2 　ソット師の厳しい指導に耐えながらも、ときには、「チャンは1番だ、右に出る者はいないよ」とソット師から言われたとされている［Prathattham 1990: 31］。タンマガーイ寺ではこの言葉に重きを置いて、チャンがソット師の中で最も優秀な弟子であり、ソット師を継ぐものだとしているが、この言葉の前後の文脈や、会話の状況もわからないので、そのように判断することは難しい。実際、ソット師亡き後の瞑想実践集団は統率者を欠きいくつかに分裂しているし（第3章第3節を参照）、トーンスックとチャンのグループにはほとんど信徒は残っていなかった［Prathattham 1990: 36］。

3 　この経緯については、説明がなされていないので不明である。

4 　もともとは1870年に建設された王宮学校であり、タイで最初の王立学校でもあった。その後、近侍兵幹部学校となり［村田 1982: 189］、現在は進学校の1つとなっている。

5 　このフレーズは、タンマガーイ寺で度々語られる定型化されたものである。若者が自己の存在の根拠に疑問を持つことは決してありえないことではない。しかし、筆者にはこの定型化されたフレーズ故に、かえってそこにはチャイヤブーンの心情が十分表現されているとは感じられない。

6 　タッタチーウォー師（パデット）は、タンマガーイ寺で多くの書物を執筆している。本来ならば、師の思想についてこれらの文献から考察するべきだが、多量の文献を扱う時間が十分にないので、本書では師の書物についての考察は行なっていない。

7 　ソット師の瞑想を引き継いだもう1つの系統である、ルアンポーソット寺の住職は、筆者の取材に対して、自分の知人が何人もこの瞑想で他界を観ていると、細かな実例をあげて述べている。タンマガーイ寺の場合には、タッタチーウォー師が以前、獣医学を学んでいたので、実験で動物の生命を奪うことがあり、そのため瞑想すると動物が観えたり、師自身が動物の声で鳴き出したりすることがあったとは記されているが［Ubasika Thawin 1988: 66］、これは例外的な事例である。

8 　1994年8月に筆者がタンマガーイ寺で行なった取材に基づく情報（メーターナントー師に

第5章　タンマガーイ寺の形成　177

ついての詳細は本章の第4節と第8節を参照）。メーターナントー師によれば、タンマガーイ寺を運営するの中核集団は、タンマチャヨー師を全宇宙（コスモス）の源泉として崇拝しているとも述べている［Santisuda 2000: 1, 3］。

9　終身僧侶となるといった誓いはソット師も行なっている（第1章第2節を参照）。おそらく、タンマガーイ寺の終身僧侶の制度はこの伝統を引き継いだものでもあるのだろう。

10　以下メーターナントー師に関する情報は、1994年8月20日に、筆者がタンマガーイ寺において行なったメーターナントー師への取材と、師が執筆した書物ならびにタイの新聞社による取材記事に基づく。

11　これらの瞑想については、第2章第6節を参照。

12　1970年代に形成され、合理主義的な仏教思想と独自の律解釈ならびに禁欲的な生活を営み、コミューン活動や政治運動をも展開したタイの仏教団体［McCargo 1992, 福島 1993a］。

13　以下ターナウットー師についての情報は、1994年6月16日に、筆者が日本で行なったターナウットー師への取材に基づく。

14　マノーも1978年から1979年にかけてチュラーロンコーン大学の仏教クラブのクラブ長を務めていた。以降、この大学の歴代クラブ長は全てタンマガーイ寺の信徒であり、その大半はこの寺で職員ないしは僧侶となっている。また、ソムチャーイ以降3名のクラブ長は、いずれもトゥリアム・ウドムスクサー校の出身で、チュラーロンコーン大学では医学部か薬学部に所属している。

15　「一生一度、男なら（Khrang nu'g nai chiwit khong lukphuchai）」というフレーズなどがある。あるクラブ員は、この「男（lukphuchai）」という言葉は、通常の「男性（phuchai）」という言葉と違って、男のプライドを刺激するようなニュアンスがあると述べている。

16　2ヶ月間強の生活費や出家式の費用およびその他の諸経費を含めると、現在、訓練に必要な費用は1人当たり1万バーツ以上（3〜4万円）となる（1994年5月12日に筆者が行なったタンマガーイ寺の僧侶で元大学仏教クラブ長であった方への取材情報に基づく）。

17　この僧侶は、1992年にタンマガーイ寺と地域農民が衝突した際に逮捕され、懲役3年を言いわたされた人物である［The Nation 1999b: A6］。

18　1997年末に金融危機に陥ったが、その後タイ経済は再び成長を取り戻しつつある。

19　実際には、学生運動を推進していた者が、全て共産主義者であったとは言えないので、師の見方はいささか偏っていると言えよう。ただし、共産主義者という表現は、タイでは厳密な概念というよりも、精神性を欠いた暴力主義者といったニュアンスの侮蔑用語として使われている面もある。その点を加味すれば、師の共産主義者発言は、暴力を肯定する者達への批判を意味しているのかもしれない。

20　1994年8月20日に、筆者がタンマガーイ寺において行なったメーターナントー師への取材に基づく。

21　1994年8月20日に、筆者がタンマガーイ寺において行なったメーターナントー師への取材に基づく。

22　「涅槃仏教（Nibbāna Buddhism）」と「業仏教（Kamma Buddhism）」という用語は、おそらくビルマの仏教について論じた人類学者スパイロの用語を用いたものであろう［Spiro 1971］。

23　吉祥仏教とはおそらくメーターナントー師の造語であろう。

24　1994年8月20日に、筆者がタンマガーイ寺において行なったメーターナントー師への取材

に基づく。
25　1991年、アメリカ合衆国のアリゾナ州にある仏教寺院で起こった事件。僧侶などが多数殺害された。
26　以下の語りは、1994年8月10日に筆者がタンマガーイ寺で行なった取材情報に基づく。
27　1994年6月16日に、筆者が日本で行なったターナウットー師への取材に基づく。以下、師の語りの部分は、この取材情報に基づく。
28　当時の教育制度は7・3・2制であった。
29　この信仰心のあり方については次章で詳しく論じる。
30　このような信仰形態は、タイ東北部のモータムの事例と似ている。この事例については、林が詳細に論じている［林 2000］。
31　右翼の大衆運動も同じような結果に至っている。たとえば、「ヴィレッジ・スカウト」という団体は、貧困の問題から共産ゲリラ化していると言われていたタイ国境近辺の村落を共産主義の波から守り、タイ人同士が争う内戦を避けるための活動を展開していた。しかし活動の内容は反共と国民融和のナショナリスティックな思想を学ぶだけであり、農村の貧困については全く具体的な活動を行なわず、この団体の活動は次第に下火になっていった［Bowie 1997］。

第6章　一般信徒の成員構成と信仰心の型
　　　　——統計資料を中心に

　前章では、タンマガーイ寺の形成と拡大を支えてきた指導者達を中心に、タンマガーイ式瞑想実践の変遷を明らかにした。本章では指導者層ではなく、一般の信徒や僧侶などがどのような社会的背景を持って寺の活動に参加しているのか、また彼等の信仰心がどのような特質を有しているのかを取り上げる。一般に、タンマガーイ寺の活動は都市新中間層を中心としたものであると言われている。しかし既存研究においてはタンマガーイ寺信徒の具体的な社会的背景は明らかにされておらず、また組織の成員をいささか均一的に捉えて論を組み立てている傾向がある。タンマガーイ寺のような大規模集団について、その全体像をきめ細かく捉えるためには、数量分析を行うためのアンケート調査が不可欠であるのだが、これまで外部者によるアンケート調査は行なわれていない。

　そこで、本章では筆者が行なったタンマガーイ寺信徒についてのアンケート調査の結果に基づいて、信徒と組織の社会的背景を明らかにしていきたい。まずは、調査の背景を紹介し、その後にこの寺の構成員のデモグラフィック・データを中心に取り上げ、「タンマガーイ寺信徒は都市新中間層である」という議論がどこまで妥当であるかを明らかにする。また、一般在家信徒の社会移動に注目し、社会関係の変動をも浮き彫りにする。次いで信徒がどのような理由で瞑想を行い、さらに瞑想実践や集団活動を通じて得る信仰心とはどのようなものであるかを明らかにする。基本的なデータは筆者が行なったアンケート調査の結果によるものだが、この調査の際に記入してもらった自由回答や、他の機会に行なわれた取材における発言、ならびにタンマガーイ財団が発行している雑誌等に掲載された手記などを随所に織り交ぜながら、統

計データに具体性を持たせていきたい。

1　アンケート調査の背景

　今回の調査は、1997年初頭から調査準備を始めた。まず男女10名程度の信徒に面接調査を行ない、この予備調査のやり取りをもとにして、後に質問票の質問項目を確定していった（質問表の詳細は巻末の付録を参照）。本調査は、1998年1月に執り行なわれている。質問票はタンマガーイ寺にて配布し、後日寺に郵送ないしは提出してもらい、回収するという方法をとった。在家信者に対しては、1月の第2日曜日（1月11日）に行なわれた集会の場で、質問票を配布している。この日を特に選定したのには理由がある。通常月の第1日曜日には（および1月には元旦にも）大きな行事が行なわれ（第4章第5節を参照）、バンコクや中部タイ以外の遠隔地からの参加者などを含め、多くの人々が参集する。信徒の全体像を把握するには、そのような特別の日の方が都合がよいかもしれないが、逆にこのような大きな行事の際には初めてこの寺を訪れる人々も多い上、あまり熱心でない信徒の参加率も増加すると考えられる。したがって、このような特別の日をはずし、通常行事の日に参集する人々を中心に資料収集を行なえば、比較的熱心な信徒についての資料を集めることが可能となるだろう。このため、第2日曜日の行事の際に質問票を配布することにしたわけである。ただし、資料上の他の制約も同時に背負わなくてはならない。と言うのは、通常の日曜日の行事には、バンコク近郊の信徒の参加率が高くなり、入手できるデータのサンプルに地域的な偏りを招いてしまうからである。この点は、十分考慮して、得られた資料を解釈しなくてはならない。ただし、逆に、バンコク住民を対象とした既存の調査報告との比較が可能になるといった利点もある。

　在家信徒の場合には、寺院関係者の協力を得て、第2日曜日の朝の行事が始まる前に質問票を配布した。女性信徒の方が男性信徒よりも多く参集しているので、この比率に合わせて質問票の配布数率を変えるべきであったが、結局は男女同数の質問票を配布することとなった。と言うのは、タンマガーイ寺信徒全体の母集団数は不明であるし（メンバーシップ制をとっていないので、

第6章　一般信徒の成員構成と信仰心の型　181

　はっきりした信徒数は寺院側も把握していない）、当日の参加者数も把握されていないので、男女比が把握できないからである。また同様の理由からランダムサンプリングも行なっていない。たとえ母集団数が把握されていたとしても、儀礼開始前の短い時間に、簡単な説明を行ないながら質問票をランダムに配布するのはかなりの困難を伴うだろう。ただし、当日は、会場に男女別に列をなしている参集者に対して、5～6人おきに質問票を配布し、サンプルの偏りをなるべく減らすようには心がけた。このような行事には通常、家族や友人と共に参拝することが多く、彼らは隣り合って座る傾向がある。5～6人おきに配布したのは、データが同一グループのものに偏らないようにするための工夫である。

　他方「出家者」に対しては、寺院関係者の協力を得て、各宿舎にて質問票を配布してもらった。ただし、宿舎の選定や回答者の選別をどのように行なったのかは不明である。また、本書では、「出家者」という括弧を付した用語で、僧侶や沙弥（見習僧）だけでなく、財団職員をも含めている（その経緯については第4章第2節を参照）。

　質問表を配布したサンプル数とその配分は次のようになっている。在家者の場合は男性50名、女性50名。「出家者」の場合には、僧侶79名、沙弥40名、男性職員27名、女性職員76名。在家者のサンプル数は、当日の限られた時間に配布できる人数を考慮したものである。「出家者」のサンプル数は、1997年4月時点での、タンマガーイ寺の長期「出家者」数をもとに、その4分の1をサンプル数として定めた。本調査は、タンマガーイ寺の協力を得ていることを冒頭に表記したこと、ならびに記入に協力してくださった信徒の方々の誠実さに助けられ、全体で82.6％という驚くほど高い回収率を得ることができた（内訳は、在家者男性が96.0％、在家者女性が100％、僧侶が65.8％、沙弥が100％、男性職員が81.5％、女性職員が71.1％）。このように極めて高い回収率ではあるのだが、ランダムサンプリングを行なっておらず、また、在家者の母集団数も明らかでないため、十分な意味での統計処理を施すことはできない。しかしながら、タンマガーイ寺の在家信徒と「出家者」の社会経済的な背景や意識などをある程度示すことは可能であると思われる。

　本調査では、数多くの質問項目を設定し、また自由回答欄も設けている。

ただし本章においては、その全てについて詳細に取り上げることはせず、重要と思われる一部のデータを抜粋して論を展開したい[1]。また本章で使用する図表は、本章の末尾にまとめて掲載してあるので、参照していただきたい。

2　タンマガーイ寺における成員構成——3つのクラスター

本節ではタンマガーイ寺の成員構成を明らかにするために、年齢、学歴、職業、出身地、エスニシティといったデモグラフィック・データを中心に取り扱う。

(1) 年　齢

「出家者」の平均年齢は、僧侶が28.8歳、沙弥（見習僧）が16.7歳、男性職員が26.8歳、女性職員が30.6歳となっている（表6-1、図6-A、図6-B 参照）。僧侶の場合は、20歳代（65.4％）と30歳代（21.1％）で構成員の大半を占めてしまう。ただしこの数値は、いささか誇張されている可能性もある。なぜなら、この調査に協力し質問表に記入してくださった僧侶が、重要な役職に就いている年配の僧侶ではなく、比較的時間の融通の利く若手の僧侶（仏法継承者訓練・出家の延長滞在者）に偏っている可能性が大きいからである。したがって、母集団における若手僧侶の比率は若干下がるであろう。しかしながら、この寺院に若い僧侶が非常に多いということには変わりはない。

その他の成員については、沙弥は通常20歳未満であるため、15歳から19歳で構成員の85％が占められている（残り25％は無回答）。男性職員では20歳代が86.3％、30歳代が9％、女性職員では20歳代が48.2％、30歳代が46.3％となっている。ちなみに「出家者」の男性職員に40歳以上がおらず、女性職員の方が比較的年齢が高くなっているが、この理由はおそらく、男性職員の場合ある程度の職員歴を持つと、この寺で僧侶として得度してしまうためであろう。

一方、在家信徒の場合、平均年齢は男性36.8歳、女性37.0歳となっており、「出家者」の平均年齢よりも高くなっている。在家信徒の場合、最も多い年齢層は、男女ともに30歳代（男性35.4％、女性28.0％）となっている（表6-2、図6-C 参照）。ただし、男女ともに20歳代（男性27.1％、女性22.0％）と40歳代

（男性25.0%、女性24.0%）の人数も多く、この範囲全体における比率は、男性87.5%、女性74.0%となる。つまり主要な成員は20歳代から40歳代にかけてと言えよう。

　以上をまとめると、この寺院では20歳代から40歳代の構成員が多いということが明らかになった。このような成員構成になるのは、第1にこの寺院は活動を開始してから約30年間しか経っていないこと（急成長し始めるのは約20年前から）、第2に寺院と財団の主たる勧誘の場が、20歳代の大学生を中心とした一時出家訓練にあり、この人的な繋がりから勧誘活動が展開されていくことによると考えられる。

(2) 学　歴

　次に成員の学歴を取り上げる。これまで高学歴の都市新中間層による運動と指摘されてきたタンマガーイ寺であるが、実際に高学歴者はどの程度占めており、それは組織の中でどのような配分になっているのであろうか。このことを明らかにしているのが、**表6-3、表6-4と図6-D、図6-E、ならびに表6-5と図6-F**である。

　まず「出家者」について見てみると、沙弥を除いてその大半は大学卒以上の学歴の持ち主であることが明らかとなる（表6-3、図6-D、図6-E参照）。大卒者に限っても僧侶59.6%、男性職員77.3%、女性職員90.7%となっている。これらを上級職業専門学校卒（日本の短大卒程度）以上の学歴も含めて集計すれば、成人「出家者」の90%以上を占めることになる。大学生を中心とした一時出家訓練の重視、ならびに財団職員の採用資格が上級職業専門学校卒以上であることを考慮すれば、成員におけるこのような学歴配分は当然と言える。

　ちなみに1992年にタイの「チュラロンコン大学社会調査研究所」と日本の「アジア女性交流・研究フォーラム」が共同で行なった、バンコク在住者の家族意識アンケート調査（『現代タイの家族意識の研究』。以下「バンコク家族意識調査」と略記）のデータでは、上級職業専門学校卒以上の高学歴者は、男性18.4%、女性11.8%となっている［チュラロンコン大学社会調査研究所、アジア女性交流・

研究フォーラム、1993: 30]。この数値と、先の「出家者」の数値を比較してみると、タンマガーイ寺の成人「出家者」における高学歴者の比率の高さがより鮮明となる。

　このような成員構成を組織運営の面から考察すれば、次のような点が指摘できる。第1に、一時出家の延長滞在者や財団職員が寺や財団の正式な組織員であることから考えると、この組織はタイ社会の中でも数少ない高学歴者を、労賃を低く抑えた上で雇用できるという[2]、組織運営面では恵まれた条件を与えられている。しかも、大企業並みに1,000名近くの組織員を抱えているのである。第2にこのような高学歴者の多くを、僧侶やメーチーといった形だけではなく、財団職員としても擁している。つまり、寺院や僧侶（ならびに沙弥）の社会と、世俗の一般社会とを円滑に繋ぐ重要な役割を、この財団職員に与えることができる。そのため出版や広報その他の多様な業務を展開することができるのである。このような成員構成がなくては、タンマガーイ寺は決して現在のように巨大な仏教団体にはなれなかったと言えよう。ただし、**表6-4**からわかるように、僧侶と財団職員の大半は、学校卒業後すぐに寺と財団に入っており、一般社会での労働経験に乏しい。これが組織運営上、マイナス要因になる可能性もあろう。

　在家信徒の場合は、「出家者」の学歴構成とは若干異なる状況が見られる。こちらでも最も多いのは大学卒の学歴保持者であり、男性45.8％、女性38.0％となっている（**表6-5**、**図6-F**参照）。この数値のみに注目すれば、タンマガーイ寺の一般在家信徒に高学歴者が極めて多いということは指摘できる。しかしながら、僧侶や財団職員と異なる点は、比較的学歴の低い信徒も多いという点である。下級の職業専門学校卒以下の合計比率は、男性33.4％、女性46％となっている。男女合計の平均では39.7％、つまり一般在家信徒の約40％は決して高学歴者とは言えないのである[3]。

　タンマガーイ寺の運営組織とは異なり、一般在家者の中には、学歴の比較的低い信徒がかなり多くを占めているのである。これがどのような影響をもたらしているのかについては、明言できないが、次のようなデータはその1つの方向性を示している。**表6-6**は、僧侶や護符等が付与する守護力への信仰の関与度を、学歴別に集計したものである。後に取り上げるように（本章第

11節を参照)、タンマガーイ寺でも以前からある程度の守護力信仰(僧侶や護符等から付与される守護力への信仰)は見られるが、基本的には自己の内面における瞑想体験に依拠して、自分自身や自分の生活の刷新を行なうことが重視されている[4]。そのため、瞑想による病気直しや、護符による守護力への信仰などは、他の民衆仏教と比べて最近までそれほど強調されてこなかった。しかし、表6-6が明らかにしているように、このような守護力の信仰へのコミットの度合いは学歴によってだいぶ異なり、学歴の高い方が守護力信仰への関与は少ないのである。逆に言えば、タンマガーイ寺がさらに活動を広げ、高学歴の都市新中間層以外にまで拡張していくに従って、このようなタイプの守護力信仰も強調されていく可能性が考えられる。これまでタンマガーイ寺では表立って強調されなかった護符への守護力信仰が、ここ数年顕著な形で台頭してきているのは、このような背景があるのかもしれない。

(3) 沙 弥

一般の在家信徒が学歴を中心に2つに区分できるのと同様に、あるいはそれよりもより明確な形で、「出家者」の中に区分が見られる。それは沙弥の存在である。彼等は世俗の教育期間ではなく、僧院の中で学習を行なっているわけだが、そのような状況自体が、大学卒業者の多いこの寺の中で異質な面を持っていると言えよう。この点をより際立たせるのが、彼等の両親の職業や、出身地、ならびにエスニシティ意識である。

まず父親の職業を示す表6-7を見てみると、沙弥の父親の職業として最も多いのが農業であることがわかる。僧侶や財団職員の場合も父親が農業従事者である率は高いが、沙弥の率(40.0%)は他の成員の率(20%程度)の2倍近くに達している。沙弥の親の農業従事率が高いという傾向は、母親の職業を示す表6-8からも見て取れる(ただし、母親の職業で最も高い率を占めているのは主婦であるが)。

また沙弥の出身地も他の「出家者」とは大きく異なっている。表6-9は県別の出身地を、バンコク、中部、北部、東北部、南部といった地域別に分類して集計したものであるが、バンコクおよび中部タイ出身者に沙弥が極端に少ないことが見て取れる。さらにこの出身地を、県・地域別ではなく、各出身

県の県庁所在地などの都市部に実家があるのか、あるいは村落部に実家があるのかという形で分類し集計したものが表6-10である。ここではより鮮明に結果が現れているが、沙弥の57.5%が村落部出身であり、都市部出身者は27.5%にすぎない。沙弥以外の僧侶や財団職員の場合は、村落部と都市部の比率が沙弥とは逆転し、都市部出身者が大半を占めている。

さらに自分の主観的な帰属エスニシティ（chu'a sai）を尋ねたところ[5]、自分を華人系タイ人と感じている者は、僧侶42.3%、男性職員45.5%、女性職員57.4%と極めて高い率を示しているのだが、沙弥の場合は極端に少なく7.5%しかいない（表6-11参照）。ちなみに、先にも比較の参考に使用した「バンコク家族意識調査」の場合では、主観的な帰属意識を華人系タイ人とする者は、男性14.1%、女性14.8%となっている［チュラロンコン大学社会調査研究所、アジア女性交流・研究フォーラム、1993: 35］。この値と比較してみても、沙弥の場合は華人系タイ人という意識が低く、逆に僧侶や財団職員の場合はそれが極端に高いことが見て取れる。つまり、沙弥はバンコクや中部タイから離れた地方村落の出身者であり、両親は主に農業を営んでいる経済的には比較的下層のタイ系タイ人であり、そのため世俗教育の代替として沙弥になっているということが指摘できる。タンマガーイ寺が行なっている沙弥への奨学金制度などが彼等を支えていると言えよう。

以上本節の論点をまとめれば、タンマガーイ寺の成員は大きく3つのクラスターに区分できると言えよう。第1は都市部を中心とした高学歴の在家者と「出家者」である。このクラスターから大卒程度の高学歴を有する人材が、寺や財団の組織運営に提供されている。第2のクラスターは、都市部在住であるが比較的学歴の低い一般信徒である。第3のクラスターは、地方農村出身の下層社会に出自を持つ沙弥である。したがって、タンマガーイ寺の運動を、単純に都市新中間層の運動と述べることはできない。確かに組織運営の中枢は都市新中間層に占められているが、比較的学歴の低い一般信徒の意向を組み込んだ活動（例えば護符を用いた守護力信仰）の比重が増す可能性や、沙弥出身者が将来のタンマガーイ寺の運営に寄与し、都市新中間層中心の組織運営に影響を与える可能性などもあるだろう。また、タンマガーイ寺の沙弥

の現状から見て、この寺の活動の一部は、地方村落の子弟がより高い教育を得るために出家して都市部の寺院へと移住するといった、従来の児童福祉・代替教育型の出家慣行を踏襲している面がある。

3　一般在家信徒と社会移動

　次に一般在家信徒の社会移動およびそれに関わる信徒集団の特質を取り上げる。前章でも若干論じたが、急激な社会経済的変化のさなかにあるタイ社会の中で、タンマガーイ寺の信徒はどのような社会移動を経ているのだろうか。このことを明らかにしたのが、表6-12、表6-13、表6-14である。これらの表は、在家者本人の職業と彼らの両親の職業を集計したものであるが、注目すべき点は、親の世代から子供の世代への変化の過程で、農業人口が激減しているという点である。在家信徒本人の職業を見てみると、男性の場合管理職や建築家・技術者が最も多く（各10.4%）、次いで警察官、販売・マーケティング、サービス業となっている（各8.3%）。しかし農業従事者は2.1%にすぎない（表6-12参照）。女性の場合は、主婦が最も多いが（18.0%）、次に上位を占めるのは管理職（14.0%）であり、農業従事者は6.0%である。これに対し、彼らの両親は農業従事者の比率が高く、父親が27.6%（表6-13。男女合計の比率）、母親が18.4%（表6-13。男女合計の比率）となっている。また、前章で述べたように、信徒の中に学歴を基準にして若干社会階層の低い層がいるので、高学歴者に限って両親の職業を再集計してみたところ、両親の農業従事者率は、表6-13、表6-14の値よりも数値が若干高いという傾向が見られた。つまり、本人の学歴に関わりなく、両親が農業従事者である信徒は約2〜3割を占め、しかし本人たちは農業に従事せず、ホワイトカラー業務に従事する傾向があると言える。彼らは1世代の間で急激な社会移動を経験しているということが言えよう。ただし、この点については若干の留保が必要である。なぜなら、専門職・ホワイトカラー・管理職に当たる職種は、この表の中でいくつかの項目に分散しているからである。これらを総合すれば、農業従事者よりも高い率を占めることになる。とはいえ、農業従事者の率も高いことには変わりはない。

このような社会移動は、村落における従来の社会関係にも変容をもたらし、その社会関係の中に不即不離な形で埋め込まれていた宗教的活動にも変化をもたらしている。たとえば、魂を強め病気や不運から守るために、村の長老や年長者が年少者に対して行なうクワン儀礼という宗教儀礼があるが[Tambiah 1970: 223-251, 小野澤 1983]、**表6-15**に見られるように、(タンマガーイ寺以外の寺での出家に際して) 出家式前にこの儀礼を行なわなかったという者が40％から60％とかなり多くなっている[6]。

このような民間信仰だけではなく、仏教信仰も学校で習うものとなり、社会関係から引き剥がされて実感の伴わないものと感じている者もいる。たとえば、前章で述べたようにメーターナントー師やターナウットー師は、タンマガーイ寺主催の仏法継承者訓練 (瞑想規律訓練) に参加して初めて、仏教や僧院とはどのようなものであるかを知り、また自分がタイ人仏教徒であるという自覚を得たと述べている (第5章第4節および第5節参照)。村落社会の社会関係に埋め込まれた仏教から引き離され、しかしながら学校教育や公共の儀礼の場では頻繁に目にする仏教というものを、再度自分達の生活空間に埋め込み、その中で自分が生まれ変わるという経験を経ているわけである。

もちろん両親の宗教教育に対する態度によっては、幼少の頃から仏教に興味を持っていたり、瞑想実践を行なっていたという信徒も少なくない。しかしそれでも、彼らが以前に実践していた仏教は、村落社会の人間関係から遊離した仏教であることが多い。たとえば、タンマガーイ寺のある僧侶は次のように述べている。

> 私はキリスト教系の小学校に通っていましたが、クリスチャンではありませんでした。父からはよく読経するよう言われましたよ。読経するとお小遣いをももらえましたからね (笑)。12歳頃から五戒を守るようになり、13歳から瞑想を始めています。ただお寺には行かないで、もっぱらラジオで瞑想講義を聞いていました。マハータート寺とかパークナーム寺のラジオ番組です。……カセートサート大学に入ってから、仏教クラブに入部した理由は、以前から仏教に興味を持っていたので、もっと勉強してみたかったからです。高校時代にもっと仏教を学びたかったの

ですが、とにかく忙しくてできませんでした。大学に進学するのはとても大変なのですよ[7]。

このような村落仏教とタンマガーイ寺の仏教における社会関係の相違について、筆者がインタビューしたある女性信徒は次のように述べている。

　先日、母と一緒に近所のお寺に行ったのよ。タイの一般的なお寺なのだけど、とにかくだめだったわ。私には合わないのよ。村的な感じがして、全く落ち着けなかったわ。騒がしいし、きちんと整ってないし、タンマガーイ寺みたいに白い服でお寺にくる人はいないし、礼儀もなってないわ。まじめじゃないのよ。……でもうちの母はそういう村の寺の雰囲気が好きなのよね。私は以前、母をタンマガーイ寺に連れてきたことがあるのだけど、母はあまり好きになれないと言ってたわ。なんだか、堅苦しくて、自由がないのが嫌ならしいのよ。きちっと並んだり、みんなで白い服にそろえたりするのがね。人によって好みが違うのよ。私にはタンマガーイ寺が合ってるみたい[8]。

このように農業を営む村落社会から離れ、その社会関係に埋め込まれていた仏教からも離れてしまった人々が、タンマガーイ寺の信徒となっているケースが多い。この寺では、そのような社会移動を経ている人々を、再度社会関係と結びついた仏教信仰の中に取り込もうとしている。しかし、「出家者」とは異なり一般の在家信徒の場合には、何らかの組織に所属するかどうかは、本人の自由裁量に任されている傾向が強い[9]。たとえば、タンマガーイ寺の在家者組織として、学生仏教クラブや、善行推進チーム（善友団）、そして奉仕団などがあるが、表6-16に見られるように、この3つの組織のいずれにも所属していない信徒が27.6％（男女合計の比率）いる。しかも入寺歴が比較的長い信徒でも無所属の者は少なくない。また、表6-17を見ると、普段の瞑想実践において、誰にも相談せずにいる信徒が39.8％もおり、必ずしも瞑想実践を通じて密な人間関係が形成されているわけではない[10]。しかも、ここで示しているデータは、月の第2日曜日に寺の行事に参加するといった、

比較的熱心な信徒の活動状況を示しているのである。

さらに、タンマガーイ寺の魅力についての評価を集計した**表6-18**にも同様の傾向が見て取れる。この表は、寺院活動の魅力に関する6つの項目（A・規律正しい出家修行者の態度、B・僧侶の説法、C・仏誕際などの大行事の雰囲気、D・瞑想指導、E・僧侶や信徒との付き合い、F・静かできれいな寺院の雰囲気）を評価してもらったものである。これを5段階評価で「良い」が2点、「まあまあ良い」が1点、「あまり良くない」がマイナス1点、「良くない」がマイナス2点、「わからない」が0点とし、各項目の合計得点を算定し、回答者数で割って平均点を算出したものである[11]。この場合でも上記と同様に、最も点数の低い項目、つまり相対的に魅力の低いものは、「E・僧侶や信徒との付き合い」となっており、寺院での人間関係に対する魅力はあまり高いとは言えないのである。

したがって、人間関係の魅力ではなく、寺の整った雰囲気や説法や瞑想実践が彼らをこの寺に惹きつけているのである。とりわけ、重要と言えるのは、学生に規律訓練と瞑想修行ならびに一時出家の体験を提供する仏法継承者訓練や、一般在家者向けにリゾート地で行なわれる特別瞑想修練会などである。男性の仏法継承者訓練・一時出家への参加率は52.1％（**表6-19**参照）、一般在家者用の特別瞑想修練会への参加率は男女合計で49.0％に達している（**表6-20**参照）。前者は約2ヶ月間、後者は1週間という中長期間にわたる集中訓練であるが、それにもかかわらず参加率は極めて高い。このような訓練を通じて、瞑想実践の感触や寺院での振る舞い方を学んでいき、寺院に来て宗教活動をすることの心地よさを身に付けていくのである（第7章第6節を参照）。

4　寺を訪れる

瞑想実践への傾倒と言うと、現代人のストレス解消法と言った説明や、あるいは神秘体験への興味などが想起されるかもしれない。もしくは、人生上の深刻な問題を抱え、それを修行などの儀礼的実践によって克服するといった、厳しい精神鍛錬とイメージされるかもしれない。しかし実際のところ、これらのイメージは、現代タイにおけるタンマガーイ式の瞑想実践者にどの

程度あてはまるのだろうか。

　まず、寺院訪問や瞑想実践が特別な理由も無く比較的頻繁に行なわれているといった、タイ社会の状況を明確にしておくために、誰がタンマガーイ寺に導いたのかという点から明らかにしておきたい。**表6-21**と**表6-22**がそのデータを集計したものである。「出家者」に関する集計の結果からわかるように（**表6-21**参照）、家族や親族ないしは友人または学校教員から誘いを受けたという人も多いが、何よりも特徴的なのは「自分で来た（勧誘者なし）」という項目の回答率の高さである（総合で18.5％）[12]。中には、タンマガーイ財団による無料送迎バスのサービス（毎週日曜日にバンコク近郊の各地点とタンマガーイ寺を往復している）を目にしたので、それでやってきたと回答した者もいる。無料送迎バス自体が広告の役割を果たしているという面だけでなく、交通の便が良いというイメージも寺への勧誘に一役買っているようだ。

　在家者の場合、寺に来るよう促した人として、総合で最も多かったのは「友人」(29.6％)であるが、両親や兄弟姉妹などの身内の数値も高い（合計で23.4％。**表6-22**参照）。また「出家者」と同様に「自分で来た（勧誘者なし）」と回答した者も多く12.2％に達しており、この数値は仏教クラブのクラブ員による勧誘と同率である。「自分で来た（勧誘者なし）」者の中には、タンマガーイ寺の広告（新聞広告、テレビでの広告、街中の看板な）を目にしたからと答えている者もいる。このように答える人は比較的多く、以前に筆者が出会ったある信者などは、「何万人もの信徒が整然と並んでいるタンマガーイ寺の広告を何度も目にしたので、いったいどうやってこんなことができるのか自分の目で確かめたかったから、寺に足を運んだ」と述べていた[13]。

　家族や友人からの勧誘があることは当然とも言えるが、仏教クラブのクラブ員や学校の教員が勧誘者であったり、さらに勧誘者なしの率が高いことなどは、現代の宗教運動の中でも特異であると言えよう。仏教クラブのクラブ員が勧誘者として多い点は、他の章でも述べたように、この寺の勧誘活動の中核が大学生への瞑想規律訓練と一時出家にあることに起因している。学校の教員という項目も同様である。学校の仏教担当教員が学生向けの仏法知識コンテストや学生向けの訓練出家に参加するよう学生に促しているのである。

　たとえば、タンマガーイ寺のある僧侶は、次のように述べている。

大学1年生のときは、いろんなクラブ活動をしていましたけれど、仏
　　教クラブには入っていませんでした。ただ、1年生が終わる学期休みに、
　　両親のために出家したいと思ったのです。父親は私が高校1年生のとき
　　に亡くなりましたので、特に父のためにタンブン（積徳行）をしたいと
　　思いました。しかし両親は中国の南の方からやってきた中国人一世だっ
　　たため、出家の準備の仕方がわからなかったのです。そこで、大学の仏
　　教クラブに相談しに行き、クラブ員に誘われてタンマガーイ寺の仏法継
　　承者訓練・出家に参加したのです[14]。

　また、「自分で来た（勧誘者なし）」という者や仏教クラブ員や教員に勧誘さ
れた者が多いのは、タンマガーイ寺の宣伝活動の成果にのみ還元できるもの
ではない。タイにおける寺院訪問というものが、苦難の解消など特別な理由
がなくても、タンブンを目的として日常的に行なわれる点を考慮すべきであ
ろう。つまりこの場合、日本や欧米の新宗教への勧誘のように、宗教施設に
未入信者を連れてくる（あるいは未入信者が宗教施設を自ら訪れる）ということが、
まずもって入信への高いハードルになるというようなことはないということ
である。したがって、「なぜ寺に来たのですか？」という問いかけでは、信徒
になった理由を明らかにすることはできない。

5　生活上の問題

　寺に来ること自体がそれほど大きな決断を必要としないのであれば、信徒
としての自覚に繋がる要因としては、この寺の主要な宗教的サービスである
瞑想実践が考えられる。では彼らはどのような目的で瞑想を継続するように
なったのだろうか。まずは**表6-23**と**表6-24**を見ていただきたい。これは、タン
マガーイ式瞑想を「継続し」[15]始めたときに、どのような生活上の悩みを抱え
ていたのかについて集計したものである。「出家者」の場合、最も多い回答が、
「なし」（総合で44.6%）となっている（**表6-23**参照）。また「人生の無意味さ」
という回答も比較的高い率（総合で23.8%）を示している。在家信徒の場合、男

性では「なし」(43.8%)、次いで「人生の無意味さ」(27.1%) となっており、女性の場合は「自分の職業上の問題」(36.0%)、次いで「なし」(34.0%) となっている（**表6-24**参照）。

　しかしながら、このような生活上の悩みは、(少なくとも主観的には) 瞑想実践とそれほど関連がないのである。例えば、タンマガーイ式瞑想を継続的に実践するようになった理由を質問し集計した**表6-25**と**表6-26**を見てみると、複数回答にもかかわらず、瞑想継続理由として、生活上の悩みを掲げた人は最も少ないのである（ただし、「人生の無意味さ」という回答については、若干の解説が必要であろう。この点については本章第12節で論じる）。

　もちろん、信徒の中には、タンマガーイ式瞑想を実践することによって受験勉強や仕事上のストレスを解消し、暗記力や集中力を増すことができると述べる者は多い。もちろんそれは多くの信徒にとって重要な体験である。しかしそれは信仰活動上の副産物であり、他者を勧誘する際に使用される一般的な表現であり、そのような体験自体が瞑想を真剣かつ継続的に行なう理由であるとするのは不十分であろう。したがって、都会人がストレス解消のために、あるいは具体的な能力開発のために瞑想を実践するといった考え方は、間違いとまでは言わないが信仰者の実感を十分捉えたものとは言えない。

　タイでは、寺院参詣や瞑想などは、とりたてて深い理由がなくても行なわれるものである。しかし、このような実践を繰り返すうちに、とりたてて深く考えていなかった仏教の教えや瞑想実践に対して、興味を持つようになっていく。そのような変化を引き起こすものとして、タンマガーイ寺の瞑想実践によってもたらされる実体験が重要であろう。以下、その体験の内容を明らかにしていく。

6　タンマガーイ式瞑想と救済

　瞑想実践者にとって瞑想体験が、聖なる世界を機軸とした生き方に変容するきっかけであるとするならば、次に明らかにしなくてはならないのが、修行者達がこの瞑想実践によってどのような体験を得て、どのような信仰心を持っているのか（あるいはどのような救済の感覚や可能性を実感しているのか）と

いう点であろう。この点を明らかにするのが、先の**表6-25**と**表6-26**である。「出家者」の回答を集計した**表6-25**の総計欄において、際立って高い比率を示している項目が3つある。それらを上位から順に述べると、「気分が落ち着く」(69.0%)、「ブンを得たいから」(66.1%)、「神秘的な体験への興味」(64.3%)となっている (**表6-25**参照)。全く同じ状況が在家信徒の回答を集計した**表6-26**からも見て取れる。こちらでは上位から「気分が落ち着く」(68.4%)、「ブンを得たいから」(61.2%)、「神秘体験への興味」(48.0%) となっている (**表6-26**参照)。

　この3つの項目はどのような関係にあるのだろうか。瞑想実践者達は全く異なる志向性を持った3つのクラスターに分けられるのであろうか。つまり、世俗的なストレス解消志向と、脱俗の神秘体験志向と、伝統的なタンブン志向に分けられるのであろうか。この点を明らかにするために、複数回答ではなく回答を1つに絞ってもらい、瞑想継続理由という同じ質問を行なった (**表6-27**、**表6-28**、**図6-G**、**図6-H**、**図6-I**を参照)。ところがこの場合でも、これら3つの項目の比率はいずれも高く、ばらつきも小さいままであった (ただし「出家者」・在家者ともに「ブンを得たいから」という理由が上位を占めている)。おそらく、この3つの項目は、当事者にとってそれほど明確に区分できないような統合されたものなのであろう。そして、とりたてて1つ理由を選べと言われたならば、上座仏教における基礎的な価値であるブン (功徳) という概念で説明するのが適していると漠然と感じた者が多かったのではないだろうか[16]。

　3つに分かれた瞑想実践の志向性という解釈ではなく、これら3つで1つの信仰心をなしているのだという解釈が妥当だという立論は、瞑想実践者たちの具体的な体験から明らかになる。以下、本調査における「瞑想の目的」や「瞑想実践における特殊な体験」および「日常生活での瞑想の効果」の質問についての自由回答、ならびに別の機会に筆者が行なった取材その他の情報をもとにして、「気分が落ち着くから」「ブンを得たいから」「神秘的体験への興味」といった3つの項目の内容を詳解する。この一連の作業によって、タンマガーイ寺信徒の信仰心の特質を明らかにしたい。

7　気分が落ち着く──「日常生活における自己と環境の制御感覚」と「内面的な神秘体験」

　調査後に自由回答などを分析してからわかったことだが、筆者が質問表に設けた「気分が落ち着くという」項目は、設問としては不適切であった。回答者たちにとって、この項目は幅広い意味で解釈された可能性がある。そこには、世俗社会で積極的に活動するための冷静沈着な精神を獲得するという意味合いから、世俗社会を離れて瞑想体験自体に沈潜することの心地よさという神秘体験の一部までが含まれうるのである。実際、本節で述べるようにこの両極の感覚は繋がっているのだが、両極を際立たせるカテゴリーとしては、設問の項目はその役割を十分に果たしていなかったと言えよう。つまり、当事者達はこのような両極間の全てを、「気分が落ち着く」という項目の意味として捉えた可能性があるのだ。たとえば、「気分が落ち着く」という事柄は、まず次のような日常生活における瞑想の効果として説明されている。

　　瞑想をするようになってから、自分の性格がだいぶ変わりましたよ。以前は怒りやすくて自分勝手でしたが、今は違います。瞑想すると自分の考えや、他人と口論しているときの自分の心などを反省して、なぜそういった問題が起こるのかを理解できます。すると感情はコントロールしやすくなるのです。……相手のことも先まで読めて、落ち着いて対処し、嫌な人にも怒りを感じなくなります［1997年4月11日・筆者による取材・僧侶A］。

　　瞑想は、仕事の際の意思決定に役立ちます。私は航空エンジニアの仕事をしてまして、飛行機の修理や改善に関する決定を下さなくてはなりません。この決定は、高額な支出や乗客の安全に関わることですから、とても気を使わなくてはならないのです。それに瞑想をするとストレスの解消にもなります［質問表・瞑想の日常的効果・自由回答・在家者・男性M08］[17]。

これらの事例は、「気分の落ち着き」が、日常生活における問題状況を制御できるという感覚と関わっていることを示している。ただし、「気分の落ち着き」を具体的な効果として語れる者は、筆者が取材をした信徒の中では少数派であった。むしろ、瞑想は日常生活で役立つといった一般的な返答はできるものの、自身の具体的な体験としてはそれをしっかりと把握しておらず、因果関係のはっきりしない出来事をとりあえず述べるに留まる信徒の方が多いと言えよう。

　他方、以上のような、日常生活における瞑想の効果についてではなく、瞑想の神秘体験を問いかけた場合には、「気分の落ち着き」というものが純粋に内的な体験として説明されることが多い。

　　　瞑想の際に、心が静まって心地よさを感じました。体も軽くなり、体の内部に光が少しだけ見えました。でもまだ光はあまり強くなく、ただ単に精神的に心地よさを感じているだけです［質問表・瞑想による神秘体験・自由回答・在家者・男性 M10］。

　このように、「気分が落ち着く」とは、世俗の社会生活における心の穏やかさや能率的で冷静な心身活動（以下、「日常生活における自己と環境の制御感覚」と記す）と、脱俗の瞑想修行において心が静まる心地よさといった感覚をも意味しているのである。当事者によってこの両極の体験は繋がっているが、分析的に見た場合は異なる極を持つ一連の体験であると言えよう。したがって、「気分が落ち着く」という状況は、場合によっては、次に取り上げる瞑想実践の神秘的な体験（以下、「内面的な神秘体験」と記す）の一部として理解した方が妥当なのである。

8　内面的な神秘体験——幸福感・輝き・タンマガーイ

　タンマガーイ式瞑想における実践者達は、瞑想体験時に得られる心身のリラックスだけではなく、その延長上にある深い心地よさ、幸福感、身体内部

に現れる光球を観ることの至福感などといった、各人が似通った経験を有している。以下にそのような体験の事例をいくつか紹介しておく。

　瞑想中に体が軽くなり、心が心地よさを感じ、とても幸せな気持ちでいっぱいでした。喩えて言えば、100億バーツのお金を持っていたとしても、このようなほんの一瞬心が止まって静まることの幸せには敵わないと思います。[質問表・自由回答・瞑想による神秘体験・在家者・男性M45]

　丸くて明るく輝く光が内面に生じて、内面のオン・プラ（プラ・タンマガーイの像：筆者註)が、少しずつ拡大して、空中いっぱいになるほど明るくなっていくのを瞑想で観ることができました。自分の内なる身体が透明になり、その他にもいろんなものが観えました。そして喜悦や至福を感じたのです[質問表・瞑想による神秘体験・自由回答・在家者・女性F13]。

　体が軽くなって心地よく、空気と一体になるように、透明で軽い感覚を得ました。そして、この人生において、これ以上に何も捜し求める必要はないと思いました。過ぎ去ってしまった日々の重みを感じつつ、バーラミーをこれからずっと築くために長生きしたいと感じました[質問表・瞑想による神秘体験・自由回答・在家者・男性M48]。

ちなみに、以上のような体験が同質性を帯びているのは、同質の体験が得られるように指導を行なっているからだと考えられるが（第7章第6節(2)を参照）、信徒にとっての主観的な論理は逆転しており、指導通りの体験を自らが得ることによってその指導の正しさが保障されるのである。

　ルアンポー・タンマチャヨー（初代住職：筆者註）の瞑想指導のステップ1つ1つが、私自身の体験と全く同じものなのです。全く同じ事が私の内面に現れてくるのだから、ルアンポー・タンマチャヨーがこの瞑想で誰もが涅槃を観ることができると仰ることも、信じられます[1993年8月15日・筆者による取材・在家者・女性A]。

タンマガーイ寺の信徒達は、瞑想による神秘体験をこのように感得しているのである。心が落ち着くということは、それ自体が神秘体験の一部であるだけでなく、より深い神秘体験への導入でもあり、さらにはバーラミーなどの善行を実践し、「涅槃」を目指して修行することの意義を感得することにも繋がっているのである。

9　ブン（功徳）――「幸運」と「日常生活における自己と環境の制御感覚」

次に「ブン（功徳）になるから瞑想する」という返答の意味を取り上げる。ブンという上座仏教の基本的な観念は、仏教的な道徳に即した善い行ないであり、その累積したものが人生の幸・不幸や運・不運を左右するとされるものである［小野澤 1994: 23］。精神の浄化と来世の幸運や現世利益が合体したようなこの観念は、もちろんタンマガーイ寺の信徒にも共有されている。たとえば、ある熱心な信徒は、息子がバンコクの有名小学校の入学試験を受ける際に次のように考えて祈ったと手記に記している。

　　息子は筆記試験は確実に合格できるでしょう。ただ、その後に入学者を選抜するために行なわれるくじ引きが心配でした。そう思ったときに、私は以前ルアンポー・タッタチーウォー（当時の副住職：筆者註）にご挨拶して講堂で説法を伺ったときのことを思い出しました。ルアンポーは、「知識や能力が同じ程度の人ならば、何が事を左右するのかわかりますか」と質問されました。そしてルアンポーは、「それがブンなのです。それが事柄を左右するのです」と仰っていたのです。そこで、私は祈りました。「どうか、これまで自分が為してきたブンとタンマガーイ寺のルアンポーや全僧侶の方々のバーラミーが、息子に届いて入学できますように……」［Sutham 1986: 10］。

このような、運勢を左右するブンを得るには、持戒や寄進といった善行が

必要とされているが、それだけではなく瞑想実践によってもブンは得られるとされている。ブンという言葉は使っていないが、上記の事例と似通った次の事例がそのことを示している。

　職場で忙しいときや、解決案が浮かばないような問題を抱えているときに、手があいたら（ほんの少しの時間であっても）、私はオン・プラ（プラ・タンマガーイの像：筆者註）やルアンポー（タンマチャヨー師：筆者註）を思い起こしてみるのです。……私は瞑想して心を止め、心を静めるよう努め、水晶や内なるプラを観るのです。でもときには、「苦しみから逃れていたい、そのことを忘れたい、何も考えたくない」と思い、ただだ「オン・プラだけを想起していたい」と思って瞑想することもあります。ただそういうときでもなぜか、忘れたいと思っていることが瞑想中に頭の中に浮かんでくるのです。
　このことを以前（何年も前ですが）、サーオワラック先生に尋ねてみたところ、「それは内なるプラ（プラ・タンマガーイ：筆者註）が私達のために問題を解決してくれているのよ」と仰ってました。私もそう思います。というのは、瞑想した後に問題解決の糸口が見つかり、苦しみやイライラが徐々になくなっていくからです［Phachari 1992: 5］。

　瞑想実践は日常の苦しみから離れて神秘的な体験における心地よさを求めることでもあり、しかもそれは精神が落ち着き、仕事の能率を増し、身の回りの環境を秩序立って制御できるようになるという感覚にも重なっていることを、この事例は示している。そして、そのように環境を制御できるということは、瞑想によって到達できる「内なるプラ」の賜物と理解されている。そのような賜物は、1つ前の事例にもあるように、精神の浄化に伴う幸運としてのブンなのである。つまり、瞑想による神秘体験は、気分が落ち着くことによる日常生活の制御という状況やブンを得るということと繋がっているのである。このことについて、ある財団職員は次のように述べている。

　クン・ヤーイ（ウバーシカー・チャン：筆者註）はこんな風に言ってまし

た。「水晶やオン・プラが見えなくても、瞑想しているだけでブンは得られる。悪いことを考えず、心を静かにしていればブンを得て、心が心地よくなるのです」と［2001年3月6日・筆者による取材、財団職員・男性A］。

つまりタンマガーイ式瞑想によって得られる様々な効能とは、ブン（心の浄化と幸運）、善い振る舞い（「日常生活における自己と環境の制御感覚」）、内面の心地よさ（「内面的な神秘体験」）、といった特質が集まって1つの結晶をなしている統合された感覚であると言えよう。

10 「涅槃」志向

以上論じてきたことから、瞑想を継続して行なうようになった理由として比率の高かった「気分が落ち着くから」「神秘体験を得たいから」「ブンを得たいから」という3つの項目は、それぞれが独立したものではなく、統合された1つの信仰心あるいは救済感覚であると言うことができるであろう。これを整理し直すと、「日常生活における自己と環境の制御感覚」、「内面的な神秘体験」、「ブン（心の浄化と幸運）」という軸が絡み合っている統合的な感覚なのである。

しかし、この見解には3つほど付け加えるべきことがある。第1点は、「日常生活における自己と環境の制御感覚」とは、おそらく瞑想だけによって得られるものではなく、タンマガーイ寺における規律訓練や規律の行き届いた儀礼やサービス、効率的な組織活動によって支えられ、身体化されたものであると言えよう（詳細は、第7章参照）。このような規律にまつわる活動のなかったパークナーム寺におけるタンマガーイ式瞑想の実践では、身の回りの効率的な秩序化という自己変容の体験はあまり強調されていない。タンマガーイ寺が多くの信徒を獲得し巨大な組織となれた要因の1つは、タンマガーイ式瞑想の魅力だけではなく、この瞑想に心身の規律訓練を体系的に組み合わせて行った点にあると考えられる。

補足の第2点は、瞑想実践の3大理由以外に、もう1つ考慮するべき理由が残されているという点である。それは表6-27（および図6-G、図6-H）の「その

他」の項目である。「出家者」の場合、この「その他」の項目を選んだ率がかなり高い（合計比率で19.6％）。「出家者」ほどではないが、在家信徒の場合も「その他」の率は比較的高い（合計比率12.2％。表6-28、図6-1参照）。「その他」の項目の中身は、実際には雑多な意見が入り込んでいるので、一律に扱うことはできないが、自由回答式で瞑想の目的を尋ねたところ、次のような意見が多く記されていた。

　　（瞑想の目的は）ブン（功徳）をたくさん得てそれをバーラミーとし、仏法の奥義に至るまで自己の煩悩を削ぎ落とすことです［質問表・瞑想の目的・自由回答・僧侶 P49］。

　　（瞑想の目的は）ウィチャー・タンマガーイによって、本当の自分というものを知り、仏法の真髄に到達することです［質問表・瞑想の目的・自由回答・財団職員・女性 UF47］。

　これらの意見は、瞑想実践は、ブンを得てバーラミーのレベルまで達して、「涅槃」を目指すということであり、それを信徒達は「ウィチャー・タンマガーイ（タンマガーイ式の瞑想実践による術智：筆者註）」と呼んでいるのである。このような「涅槃」志向が在家者よりも、「出家者」に多く見られるのはそれほど不思議なことではない。つまり、「日常生活における自己と環境の制御感覚」「内面的な神秘体験」「ブン（心の浄化と幸運）」という体験の連関が、さらにもう一段深い解釈のもとに捉えられると、「出家者」や一部の熱心な信徒に見られる、タンマガーイ式の「涅槃」志向へと繋がるのである。このような一段深い解釈を内面化していない一般的な信徒でも、教義上における瞑想の最終的な意義付けは「涅槃」へ達することであるということは心得ている。したがって、信徒の解釈の度合いによって「涅槃」志向の軸の高さに違いはあるものの、いずれの信徒もこの軸を共有していると言えよう。このように、瞑想体験を通じての信仰心とは、先の3つの体験を表す軸以外に、もう1つ「涅槃」志向の軸が重なることによって構成される統合体をなしていると言えよう。

11　小仏像の建立寄進と護符の守護力

　最後に3つ目の補足として、寄進による現世利益という厄介な問題に触れておかなくてはならない。タンマガーイ寺の信徒が抱いているタンブン（積徳行）志向の観念は、瞑想に関するものだけではない。瞑想とは異なる系列で、タンブン志向の観念を形成し維持しているのである。とりわけ、1998年中頃からこのタンブン志向としての現世利益的な救済が、タンマガーイ寺ではかつてないほど強調されるようになった。寄進によってブンを得ることが来世や近い将来の幸運に繋がるという上座仏教の伝統的な観念は、タンマガーイ寺でももちろん以前から見られるし、一部の信徒によるインフォーマルな語りとして、寄進による奇跡体験・御利益体験が述べられることはたまに見受けられた。しかしこのような以前の状況と比べて、昨今のタンマガーイ寺のタンブン志向には特異な点が見られるのである。それは、第1に具体的な奇跡的効果を組織的に強調するといった点、第2にタンブン儀礼がタンマガーイ寺独自の表象と強い結びつきを持っている点である。

　筆者が行なったアンケート調査で、この観念や現象が十分捉えられていないのは次の2つの理由による。1つは、このアンケート調査が、瞑想修行の特質を明らかにすることを主たる目的としており、それ以外の活動については十分配慮していなかったこと。もう1つは筆者によるアンケート調査が行なわれたのが1998年1月であり、現世利益的なタンブン志向がこの寺で急速に浮上してきたのは1998年8月頃からであるという時期的な相違である[18]。急変の時期を1998年8月と限定した根拠は、この時期から、仏像型の護符（タンマガーイ寺の大仏塔に各自の小仏像を寄進によって設置することで入手できる聖なる記念品）に関する奇跡体験を記した小冊子が多量に出版され始めたことによる［Munlanithi Thammakai 1998b］。このような奇跡体験を強調した文書は、この寺ではこれ以前にはほとんど見られない。また、これに呼応するように、1998年9月6日には、タンマガーイ寺の大仏塔建設を祝う儀式の最中に、野外の上空に巨大なソット師のような姿や光球のような何かが現れ、大勢の信徒がこれを目撃するという不思議な現象が生じている［Wat Phra Thammakai 1998a, Munlanithi Thammakai 1998a: 98-99, Nation 1998a: A1, A2］。このような奇跡物語を

第6章　一般信徒の成員構成と信仰心の型　203

急に強調した点と、これにまつわる勧進活動の拡大が、1998年末からのタンマガーイ寺批判のきっかけになった（ただし、タンマガーイ寺側上層部のある僧侶は、タンマガーイ寺問題の真の発端は、この寺の運動を以前から快く思っていなかった一部の有力僧侶とその支持者達が、タンマガーイ寺の評判を貶めようと仕掛けたことにあると主張している）[19]。

このタンマガーイ大仏塔(マハー・タンマガーイ・チェディー、Maha Thammakai Cedi) 建立のキャンペーンは、1994年頃から始まっている。この大仏塔の内部および外面には100万体もの小仏像（各自の内なるプラ・タンマガーイをイメージした像）を設置することになっている。この像は信徒各自の寄進によって設置できるものであり、寄進を行なった者には記念に仏像型の護符が贈呈される（大仏塔や護符に関する解説や図像については第7章第3節を参照）。そして、この小仏像の建立と護符が、奇跡をもたらすものとして強調されるようになってきたのである。たとえば小冊子には次のような体験談が記されている。

1998年7月にチェンマイで行なわれた集中瞑想修行からバンコクに帰宅したある女性信徒が、帰路、電車の中で奇妙な夢を見る。その夢の中で、見知らぬ人が出てきて、仏像を作りたいので手伝ってくれと、彼女に願うのである。夢の中で彼女は、この要望を小仏像（タンマガーイ寺の大仏塔に設置する個々人の仏像）を建てることだと理解し願いを了承するが、自分には十分な資金がないと答えた。すると夢の中のある女性が、資金も用意するから、必ず仏像を設置することだけに使用すると誓ってくれと述べ、自分（夢の中の女性）の名前と年齢（692歳）を告げたのである。

眠りから目が覚めたこの女性は、これは宝くじが当たるお告げの夢だと解釈する。しかし、八戒を守っているからギャンブルには手を出してはいけないのではないかと思案する。最終的には、これは死者の願いであると解釈し、692番（夢の中の女性が告げた年齢と同じ数字：筆者註）の番号が記された宝くじを購入する。するとこのくじが当選し、その当選金でもって彼女は約束通り夢の中の女性の名前を用いて、小仏像建立のための寄進を行なったのである。この体験談の末尾には、死者の霊はタンブンしたくてもできないのであり、生きているうちにタンブンしておくことが大切であると述べられている[Munlanithi Thammakai 1998b: 14-19]。

この話を宝くじが当たったという奇跡体験談ととれば、寺院活動の霊験あらたかさを強調しているとも読めよう。実際これ以外にも、タンマガーイ寺の小仏像建立に寄進してから癌の病状が良くなったという体験談や［Munlanithi Thammakai 1998b: 51-53］、タクシー乗車中にその車が事故を起こして大破したが、たまたま事故の直前に仏像型の護符（小仏像建立の寄進者への記念品）についてのパンフレットを眺めていたおかげで、怪我ひとつなく無事であったという体験談など［Munlanithi Thammakai 1999c: 21-22］、多数の奇跡体験が報告されている。

このような寄進や護符にまつわる奇跡体験を強調した信仰活動は、一方で、商業的であり人々の欲望を煽るものとしてしばしばタイ社会において批判にさらされているが、他方でこれはタンマガーイ寺だけでなくタイ上座仏教の多くの寺院に見られる現象であり、一般在家者のみならず高僧の間にも広まっている根強い民衆的な仏教信仰でもある。もちろんタンマガーイ式瞑想実践の場合にも、いわゆる現世利益と重なるブン（功徳）を得られるという観念はあるが、寄進と異なり瞑想実践の場合は、修養を通じての倫理形成や自己変容を伴うことが多い。

このような寄進とその現世利益を中心とした信仰をどのように判断するべきかについては後の章で論じることとするが[20]、いずれにしても、瞑想実践の系譜とは異なる形での信仰心のあり方が、1998年中頃からタンマガーイ寺において台頭してきたという事実は指摘できよう。これは、タンマガーイ式瞑想に基づく個々人の瞑想体験と接点を持ちながらも、理念的には区別しうる信仰心の型であり、また第3部で論じるようにタンマガーイ式瞑想の儀礼の場での実践や、プラ・タンマガーイ（プラ・ニッパーン）の図像化され表象との繋がりを有している。

12 「瞑想・修養系の信仰」と「寄進系の信仰」
――結晶と結晶軸のモデル

以上のように、瞑想実践による修養に基づく信仰心や、寄進とその現世利益を中心とした信仰心は、結晶をモデルとして説明するとわかりやすくなる

だろう。結晶と言われる多面体は、結晶の中心を通り、互いに並行する面と面を垂直に繋ぐ結晶軸と呼ばれるいくつかの軸があるが、タンマガーイ式瞑想の体験は、この結晶と結晶軸の比喩を用いると整理しやすくなる（もちろん、これはイメージしやすくするためのモデルであって、信仰心というものが原理的に結晶としての特質を持っているということを意味するわけではない）。タンマガーイ寺の瞑想の場合は、先に述べたように「日常生活における自己と環境の制御感覚」「内面的な神秘体験」「ブン（心の浄化と幸運）」という3つの軸が交わり合って、結晶体の基盤を構成している。それぞれの軸が構成する面は、世俗的な場での精神のコントロール、脱俗的な体験、伝統的なブンの観念と多様な形で繋がりを持っているが、それぞれの面が相互に支え合い統合されたものになっている。そしてこの3つの軸による基盤はもう1つの結晶軸であるバーラミーを築いて「涅槃（涅槃処）」に到達するという志向性によって垂直方向に伸びているのである。つまりA・「日常生活における自己と環境の制御感覚」、B・「内面的な神秘体験」、C・「ブン」が水平面で交わる3つの結晶軸だとすれば、D・タンマガーイ式の「涅槃」志向はこれらの結晶軸に垂直に交わる主軸の結晶軸と言えよう（この4つの結晶軸からなる結晶は、六角柱の形をした六方晶系になる。図6-J参照）[21]。この4つの結晶軸からなる結晶にモデル化できる信仰を、ここでは「瞑想・修養系の信仰」と名づけておく。第5章で取り上げたメーターナントー師とターナウットー師が、無秩序の遍在という社会状態の把握のもと、自己の身体の秩序化や規範化からの社会改革を目指し、その先に「涅槃（涅槃処）」を見据えていたのも、この信仰心の型から理解できるだろう。

　ちなみに、ある液体の温度を下げたりあるいは飽和状態にすると、溶液中の微粒子を結晶核として結晶化が始まるが、心を一点に止めるタンマガーイ式瞑想の初期の段階で得られる神秘的な体験もこれに似ているのかもしれない。もちろん比喩、推測の域を出ない見解であるが、寺院で耳にしてきた教えや自分の生活実感を瞑想体験を中心に据えて統合し、

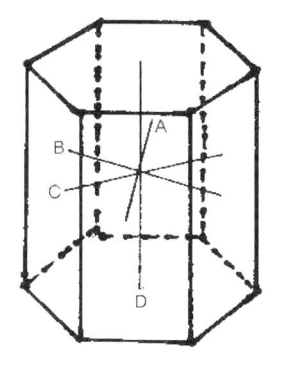

図6-J　六方晶系
A,B,C,D が結晶軸

生活の場で自分のコントロールを超えた流動化した事象を秩序化していくという感覚は、結晶核を中心に流動体を結晶化（crystallization）[22]させていくようなものなのかもしれない。

　このような秩序形成や秩序把握の感覚、大いなる摂理に取り込まれているという感覚、それに基づく穏やかな気持ちや、人生の意味の自覚は、何もタンマガーイ式瞑想に限られるものではない。キリスト教における神秘体験の報告や［ジェイムス 1970: 321-322］、臨死体験の報告にも見られるものである［立花 2000: 256-263］。したがってタンマガーイ寺のタンマガーイ式瞑想に特異な点があるとすれば、結晶化そのものではなく、結晶軸の特質にあると言えよう。その特質、つまり結晶軸がどのような意味の広がりをもっているのかについては、具体的な社会的背景を考慮する必要がある。そのような社会的文脈に位置づける分析を行なうことによって、結晶軸の特質をより鮮明に浮き彫りにすることができるだろう。この作業については第3部（第9章および第10章）において行なう。

　また、瞑想体験とは別に、寄進とその現世利益を中心とした信仰心の型があり、これがタンマガーイ寺で近年急速に拡大しているということを前節で取り上げた。この点を結晶と結晶軸の比喩で整理するとすれば、この信仰心の型は、「寄進」「ブン」「儀礼の場でのタンマガーイの表象」という3つの結晶軸からなる結晶としてモデル化できる（四角柱となる）[23]。これを「寄進系の信仰」と名づけておく。ここで重要なのは次の3点である。第1に「瞑想・修養系の信仰」とは別の信仰心の型が形成されているということ。第2にしかしながら「ブン」の結晶軸は、「瞑想・修養系の信仰」の結晶軸との間で共有されているということ。そして第3に、「内的な神秘体験」の軸そのものは共有されていないが、神秘体験の理想型を図像的に表象したもの（小仏像や仏像型の護符）を儀礼において使用するといった、いわば「内的な神秘体験」の亜種的な軸が見られるという点である[24]。つまり、寄進型の現世利益に基づく信仰心の型は、瞑想体験に基づく信仰心の型とは独立の結晶体を構成しているが、「ブン」の軸を共有し、「内面的な神秘体験」を儀礼の場で具象化するといった亜種の軸を有することで、この2つの結晶体は奇妙に結合しているのである。それは、1本の結晶軸を共有して、六角柱と四角柱が結合してい

るといった、複合的な結晶体としてモデル化できよう。

　最後に、瞑想継続理由の設問においてあまり高い率で選択されなかった「生活上の悩み」や「前世や来世を知りたい」という項目にも若干触れておく（表6-25、表6-26、表6-27、表6-28参照）。まず前者の「生活上の悩み」であるが、その具体的な内容として「人生の無意味さ」と答えた者が多かった（本章第5節を参照）。この点について、他の項目のデータと付き合わせてみると、興味深いことにその回答者の多くは、人生の意味を「涅槃（涅槃処）」到達と捉える熱心な信徒や僧侶であった。これを踏まえると次のことが言える。第1に、彼等の信仰の志向性は「涅槃（涅槃処）」志向の結晶軸に吸収されうる。第2に、寺院活動へのコミットの度合いが高い者に「人生の無意味さ」を感じているものが多いという点、しかしながらそのような「生活上の悩み」が瞑想を継続的に始めた理由に直結していないという点（本章第5節）を考えると、彼らはタンマガーイ式瞑想を継続的に行なうようになる以前から明確に「人生の無意味さ」を感じていたと言うよりも、寺院活動にコミットする中でそのような自覚が高まり、事後的に「人生の無意味さ」の印象を想起したのか、もしくは瞑想実践に興味を持っていなかった過去の人生は無意味であると感じたのかのいずれかである可能性が高い。なお、その他の「生活上の悩み」を解答した者は基本的にかなり少数であるし、またそれは「寄進型の現世利益」を中心とした「寄進系の信仰」に繋がっていくと解釈することができよう。

　後者の「前世や来世を知りたい」という志向は、タンマガーイ寺における信仰心の型の主流とはいえない。むしろ、ソット師のもとに集まった信徒達（故ウバーシカー・チャンも含む）の信仰心の型に近いものであろう（第1章第6節および第5章第1節を参照）。その意味では、タンマガーイ寺の信徒の中には、かつてのパークナーム寺の瞑想集団のような信仰心の型に基づいて活動している信徒も、少数派ではあるが存在しているのである。

　以上、本章をまとめると、まずタンマガーイ寺の成員は、3つのクラスターに区分できる。それは、第1に、寺院運営の中心をなす都市部の高学歴の在家者と成人「出家者」、第2に都市在住の比較的学歴の低い在家信徒、そして

第3に、農村など地方の下層社会出身の沙弥である。また、タンマガーイ寺の在家信徒は、1世代の間に職業上の大きな社会移動を経験している者も多く、あるいは前の世代からすでに都市社会での生活者であった者が多い。そのため村落における社会関係や、村落社会の信仰形態に魅力を感じなくなってきていると言えよう。それは単に合理主義的な仏教解釈を好むかどうかといった問題だけではなく、信仰活動を行なうことに実感をもたらす社会関係そのものの変容や解体を意味しているのである。しかしながら、タンマガーイ寺では、そのような変容し解体する都市民の社会関係を、新たに結びつけているのだが、密な繋がりを持った集団を構築することで再構成しているとは言いがたい面もある。ただし、これを孤立した個人主義的な実践であると、安易に結論づけることも控えなくてはならない（第8章および第9章参照）。また、タンマガーイ寺の信徒の多くは、一般的な寺院訪問や一時出家の慣行を通じてタンマガーイ寺の活動に触れ、「瞑想・修養系の信仰」と「寄進系の信仰」といった2種類の信仰心の型を複合的に形成しているという点も明らかになった。

表6-1 「出家者」・性別・年齢別構成

年齢	僧侶		沙弥		男性職員		女性職員		合計	
15〜19	0名	(0.0%)	34名	(85.0%)	0名	(0.0%)	0名	(0.0%)	34名	(20.2%)
20〜24	22名	(42.3%)	2名	(5.0%)	3名	(13.6%)	5名	(9.3%)	32名	(19.0%)
25〜29	12名	(23.1%)	0名	(0.0%)	16名	(72.7%)	21名	(38.9%)	49名	(29.2%)
30〜34	10名	(19.2%)	0名	(0.0%)	1名	(4.5%)	16名	(29.6%)	27名	(16.1%)
35〜39	1名	(1.9%)	0名	(0.0%)	1名	(4.5%)	9名	(16.7%)	11名	(6.5%)
40〜44	3名	(5.8%)	0名	(0.0%)	0名	(0.0%)	2名	(3.7%)	5名	(3.0%)
45〜49	2名	(3.8%)	0名	(0.0%)	0名	(0.0%)	0名	(0.0%)	2名	(1.2%)
50〜54	1名	(1.9%)	0名	(0.0%)	0名	(0.0%)	1名	(1.9%)	2名	(1.2%)
55〜59	1名	(1.9%)	0名	(0.0%)	0名	(0.0%)	0名	(0.0%)	1名	(0.6%)
無回答	0名	(0.0%)	4名	(10.0%)	1名	(4.5%)	0名	(0.0%)	5名	(3.0%)
合計	52名	(100.0%)	40名	(100.0%)	22名	(100.0%)	54名	(100.0%)	168名	(100.0%)
平均年齢	28.8歳		16.7歳		26.8歳		30.6歳		25.6歳	

表中の文字白ヌキ、アミ掛けは色が濃いほど比率が高いことを示す。以下同。

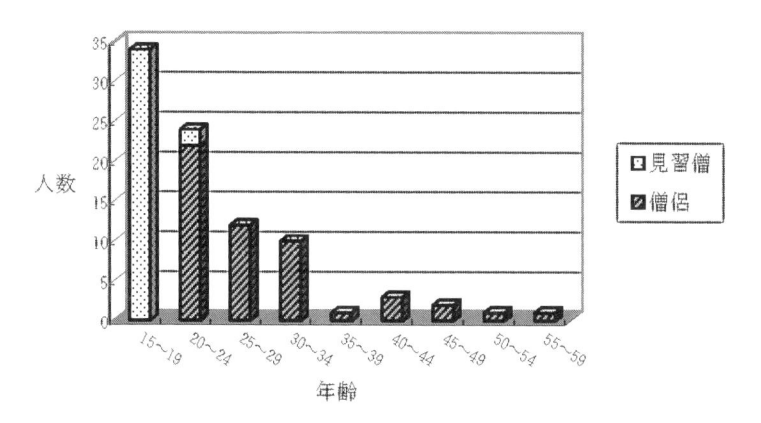

図6-A　僧侶・沙弥(見習僧)・年齢別構成

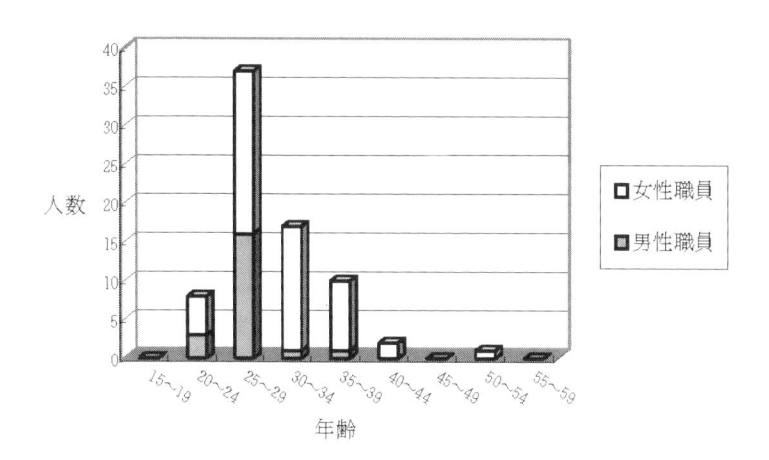

図6-B　財団職員・性別・年齢別構成

210 第2部 消費社会とタイ仏教

表6-2 在家者・性別・年齢別構成

年齢	男 性		女 性		合 計	
15〜19	1名	(2.1%)	4名	(8.0%)	5名	(5.1%)
20〜24	5名	(10.4%)	6名	(12.0%)	11名	(11.2%)
25〜29	8名	(16.7%)	5名	(10.0%)	13名	(13.3%)
30〜34	12名	(25.0%)	5名	(10.0%)	17名	(17.3%)
35〜39	5名	(10.4%)	9名	(18.0%)	14名	(14.3%)
40〜44	6名	(12.5%)	8名	(16.0%)	14名	(14.3%)
45〜49	6名	(12.5%)	4名	(8.0%)	10名	(10.2%)
50〜54	0名	(0.0%)	4名	(8.0%)	4名	(4.1%)
55〜59	0名	(0.0%)	3名	(6.0%)	3名	(3.1%)
60〜64	3名	(6.3%)	1名	(2.0%)	4名	(4.1%)
65〜69	1名	(2.1%)	1名	(2.0%)	2名	(2.0%)
70以上	1名	(2.1%)	0名	(0.0%)	1名	(1.0%)
無回答	0名	(0.0%)	0名	(0.0%)	0名	(0.0%)
合計	48名	(100.0%)	50名	(100.0%)	98名	(100.0%)
平均年齢	36.8歳		37.0歳		36.9歳	

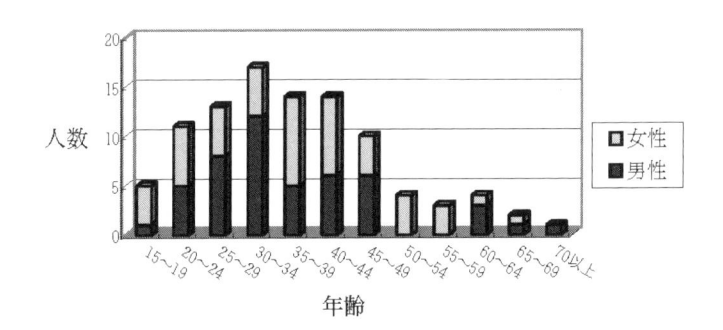

図6-C 在家者・性別・年齢別構成

第6章 一般信徒の成員構成と信仰心の型 211

表6-3 学歴(「出家者」)

学 歴	僧侶		沙弥		男性職員		女性職員		合 計	
1. 教育を受けてない	0名	(0.0%)	0名	(0.0%)	0名	(0.0%)	0名	(0.0%)	0名	(0.0%)
2. 小学校	1名	(1.9%)	18名	(45.0%)	0名	(0.0%)	0名	(0.0%)	19名	(11.3%)
3. 中学校	3名	(5.8%)	17名	(42.5%)	0名	(0.0%)	0名	(0.0%)	20名	(11.9%)
4. 高校	2名	(3.8%)	2名	(5.0%)	1名	(4.5%)	0名	(0.0%)	5名	(3.0%)
5. 下級職業専門学校	4名	(7.7%)	1名	(2.5%)	0名	(0.0%)	0名	(0.0%)	5名	(3.0%)
6. 上級職業専門学校	6名	(11.5%)	0名	(0.0%)	3名	(13.6%)	3名	(5.6%)	12名	(7.1%)
7. 大学	31名	(59.6%)	0名	(0.0%)	17名	(77.3%)	49名	(90.7%)	96名	(57.1%)
8. 修士課程	3名	(5.8%)	0名	(0.0%)	0名	(0.0%)	1名	(1.9%)	4名	(2.4%)
9. 博士課程	0名	(0.0%)	0名	(0.0%)	0名	(0.0%)	1名	(1.9%)	1名	(0.6%)
10. その他	2名	(3.8%)	0名	(0.0%)	1名	(4.5%)	0名	(0.0%)	4名	(2.4%)
無回答	0名	(0.0%)	2名	(5.0%)	0名	(0.0%)	0名	(0.0%)	2名	(1.2%)
合 計	52名	(100.0%)	40名	(100.0%)	22名	(100.0%)	54名	(100.0%)	168名	(100.0%)

表6-4 本人の元職業(「出家者」)

職 業	僧侶		沙弥		男性職員		女性職員		合 計	
1. 科学者	0名	(0.0%)	0名	(0.0%)	0名	(0.0%)	0名	(0.0%)	0名	(0.0%)
2. 建築家・技術者	4名	(7.7%)	0名	(0.0%)	4名	(18.2%)	0名	(0.0%)	8名	(4.8%)
3. 医者・看護婦	0名	(0.0%)	0名	(0.0%)	0名	(0.0%)	3名	(5.6%)	3名	(1.8%)
4. 法律家	0名	(0.0%)	0名	(0.0%)	0名	(0.0%)	0名	(0.0%)	0名	(0.0%)
5. 教師・講師・教育専門家	0名	(0.0%)	0名	(0.0%)	0名	(0.0%)	4名	(7.4%)	4名	(2.4%)
6. ジャーナリスト	0名	(0.0%)	0名	(0.0%)	0名	(0.0%)	0名	(0.0%)	0名	(0.0%)
7. 会計係	0名	(0.0%)	0名	(0.0%)	0名	(0.0%)	4名	(7.4%)	4名	(2.4%)
8. 兵士	1名	(1.9%)	0名	(0.0%)	0名	(0.0%)	0名	(0.0%)	1名	(0.6%)
9. 警察官	0名	(0.0%)	0名	(0.0%)	0名	(0.0%)	0名	(0.0%)	0名	(0.0%)
10. 販売・マーケティング	2名	(3.8%)	0名	(0.0%)	0名	(0.0%)	7名	(13.0%)	9名	(5.4%)
11. 事務職	1名	(1.9%)	0名	(0.0%)	0名	(0.0%)	1名	(1.9%)	2名	(1.2%)
12. 熟練労働	4名	(7.7%)	0名	(0.0%)	2名	(9.1%)	1名	(1.9%)	7名	(4.2%)
13. サービス業	4名	(7.7%)	0名	(0.0%)	1名	(4.5%)	4名	(7.4%)	9名	(5.4%)
14. 管理職・役人	9名	(17.3%)	0名	(0.0%)	2名	(9.1%)	2名	(3.7%)	13名	(7.7%)
15. 農業	0名	(0.0%)	0名	(0.0%)	0名	(0.0%)	0名	(0.0%)	0名	(0.0%)
16. 現場労働者	0名	(0.0%)	0名	(0.0%)	0名	(0.0%)	0名	(0.0%)	0名	(0.0%)
17. 行商・屋台	0名	(0.0%)	0名	(0.0%)	0名	(0.0%)	0名	(0.0%)	0名	(0.0%)
18. 主婦・主夫	0名	(0.0%)	0名	(0.0%)	0名	(0.0%)	0名	(0.0%)	0名	(0.0%)
19. 学生	20名	(38.5%)	33名	(82.5%)	13名	(59.1%)	24名	(44.4%)	90名	(53.6%)
20. その他	0名	(0.0%)	0名	(0.0%)	0名	(0.0%)	1名	(1.9%)	1名	(0.6%)
無効解答	3名	(5.8%)	1名	(2.5%)	0名	(0.0%)	1名	(1.9%)	5名	(3.0%)
無回答	4名	(7.7%)	6名	(15.0%)	0名	(0.0%)	2名	(3.7%)	12名	(7.1%)
合 計	52名	(100.0%)	40名	(100.0%)	22名	(100.0%)	54名	(100.0%)	168名	(100.0%)

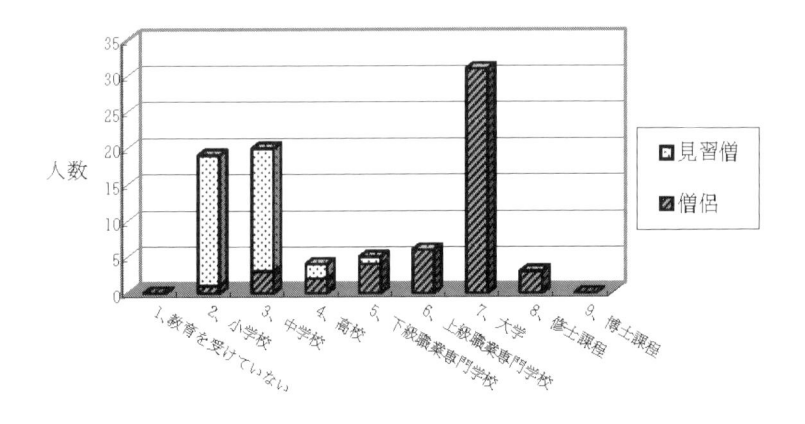

図6-D　学歴（僧侶・沙弥［見習僧］）

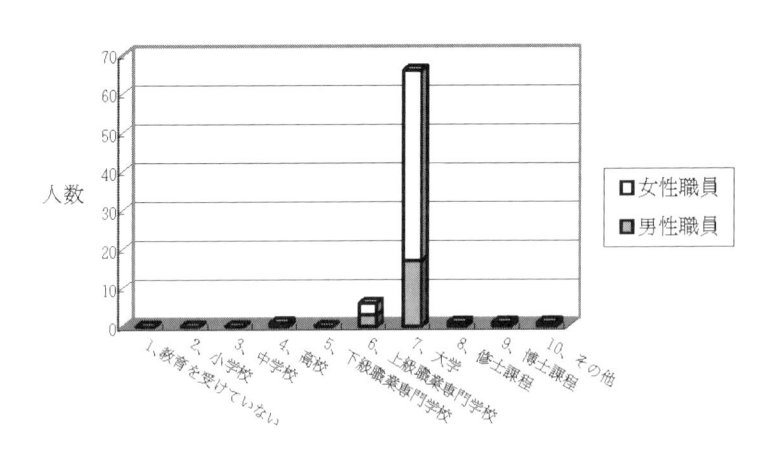

図6-E　学歴（財団職員）

第6章　一般信徒の成員構成と信仰心の型　213

表6-5　学歴（在家者）

学　歴	男　性		女　性		合　計	
1. 教育を受けてない	0名	(0.0%)	0名	(0.0%)	0名	(0.0%)
2. 小学校	3名	(6.3%)	8名	(16.0%)	11名	(11.2%)
3. 中学校	0名	(0.0%)	2名	(4.0%)	2名	(2.0%)
4. 高校	7名	(14.6%)	7名	(14.0%)	14名	(14.3%)
5. 下級職業専門学校	6名	(12.5%)	6名	(12.0%)	12名	(12.2%)
6. 上級職業専門学校	3名	(6.3%)	5名	(10.0%)	8名	(8.2%)
7. 大学	22名	(45.8%)	19名	(38.0%)	41名	(41.8%)
8. 修士課程	6名	(12.5%)	1名	(2.0%)	7名	(7.1%)
9. 博士課程	1名	(2.1%)	0名	(0.0%)	1名	(1.0%)
無回答	0名	(0.0%)	2名	(4.0%)	2名	(2.0%)
合　計	48名	(100.0%)	50名	(100.0%)	98名	(100.0%)

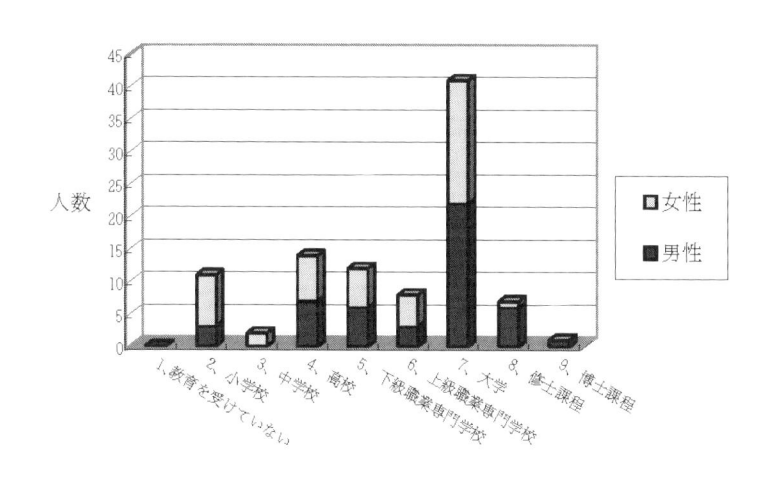

図6-F　学歴（在家者）

表6-6　学歴と守護力信仰（在家者・前年1年間における信仰活動・複数回答）

守護力信仰に関わる信仰活動	下級職業学校卒以下（総数39名）		上級職業学校・大学卒以上（総数57名）		比率の差（前者の比率−後者の比率）
護符等を得るために僧侶を訪れた	12名	(30.8%)	14名	(24.6%)	6.2ポイント
占いをしてもらうために僧侶を訪れた	5名	(12.8%)	5名	(8.8%)	4.0ポイント
お祓いをしてもらうために僧侶を訪れた	9名	(23.1%)	6名	(10.5%)	12.6ポイント
霊媒師を訪れた	5名	(12.8%)	2名	(3.5%)	9.3ポイント
占い師を訪れた	8名	(20.5%)	8名	(14.0%)	6.5ポイント
神々の祠を訪れた	9名	(23.1%)	9名	(15.8%)	7.3ポイント

表6-7　父親の職業（「出家者」）

父親の職業	僧侶		沙弥		男性職員		女性職員		合計	
1. 科学者	0名	(0.0%)	0名	(0.0%)	0名	(0.0%)	0名	(0.0%)	0名	(0.0%)
2. 建築家・技術者	0名	(0.0%)	0名	(0.0%)	0名	(0.0%)	1名	(1.9%)	1名	(0.6%)
3. 医者・看護婦	1名	(1.9%)	1名	(2.5%)	0名	(0.0%)	0名	(0.0%)	2名	(1.2%)
4. 法律家	1名	(1.9%)	0名	(0.0%)	0名	(0.0%)	0名	(0.0%)	1名	(0.6%)
5. 教師・講師・教育専門家	3名	(5.8%)	1名	(2.5%)	1名	(4.5%)	3名	(5.6%)	8名	(4.8%)
6. ジャーナリスト	1名	(1.9%)	0名	(0.0%)	0名	(0.0%)	0名	(0.0%)	1名	(0.6%)
7. 会計係	0名	(0.0%)	1名	(2.5%)	1名	(4.5%)	1名	(1.9%)	3名	(1.8%)
8. 兵士	3名	(5.8%)	3名	(7.5%)	0名	(0.0%)	2名	(3.7%)	8名	(4.8%)
9. 警察官	1名	(1.9%)	1名	(2.5%)	0名	(0.0%)	2名	(3.7%)	4名	(2.4%)
10. 販売・マーケティング	14名	(26.9%)	1名	(2.5%)	4名	(18.2%)	11名	(20.4%)	30名	(17.9%)
11. 事務職	0名	(0.0%)	0名	(0.0%)	0名	(0.0%)	1名	(1.9%)	1名	(0.6%)
12. 熟練労働	5名	(9.6%)	0名	(0.0%)	1名	(4.5%)	8名	(14.8%)	14名	(8.3%)
13. サービス業	1名	(1.9%)	3名	(7.5%)	2名	(9.1%)	0名	(0.0%)	6名	(3.6%)
14. 管理職	2名	(3.8%)	2名	(5.0%)	1名	(4.5%)	4名	(7.4%)	9名	(5.4%)
15. 農業	11名	(21.2%)	16名	(40.0%)	5名	(22.7%)	11名	(20.4%)	43名	(25.6%)
16. 現場労働者	1名	(1.9%)	2名	(5.0%)	1名	(4.5%)	0名	(0.0%)	4名	(2.4%)
17. 行商・屋台	0名	(0.0%)	0名	(0.0%)	0名	(0.0%)	1名	(1.9%)	1名	(0.6%)
18. 主婦：主夫	1名	(1.9%)	0名	(0.0%)	0名	(0.0%)	0名	(0.0%)	1名	(0.6%)
19. 学生	0名	(0.0%)	0名	(0.0%)	0名	(0.0%)	0名	(0.0%)	0名	(0.0%)
20. その他	0名	(0.0%)	1名	(2.5%)	1名	(4.5%)	2名	(3.7%)	4名	(2.4%)
無効解答	3名	(5.8%)	0名	(0.0%)	2名	(9.1%)	3名	(5.6%)	8名	(4.8%)
死去	1名	(1.9%)	3名	(7.5%)	1名	(4.5%)	4名	(7.4%)	9名	(5.4%)
(空白)	3名	(5.8%)	5名	(12.5%)	2名	(9.1%)	0名	(0.0%)	10名	(6.0%)
総計	52名	(100.0%)	40名	(100.0%)	22名	(100.0%)	54名	(100.0%)	168名	(100.0%)

「20. その他」の内訳。漁業、建築業、主夫、僧侶、無職が各1名。

第6章　一般信徒の成員構成と信仰心の型　215

表6-8　母親の職業（「出家者」）

母親の職業	僧侶		沙弥		男性職員		女性職員		合　計	
1. 科学者	0名	(0.0%)	1名	(2.5%)	0名	(0.0%)	0名	(0.0%)	1名	(0.6%)
2. 建築家・技術者	0名	(0.0%)	0名	(0.0%)	0名	(0.0%)	0名	(0.0%)	0名	(0.0%)
3. 医者・看護婦	0名	(0.0%)	0名	(0.0%)	1名	(4.5%)	0名	(0.0%)	1名	(0.6%)
4. 法律家	0名	(0.0%)	0名	(0.0%)	0名	(0.0%)	0名	(0.0%)	0名	(0.0%)
5. 教師・講師・教育専門家	4名	(7.7%)	2名	(5.0%)	1名	(4.5%)	3名	(5.6%)	10名	(6.0%)
6. ジャーナリスト	0名	(0.0%)	0名	(0.0%)	0名	(0.0%)	0名	(0.0%)	0名	(0.0%)
7. 会計係	0名	(0.0%)	0名	(0.0%)	0名	(0.0%)	0名	(0.0%)	0名	(0.0%)
8. 兵士	0名	(0.0%)	0名	(0.0%)	0名	(0.0%)	0名	(0.0%)	0名	(0.0%)
9. 警察官	0名	(0.0%)	0名	(0.0%)	0名	(0.0%)	0名	(0.0%)	0名	(0.0%)
10. 販売・マーケティング	11名	(21.2%)	2名	(5.0%)	1名	(4.5%)	8名	(14.8%)	22名	(13.1%)
11. 事務職	0名	(0.0%)	0名	(0.0%)	0名	(0.0%)	0名	(0.0%)	0名	(0.0%)
12. 熟練労働	0名	(0.0%)	0名	(0.0%)	0名	(0.0%)	1名	(1.9%)	1名	(0.6%)
13. サービス業	0名	(0.0%)	0名	(0.0%)	1名	(4.5%)	2名	(3.7%)	3名	(1.8%)
14. 管理職	1名	(1.9%)	2名	(5.0%)	2名	(9.1%)	0名	(0.0%)	5名	(3.0%)
15. 農業	11名	(21.2%)	13名	(32.5%)	6名	(27.3%)	13名	(24.1%)	43名	(25.6%)
16. 現場労働者	0名	(0.0%)	2名	(5.0%)	0名	(0.0%)	0名	(0.0%)	2名	(1.2%)
17. 行商・屋台	1名	(1.9%)	1名	(2.5%)	0名	(0.0%)	2名	(3.7%)	4名	(2.4%)
18. 主婦：主夫	18名	(34.6%)	14名	(35.0%)	7名	(31.8%)	22名	(40.7%)	61名	(36.3%)
19. 学生	0名	(0.0%)	0名	(0.0%)	0名	(0.0%)	0名	(0.0%)	0名	(0.0%)
20. その他	3名	(5.8%)	0名	(0.0%)	0名	(0.0%)	0名	(0.0%)	3名	(1.8%)
無効解答	2名	(3.8%)	0名	(0.0%)	0名	(0.0%)	3名	(5.6%)	5名	(3.0%)
死去	1名	(1.9%)	0名	(0.0%)	0名	(0.0%)	0名	(0.0%)	1名	(0.6%)
(空白)	0名	(0.0%)	3名	(7.5%)	3名	(13.6%)	0名	(0.0%)	6名	(3.6%)
総　計	52名	(100.0%)	40名	(100.0%)	22名	(100.0%)	54名	(100.0%)	168名	(100.0%)

「20. その他」の内訳。クリーニング業1名、家政婦1名、洋裁業1名。

表6-9　「出家者」出身地（地域別）

地　域	僧侶		沙弥		男性職員		女性職員		合　計	
バンコク	16名	(30.8%)	3名	(7.5%)	7名	(31.8%)	16名	(29.6%)	42名	(25.0%)
中部(バンコクを除く)	17名	(32.7%)	8名	(20.0%)	4名	(18.2%)	11名	(20.4%)	40名	(23.8%)
北部	5名	(9.6%)	11名	(27.5%)	4名	(18.2%)	5名	(9.3%)	25名	(14.9%)
東北部	10名	(19.2%)	12名	(30.0%)	4名	(18.2%)	14名	(25.9%)	40名	(23.8%)
南部	2名	(3.8%)	1名	(2.5%)	2名	(9.1%)	7名	(13.0%)	12名	(7.1%)
無回答その他	2名	(3.8%)	5名	(12.5%)	1名	(4.5%)	1名	(1.9%)	9名	(5.4%)
合　計	52名	(100.0%)	40名	(100.0%)	22名	(100.0%)	54名	(100.0%)	168名	(100.0%)

表6-10 「出家者」出身地（都市・村落別）

	僧侶		沙弥		男性職員		女性職員		合計	
都市部	33名	(63.5%)	11名	(27.5%)	12名	(54.5%)	31名	(57.4%)	87名	(51.8%)
村落部	8名	(15.4%)	23名	(57.5%)	6名	(27.3%)	17名	(31.5%)	54名	(32.1%)
無回答その他	11名	(21.2%)	6名	(15.0%)	4名	(18.2%)	6名	(11.1%)	27名	(16.1%)
合計	52名	(100.0%)	40名	(100.0%)	22名	(100.0%)	54名	(100.0%)	168名	(100.0%)

表6-11 エスニシティ（「出家者」）

エスニシティ	僧侶		沙弥		男性職員		女性職員		合計	
タイ系	20名	(38.5%)	34名	(85.0%)	12名	(54.5%)	21名	(38.9%)	87名	(51.8%)
華人系タイ人	22名	(42.3%)	3名	(7.5%)	10名	(45.5%)	31名	(57.4%)	66名	(39.3%)
その他	9名	(17.3%)	1名	(2.5%)	0名	(0.0%)	2名	(3.7%)	12名	(7.1%)
無回答	1名	(1.9%)	2名	(5.0%)	0名	(0.0%)	0名	(0.0%)	3名	(1.8%)
合計	52名	(100.0%)	40名	(100.0%)	22名	(100.0%)	54名	(100.0%)	168名	(100.0%)

表6-12 本人の職業（在家者）

本人の職業	男性		女性		合計	
1. 科学者	2名	(4.2%)	0名	(0.0%)	2名	(2.0%)
2. 建築家・技術者	5名	(10.4%)	0名	(0.0%)	5名	(5.1%)
3. 医者・看護婦	1名	(2.1%)	1名	(2.0%)	2名	(2.0%)
4. 法律家	1名	(2.1%)	0名	(0.0%)	1名	(1.0%)
5. 教師・講師・教育専門家	1名	(2.1%)	5名	(10.0%)	6名	(6.1%)
6. ジャーナリスト	0名	(0.0%)	0名	(0.0%)	0名	(0.0%)
7. 会計係	1名	(2.1%)	2名	(4.0%)	3名	(3.1%)
8. 兵士	3名	(6.3%)	1名	(2.0%)	4名	(4.1%)
9. 警察官	4名	(8.3%)	0名	(0.0%)	4名	(4.1%)
10. 販売・マーケティング	4名	(8.3%)	4名	(8.0%)	8名	(8.2%)
11. 事務職	3名	(6.3%)	3名	(6.0%)	6名	(6.1%)
12. 熟練労働	2名	(4.2%)	2名	(4.0%)	4名	(4.1%)
13. サービス業	4名	(8.3%)	2名	(4.0%)	6名	(6.1%)
14. 管理職	5名	(10.4%)	7名	(14.0%)	12名	(12.2%)
15. 農業	1名	(2.1%)	3名	(6.0%)	4名	(4.1%)
16. 現場労働者	1名	(2.1%)	2名	(4.0%)	3名	(3.1%)
17. 行商・屋台	0名	(0.0%)	1名	(2.0%)	1名	(1.0%)
18. 主婦：主夫	0名	(0.0%)	1名	(2.0%)	1名	(1.0%)
19. 学生	3名	(6.3%)	9名	(18.0%)	12名	(12.2%)
20. その他	5名	(10.4%)	3名	(6.0%)	8名	(8.2%)
無効解答	1名	(2.1%)	0名	(0.0%)	1名	(1.0%)
死去	0名	(0.0%)	0名	(0.0%)	0名	(0.0%)
（空白）	1名	(2.1%)	4名	(8.0%)	5名	(5.1%)
総計	48名	(100.0%)	50名	(100.0%)	98名	(100.0%)

表6-13 父親の職業（在家者）

父親の職業	男　性		女　性		合　計	
1. 科学者	0名	(0.0%)	2名	(4.0%)	2名	(2.0%)
2. 建築家・技術者	0名	(0.0%)	0名	(0.0%)	0名	(0.0%)
3. 医者・看護婦	0名	(0.0%)	0名	(0.0%)	0名	(0.0%)
4. 法律家	1名	(2.1%)	0名	(0.0%)	1名	(1.0%)
5. 教師・講師・教育専門家	3名	(6.3%)	2名	(4.0%)	5名	(5.1%)
6. ジャーナリスト	0名	(0.0%)	0名	(0.0%)	0名	(0.0%)
7. 会計係	0名	(0.0%)	0名	(0.0%)	0名	(0.0%)
8. 兵士	3名	(6.3%)	0名	(0.0%)	3名	(3.1%)
9. 警察官	1名	(2.1%)	3名	(6.0%)	4名	(4.1%)
10. 販売・マーケティング	11名	(22.9%)	3名	(6.0%)	14名	(14.3%)
11. 事務職	0名	(0.0%)	3名	(6.0%)	3名	(3.1%)
12. 熟練労働	1名	(2.1%)	2名	(4.0%)	3名	(3.1%)
13. サービス業	2名	(4.2%)	1名	(2.0%)	3名	(3.1%)
14. 管理職	3名	(6.3%)	3名	(6.0%)	6名	(6.1%)
15. 農業	13名	(27.1%)	14名	(28.0%)	27名	(27.6%)
16. 現場労働者	0名	(0.0%)	4名	(8.0%)	4名	(4.1%)
17. 行商・屋台	2名	(4.2%)	2名	(4.0%)	4名	(4.1%)
18. 主婦：主夫	0名	(0.0%)	0名	(0.0%)	0名	(0.0%)
19. 学生	0名	(0.0%)	0名	(0.0%)	0名	(0.0%)
20. その他	0名	(0.0%)	1名	(2.0%)	1名	(1.0%)
無効解答	5名	(10.4%)	7名	(14.0%)	12名	(12.2%)
死去	1名	(2.1%)	3名	(6.0%)	4名	(4.1%)
(空白)	2名	(4.2%)	0名	(0.0%)	2名	(2.0%)
総　計	48名	(100.0%)	50名	(100.0%)	98名	(100.0%)

表6-14 母親の職業（在家者）

母親の職業	男性		女性		合計	
1. 科学者	0名	(0.0%)	0名	(0.0%)	0名	(0.0%)
2. 建築家・技術者	0名	(0.0%)	0名	(0.0%)	0名	(0.0%)
3. 医者・看護婦	0名	(0.0%)	0名	(0.0%)	0名	(0.0%)
4. 法律家	0名	(0.0%)	0名	(0.0%)	0名	(0.0%)
5. 教師・講師・教育専門家	2名	(4.2%)	5名	(10.0%)	7名	(7.1%)
6. ジャーナリスト	0名	(0.0%)	0名	(0.0%)	0名	(0.0%)
7. 会計係	0名	(0.0%)	0名	(0.0%)	0名	(0.0%)
8. 兵士	0名	(0.0%)	0名	(0.0%)	0名	(0.0%)
9. 警察官	0名	(0.0%)	0名	(0.0%)	0名	(0.0%)
10. 販売・マーケティング	9名	(18.8%)	3名	(6.0%)	12名	(12.2%)
11. 事務職	0名	(0.0%)	1名	(2.0%)	1名	(1.0%)
12. 熟練労働	0名	(0.0%)	0名	(0.0%)	0名	(0.0%)
13. サービス業	0名	(0.0%)	1名	(2.0%)	1名	(1.0%)
14. 管理職	2名	(4.2%)	1名	(2.0%)	3名	(3.1%)
15. 農業	12名	(25.0%)	6名	(12.0%)	18名	(18.4%)
16. 現場労働者	0名	(0.0%)	1名	(2.0%)	1名	(1.0%)
17. 行商・屋台	2名	(4.2%)	1名	(2.0%)	3名	(3.1%)
18. 主婦：主夫	16名	(33.3%)	26名	(52.0%)	42名	(42.9%)
19. 学生	0名	(0.0%)	0名	(0.0%)	0名	(0.0%)
20. その他	2名	(4.2%)	0名	(0.0%)	2名	(2.0%)
無効解答	1名	(2.1%)	0名	(0.0%)	1名	(1.0%)
死去	0名	(0.0%)	2名	(4.0%)	2名	(2.0%)
(空白)	2名	(4.2%)	3名	(6.0%)	5名	(5.1%)
総計	48名	(100.0%)	50名	(100.0%)	98名	(100.0%)

表6-15 出家式前のクワン儀礼実施状況（他寺院での出家）

出家式前クワン儀礼	僧侶		沙弥		男性職員		男性在家者	
行なった	3名	(5.8%)	11名	(27.5%)	0名	(0.0%)	9名	(18.8%)
行なわなかった	32名	(61.5%)	18名	(45.0%)	11名	(50.0%)	19名	(39.6%)
(無回答)	17名	(32.7%)	11名	(27.5%)	11名	(50.0%)	20名	(41.7%)
合計	52名	(100.0%)	40名	(100.0%)	22名	(100.0%)	48名	(100.0%)

表6-16 組織所属率（在家者）

組織所属（仏教クラブ・善友団・奉仕団）	男性		女性		合計	
全ての組織に所属	5名	(10.4%)	4名	(8.0%)	9名	(9.2%)
1つか2つの組織に所属	30名	(62.5%)	31名	(62.0%)	61名	(62.2%)
所属なし	13名	(27.1%)	14名	(28.0%)	27名	(27.6%)
無回答	0名	(0.0%)	1名	(2.0%)	1名	(1.0%)
合計	48名	(100.0%)	50名	(100.0%)	98名	(100.0%)

第6章 一般信徒の成員構成と信仰心の型 219

表6-17 瞑想実践について相談する相手（複数回答）（在家者）

瞑想相談相手	男 性		女 性		合 計	
1. いない	19名	(39.6%)	21名	(42.0%)	39名	(39.8%)
2. 住職	2名	(4.2%)	2名	(4.0%)	3名	(3.1%)
3. 副住職	2名	(4.2%)	1名	(2.0%)	2名	(2.0%)
4. 他の僧侶	15名	(31.3%)	13名	(26.0%)	21名	(21.4%)
5. ウパーシカー・チャン	0名	(0.0%)	0名	(0.0%)	0名	(0.0%)
6. 財団職員	1名	(2.1%)	8名	(16.0%)	6名	(6.1%)
7. その他	11名	(22.9%)	10名	(20.0%)	1名	(1.0%)
（空白）	2名	(4.2%)	4名	(8.0%)	6名	(6.1%)

表6-18 タンマカーイ寺の魅力の平均点（在家者）

タンマカーイ寺の魅力	男性	女性
A・出家者の規律正しさ	1.98	1.90
B・説法	1.81	1.81
C・大祭礼の雰囲気	1.70	1.77
D・瞑想指導	1.75	1.77
E・僧侶や信徒との付き合い	1.51	1.46
F・寺院の静けさや清浄さ	1.88	1.92

得点 +2.00から-2.00
色が濃いほど点が高い（列内比較）

表6-19 仏法継承者訓練出家への参加（在家者）

参加 （1回）			
「訓練・出家」様式	男 性	女 性	合 計
1. 男子大学生用	11名	0名	11名
2. 雨安吾期	3名	0名	3名
3. 特別期	0名	0名	0名
4. 住職誕生祝	1名	0名	1名
5. 外国人用	0名	0名	0名
6. 兵士・警察用	0名	0名	0名
7. 男子高校生用	0名	0名	0名
8. 小学生用	0名	0名	0名
9. 女子大学生用	0名	4名	4名
10. 女子高校生用	0名	0名	0名
11. 未参加	20名	35名	55名
12. その他	0名	1名	1名
無回答	3名	9名	12名
合計 （1回参加）	15名	4名	19名
参加（複数回）			
2回	7名	0名	7名
3回	3名	0名	3名
合計 （複数回）	10名	0名	10名
総計 （1回＋複数回）	25名	4名	29名
参加率（1回＋複数回）	(52.1%)	(8.0%)	(29.6%)
複数回参加率	(20.8%)	(0.0%)	(10.2%)

表6-20 特別瞑想の参加回数（延べ）（在家者）

特別瞑想の参加回数	男 性		女 性		合 計	
0回	3名	(6.3%)	4名	(8.0%)	7名	(7.1%)
1回	12名	(25.0%)	11名	(22.0%)	23名	(23.5%)
2回	5名	(10.4%)	1名	(2.0%)	6名	(6.1%)
3回	5名	(10.4%)	2名	(4.0%)	7名	(7.1%)
4回	1名	(2.1%)	1名	(2.0%)	2名	(2.0%)
5回	0名	(0.0%)	1名	(2.0%)	1名	(1.0%)
6回	1名	(2.1%)	1名	(2.0%)	2名	(2.0%)
7回	0名	(0.0%)	1名	(2.0%)	1名	(1.0%)
10回以上	1名	(2.1%)	0名	(0.0%)	1名	(1.0%)
（無回答）	20名	(41.7%)	28名	(56.0%)	48名	(49.0%)
総 計	48名	(100.0%)	50名	(100.0%)	98名	(100.0%)
参加者	28名	(58.3%)	22名	(44.0%)	50名	(51.0%)

表6-21 タンマガーイ寺へ導いた人（「出家者」）

勧誘者	僧 侶		沙 弥		男性職員		女性職員		合 計	
1. 両親	1名	(1.9%)	5名	(12.5%)	0名	(0.0%)	0名	(0.0%)	6名	(3.6%)
2. 兄弟姉妹	6名	(11.5%)	2名	(5.0%)	3名	(13.6%)	4名	(7.4%)	15名	(8.9%)
3. 親族	8名	(15.4%)	6名	(15.0%)	1名	(4.5%)	1名	(1.9%)	16名	(9.5%)
4. 友人	13名	(25.0%)	3名	(7.5%)	3名	(13.6%)	11名	(20.4%)	30名	(17.9%)
5. 学校の教員	2名	(3.8%)	6名	(15.0%)	4名	(18.2%)	3名	(5.6%)	15名	(8.9%)
6. 仏教クラブ員	6名	(11.5%)	0名	(0.0%)	2名	(9.1%)	9名	(16.7%)	17名	(10.1%)
7. 自分で来た	9名	(17.3%)	2名	(5.0%)	1名	(4.5%)	19名	(35.2%)	31名	(18.5%)
8. その他	3名	(5.8%)	10名	(25.0%)	3名	(13.6%)	5名	(9.3%)	21名	(12.5%)
無効回答	4名	(7.7%)	4名	(10.0%)	5名	(22.7%)	2名	(3.7%)	15名	(8.9%)
無回答	0名	(0.0%)	2名	(5.0%)	0名	(0.0%)	0名	(0.0%)	2名	(1.2%)
合 計	52名	(100.0%)	40名	(100.0%)	22名	(100.0%)	54名	(100.0%)	168名	(100.0%)

・「7. 自分で来た」の内訳：新聞やテレビが3名、説法に興味をひかれた1名。その他不明27名。
・「8. その他」の内訳：在家の知人3人、財団職員4名、僧侶13名。不明1名。
　（沙弥10名中7名は僧からの誘い）
・無効（重複回答）の内訳：無効解答6名、重複回答9名。

表6-22　タンマガーイ寺へ導いた人（在家者）

勧誘者	男　性		女　性		合　計	
1、両親	4名	(8.3%)	7名	(14.0%)	11名	(11.2%)
2、兄弟姉妹	7名	(14.6%)	5名	(10.0%)	12名	(12.2%)
3、親族	6名	(12.5%)	5名	(10.0%)	11名	(11.2%)
4、友人	11名	(22.9%)	18名	(36.0%)	29名	(29.6%)
5、学校の教員	4名	(8.3%)	2名	(4.0%)	6名	(6.1%)
6、仏教クラブ員	6名	(12.5%)	6名	(12.0%)	12名	(12.2%)
7、自分で来た	8名	(16.7%)	4名	(8.0%)	12名	(12.2%)
8、その他	1名	(2.1%)	0名	(0.0%)	1名	(1.0%)
無効回答	1名	(2.1%)	1名	(2.0%)	2名	(2.0%)
無回答	0名	(0.0%)	2名	(4.0%)	2名	(2.0%)
合　計	48名	(100.0%)	50名	(100.0%)	98名	(100.0%)

表6-23　タンマガーイ瞑想を継続し始めたときに抱えていた生活上の問題
（複数回答・「出家者」）

生活上の悩み	僧侶		沙弥		男性職員		女性職員		合　計	
1. なし	19名	(36.5%)	20名	(50.0%)	9名	(40.9%)	27名	(50.0%)	75名	(44.6%)
2. 家在状況(暮し向き)	3名	(5.8%)	0名	(0.0%)	1名	(4.5%)	1名	(1.9%)	5名	(3.0%)
3. 職業（自分）	16名	(30.8%)	4名	(10.0%)	8名	(36.4%)	10名	(18.5%)	38名	(22.6%)
4. 職業（家族）	10名	(19.2%)	3名	(7.5%)	2名	(9.1%)	5名	(9.3%)	20名	(11.9%)
5. 人間関係（家族）	15名	(28.8%)	5名	(12.5%)	2名	(9.1%)	8名	(14.8%)	30名	(17.9%)
6. 人間関係(家族以外)	14名	(26.9%)	4名	(10.0%)	4名	(18.2%)	5名	(9.3%)	27名	(16.1%)
7. 健康（自分）	16名	(30.8%)	4名	(10.0%)	6名	(27.3%)	8名	(14.8%)	34名	(20.2%)
8. 健康（家族）	8名	(15.4%)	3名	(7.5%)	3名	(13.6%)	6名	(11.1%)	20名	(11.9%)
9. 孤独感	11名	(21.2%)	5名	(12.5%)	1名	(4.5%)	2名	(3.7%)	19名	(11.3%)
10. 老後の生活	8名	(15.4%)	0名	(0.0%)	1名	(4.5%)	2名	(3.7%)	11名	(6.5%)
11. 人生の無意味さ	19名	(36.5%)	7名	(17.5%)	3名	(13.6%)	11名	(20.4%)	40名	(23.8%)
12. 勉学（自分）	12名	(23.1%)	10名	(25.0%)	5名	(22.7%)	7名	(13.0%)	34名	(20.2%)
13. 勉学（家族）	6名	(11.5%)	2名	(5.0%)	1名	(4.5%)	0名	(0.0%)	9名	(5.4%)
14. 住宅	6名	(11.5%)	2名	(5.0%)	1名	(4.5%)	3名	(5.6%)	12名	(7.1%)
15. 相続・後継者	4名	(7.7%)	0名	(0.0%)	1名	(4.5%)	0名	(0.0%)	5名	(3.0%)
16. その他	4名	(7.7%)	3名	(7.5%)	2名	(9.1%)	2名	(3.7%)	11名	(6.5%)

表6-24　タンマガーイ瞑想を継続し始めたときに抱えていた生活上の問題
（複数回答・在家者）

生活上の悩み	男　性		女　性		合　計	
1. なし	21名	(43.8%)	17名	(34.0%)	38名	(39.2%)
2. 家在状況（暮し向き）	3名	(6.3%)	13名	(26.0%)	16名	(16.4%)
3. 職業（自分）	11名	(22.9%)	18名	(36.0%)	29名	(29.8%)
4. 職業（家族）	4名	(8.3%)	8名	(16.0%)	12名	(12.3%)
5. 人間関係（家族）	7名	(14.6%)	10名	(20.0%)	17名	(17.5%)
6. 人間関係（家族以外）	9名	(18.8%)	11名	(22.0%)	20名	(20.6%)
7. 健康（自分）	11名	(22.9%)	10名	(20.0%)	21名	(21.7%)
8. 健康（家族）	6名	(12.5%)	7名	(14.0%)	13名	(13.4%)
9. 孤独感	2名	(4.2%)	6名	(12.0%)	8名	(8.2%)
10. 老後の生活	4名	(8.3%)	6名	(12.0%)	10名	(10.3%)
11. 人生の無意味さ	13名	(27.1%)	10名	(20.0%)	23名	(23.7%)
12. 勉学（自分）	5名	(10.4%)	9名	(18.0%)	14名	(14.4%)
13. 勉学（家族）	3名	(6.3%)	3名	(6.0%)	6名	(6.2%)
14. 住宅	5名	(10.4%)	7名	(14.0%)	12名	(12.4%)
15. 相続・後継者	5名	(10.4%)	2名	(4.0%)	7名	(7.2%)
16. その他	2名	(4.2%)	3名	(6.0%)	5名	(5.1%)

表6-25　タンマガーイ式瞑想を継続的に実践するようになった理由
（複数回答・「出家者」）

瞑想継続理由	僧　侶		沙　弥		男性職員		女性職員		合　計	
生活上の悩み	8名	(15.4%)	3名	(7.5%)	1名	(4.5%)	1名	(1.9%)	13名	(7.7%)
気分が落ち着く	41名	(78.8%)	27名	(67.5%)	15名	(68.2%)	33名	(61.1%)	116名	(69.0%)
神秘的な体験への興味	34名	(65.4%)	22名	(55.0%)	12名	(54.5%)	40名	(74.1%)	108名	(64.3%)
前世や来世を知りたい	17名	(32.7%)	12名	(30.0%)	4名	(18.2%)	12名	(22.2%)	45名	(26.8%)
ブン（功徳）を得たいから	30名	(57.7%)	25名	(62.5%)	14名	(63.6%)	42名	(77.8%)	111名	(66.1%)
その他	19名	(36.5%)	14名	(35.0%)	6名	(27.3%)	12名	(22.2%)	51名	(30.4%)

表6-26　タンマガーイ式瞑想を継続的に実践するようになった理由
（複数回答・在家者）

瞑想継続理由	男　性		女　性		合　計	
生活上の悩み	10名	(20.8%)	10名	(20.0%)	20名	(20.4%)
気分が落ち着く	36名	(75.0%)	31名	(62.0%)	67名	(68.4%)
神秘的な体験への興味	21名	(43.8%)	26名	(52.0%)	47名	(48.0%)
前世や来世を知りたい	15名	(31.3%)	8名	(16.0%)	23名	(23.5%)
ブン（功徳）を得たいから	31名	(64.6%)	29名	(58.0%)	60名	(61.2%)
その他	14名	(29.2%)	7名	(14.0%)	21名	(21.4%)

第6章 一般信徒の成員構成と信仰心の型 223

表6-27 タンマカーイ式瞑想を継続的に実践するようになった最大の理由（「出家者」）

瞑想継続理由	僧侶		沙弥		男性職員		女性職員		合計	
生活上の悩み	1名	(1.9%)	0名	(0.0%)	0名	(0.0%)	0名	(0.0%)	1名	(0.6%)
気分が落ち着く	14名	(26.9%)	5名	(12.5%)	3名	(13.6%)	6名	(11.1%)	28名	(16.7%)
神秘的な体験への興味	3名	(5.8%)	8名	(20.0%)	3名	(13.6%)	14名	(25.9%)	28名	(16.7%)
前世や来世を知りたい	4名	(7.7%)	2名	(5.0%)	2名	(9.1%)	0名	(0.0%)	8名	(4.8%)
ブン(功徳)を得たいから	12名	(23.1%)	4名	(10.0%)	7名	(31.8%)	22名	(40.7%)	45名	(26.8%)
その他	13名	(25.0%)	9名	(22.5%)	4名	(18.2%)	7名	(13.0%)	33名	(19.6%)
無効解答	0名	(0.0%)	0名	(0.0%)	0名	(0.0%)	1名	(1.9%)	1名	(0.6%)
無回答	5名	(9.6%)	12名	(30.0%)	3名	(13.6%)	4名	(7.4%)	24名	(14.3%)
合計	52名	(100.0%)	40名	(100.0%)	22名	(100.0%)	54名	(100.0%)	168名	(100.0%)

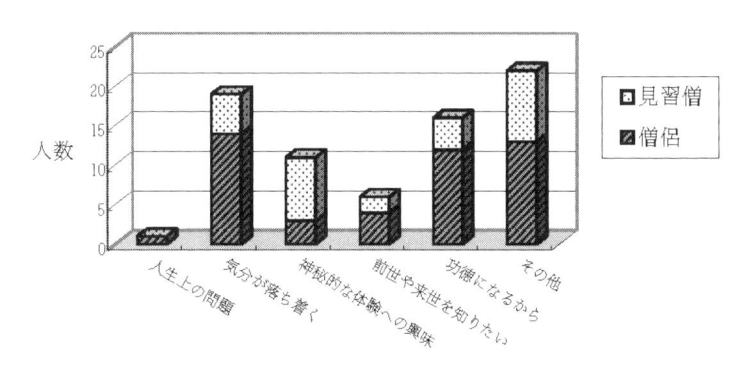

図6-G タンマガーイ式瞑想を継続し始めた最大の理由（僧侶・沙弥 [見習僧]）

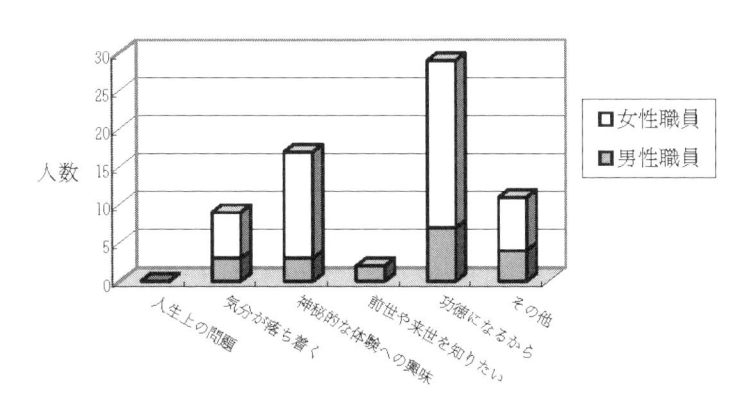

図6-H タンマガーイ式瞑想を継続し始めた最大の理由（財団職員）

表6-28 タンマガーイ式瞑想を継続的に実践するようになった最大の理由（複数回答・在家者）

継続理由	男 性		女 性		合 計	
生活上の悩み	1名	(2.1%)	2名	(4.0%)	3名	(3.1%)
気分が落ち着く	10名	(20.8%)	14名	(28.0%)	24名	(24.5%)
神秘的な体験への興味	8名	(16.7%)	6名	(12.0%)	14名	(14.3%)
前世や来世を知りたい	1名	(2.1%)	0名	(0.0%)	1名	(1.0%)
ブン（功徳）を得たいから	14名	(29.2%)	12名	(24.0%)	26名	(26.5%)
その他	9名	(18.8%)	3名	(6.0%)	12名	(12.2%)
無効解答	3名	(6.3%)	7名	(14.0%)	10名	(10.2%)
無回答	2名	(4.2%)	6名	(12.0%)	8名	(8.2%)
合 計	48名	(100.0%)	50名	(100.0%)	98名	(100.0%)

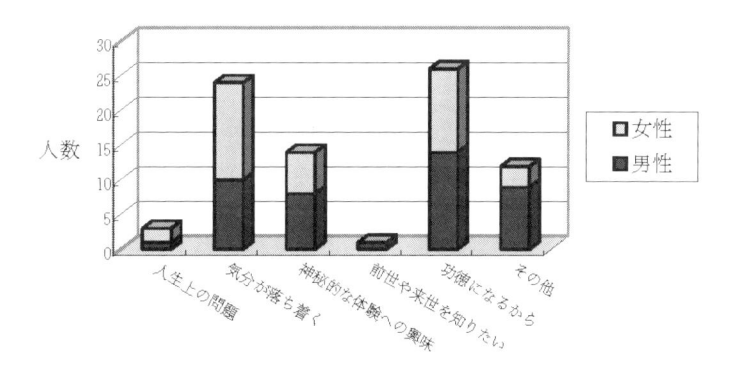

図6-1 タンマガーイ式瞑想を継続し始めた最大の理由（在家者）

注
1　本調査データの詳細については拙稿［矢野 2001a, 2001b］を参考にしていただきたい。
2　もちろん寺や財団は、僧侶や職員に食事や住居などを支給しているが、一度に大量の食事をつくって配給し、寺や財団が所有する敷地内の協同宿舎で寝泊りするという状況であるから、一般の労働者のように個々人に生活費として賃金を支払うよりも安く抑えられるはずである。
3　調査対象者の年齢によって学歴データの意味は変わる可能性がある。ただし、本調査では19歳未満の回答者は5名（男性1名、女性4名）と極めて少数である。したがって、調査対象者の年齢の低さが学歴の低さとして現れたということではない。
4　この2つの信仰形態の相違について筆者は、「寄進系の信仰」と「瞑想・修養型の信仰」という用語によって整理している（本章第12節を参照）。
5　ただし、タイ政府による同化政策の結果、現在のタイでは以前と比べて、タイ系か華人系

第6章　一般信徒の成員構成と信仰心の型　225

6　ちなみにタンマガーイ寺での出家式の際にも、事前にクワン儀礼は行なわれない。(タンマガーイ寺での出家過程の詳細については、第7章第7節を参照)。
7　1994年8月10日に、タンマガーイ寺において筆者が行なった取材情報に基づく。
8　1993年8月15日に、筆者が行なった取材情報に基づく。
9　ただし、インフォーマルで流動的な人間関係はある。また親子関係についてはかなり密度の濃いものを作ろうとしており、さらにそれ以外については間接的ながらある種の社会関係を構築しようとしている（第9章参照）。
10　多くの信徒はカセットテープや書物あるいは儀礼時の集団瞑想などを通じて瞑想を学んでいる。
11　これら6つの項目は、事前の聞き取り調査に基づいて構成したものである。しかし、逆に聞き取り調査の際に評価の高かったものを項目として抽出したため、結果として、多くの信徒がいずれの項目にも高い評価を与えてしまい、項目間での評価の差は小さくなってしまった。あるいは、自分の関わる寺の評判を落とさないよう悪い評価を避けてしまうという配慮が、得点に現れたのかもしれない。
12　選択肢の中に、「学校の教員」や「仏教クラブのクラブ員」という項目を設けたのは、事前調査の際に、このような回答が比較的多かったためである。
13　2001年2月に筆者が行なった取材情報に基づく。
14　1994年5月12日に筆者が行なった取材情報に基づく。
15　瞑想実践を始めること自体は、寺に来るのと同様それほど抵抗感なく一般に行なわれているものである。学校の仏教の授業などでも初歩的な瞑想指導は行なわれている。したがってここでは、瞑想を継続的に行ない始めた理由に着目する。
16　在家者において「神秘体験への興味」が若干低い率なのは、在家者の瞑想初心者はこのような体験をまだ得ていないことに起因すると考えられる。
17　括弧内のアルファベットと数値は、回答者を判別するために、筆者が質問表に記入した連番である。以下の事例も同様。
18　ちなみに1997年8月以降にタイは金融危機に陥り、経済状況が急速に悪化していった。この社会状況とタンマガーイ寺の勧進活動の拡大は何らかの形で関係していると思われるが、両者を結びつける十分な資料を今のところ筆者は有していない。
19　2001年7月に筆者が行なった取材情報に基づく。なお、この僧侶ならびに反対勢力の名称を公開することは差し控えておきたい。
20　第9章で論じるように、この点については現世利益の共同性と個人性という視点も考慮しなくてはいけない。
21　結晶体の比喩を使用せず、4つの特色を列挙するだけでもよいかもしれない。ただしブン(功徳)志向に、「涅槃」志向が組み合わされ、しかもこの「涅槃」志向の強弱が、タンマガーイ寺へのコミットの度合いを測るバロメーターとなるといった点を強調するためには、立体的な結晶体の比喩は有用であろう。
22　結晶化（クリスタライゼーション）という用語をここで取り上げたのは、タンマガーイ式瞑想が水晶(クリスタル)を使用して意識を集中するということとは関係ない。用語が似通っているのは偶然である。

23　四角柱のような3本の結晶軸からなる実際の結晶は、結晶軸の長さや角度によって等軸晶系・正方晶系・斜方晶系・単斜晶系・三斜晶系など多様な種類がある。また、結晶軸というものは関係の抽象であって具体的な対象そのものではない。こういった点から考えて、結晶の概念全てを信仰心の型の比喩として利用するには限界があるだろう。

24　土地の寄進などのように直接的にはタンマガーイの表象と繋がりを持たないものもあるが、この場合でも寄進に対する記念品として僧侶や寺から与えられるのは、水晶やプラ・タンマガーイの仏像といった瞑想実践に関わる聖化された物品である。

第7章　儀礼と瞑想修行

　本章においては、タンマガーイ寺の儀礼や瞑想実践の具体的な状況を紹介する。第2部においてこれまで明らかにしてきた事柄は、以下の儀礼や瞑想実践の内容を理解する手助けとなるであろう。まず第1日曜日の儀礼と伝統的な年中行事（タンマガーイ寺では大功徳祭［ガーン・ブン・ヤイ］と呼ばれる）の実施状況を取り上げる。次いでこの儀礼の状況を踏まえた上で、瞑想実習の具体的な姿として、学生の夏期休暇期間に行なわれる男子大学生向けの訓練と一時出家（仏法継承者訓練と集団出家、Oprom Thammathayat Lae Upasombot Mu）、ならびに一般在家者用の瞑想訓練である特別瞑想修練会（Patibattham Phiset）の様子を解説する。

1　第1日曜日の儀礼

　第4章第5節で述べたように、第1日曜日の儀礼ではプラ・タンマガーイ（「涅槃」に住するブッダないしはプラ・ニッパーン）に食施を行なうというタンマガーイ寺独自の儀礼が行なわれ、またタンマチャヨー師（初代住職）から瞑想指導を受けられることも与って、通常の日曜日よりも参加者が多い。前日から寺に宿泊して八戒を持し、頭陀傘の中で寝泊りして瞑想修行を行なうトゥドンと呼ばれる週末修行に参加し、そのまま翌朝の行事に参列する信徒もいる。信徒の多くは心の清浄さを示す白い服を着用しており、これが儀礼場の静謐さを醸し出している。

図7-A　儀式壇
（筆者による撮影：2001年3月4日）

図7-B　「ブーチャー・カオ・プラ」の施物
（筆者による撮影：2001年3月4日）

朝の部

　バスや自家用車に乗って全国から集まってくる信徒は、それぞれ巨大な会堂の中で僧侶への食施や寄進を行ない、さらに朝の読経などを9時くらいまでに済ませる。会場にはいくつかコーナーが設けられており、次回の大儀礼のパンフレット（寄進申し込み用紙でもある）などが配布されている。儀式の場

では僧侶・沙弥（見習僧）と在家者は対峙して座るようになっている。僧侶と沙弥は、在家者よりも高い位置にある儀式壇に座し、在家者は会場の床に座布団を敷いて座している。儀式壇の最上部には、金色のプラ・タンマガーイ本尊があり、その下に袈裟を羽織った生前の姿を模したソット師の像が据えられている。その下の中央部にタンマガーイ寺の最高権威者である初代住職タンマチャヨー師の座席がしつらえられている（図7-Aおよび図7-F参照）。また、第1日曜日には、儀式壇の前部に、プラ・タンマガーイへの奉納用の料理や果物や菓子類などを乗せるための机が設置されている（図7-B参照）。

　9時を過ぎた頃から一般僧侶と沙弥達が徐々に儀式壇の脇の部分に整然と並んで座し、9時25分に場内アナウンスが入り、30分にはタンマチャヨー師と特別な僧侶（おそらく終身僧侶であろう）が式典に現れる。タンマチャヨー師とこれら15名程度の特別な僧侶は儀式壇の中央部と上部に座す。

　在家者による本尊・僧侶・沙弥への跪拝の後、タンマチャヨー師の先達によって読経が始まる。その後、9時50分頃からタンマチャヨー師による集団瞑想指導が始まる。これは個々人への個別の指導ではないが、タンマチャヨー師によるこの指導は瞑想上達に効果的だと感じている信徒は多い。信徒の中にはタンマチャヨー師が瞑想中にブン・バーラミーを送ることができるので、瞑想が上達するのだと述べている者もいる。瞑想指導は、本書の第2章第1節で紹介したタンマガーイ式瞑想の基本瞑想である。しかし内なる身体まで詳しく指導することはそれほど多くなく、どちらかというと初歩の段階（水晶やオン・プラを想起して観たり、心身をリラックスさせたりすること）の指導が重視されている。また瞑想中に説法がなされることもある。

　10時30分頃まで瞑想すると、一時的に瞑想を休止し、「ブーチャー・カオ・プラ（Bucha Khao Phra）」と呼ばれるプラ・タンマガーイへの食施儀礼が行なわれる。これは、タンマガーイ寺独自の儀礼であり、パークナーム寺のソット師も行なっていなかったものである[1]。ブーチャー・カオ・プラとは、「涅槃（涅槃処）」に住するブッダ、つまりプラ・タンマガーイ（プラ・ニッパーン）に食施（ブーチャー・カオ）を行なう儀礼である。タンマガーイ寺では、施された食事の霊的エッセンスを、瞑想に長けたタンマチャヨー師の瞑想力によって、「涅槃」のプラ・タンマガーイに届けることができると信じられている（以前

はウバーシカー・チャンも行なっていた)。タイ社会ではブッダへの食施儀礼は一般的には行なわれていない。しかしタンマガーイ寺では、僧侶への食施が大きなブンとなるのと同様、ブッダへの食施はそれ以上のブンになるとされ、しかも「涅槃」に一時的に入ることができるというタンマガーイ式瞑想の理論に則って、この儀礼が行なわれている。ちなみに、会堂内の大きな柱の1つ1つには、モニターが設置されているので、後ろの座席でも儀礼の様子を目にすることができる。

　この儀礼はプラ・タンマガーイへの食施の読経に始まり、各自が自己の内部に意識を静めて、この瞑想によって自己の内面の内なるプラへの食施が行なわれる。ただし、タンマガーイ式瞑想の理論では、このようなことができるのは瞑想の高度習熟者だけであるとされている。したがって、信徒各自の内なるプラへの食施は、タンマチャヨー師などの瞑想力によって媒介されて、完全なものになると理解されている。

　11時頃までこの瞑想が続けられ、その間に、タンマチャヨー師は静かに退座する。その後タッタチーウォー師(2代目住職)によって偈が唱えられ、瞑想が終了する。11時10分頃から五戒を授かる儀式が行なわれ、その後、善友団の代表者が僧侶集団への寄進を行なう。僧侶は物品を受け取って後に護経を唱える。その後に信徒が跪拝し、僧侶と沙弥達が退座してから、昼食を兼ねた休憩に入る。

昼休み

　昼休みは、11時30から13時20分の約2時間となっている。昼食は寺院・財団が無料支給したものを食することができる。もちろん敬虔な信徒は、食事に見合った額あるいはそれ以上の額を寄進し、この食事支給体制を支えている。以前は、食後に自分が使用した食器を洗う場所があったが、現在では、炊いた米飯や惣菜類がビニール袋に入れられており、また飲み水もビニール袋に入ったものが支給されるので、食器を洗うということは行なっていない。

　また昼休み中には、儀式壇の手前にステージを作り、そこに司会者が現れて、他の行事への誘いや勧進などが行なわれる。たとえば、大学の仏教クラブによる仏法継承者訓練・集団出家の季節が近い時期には、近々息子がこの

訓練・出家に参加するという父親や、訓練・出家に毎年寄進している女性、あるいは訓練経験者などへのインタビューが行なわれる[2]。また、近々行なわれる大儀礼の広報が行なわれ、その大儀礼の際に寄進した信徒へ贈呈される記念品の紹介や、その記念品の御利益などが述べられる。

午後の部

　午後1時15分頃から、徐々に僧侶と沙弥が儀式壇上に集まり始める。そして1時20分に、本尊ならびに僧侶・沙弥に跪拝を行なった後、15分程度瞑想を行なう。瞑想後に、僧衣などを共同出資で布施するトート・パーパー・サーマッキー(Thot Phapa Samakkhi)と呼ばれる寄進や、その他いくつかの寄進が行なわれ、その後に記念品の贈呈が行なわれる。場合によっては、タッタチーウォー師による説法なども行なわれる。

　以下、筆者が参加した2001年3月4日の儀礼の様子を紹介する。まず1時30分頃にトート・パーパー・サーマッキーの寄進が行なわれ、その後少しばかり瞑想が行なわれた（その間に、儀式壇手前の寄進用の机を撤去し、さらにタンマチャヨー師と7名の僧侶が儀式壇に現れた）。2時頃から僧侶による読経があり、その後に特別寄進（今回はタンマガーイ寺の大仏塔の床の寄進。1メートル四方の床を個々人の名前と指紋入りで作成して寄進する）への申し込みが行なわれ、会場中央に設置された机に、寄進者が申込書を提出していた。

　その後2時15分に、出家者と在家者で祈りの言葉を唱え、2時20分から30分間瞑想を行なった。2時50分からは、記念品贈呈の準備が執り行なわれ（タンマチャヨー師が一時退座）、3時にタンマチャヨー師が再度入場し、寄進者に対する記念品贈呈儀式が始まる。この日には、タンマチャヨー師から直接贈呈されることを望む信徒が殺到してしまい、多少混乱を来たしたので、僧侶と贈呈用の机を増やして対処していた。今回の記念品はパークナーム寺のソット師の金色のコインであった。信徒の中には、以前贈呈された複数の記念品（護符と水晶）を4つ5つと首にかけている者もいる。

　午後3時に贈呈式が終了する。その後、タンマチャヨー師に土地を寄進する信徒家族へのインタビューが行なわれ、他の信徒からの祝福を得ていた。この寄進をタンマチャヨー師が受け取り、師による短い説法が行なわれ、午

後4時に行事が終了した（ただし、2001年は特別行事がこの後も行なわれている。これはこの寺の創設者の1人である故ウバーシカー・チャンへの追善供養の儀式である。これは午後4時から6時30分まで行なわれた）。

2　万仏節（マーカ・ブーチャー）

　大功徳祭(ガーン・ブン・ヤイ)の場合も、基本的には上記の儀礼過程に即して行なわれるが、通常の儀礼では行なわれないイベントがいくつか催される。以下、2月に行なわれる万仏節（マーカ・ブーチャー）の儀礼過程を紹介する。

早朝の部

　朝6時30分より大仏塔近くの大広場にて托鉢儀礼が行なわれる。数万人の在家信徒と僧侶・沙弥が、いくつかの列をつくり（上空から見るとオレンジ色と白の縞模様になっている）、僧侶達が練り歩きながら托鉢を行なう。鉢の中はすぐさま大量の供物で満杯になるので、大きなかごを持った財団職員が随所に待機し、鉢の中の供物をかごに移す作業を行なう。信徒達はわれ先にと競うように布施を行ない、また布施物を分割して多くの僧侶に施そうとする。この寺の行事では珍しくいささか秩序と静寂さが乱れることもある。他方、托鉢を行なう僧侶達は、大群衆がこぞって行なう布施の集中砲火を浴びる中で、信徒の篤い信仰心が流れ込んでくることを実感することもある。

朝の部

　7時30分には托鉢儀礼は終了し、信徒達は通常の儀礼会場に移動する。朝の読経などが随時行なわれ、9時頃から僧侶や沙弥達が儀式壇に整列し始める。9時30分にタンマチャヨー師とその他特別な僧侶が入場し、読経や瞑想や寄進などが行なわれ、日曜日の儀礼と同様に儀礼は進行していく。ただし、ブーチャー・カオ・プラの儀式は行なわれない。

昼休み

　これも日曜日の儀礼と同様である。

午後の部

　これも日曜日の儀礼と同じであるが、一部に特別の儀式が組み込まれる。たとえば、2001年2月8日の万仏節（マーカ・ブーチャー）では、学生の仏教クラブが主催している「仏法試験コンテスト」で優秀な成績を得た生徒へのインタビューや、記念品贈呈などが行なわれている。またこの日には、先にも述べたように、故ウバーシウカー・チャンへの追善供養式も行なわれている。年によっては、大仏塔に設置する小仏像（詳細は次節にて取り上げる）の鋳造式などの特別儀式が組まれることもある。

夜の部

　午後5時に大仏塔手前の広場に信徒が移動し、夜の部の儀式について説明が行なわれる。夜の部では、合掌した手に花と線香とロウソクを持ち、寺院の回廊や仏塔などを右回りに3度回るウィアン・ティアン（Wian Thian）[3]と呼ばれる上座仏教の伝統的儀式が行なわれる。ただし、この寺では、タンマガーイ式にアレンジされており、イベント性が強調されている。以下、1998年2月11日に筆者が参加した、万仏節（マーカ・ブーチャー）の夜の部の儀礼を紹介する。

　まず、ウィアン・ティアンを行なう中心部分に、小さな山状の儀式壇があり（これはタンマガーイ寺の仏塔と同じ形）、中央の頂上部に仏像が設置され、そのすぐ下にタンマチャヨー師など要職にある僧侶が座している。そしてその下の周囲には、僧侶と沙弥が、ちょうど段段畑のように位置して座している。儀式壇の正面には来賓席が設置されている。この儀式壇の周囲は、小さな水路で外部と隔てられており、その水路の外側に、幅20メートルほどの道が円形にしつらえられている（この道をウィアン・ティアンで周回する）。この道の外側に広大な芝生の敷地があり、一般信徒はここで儀式に参加する。

　信徒が座す芝生の上には、個々人用に特別製のロウソクが設置されている。これは、高さ1メートルほどの支柱に備え付けられた、直径15cmほどのスチール製ないしはガラス製の球形状の器に入ったロウソクである。支柱は、2メートルほどの間隔で規則正しく放射状に設置されている。ロウソクは風

を遮るようにできている。

　午後6時に、タンマチャヨー師によって一部のロウソクに点火が行なわれ、すぐに瞑想に入る。瞑想を終え、午後7時頃にウィアン・ティアンが始まる。僧侶の読経が行なわれる中、儀式壇の外側にある水路の脇の道を、丸いガラス製の器に入ったロウソクに火を灯した行列が3度周回する。行列の先頭は僧侶であり、その後を財団職員や在家者の代表がついていく。つまり全ての在家者がウィアン・ティアンをするというわけではない。

　7時30分にウィアン・ティアンが終わり、来賓席の在家者代表が3名ほど立ち上がり、来賓席前の巨大な聖火台（コーム・マーカ・プラティープ、Khom Makha Prathip）に点火する。その後、ウィアン・ティアンに参加した財団職員が、芝生の敷地にいる一般の信徒達に火のついたロウソクを配り、信徒各自のロウソクに点火を行なう。会場には、子供の歌声による落ち着いたメロディーのタンマガーイ寺の歌が流れる。あたりを見回すと、整然と放射状に広がった幻想的な光の輝きが現れる。ただし、この美しい景色の全体を目にするには、来賓席などの特別な場所に位置するか、写真やビデオ映像などのメディアの介在が必要である（図7-G参照）。

　7時40分。タンマチャヨー師の先達によって、読経と万仏節（マーカ・ブーチャー）用の祈りの言葉を唱え、さらに3分ほど瞑想を行なう。そして、本尊と僧侶達に跪拝をして儀式は終了する。その直後、儀式壇の真向かいの遠方で文字花火が点火され、ろうそくによる放射状の光の列と暗闇の空の真っ只中に、火花を散らした祝いの言葉が浮かび上がる。そこには、「皆さんのブンが天高く積み上がり、財が大地いっぱいに広がりますように」と、タイ語・中国語・英語で記されていた。

3　儀礼の特質——瞑想・寄進・イベント性

　以上、タンマガーイ寺の大儀礼の過程について紹介してきたが、ここにとりあげた2つの儀礼から、次のような3つの特徴が指摘できる。

(1) タンブン儀礼としての瞑想

まず第1に明らかなのは、タンマガーイ寺のタンブン（積徳行）儀礼には瞑想が組み込まれている点であろう。これは次の2つのことを意味する。まず1つ目に、本書の第6章第9節でも述べたように、タンマガーイ式瞑想はそれ自体がタンブンと見なされていたが、さらにこの儀礼の場での瞑想は、一般のタンブン儀礼の一環として行なわれているということをも示している。ブーチャー・カオ・プラというこの寺特有の食施によるタンブン儀礼を成り立たせているのは明らかにタンマガーイ式瞑想なのである。ここでは食施のタンブン儀礼と瞑想は1つの行為となっている。第2に、瞑想は儀礼の場のように大集団で行なうこともあるということである。この点について、タンマガーイ寺では人数が多い方が得られるブンも大きいと意味づけされている。瞑想は個々人の孤立的な営みであるだけではなく、集団儀礼として自己以外の人々に連接する可能性を持っているのである（第9章参照）。

(2) 寄進と聖なる記念品

タンマガーイ寺の儀礼について次に指摘すべき点は、多様な寄進と聖なる記念品を逐次提供し、儀礼の意味を微細な形で刷新している点である。寄進対象や聖なる記念品は、これまで様々な物が提供されてきた。それらはタンマガーイ寺の雑誌やパンフレットに逐次記載されている。以下その事例をいくつか提示したい。まず寄進対象として注目を浴びたのは、重さ1トンの黄金からなるソット師の像であった。その後この像への寄進が一段落すると、次に1994年頃からは得意な形状の大仏塔建立に関する様々な寄進キャンペーンが行なわれてきた。

このタンマガーイ大仏塔(マハー・タンマガーイ・チェディー、Maha Thammakai Chedi) は、高さが32.4mで、主要な部分の直径が194.4m、周囲の儀礼場まで含めると1km四方という規模の仏塔である［Wicit, Lap 1997: 8-9］。また形状もタイではこれまでにない独特のものであり、ひっくり返した平らな大皿の中心部分に、半分にされた球体が乗っているといった、一見すると空飛ぶ円盤のような形状である。この大仏塔のドーム内部には、銀製のプラ・タンマガーイ本尊が設置され、またドームの内部と外部に、瞑想によって感得される自己のタンマガーイをイメージした小仏像[4]（図7-C参照）が100万体も整然

図7-C　小仏像（上）と大仏塔（下）
（イメージ図）
[Wat Phra Thammakai 1998b: 表紙]

図7-D　大仏塔に設置した小仏像
（イメージ図）
[Munlanithi Thammakai 1995: 表紙]

とはめこまれ（図7-D参照）、その1つ1つに信徒個々人の名前が刻み込まれている[5]。また仏塔の周囲の座席区域に花崗岩の床を敷き詰める計画があるが、これは1メートル四方ごとに寄進の対象となり、そこには寄進者の氏名と親指の指紋が彫り込まれることになっている［国際法身瞑想センター 2000: 19-22］。

この仏塔における銀製の本尊がまず寄進キャンペーンの対象となり、その後に柱と小仏像への寄進キャンペーンが活発になり、それが一段落すると花崗岩の床への寄進が始まった。このような形で常に新たな寄進対象が現れ、新奇性を帯びたタンブン儀礼のイベント（教団イベント）が運営されているのである。小仏像については、筆者も信徒の方々から何度も寄進を勧められたことがある。その都度、筆者は「私はまだ学生なので、タイの一般大卒者の1ヶ月分の世帯収入にも値するような、高価な出費はできない」と答えたのだが、「分割払いの制度もあるし、大きなブンになる上、歴史上類を見ない仏塔の建設に自分の名前が刻まれるという2度とないチャンスなので、是が

非でも小仏像を建てるべきだ」といった熱心な説得を受けるばかりであった。ただそのときにはまだ、後に床部分の寄進計画があることを、多くの信徒は知らされていなかった。

また、寄進者に贈呈される聖なる記念品も多種多様なものが提供されている。瞑想に使う水晶をはじめ、プラ・マハー・シリラーチャタート（Phra Maha Sirirachathat）と呼ばれる記念護符（図7-E参照）などがあげられる。この聖なる記念護符は、大仏塔に設置する小仏像の建立者に与えられるものであり、これが極めて強力な守護力を持っていると宣伝されていることは、第6章第11節で取り上げた通りである。また、この護符は数種類つくられており、小仏像を建立した数が多いほど、希少性の高い記念護符が与えられる。この他にも、パークナーム寺のソット師をモチーフにした像や、ソット師の金製・銀製のコインといったものが、聖なる記念品として授与される。

図7-E　聖記念護符
（プラ・マハー・シリラーチャタート）
［Munlanithi Thammakai 1998b: 表紙］

(3) イベント性

寄進の際にも若干触れたが、この寺の儀礼についての3つ目の特徴はイベント性である。このイベント性には3つの特質が見られる。まず1つ目に、新奇性を帯びた企画を常に提示していくことがあげられる。この点は、先述の寄進対象や記念品が逐次刷新されるという点に明瞭に見られる。また儀礼の効果測定を行なう業務担当者も存在するし[6]、仏教布教におけるマーケティングの必要性を強調するタンマガーイ寺の僧侶も少なくない。

イベント性の2つ目の特質は、この儀礼が大規模なものであり、そこに秩序や静けさとタンマガーイの表象（水晶やプラ・タンマガーイの姿）を組み込む

図7-F　大会堂での儀礼の風景
［Munlanithi Thammakai 1997: 表紙］

図7-G　万仏節（マーカ・ブーチャー）のロウソク儀礼
［Wat Phara Thammakai 1997: 表紙］

といった基本モチーフを有する点にある。このモチーフは、財団や寺が発行している雑誌やパンフレットにも度々現れている（［Munlanithi Thammakai 1998b: 表紙］、図7-F、図7-G参照）。数万人の参加者が、秩序と静寂さを保てるという事は、儀礼の企画者や運営者だけではなく参加者にとっても誇りとされている。そのような秩序は日頃の瞑想と戒律の実践が実を結んだものとしても理解されている。

そしてイベント性の第3の特質が、このような新規性と静寂な秩序という基本モチーフを、雑誌・パンフレット・新聞・テレビなどといった映像メディアを利用して提示するという点である。信徒は儀礼に単に参加し秩序を体現するだけではない。儀礼の参加者は他者に見られることを前提にしている。それは映像メディアとして配信される宣伝となる。儀礼の執行自体が儀礼に人々をいざなうための宣伝なのである。さらに儀礼は、映像メディアの俯瞰的な視点を通して、参加者自らが他の信徒と共有される集合的な自己表象を獲得する道具ともなっている。

4 仏法継承者訓練と集団出家の概要

次に、以下の節では、瞑想修行を中心にすえた集中訓練（学生用と一般用の訓練）の内容を紹介する。

1972年から始まった「仏法継承者訓練と集団出家」は[7]、タンマガーイ寺の形成史において由緒ある重要なものであり、さらに成員の新規獲得と教育の場としても重要な行事である（第4章第4節(1)ならびに第6章参照）。また、一般の男性信徒でこの約2ヶ月半に及ぶコースに参加している者は52.1％に達しており（第6章の**表6-19**を参照）、また現在のタンマガーイ財団では、財団職員になるための条件として男女ともに仏法継承者訓練を受けていることが条件となっている。

仏法継承者訓練の目的は、学生の夏休期間（3月下旬から5月下旬）に正しい瞑想実践を身につけ、心身を鍛え、仏教について深く学び、生活の中で仏教を実践できるようになり、仏教の遺産を継いでいける立派な人材を育成することにある [Khanakammakan Oprom Thammathayat 1996: 3]。仏教クラブと寺の許可を得て、筆者が参加し一時出家した訓練出家（おそらく外国人としては初めての参加）は、第24代・仏法継承者訓練と呼ばれるものであり、1996年3月25日から6月1日までの述べ69日間にわたって行なわれた。参加者は総勢341名という大人数であった。参加資格は大学や上級の職業訓練学校（日本の短大レベル）などに通う学生や、その卒業者（35歳以下）に限られている。参加者は事前に父母ならびに就職先の了解を得、また訓練期間中に試験や世俗の業務を

行なう必要のない状況にしておくことが要求される。さらには、訓練期間中に規律正しく行動でき、食べ物の好き嫌いがなく、健康な健常者である事なども条件となっている［Khanakammakan Oprom Thammathayat 1996: 4］。

　訓練期間中には、夕食をとらないなどの八戒を守り、また麻薬や武器や酒類はもちろんのこと、タバコや本やラジオや電話なども持ち込んではいけない。訓練期間中に外部の人と連絡をとることは原則としてできないが、出家後の訓練期間においては毎週日曜日の午後に親族や友人と面会することができる。さらに、普段は頭陀僧用の長柄傘(Klot)を利用して野外で寝起きし、訓練所からの外出は事前に許可を得なくてはならない。訓練期間中は指導員の指示に従って行動することが義務づけられ、争いや批判や中傷ならびに破壊行為など訓練の妨げになるようなことは禁止されている［Khanakammakan Oprom Thammathayat 1996: 6-8］。

　指導を行なう僧侶は、以前この寺で仏法継承者訓練・集団出家に参加した経験があり、この寺で仏法継承者訓練・集団出家の業務を担当している僧侶者達である。また、訓練全体を影から支える財団職員や大学仏教クラブ員達もおり、彼等も同様に訓練経験者である。さらに訓練途中からは、数名の訓練経験者が自ら再度参加者となり、指導者と新参参加者の中継ぎを行なうようになっている[8]。

　訓練全体のスケジュール概要は次のように7つに区分できる。

①準備期間。参加者は3月上旬から準備を始め、タンマガーイ寺を訪れ、または仏教クラブで瞑想実践を行なう。その後、各大学でビデオなどを使用した説明会が行なわれ、参加者全員が健康診断を受けて、正式に参加届を提出する。

②寺院外部での規律訓練。これは軍の施設で行なわれる規律訓練であり、最初の3日間だけ実施される。

③本格的な訓練。軍施設での訓練後にタンマガーイ寺に移動し[9]、規律訓練と瞑想修行さらには僧侶としての心得を学んで出家の準備を始める。通常訓練のスケジュールについては**表7-1**を参照。

④出家式。訓練コース全体の中で最も重要な行事がこの出家式であり、4月下旬にバンコクのベンチャマボーピット寺(通称、大理石寺院)で行なわ

れる[10]。出家式は人数の関係から数日にわたって分けて行なわれる。また20歳以上の者は、出家式の初日に沙弥（見習僧）となり、翌日以降に再度儀式を行なって僧侶として得度する。

⑤通常の訓練を継続。出家式後はタンマガーイ寺に戻って通常の訓練と修行を行なう。

⑥チェンマイ県での瞑想修行。5月中旬から下旬にかけて、タンマガーイ寺から移動し、チェンマイ県にある修行所で瞑想修行に特化した生活を営む。チェンマイにおける瞑想修行のスケジュールは**表7-2**を参照。

⑦大功徳祭（ガーン・ブン・ヤイ）の準備。チェンマイでの修行後タンマガーイ寺に戻り、大功徳祭（ガーン・ブン・ヤイ）である仏誕節（ウィサーカ・ブーチャー）の

表7-1　通常の訓練スケジュール

時刻	活動
04：30	起床・洗顔
05：00	瞑想修行
06：00	朝の読経、出家後は托鉢
06：30	清掃（出家前は寺院内奉仕活動なども行なう）
07：00	朝食
09：00	瞑想修行（出家前は寺院内奉仕活動なども行なう）
11：00	昼食
13：30	講義
14：30	瞑想修行
16：30	運動
17：00	飲み物の摂取（果汁・牛乳・豆乳）
19：00	夜の読経
19：30	瞑想修行
21：00	日記の記入
22：00	就寝

[Khanakammakan Oprom Thammathayat 1996: 11. 一部筆者による追記]
各活動を行なう際には、15分前に集合を完了するよう指示されている

表7-2　チェンマイでの瞑想修行用スケジュール

時刻	活動
05：00	起床
05：30	朝の読経、瞑想修行
06：30	運動
07：00	朝食
08：30	瞑想修行
10：45	休憩とストレッチ
11：00	昼食
12：30	洗濯と清掃
14：00	瞑想修行
16：30	瞑想状態の報告および指導
17：30	休憩
18：30	夜の読経、瞑想修行
21：30	就寝

[Khanakammakan Oprom Thammathayat 1996: 11. 一部筆者による追記]

準備を行なう。そして仏誕節（ウィサーカ・ブーチャー）の翌日に還俗式が行なわれる。

5　軍事施設での規律訓練

　先述のように、仏法継承者訓練はまず軍事施設での規律・体力訓練から始まる。この訓練が始まった当初の1970年代初頭には、軍事施設での訓練は行なわれていなかった。しかし1976年に軍部中心の政権下となった際に、タンマガーイ寺の仏法継承者訓練が共産主義者の活動ではないかと疑われたことがあり、そこで活動の許可を得るために軍の施設での訓練を組み込むことになったと言われている。

　筆者が参加した仏法継承者訓練の場合には、バンコクから車で3時間程の距離にあるカーンチャナブリー県の兵学校で訓練が開始された。お互いに見ず知らずの参加者を統率し訓練するのは軍の教員であり、軍隊式の規律訓練やトレーニング、ならびに仏法の講話などが行なわれる。後に寺院で行なわれる訓練と修行の際に必要な規律や集団行動をまずもって身につけさせることが主眼となっている。長時間の行進だけでなく、野外での歩覆前身や泥水に潜るなどの訓練も行なわれる。しかし実際には厳しさというよりも、ゲーム感覚で楽しんでいる者が多いと感じられた。また訓練の合間には、ジュースやアイスクリームなどを購入して飲食することも許されており、生活規律の点でも後に寺で行なわれる訓練よりは、はるかにゆるやかである。

　参加者は大学生が多いが、中には社会人も見られる。またタンマガーイ寺を訪れたことのない者も多数見受けられる。筆者が話しをした参加者の多くは、この訓練に参加したのは後に出家するためであり、出家の動機は親孝行になるからだと胸を張って答えてくれた。また、彼らは筆者に対して、「出家式の際に両親が日本から来るのですか？」と一様に質問してきた。彼らにとって出家とは、まずもって家族関係を構築する社会的行為なのである。

6　寺院での訓練と修行

(1) 準　備

　兵学校での3日間の訓練を終え、一同はバスに乗ってタンマガーイ寺に隣接する仏法継承者訓練用の修練所に移動する。この日を境に訓練の様相は大きく変わる。まず参加者の風貌が変わる。兵学校では一般の様々な色の体操着を着用していたが、寺での訓練では全員が白色の衣服（Tシャツ・上着・ズボンなど全てが白）の着用が義務づけられる。また自分の持ってきた金銭は全て僧侶に預け、下着などの着替えと文房具以外は全て倉庫に収納され許可を得なくては自分の荷物を外に出すことができなくなる。また食事は日に2度に限定され午後以降に食事をすることは許されない。この規定は、つまり八戒を守ることを意味している。

　以上の準備を行なった後、参加者はいくつかの班に割り振られる。班は基本的には出身大学を中心にした区分ないしは社会人の班などといった区分を用いていた。筆者はチュラーロンコーン大学の仏教クラブとその他の大学生を中心にした班に入ることになった。また各班に2名の指導僧 (Phra Phi Liang) がついて指導を行なう。

　さらに参加者一同を驚かせたは、この日の夕方にすぐ剃髪し丸坊主になるよう指示されたことである。イスに座って合掌している参加者の頭を、僧侶達が馴れた手つきで剃刀を滑らしていく。鏡の所持も禁じられているので自分の剃髪姿を確認する機会も限られており、また周囲の数百人の人間も皆そろって剃髪してしまうため、それほど気恥ずかしさを感じないものである。

　その後、夜になる前に寝床である頭陀傘の設置を行なう。参加者は、野外にビニールの敷布を敷いて、中心に直径1.5メートル、高さ1メートルほどの傘を広げる。その上に、蚊帳と雨風避けのビニールのシートをさらにかぶせ、これらが飛ばないように、地面に打ち込んだ杭に結びつける。出来上がったテントの高さは人が1人屈んでようやく入れるほどであり、内部の広さは畳1畳ほどとかなり狭い。辺りが暗くなる頃には、広場に300個以上もの青色のテントが整然と並んでいた。

(2) 瞑　想

　通常の活動は、テントのすぐそばにある体育館のような大きな建物で行な

表7-3　瞑想状態の自己申告の際に使用する用語例

ニミット（相）	水晶、オン・プラ（プラ・タンマガーイの像）、身体の中心部分、心地よさ
鮮明さ	目を開けて見た状態と比べて：より鮮明、より鮮明でない、同じ程度
明るさ	太陽、月、電球
透明度	水滴と同程度、露と同程度、水晶と同程度、宝石と同程度、ガラスと同程度
安定度	身体の中心にずっと集中できる、ときどき集中できる
内的な体験	爽やかな感じ、広々とした感じ、身体が軽くなる感じ、心地よい、身体が伸びたり拡大したりする感じ、身体が無くなる感じ、ずっと水晶が観える

われる。読経や瞑想修行だけでなく、講義や食事なども全てこの修行部屋で行なわれる。スケジュールの中で最も多く時間の割かれている活動は、瞑想修行である。瞑想の指導は主に次の4つの方式で行なわれる。まず第1に通常の集団指導であり、講義を行なう教員僧（Phra Acan）の引率で参加者全員が瞑想を行なうものである。第2の指導方法が、瞑想体験の自己申告である。これは所定の用紙に自分の瞑想状態を記入するものであるが、記入の際に使用される瞑想用語がすでに例示されており、この記入行為そのものが自分の体験をタンマガーイ式の意味空間に取り込むための作業となっている。この申告書に記載する用語については、**表7-3**を参照。

　第3の指導が、教員僧との質疑応答である。これは主に修行部屋の中での講義の際に行なわれる。たとえば次のようなやりとりがなされる。

　　（訓練参加者A）　瞑想中に、目の裏に丸いものが映って見えるのですが、これはニミット（相）[11]ですか？
　　（教員僧）　それは違いますね。それよりも、まずは心を落ち着けてリラックスさせる（Sabai）ことが大切です。見ようと努力してはなりません。まずは自然体でリラックスするのです。

　第4の指導は、これも個別の質疑応答であるが、よりインフォーマルな場において、各班の指導僧との間で行なわれるものである。

寺での瞑想修行を始めて5日目頃から、参加者の多くが瞑想に馴れ始めてくる。筆者もこの頃から、瞑想中の体験そのものに清清しさと幸福感を感じ始め、長時間座る身体的な苦痛よりも瞑想体験の楽しさが上回るようになっていった。またこの頃から多くの参加者が「光の筋が見えた」「体が無くなるような感じがした」といった神秘的な体験や、「水晶の像をコピーするようにして思い描くと楽にイメージできる」といった、個々人の瞑想テクニックなどを語り合うようになっていった。筆者のような者と異なり、仏教信仰の篤い者にとってこれらの体験は、おそらく単なる不可思議な体験ではないだろう[12]。それはブッダと同じ境地に至る第一歩、崇敬する僧侶の体験に近づく端緒、「涅槃」に向かう扉が開かれた瞬間なのであろう。彼らは、普段得られない心身の心地よさを得たという満足感を越えて、聖なる世界の最初の扉が開かれた瞬間を感得していくことであろう。

このような体験を感得する瞑想実践は、必ずしも修行部屋での瞑想修行に限られたものではない。読経の最中や講義を受けているとき、食後の皿洗いやトイレの最中など、いついかなるときでも瞑想を行ない、身体の中心に集中するよう指示されている。たとえば、食事自体も瞑想実践となっている。筆者の班の指導僧は、食事の際の一口一口を輝く宝石を飲み込んでいるのだと想起し、それを自分の内なるプラ・タンマガーイに寄進すると思いながら食事をするようにと、指導していた。また、「友（Phu'an）に気を配りなさい。皿洗いの最中や移動中にも常に自分の中の友を思っていなさい」「寝るときにもお腹の中の友を思っていなさい」と指導される。友とは内なるプラないしは内なる身体のことである。

(3) 規　律

この仏法継承者訓練の全般を通して言えること事だが（ただしチェンマイでの修行を除く）、規律と集団行動を身につけるために、かなり忙しく厳しいスケジュールとなっている。たとえば、各活動の15分前に班ごとの集合を完了しなくてはならない。遅れた場合には罰則も課せられる。次の活動に間に合うよう、食後の皿洗いなどもかなりペースをあげて効率的に行なわなくてはならない。また時間厳守の状況や頭陀傘周辺（就寝場所）の整理整頓、洗面

所の使い方から洗濯物の干し方まで、班ごとに点数化して競い合わせるということも行なわれた。さらに班ごとに相談の時間を設けて、どのようにしたら皿洗いや洗濯などの仕事あるいは身支度などが、きちんとしかも能率的に行なえるかといった、QC 活動のようなこともたびたび行なわれた。その度に、腕時計保持者に時間管理を一任すること、班の中での仕事の分担を明確にすること、ほんの少しの空いた時間で身支度をすることといった、新たな方式が導入されていった。また、他寺院での出家と異なり、基本的に休憩時間や自由時間はなく、瞑想中でももちろん休息をとることはできない。とはいえ講義や瞑想修行の最中に、洗面所に出かけてしばしの（中には度々の）休憩をしている者は多少見かけたが。

　規律の遵守は単に効率性と集団秩序を身につけるだけではない。「正しい」振る舞い方を見つけることにも繋がる。この訓練では、僧侶への挨拶の仕方、食事のマナー、皿の洗い方、野外や屋内の清掃方法、洗面所の使い方などの訓練、さらには物品や集団を美しく並ばせることなど（これは儀礼の際に特に強調される）の指導も行なわれる。それらの多くは、ブン（功徳）になるものだと言う宗教的な説明もなされている。そのためこの寺独自の用語が使われている。たとえば、食事準備の業務はブン・アハーン（Bun Ahan, 食のブン）、洗濯の業務はブン・サックパー（Bun Sakpha, 洗濯のブン）、トイレの便器掃除はブン・ウィマンケーオ（Bun Wimankaeo, 天の宝玉のブン）、そしてときには遅刻やサボっている者への罰則としての清掃などがラップ・ブン・ヤイ（Rap Bun Yai, 大きなブンを得る）と呼ばれている。

　また、これら「正しい」振る舞い方を身につける訓練は、この寺独自の生活様式や奉仕活動のパターンを身につけることと重なっている点も重要である。つまり心身を鍛え「自己と環境の制御感覚」（第6章第7節、第9節を参照）を身につけるということは、心身における抽象的な変容ではなく、タンマガーイ寺という特殊な場における活動を遂行するための心身を形成するといった、具体的な文脈の中に埋め込まれているのであり、それは信徒としてのハビトゥスを学習する場であるのだ。さらに同時に、そのような具体的な振る舞いを、規律（戒律）や八正道の中の「正業」など抽象化された（仏教）用語で表現するといった言語使用の作法も学ぶ。これらの点を踏まえれば、次のような訓練

参加者の手記に記されている、訓練を通して仏教徒としての自覚に目覚めるといった抽象的な情感と表現は、実は具体的な空間（タンマガーイ寺）に埋め込まれた具体的な身体感覚を伴っているということが読み取れるだろう[13]。

> 　以前は何だかわからないけれどあまりお寺には行きたいと思いませんでした。いろんな理由があると思います。たとえば、家に居るのと違って不便だし、どう振る舞っていいのか、わからなかったのです。僧への跪拝の仕方や敬意の示し方などもわかってなかったのです。今回の訓練に参加して気づいたことは、この寺の目的は、若者や一般の人々に善徳を教え込むことにあり、本当の実践方法についての知識を与えることにあるという点です。この寺はとても静かで落ち着いていて清潔です。規律も行き届いています。他の寺の見本になれると思います……［Bunsong 1986: 65］。

　このような具体的な振る舞いとその抽象化された表現は、特定の物の配置とその利用法や特定の社会集団の規範と不即不離のものである。したがって訓練場所やタンマガーイ寺ではない外部世界において、どの程度これらの振る舞いが応用可能なものであるかは、その外部世界の物の配置や社会集団の運営のあり方といった環境が、タンマガーイ寺の環境とどれだけ似ているかによる。おそらく企業のような場所は比較的似た環境であろうが、村落社会は全く異なった環境であろう。場合によっては、規律や正しい振る舞いといった抽象的な用語使用が、自他の異なる心身の秩序を覆い隠してしまうこともあるだろう。たとえば、東北タイのある村で次のようなことがあった。タンマガーイ寺から派遣された僧侶達や村の一部のタンマガーイ信徒等にとっては、既存の村落の環境に合わせてハビトゥスを再構築することは難しく、むしろ「正しい」仏教を主張し、自分達のハビトゥスに合わせた環境を村落に形成し、村落内部の階層分化を際立たせていったのである［林1993］。もちろん、全てのケースにおいて、タンマガーイ寺の信徒が村落社会に分裂を引き起こすとは限らないだろうし、実際にチェンマイ県やプラーチーンブリー県などでは、沙弥の育成や資金援助などを手がけて、地方寺院との関係

を築き始めているらしい[14]。いずれにしても、ここで強調しておきたいのは、訓練を通して身につく事柄は、抽象的な規律精神などではなく、タンマガーイ寺の活動空間に即した心身の秩序化と、それを表現する抽象化した言葉であるという点である。

(4) 忍　耐

　規律と能率と集団秩序を重んじるこの訓練では、自分の思うようにならない様々な事柄に耐え忍ぶことが必要となり、それ自体が身につけるべき徳目の1つになっている。たとえば指導僧による厳格な指示や、大雨による頭陀傘への浸水といった外部環境に対する忍耐だけではなく、睡眠時間の不足、正座で読経する際の足の痛み、心身疲労や体調不良といった自己の心身状態に対しても忍耐が試される。出家後になされる托鉢も人によっては素足で路上を歩く痛みに耐える修行となる。篤い信心を抱いた模範的な訓練参加者は次のような手記を記している。

　　　尖った砂利道の上を歩くことは楽しい事ではありません。一足一足恐れを感じつつ、精神を集中して注意しながら歩かなくてはならないのです。でも、足の痛みで気がそがれてしまいます。この痛みを感じたとき私の脳裏には、出家したばかりのシッダールタ王子もまたこれと同じ苦痛、あるいはこれ以上の苦痛と闘っていたのではないか、森での厳しい頭陀行をなさっていたのではないか、という考えがよぎりました。そしてその瞬間、「どんな責務に対しても挑まなくてはならない、忍耐を持って行なわなくてはならない。そうすれば倒れることなく進めるのだ。もし責務から逃げてしまえば、そこには躓きと苦難の道しか残されていないのだ」と思ったのです［Anucha 1986: 69］。

　托鉢だけではなく瞑想修行も忍耐と密接に関わる。そこでは、長時間座ることから来る足腰の痛みに耐えるだけではなく、散漫になりがちな精神に箍をはめ、しかも内的な体験を得たいという欲求をも抑えるといった複合的な忍耐が要求される。

このような様々な苦難に耐えて訓練出家を完遂することが参加者にとって誇りとなり、またそこに自己の精神的な成長を感じ取る者も多い。以前、仏法継承者訓練への参加を募るパネルに「一生一度、男なら」というフレーズがあったが（第5章第5節の注15を参照）、それは出家が男性の慣習であるという意味だけではなく、この寺の訓練出家の厳しさに耐えうる「男らしさ」というものをアピールした挑戦的な誘いの言葉なのである（もっとも後には、女性用の仏法継承者訓練も行なわれるようになっている）。
　このような規律への厳格さと忍耐を育成する訓練は、当然これを不満に思う者をも生み出すことがある。そのため、出家式以前に訓練半ばで帰宅する者もごく少数ながらいる。そこまで極端な態度をとらなくても、参加者の間にいくらかの不満は蓄積している。たとえば、筆者が訓練に参加した際の仲間の1人は、次のようにぼやいていた。

　　　瞑想実践では、「落ち着いて、リラックス、リラックス」と指導されるのに、他の事は全て「急げ、急げ」と急かされる。これじゃ何のために「心をリラックス」をさせるのか、わからないよ［訓練参加者B］。

　この不満は彼1人が感じていたものではなかった[15]。本章ならびに第10章で詳細に論じるように、タンマガーイ寺の規律ある心身育成には、相互に連関する2種類の異なる心性の体得が含まれているのである。彼はその構造的な裂け目を感じ取っていたものと言えよう。

(5) 教理学習

　訓練の最中には毎日、教員僧によって仏教教理に関する講義が行なわれる。講義の内容は瞑想指導と重なることもあるが、それ以外に、僧侶の守るべき戒律を細かく解説したり、道徳的な振る舞いなどについても説いている。また、10項目のバーラミーに関する講義なども行なわれる[16]。教理内容についての細かな質疑応答も行なわれており、僧侶と話し合う時間を十分に持つといった、仏法継承者訓練が始まった当初から見られる伝統も健在であった。また出家式が近づくと、出家用のパーリ語暗誦文や護呪経など僧侶として最

低限必要な経文を暗記する時間も与えられる。もちろん、時間の節約と忍耐力を養うために移動中や皿洗いの時間等が、経文暗記に充てられることもある。

　また特徴的なのは、これらの教理学習以外に関しては、仏教一般の歴史やタイにおける仏教の歴史などは一切学ぶことがなく、もっぱらタンマガーイ寺の歴史や活動、ならびにタンマガーイ式瞑想思想とその不可思議な力についての学習を強調している点にある。もっとも、他の寺院でも仏教史の講義などは行なわれないと思われるので、むしろタンマガーイ寺の場合には、通常の教理学習以外に、タンマガーイ式瞑想の思想や歴史をも学習すると言うべきであろう。

　タンマガーイ寺についての講義としては、たとえば、第1日曜日が近づくと、その日にタンマガーイ寺で行なわれる「ブーチャー・カオ・プラ」の食施儀礼（第4章第5節および本章第1節を参照）の大切さが説かれたりする。また、筆者が訓練に参加した当時は、タンマガーイ大仏塔（マハー・タンマガーイ・チェディー、Maha Thammakai Cedi）の建立寄進への勧誘が盛んな時期であり（本章第3節を参照）、ビデオや講義を通じて、タンマガーイ寺の大仏塔建設の重要性が説かれていた。その他のビデオ鑑賞も、ソット師やウバーシカー・チャンの来歴、タンマチャヨー師の来歴、タンマガーイ寺の活動、過去の仏法継承者訓練の様子など、タンマガーイ寺以外の内容は一切扱われていない。このように訓練で提供される情報はタンマガーイ色の極めて濃厚なものなのである。しかし一方で、熱心な信徒にとってこれらの情報は次のように受け止められてもいる。

　　学校でも、仏教の教えやウィパサナー（観）瞑想をなどを少しばかり習ったけれど、道徳的な心のあり方や心の集中の仕方を教えるだけで、信仰（Sattha）を教わったという感じはしなかったなぁ。でもタンマガーイ寺では信仰を教えてくれる……［訓練参加者C］。

(6) 勧誘と寄進

　訓練期間中には、この寺での奉仕活動への勧誘がなされたり、財団職員に

なる事を促したり、さらには終身出家への誘いも行なわれている。たとえば、出家式の前には、仏法継承者訓練の出家式に際して寄進を受け付けるダイレクトメールの準備を行なうなどの活動を行なっている。また、出家後には、財団職員の暮らしぶりや、仏教クラブの活動内容や、寺院における奉仕団の活動内容などの紹介がたびたび行なわれる。特に、奉仕団の活動は、訓練期間中にいずれかの活動に試験的に参加することが指示され、活動の内容を体得してもらい、また奉仕団の人間関係を事前に形成するなどのシステマティックな勧誘活動が展開されている。「一切の奉仕活動を行なわない」という選択を拒否する半ば強制的な訓練＝勧誘活動に対して、不満を覚えている者も少数ながら存在した。ただしその際には、指導僧などから、奉仕活動はブンが大きく（そもそも、この寺は奉仕活動のことをブンの拝受を意味するラップ・ブン［Rap Bun］という用語で呼んでいる）、不満との戦いも修行であると諭されることになる。

　訓練期間中に寄進を勧められることもたびたびあった。とりわけ先述の大仏塔の建立に関する勧進は積極的に行なわれていた。1本10万バーツ[17]の大仏塔の柱を各班（15～20名程度）で1本ずつ建てることが推奨され、各班の寄進者の人数が逐次公表され、寄進申し込みの用紙が配布された。もちろん寄進は個々人の判断でなされるものであり、一切の強要はなされていない。しかし、度重なる寄進の強調と、集団的な暗黙の圧力によって、寄進が半ば強制的な作用を帯びていることは否めない。筆者の所属した班では、訓練出家中に4万バーツまで集めることができたが、それ以上寄進が集まらなかった。そこで、班の有志が行動を起こして、残りの6万バーツを班全員で分担するよう指示するといった、行き過ぎも見られた。参加者全体としては、信心の証でありブンになる寄進を、嬉々として行なう者の方が多いように見受けられるが、度重なる寄進の誘いに応対したため、手持ちの資金を全て費やした上に、更なる寄進を促されるというのはどうなっているのかと、不満を述べる訓練参加者もいた[18]。

(7) 親への報恩

　仏法継承者訓練の中で最も感動的な情景は出家式であろう。その感動を生

み出すための準備にもきめ細かい配慮がなされている。得度式の数日前からは教育僧や指導僧によって、得度の意味、とりわけ両親への恩返しとしての得度の意味が説かれる。しかし、そこで説かれる内容は、息子の得度自体が両親、特に母親のブンとなるという上座仏教圏に見られる一般的な説明に終わらない。タンマガーイ寺では親の恩への感謝、親子の情緒的繋がりというものを非常に強調した説明が入り込む。得度式は泣けるものであり、その涙は怒りや悲しみによる「熱き涙 (Namta Ron)」ではなく、感激と純真な気持ちの現れとしての「涼やかな涙 (Namta Yen)」であると説かれる。さらに、最高の恩返しは、両親を寺に誘い読経や布施や持戒や瞑想などの善行に導くことであるとの説明を受け、得度することだけでは十分な恩返しだとは言えないことが示される。

また出家式前日には、この約1ヶ月の修練期間において学んだこと、さらに親への思いについて考えたことなどをレポートに書いて提出することが義務づけられる。これ以前からも、出家式が近づくにつれ、自身の生活に対する反省を親の恩へと重ねて日記に書き記す者も増えていた。訓練において恩の記憶をたどりながらそれを各自の言葉で紡ぎ上げ再構築し、それを出家式に織り込んでいくのである[19]。

7　出家式

出家式は集団で行なわれる。70～80名程のグループに分かれ、グループごとに儀礼を執り行なう。親や保護者から三衣や鉢を授かる前に、得度者達は親たちの面前で同じ内容の懺悔文を一斉に読み上げる。形式張った文章ではあるが、訓練期間中に紡ぎ上げられた恩の記憶の個別性がそこに溶け込み、感きわまって涙する者も多い。また次の手記に見られるように、僧侶（あるいは沙弥）という聖なる存在になることは、今までの自分の生き方に対する反省と改心をも生じさせる。

　　　たぶん私が本心から頭を下げて母に挨拶をしたのは、出家式のときが
　　　初めてだったと思います。そのときは、母がまるで仏像のように感じた

のです。そして母の手から三衣を受け取ったときに、母の願いが衣からひしひしと伝わってくるのを感じました。……
　……その後、母が飲み水を私に寄進して跪拝されたときに、私は当惑しました。私は母に跪拝されたりするほど善徳を積んでいないのですから。しかし母だけでなく出家式に参集した全ての人々が、沙弥が通るたびに手を合わせているのです。これが持戒している者と持戒していない者の違いなのだと思いました［Kamon 1986: 89］。

　親への報恩の思いを訓育する活動は、出家式の後でも引き続き行なわれる。今までの訓練の体験を出家者が互いに述べ合うといった活動が行なわれるのである。多くの者は親の恩への思いを述べ、スピーチ中に涙を浮かべて声を震わせる。各班ごとの発表を終えて、その中から優秀なスピーチを行なった者が代表者として選抜され、参加者全体の場でスピーチを行なう。さらにその中から最優秀者が選出され、寺で行なわれる日曜日の儀式に参加し、その際に新参僧代表として一般信徒の前でスピーチを行なうのである。
　筆者が訓練に参加した年の代表スピーチは、自らのすさんだ生活を反省し、両親への謝罪の気持ちを込めてタンブンしたいといった内容であった。彼は、小さい頃から父母の言うことを聞かず、親が勧めるタンマガーイ寺の教えにも耳を貸さず、それどころか悪い友人と賭け事に興じてクレジットカード破産に陥ってしまったという。しかし今では、この訓練・出家を通していかに自分が親不孝者であるかを自覚し、罪滅ぼしと報恩を行ないたいと涙ながらに語った。そして謝罪と報恩の証として、タンマガーイ寺の大仏塔に設置する小仏像を親の名前で寄進したいと宣言している。

8　チェンマイでの瞑想修行

　以上の訓練状況といささか異なるのが、チェンマイでの瞑想修行である。かつては1日20kmの距離を5日間歩き通す頭陀行が行なわれていたそうであるが、今日では、タイ北部のチェンマイ県ホート郡にある風光明媚な練成所でもっぱら瞑想修行に励むことになっている。ここは標高1,100メートルの

高さにあり、周囲は畑と山に囲まれた静かで気温の涼しい場所である。今回の訓練出家では、5月13日から25日までの13日間（ただし車での移動が往復で計2日間）この練成所に滞在した。

　本章第4節の2つのスケジュール表を見比べるとわかるように（表7-1および表7-2参照）、ここでの活動は講義や奉仕活動を最小限にし、托鉢も行なわず、ただただ瞑想修行に明け暮れるというものである。そのため多くの参加者が、瞑想実践において進展が見られ、体験についての活発な意見交換がなされるようになっていった。互いに自分なりの瞑想のコツを伝授し合うということもなされていた。筆者自身も、自分の日記を見直してみると、この時期にさまざま神秘的体験を得ており、瞑想実践に喜びさえ感じ、もっと早くチェンマイの修行所に来たかったと記している（ただし、筆者は信徒と同じ信仰心を共有しているわけではない。詳しくは本章注12を参照）。

　瞑想の指導方法も若干変わる。教員僧が参加者各々の瞑想状況を尋ねる個別指導の時間が増えていった（ただし、参加者全員を前にした個別指導ではあるが）。また出家を1年間継続し、チェンマイで瞑想に励むことも奨励された。筆者の班からは、両親と学校の承諾を得て出家延長を決心した者が3名いた。さらに、チェンマイ滞在最終日の2日前には、タンマチャヨー師が初めて参加者の前に姿を現し直々に瞑想指導を行なっている。もっとも、参加者の質問はどれも似たようなものであり（「観えた光がすぐに消えてしまう」「集中が途切れやすい」「瞑想中に頭の中に見知らぬ人の声が聞こえる」「瞑想中に苦しくなる」等）、タンマチャヨー師の指導も同じ言葉の繰り返しが多かった（「体験の内容にこだわらず、静かに静かにしていなさい」など）。参加者にとって重要であり喜びを感じていた点は、瞑想指導の内容よりも、むしろタンマチャヨー師というカリスマと言葉を交わすこと自体にあったと言えよう。

　もう1点、チェンマイでの活動に特徴的なのは、規律や効率性を追い求め時間に追われるといったことが全くないという点である。リラックスを基盤とする瞑想修行に従事するため、睡眠時間にもゆとりを与えられている（表7-1および表7-2参照）。中には、瞑想中に横になって寝そべるものまで出てきたが、さすがにそれには注意がなされた。しかし、全体として規律や効率性を求める指示は減少し、指示があったとしてもトーンの下がったものに

なっていた。この相違が明らかになったのは、チェンマイでの瞑想修行を終えて、タンマガーイ寺に帰ってからである。寺での訓練生活は以前と同様に厳しく、また大儀礼の準備に追われて以前にも増して忙しくなっていった。このような環境の急激な変化に対応できなかった参加者に対して、指導僧は「ここ数日全く規律や秩序が欠けている。訓練の成果が全く現れてない」と厳しい口調で叱責したのであった。このような状況からも、タンマガーイ寺での訓練が2種類の心身の秩序を形成しようとしている点が見えてくる（詳しくは第10章参照）。

9 一般在家者向け特別瞑想修練会

次に、一般在家者向けの特別瞑想修練会の内容を紹介する。この修練会は、1993年から正式に開始された比較的新しい活動である。しかし、それ以前より1週間ほどの長期間にわたって一般在家者に瞑想指導を行なうといった活動はなされていた。1993年とはそのようなインフォーマルかつ試験的な活動が、正式かつ定期的（1ヶ月に2回程度）に行なわれるようになった年である。1週間連続（6泊7日）という一般社会人にとってはいささか厳しい参加条件ではあるが、49.0％という極めて高い信徒参加率を有する活動である（第6章第3節、表6-20を参照）。人気の理由は大きく2つに分けられる。1つは1週間の集中訓練で瞑想が上達しやすいというものであるが、もう1つの大きな理由は、修練会の開催場所が風光明媚なリゾート地の中のリゾートホテルだからというものである[20]。筆者が1993年と2001年に参加した場所はいずれもチェンマイ県にあるスワンブア・ホテル・アンド・リゾート（Suan Bua Hotel & Resort）というタイ北部の山地に囲まれたリゾートホテルであるが、タイ南部の海浜リゾート地であるプーケット島においても修練会が開催されている。以下、筆者が参加した2001年3月の（第229回）特別瞑想修練会を中心に、1993年6月（第10回）の様子にも若干触れながら、訓練の内容を紹介したい。

(1) 基本事項

この訓練に参加する者は、必ずしもタンマガーイ寺の信徒である必要はな

表7-4 特別瞑想修練会のスケジュール

04：30	起床
05：00	瞑想修行と朝の読経
06：30	体操とレクリエーション
07：15	朝食
08：50	講義と瞑想修行
11：00	昼食
13：20	講義と瞑想修行
16：00	座談会（瞑想状態の報告）
16：30	飲み物の摂取、休憩
18：20	瞑想修行と夜の読経
21：00	就寝

い。むしろ寺院ではなくリゾートホテルに行けるという知人の誘いに、軽い気持ちで参加する初心者も少なくない。毎回の参加人数にはばらつきがあるが、大体70名程度であり、女性が3分の2を占める。家族連れでの参加も多いため、年齢層は小学生から高齢者までと幅広い。スタッフは財団職員の男女が10名程度と瞑想指導を行なう僧侶が4名程度参加する。2001年3月に筆者が参加した際には、かつて筆者と同じ時期にタンマガーイ寺の仏法継承者訓練・集団出家に参加し、同じ班でもあった男性がスタッフとして参加していた。

　参加者達は、白い服を着用して活動することを要望されるが、仏法継承者訓練・集団出家のように強制的なものではない。参加者は、2人で1部屋を与えられる。訓練期間中は八戒を守るよう要請されるので、お酒はもちろんのこと夕食も食べることはできない。しかしながら、朝食と昼食はまがりなりにも前菜からデザートまで各種揃ったホテルのビュッフェなのである。また瞑想修行に励むため、テレビや電話の使用も禁じられている。しかし、個室であるためスタッフが厳しく管理するということはない。読経や瞑想の時間に遅れてきても叱責されることはない[21]。またスケジュール表からわかるように、食後や座談会後に自由時間が多くとられている（表7-4参照）。つまり、仏法継承者訓練・集団出家とは異なり、宗教的な修行生活でありながら徹底的にリラックスし快適な生活をも味わえるのである。これは仏法継承者訓練・集団出家において一時的にチェンマイ県の修練所で行なわれた瞑想修行を（こちらはリゾートホテルではない）、より快適にしたタイプの訓練だと言えよう。

(2) レクリエーションとタンマガーイ用語の学習

　リラックスした雰囲気で宗教的な修行を行なうというモチーフは朝の体操とレクリエーションの中にも見られる。毎朝屋外で行なわれる体操の掛け声

は、イチ・ニ・サンなどの一般的な数字ではなく、チャット・サーイ・サワーン（Chat Sai Sawang, 明瞭・透明・輝き）といった瞑想用語や、スーン・チェット・ソーン（Sun Cet Song, これは単に数字の「0・7・2」であるが、0であるスーンには「中心」という意味もある。したがって「072」とは、タンマガーイ式瞑想で精神を集中する身体の「中心」の「第7」ポジションで臍上「2」ニウの高さを意味している。第2章第1節を参照）などといったものであり、楽しみながらタンマガーイ式瞑想の知識を習得していく。

　さらに体操後のレクリエーションでも、瞑想用語を覚え、またタンマガーイ式瞑想を視角イメージによって学習させるといったことも行なわれている。たとえば、参加者各自の名前を覚えるために、参加者の名札をバラバラに配り、名札の持ち主を見つけるというゲームなども行なわれる。持ち主を見つけた者は、互いに仇名と好物と世界平和のために行なっていることを質問し合う。世界平和のために行なっていることについては、皆一様に「瞑想」や「修行」などと答えるのである。この際に「地雷撤去のボランティア活動」などと答えようものなら座は白けてしまうので、それを避けるためにスタッフが事前に例を示し、答えるべき解答の種類をそれとなく限定しておく。また、シャボン玉を使ったゲームなどを行なった後に、スタッフが様々な金型をつかってシャボン玉の実演と解説を行なう。スタッフは、丸い金型だけではなく、十字型（キリスト教の表象）や月型（イスラームの表象）やピラミッド型（エジプトなど他民族・他文化の表象）等を使ってシャボン玉をつくり、どんな型からも同じく透明で丸い球が生まれるように、宗教や民族にかかわらずタンマガーイは得られるのだと述べるのである。

（3）瞑想指導

　瞑想指導が行なわれる前に、指導僧が講義を行なう。その内容は多岐にわたっているが、いずれも瞑想修行に関わるものや、タンマガーイ寺の来歴などである。先述の仏法継承者訓練と同様にソット師やタンマチャヨー師の来歴や、タンマガーイ寺の形成史、そしてタンマガーイ寺の大仏塔についてのビデオなども上映された。また講義においても、大仏塔建立への寄進がいかにブンになるかといった説明が度々なされた。

瞑想指導は、これも仏法継承者訓練と同様、4つの方式でなされている。1つは指導僧が参加者全員に一度に瞑想指導を行なうタイプのものである。たとえば参加者が瞑想している最中に、指導僧が落ち着いた柔らかい響きの声で、「リラックスして、軽く、軽く」「心をとどめて、静かに、静かに」「シャボン玉を思い浮かべて、軽く、透明に」「自分の体を拡大して、この部屋よりも大きく、ホテルよりも大きく、タイよりも大きく、地球よりも大きく」などといった指導を行なうものである。

　第2の指導方式は、瞑想体験を規定の用紙に記入するものであり、内容は仏法継承者訓練・集団出家で述べたものと同じものである（本章第4節の**表7-3**参照）。第3の指導方式は、指導僧との個別の質疑応答である。ただし、これは仏法継承者訓練の場合とは若干ニュアンスを異にしている。在家者向けのこの訓練では、最終的な瞑想状態を報告するいわば実力テストのような意味を兼ねているのである。したがって、参加者は徐々に自分の瞑想を上達させ、語り方も学んでいこうとするわけである。ただし、この指導方法には若干の変化があった。1993年に筆者が参加した際には、訓練初日から、指導僧に対して参加者全員の前で自分の体験を告白することが行なわれていた。そして、日が経つに従って徐々に指導僧の位が上がっていって、最終日にはタンマチャヨー師自らが訪れて参加者が現状報告をするという形になっていた。しかし、2001年に参加した際には、参加者全員の前で僧侶に対して語ること自体が最終目標とされていた。このように指導方法に若干の差があるものの、最終日のクライマックスに向けて、瞑想体験の内容を語ることに大きな意義付けをしているという点では同じ構造を持っていると言えよう[22]。

　第4の指導方式が、スタッフを中心にした10名程度の班を形成して、その班の中で自由に行なわれる座談会である。そこでは、現在の瞑想状態や、過去の神秘的体験、自分なりの瞑想テクニック、疑問点などが自由に討議される。たとえば次のような話し合いがなされている。

　　（女性A）　　会社での仕事を終えた後に瞑想したいと思うのだけど、頭の中にいろんなことが残っていて、うまく瞑想に集中できないのよ。どうしたらいいのかしら。

第7章　儀礼と瞑想修行　259

(女性B)　それなら、タンマガーイ寺のパチャリー(Pachari)さんが書いた『時間が足りないなんてことはない』という本に、仕事中の瞑想の仕方が載ってるわよ（第6章第9節の体験談を参照）。
(スタッフ)　寝る前に瞑想するのもいいですよ。はじめは2～5分でもいい。少しずつやっていって習慣にしていくのが大切です。あるいは、ルアンポー（タンマチャヨー師：筆者註）のテープを聞きながら雑念を取り去るのも効果的です。

　あるいは、この修練会中に神秘的体験を得たことを感激しつつ、これを次のように率直に語ることもある。

(女性A)　今日の講義で、教員僧がタンマガーイ寺の大仏塔のことについて仰っていましたので、瞑想中にそのことをふと思い出したのです。そして、自分が寄進して建てた小仏像（大仏塔に設置する自分の名前を刻んだプラ・タンマガーイ像。本章第3節(2)を参照：筆者註)の姿を思い起こして、瞑想してみたのです。そうしたら、今までに体験したことのないような輝きが瞑想中に現れて、とても幸福な気持ちになったのですよ（涙を浮かべながら語っている：筆者註）。
(スタッフ)　そうですね、自分が行なってきた善行を思い起こして瞑想するのはとても良いことです。

　このような様々な指導によって、参加者達は瞑想体験を語る用語や様式を学び、そして体験自体を得ることによって徐々に信仰心を深めていくのである。さらに、ここで出会った人々の中には、修練会以降も連絡を取り合い、仲間関係を続けていく者もいる。大概は「次回の第1日曜日に大会堂の……番の柱の所で会いましょう」などと約束を交わして帰宅する。

　以上、本章では、まずタンマガーイ寺における儀礼を描写し、その特質を瞑想・寄進・イベント性という3つの点から整理した。次いで、学生向けの

仏法継承者訓練・集団出家と、一般向けの特別瞑想修練会の内容について紹介してきた。そこからいくつか特徴的な点が浮かび上がってくるが、とりわけ重要な点を以下にあげておく。第1に、タンマガーイ寺の儀礼はメディアを利用し、不特定多数の人々が参加できる教団イベントとなっており、そこで示されるイメージは、タンマガーイの表象と信徒の姿を組み込んだ静寂と秩序であるという点。第2に、そのようなイベントは、寄進対象の建造物や聖なる記念品を随時新たに提供していく活動と、これによって寄進を募るという活動とに連動している点。第3に、学生向けの仏法継承者訓練には一時出家が組み込まれていることから、親への報恩が強調されているが、それは伝統的な意味を越えて親との関係を意識的に再構築する積極的な行為へと変化している点。第4に仏法継承者訓練では、一方で厳格な秩序や効率性が重視され、そのような秩序と効率性は、近代社会における一般的な美徳である規律や効率や忍耐力を獲得するということに繋がっているが、他方で、リラックスや快適さなどを身につけるといった別種の秩序感覚をも学習することが要請されている点。これらの特徴を糸口として、第3部ではタンマガーイ寺の儀礼および瞑想についての分析を行なう。

注

1　ただしソット師が亡くなった後に、故ソット師に対して食施を行なう儀礼がなされている［Tritha 1995: 63-64］。
2　これは2001年3月4日に行なった筆者による観察に基づいている。
3　ウィアン・プラタクシン（Wian Prathaksin）とも言われる。
4　自分個人用のプラ・タンマガーイ（プラ・タンマガーイ・プラチャム・トゥア Phra Thammakai Prajam Tua）と呼ばれている。
5　ドーム部分の小仏像は、1体2万バーツ（2002年2月1日現在で、1バーツは約3.1円。ただし、1990年代の為替相場は1バーツ約6円から約2.5円までと変動幅が大きい）、仏塔の内部の小仏像は1体1万バーツの寄進によって設置することができる。柱はさらに高額で、1本10万バーツの寄進を要する。
6　筆者が1997年4月9日にタンマガーイ寺で取材したある女性の在家信徒は、タッタチーウォー師（元副住職、現住職代行）の説法資料の準備や、財団の出版物の作成、広報や儀礼の企画と効果測定などを担当していると述べている。彼女は、チュラーロンコーン大学の教育学部の修士課程を卒業している。
7　訓練に一時出家が加わったのは1979年から。
8　このため、タンマガーイ寺では1人の信徒が複数回出家する場合が多い。また高校生以前に沙弥出家をしていれば、さらにこの回数は増える（第6章第3節の表6-19参照）。

第 7 章　儀礼と瞑想修行　261

9　正確には、タンマガーイ寺に隣接する、タンマガーイ財団の敷地に訓練施設がある。
10　ベンチャマボーピット寺で出家式を行なうようになった背景については本書第5章第4節を参照．
11　瞑想の際に集中するために使用する想起された像・相（詳細については第2章第1節を参照）。
12　筆者はある一定の心身操作を行なえば、大概の人は神秘体験をある程度まで得られると考えており、その経験は当該集団の教説や指導内容に影響を受けるものだと思っている。つまり筆者はタンマガーイ式の瞑想訓練を受ければタンマガーイ式の神秘体験を得られるし、キリスト教的な祈りの訓練を受ければキリスト教的な神秘体験をある程度は得られると考えている。また、誤解のないようにあえて述べておくが、本章において筆者が自らの瞑想体験を語っているとしても、それは筆者がタンマガーイの教説を全面的に受け入れているということを意味しない。つまり本文で述べているように、真剣な信仰心を持つ者にとっては、この神秘体験の主観的な意味が筆者の抱く意味とは全く異なるのであり、この点からすれば厳密には筆者と信徒は同じ体験をしているとは言えないだろう。
13　学習というものを抽象的な行為ではなく、特定の環境に埋め込まれた具体的な行為と意味を身につけて特定の集団の成員となっていく過程として理解する見解については、レイブとウェンガーが「正統的周辺参加」の理論として詳細に論じている［レイブ、ウエンガー 1993］。
14　ただし筆者は、地方寺院における沙弥育成と援助の活動について、現地での取材を行なっていない。したがって、具体的な状況はわからないので即断は控えたい。
15　ただしその不満を乗り越えていく事も修行の1つであると、指導僧から諭される。
16　10項目については第4章第1節の注12を参照。
17　2002年2月1日現在で、1バーツは約3.1円。ただし、1990年代の為替相場は1バーツ約6円から約2.5円までと変動幅が大きい。また、タイで都市新中間層と呼ばれる人々は、所得水準による分類では、「世帯あたりの月収が2万から3万バーツをこえる都市民」とされており、また1992年の大卒の初任給は公務員で4,500バーツ、民間企業では6,000バーツ（文系）、8,000から12,000バーツ（理系）であり［末廣 1993: 188］、1996年の家計収入（1世帯、1ヶ月当たり）は、バンコクおよびその周辺地域で17,819バーツ、東北部で7,445バーツとなっている［バンコク日本人商工会議所 2001: 73］。
18　このような形で寄進が煽られ、半ば強制的な雰囲気が生じるのは、寺や財団が組織的にかつ意図的に行なっているものではなく、一般信徒の篤い信仰心が過剰に表れたものだと、好意的に理解したとしても、その上でなお、これらの過剰行為について、寺や財団の監督責任が問われるべきかと思われる。
19　親子関係の変容とタンマガーイ寺の一時出家との関わりについては、拙稿［矢野 1998］で論じている。
20　2001年の参加費は6泊7日で1人3,800バーツ（タンマガーイ寺から出発する者の場合はさらに、行きと帰り車中2泊分の費用も含まれている）、1993年には2,800バーツであった（2002年2月1日現在で、1バーツは約3.1円。ただし、1990年代の為替相場は1バーツ約6円から約2.5円までと変動幅が大きい）。
21　以前に別の瞑想を行なっていたため、タンマガーイ式だけを強調するやり方に疑問を持っていた参加者もいた。修練会の中盤以降、彼は瞑想部屋が寒いと言って瞑想に参加すること

を拒否していた。そのような参加者に対してスタッフの対応は、瞑想を強制することをせず、ただ悩みを聞くだけなど、それなりに行き届いたものであった。

22　このようにクライマックスへ向かって瞑想修行を意義づけていくということは、タンマガーイ寺における権威関係の序列（一般信徒・一般僧侶・位の高い指導僧・タンマチャヨー師）を体感するといった作用も果たしているだろう。また瞑想修行におけるコミュニケーション自体が、このような序列をミクロな状況から構成しているとも言えよう。たとえば瞑想指導においては、より上位の権威者が下位の者に瞑想体験を語らせることはあっても、その逆はほとんど見られない。個々人の瞑想体験の上達度を厳密に測る客観的な方法を確立することは困難であり、そのため瞑想能力よりも、瞑想体験を語る（および語らない・語らせない）形式そのものによって瞑想指導者の権威が維持されている面がある。

第3部　タイ仏教の変容と自己・社会関係の再構築

　本書の第1部では、「パークナーム寺」のソット師によるタンマガーイ式瞑想の思想と活動を取り上げ、第2部においては、この瞑想実践を根幹に据え、巨大な仏教団体として発展してきた「タンマガーイ寺」の思想と活動を詳述してきた。第3部ではこれらの記述をもとに、序章第6節で指摘した3つの論点に言及しつつ分析を行ないたい。この分析によって、単にタンマガーイ式瞑想運動の変遷と特質が明確になるだけでなく、19世紀後半から20世紀初頭の近代タイにおける宗教変動、現代タイにおける新たな変化、そしてタンマガーイ寺問題について理解するための手がかりを提供できるだろう。

　第8章では、近代タイにおける仏教の画一化過程において、主流派と非主流派の仏教伝統が同時形成される構造を明らかにし、タンマガーイ式瞑想を「涅槃」志向の守護力信仰に基づいた、非主流派の仏教伝統と位置づける。これは、多様性を帯びた上座仏教の大伝統が近代化の過程で組織化・画一化していくことと関わる。また、この守護力信仰は特異な形で変容し、タンマガーイ的な宗教的自己の観念を形成し、それがタンマガーイ寺に引き継がれていることを論じる。第9章では、このタンマガーイ的な宗教的自己の観念が「寄進系の信仰」の中で展開し、聖地や護符（仏像）ならびにマスメディアの表象へ埋め込まれ、新たな自己と社会関係を構築していることを明らかにする。これは、タンブン（積徳行）と社会関係の連関が、村落社会から都市の消費社会に移ったときに変容した1つの姿と言えよう。第10章では、消費社会における宗教運動の位置づけについて論じている。タンマガーイ的な宗教的自己の観念は、「瞑想・修養系の信仰」の中で展開し、それが組織的な寺院活動を行なう心身の基盤を構成する。そのような心身形成は寺院組織における消費活動と深く関わるものであり、信徒の解釈では消費社会を批判した宗教的実践を行なっていると理解されていることが、実際は消費社会に即した自己形成と表裏一体であることが論じられている。

第8章　守護力の仏教
――主流派と非主流派の伝統形成

　本章では、まず先に示した第1の議論（上座仏教における大伝統の多様性と、近代のタイ国家における伝統の組織化と画一化についての問題）を取り上げ、ソット師のタンマガーイ式瞑想を近代タイの仏教史の中に位置づけ、さらに師の思想と実践の独自性を明らかにする。

1　主流派仏教の制度化における光と陰

　序章で述べたようにタンバイアは、大伝統・小伝統といった区分に対して様々な角度から批判を行なった。彼の論点は、次のようなものであった。まず、文明の産物と言える、文字による知識の形成・蓄積・改変・伝播に基づいた大伝統は、均一のものではなく、時代や地域あるいは人物・集団によって多様性を帯び、またそれが累積し複雑性を増しているという点。次に、現在の民衆の宗教はそのような文明の産物に比較的容易にアクセスすることができ、また正確な伝承も多いという点 [Tambiah 1970: 3-4]。さらに、文字に基づく大伝統の思想は民衆宗教において、文字ではなく具象化された儀礼や口頭による神話に変換されているという点である [Tambiah 1970: 367]。このような視点に立ってタンバイアは、過去に記された聖典や過去に整えられた制度としての「歴史宗教（Historical Religion）」が、持続と変容を通じて今実際に見られる「現代宗教（Contemporary Religion）」に繋がっているのであり、特に村落社会では、「歴史宗教」の諸要素やその他の信仰の要素が共時的に連関して1つの意味世界を形成しているのだと述べている [Tambiah 1970: 374]。

　しかしながら、大伝統・小伝統論はもちろんのこと、タンバイアのこのよ

うな区分では、タンマガーイ式瞑想の思想と実践を位置づけることは難しい。なぜなら、第1に、ソット師のタンマガーイ式瞑想の独自性は、いわば一般的な意味における大伝統内部の思想的相違の問題であるからである。そして第2に、ともすると近代的な上座仏教の組織と思想をもって上座仏教の大伝統としてしまいかねないが、本書の第1部で詳細に論じたように、ソット師の思想と実践は、近代におけるタイ上座仏教の組織化や思想的画一化とほぼ同時期に表れているという事情がある。したがって、仮に近代以降の国家管理のもとにある上座仏教を大伝統と見なすと、タンマガーイ式瞑想はますます位置づけが難しくなってしまうことになる。もちろんタンバイアの場合は、このような形でタイ仏教の大伝統を設定せず、「歴史宗教」という概念でもって用意周到に対処している。しかし第3に、大伝統の多様性を指摘し、「歴史宗教」という概念を提唱したタンバイア自身が、実際の分析においては「歴史宗教」なるものをいささか一枚岩的に扱っているので、この概念もまたタンマガーイ式瞑想を論じる際の道具としては使用できない。

　ただし、タンバイアの後の著作やその他の論者の議論を参照すると、タンマガーイ式瞑想の位置づけの不透明さはある程度解消できる。たとえばタンバイア自身、後の著作では、タイの国家による上座仏教の画一化の過程［Tambiah 1976］、さらにこの過程に関わりながらもそこから逸れていく両義性を帯びた森の遊行僧と護符信仰の伝統についても論じている［Tambiah 1984］。タンバイアはこれらを全体的にまとめる議論を十分展開しているわけではないが、19世紀末から20世紀初頭にかけて地方の仏教の多様性や独自性が均一化されていく過程を論じたチャールズ・カイズの議論や［Keyes 1971］、タンバイアの最初の著作における歴史性の欠如の問題点に触れ、仏教的な守護力を行使する在俗の職能者であるモータムに注目した林行夫の議論をも参照すれば［林 2000］、次のようにまとめることができよう。

　19世紀末に王子時代のラーマ4世モンクット王が打ち立てたタンマユット派による仏教改革運動に始まり、セイロン（スリランカ）から入手した三蔵経典を用いての教義の校閲、そして1902年の統一サンガ法において明確に制度化された全国規模における仏教組織と思想の統合（主流派の立場からすれば、正しい教えの復興）は、多様な仏教的伝統を画一化していく作用を及ぼしたと

言える[1]。アーネスト・ゲルナーのナショナリズム論のように［ゲルナー 2000］、文化的な均一化を達成することが、タイの近代社会形成においても行なわれていたと言えよう。その過程において、多くの雑多な伝統は消え去るか、ごく一部の人々の間でのみ細々と実践されるか、あるいは政府公認の伝統が許容する範囲で生き残っていったのである。そのような境遇に巻き込まれた諸伝統には様々なものがあった。たとえば、北タイや東北タイ独自の仏教的慣習や独立性は、画一化された公的でナショナルな仏教に齟齬しない範囲でのみ存続を認められ、それに反する行ないは衰退させられていった［Keyes 1971］。瞑想実践による守護力信仰[2]（つまり精霊や自然環境などの脅威に対抗する力としての仏教的な力への信仰）を中心とする森を遊行する東北タイの頭陀行僧の伝統は、タンマユット派に取り込まれて順化し、その一部は護符信仰として在家者を中心に息づいているが（国家は在家者の信仰までは法的に画一化できない）、頭陀行僧の一部に秘められていた未来仏信仰は力を失っていった［石井 1975: 300-325］。また頭陀行僧の瞑想実践にまつわる守護力信仰の伝統の一部は、東北タイにおいて、仏教的な守護力を行使する在俗の職能者であるモータムという形に変遷し、国家によって制度化された仏教と並存していった［林 2000］。さらに公式の聖典からはずされた『三界経（トライプーム・カター、Traiphum Katha)』や民衆仏教的な聖典である『プラ・マーライ経（Phra Malai Sut Khamluang）』などの伝統も細々と息づいているだけである[3]。そして、本書の第1章で見てきたように、ソット師のタンマガーイ式瞑想も、国家による全国レベルでの組織・思想・実践の統合過程における軋み（教理試験の画一性、コーム文字からタイ文字への移行、口承文化から筆記による文字文化への比重の変化、瞑想実践よりも経典学習の重視、瞑想実践における守護力呈示の禁止等）の中で生まれてきたものであった。

　さらに言えば、タンバイアが最初の著作で論じているような、村落社会における仏教信仰と精霊信仰の共時的な連関（本書の序章第4節を参照）も、このような過程の中で生じているものである［林 2000］。村落仏教に関するタンバイアの議論は、1960年代の現地調査に基づくものであり、この時期の村落社会には近代的な学校制度や公的でナショナルな仏教制度が、完全とは言わないまでもかなり浸透していたはずである。貴重なラジオを通じてバンコク発

の仏教番組を耳にした人々も少なからず存在しただろう。いずれにせよ文明や近代化から隔絶された未開社会などではない。

　このような画一化の過程を、林は「二重構造」と「均質化」といった用語を用いて次のように的確に述べている。

　　　地方における仏教は結果的に二重構造をみせるが、基本的な相違は、均質性のもとに覆われる。儀礼・習慣の相違は、今日、相違としてではなく、一国内の「郷土」の仏教の姿として顕れている［林 2000: 312］。

　この「二重構造」と「均質性」の議論は、おそらく地方の仏教伝統だけではなく、精霊信仰や都市部の仏教伝統にも当てはまるものであろう。ただし、このように述べるとタイ仏教が押しなべてシンクレティックであるかのような印象も与えかねないので（もちろん林はそのような議論をしているわけではない）、「均質性」にも十分配慮して、林のこの議論を多少整えておきたい。

　林の議論を換言し、さらに敷衍すれば、近代タイの仏教ならびにそれと連関する精霊信仰などの諸信仰は、次のような配列変容を遂げたと推定される。近代国家による全国規模での仏教の制度化以前には、多様な伝統が乱立する状態であった。もちろんその中でも影響力の強弱はあっただろうし、諸伝統の複合も見られただろう。近代国家による制度化は、この乱立状況をいわば「主流派伝統」と「非主流派伝統」に区分けしていくものであったと言えよう。ただし、ここで言う非主流派伝統とは、主流派の純粋な残余ではない。それは残余と主流派伝統の「二重構造」をなした混合体である。真に残余として排斥された伝統はごく小規模でしか残っていないだろう。現在では、精霊信仰に依拠した霊媒師の活動でさえ、その多くは、主流派伝統である制度化された仏教との関わりをなくしては、力の正統性を誇示できなくなっている［森 1974a, 1974b, 田辺 1995b, アーナン 1993］。

　この論をわかりやすくするために、諸伝統の構成要素を A, B, C, D ……といった記号を用いて表わせば、近代の制度化によるタイ上座仏教の変容を、次のように表現することが可能だろう。つまり、近代以前は、{A, B, C, AC, BD, ABE, F……} などと雑多で多様な組み合わせが見られた。それが近代国

家の制度化以降、{A, AB, AD, ABD, AF, ABDF……}といった形で、いくつかの要素（ここではC, E）は消え去るか潜在化し、Aだけで単独で成立するか、Aを伴った二重構造（場合によってはAを含む多重構造）になるかの、いずれかに変化していったと言えよう（いずれにしてもAを伴っている点が重要）。したがって、簡単に記号化すると、タイ仏教の近代化における画一化とは、[A／A＋非A]という二項対立を生み出す過程であったと言える。前者の項[A]と後者の項[A＋非A]の両方の存在様態が可能なので、前者を見ると純粋な仏教が残っていると語られ、後者を見るとシンクレティックな仏教になっていると語られるわけである。しかし、これらは画一化の過程で同時に形成された光と陰なのである[4]。

　ここで述べている二重構造化した項［A＋非A］は、必ずしも教義のレベルで二重構造化するとは限らない。宗教職能者や信徒の実際的な活動のレベルで二重構造化している場合もある。たとえば、独自の思想に基づいた信仰実践とともに、仏祭日には主流派の寺院行事に出席するなどといった実践形態もありうる。タンバイアが示したような村落部での信仰形態などは教義上と言うよりも実践上の二重（多重）構造であろう。さらには一部の霊媒カルトや非主流派の仏教（精霊信仰）運動[5]や日本の新宗教運動などは、主流派の上座仏教への配慮や寛容性を踏まえていないと活動が困難であるし、信徒の増加も望めないだろう。このような信教の自由を妨げかねない制度的背景の根幹には、王権（と統一サンガ）の存在と公認教制度があると考えられる。また、この主流派と非主流派といった変則的な二項対立は、仏教およびこれに深く関与する宗教伝統に対してのみ当てはまるものとしておく。なぜなら、このような制度化が行なわれた20世紀初頭においては宗教行政の主たる対象は上座仏教に限られていたからである。イスラームやキリスト教およびヒンドゥー教やシーク教、そして華人系・ベトナム人系の大乗仏教などが上座仏教と同様に公認宗教と見なされて法制化され行政の管理対象となったのは、王権主導の国家運営から、世俗権力主導の国家運営に移行した1932年以後のことである。

　また、この二重構造は、思想や儀礼実践等の多様性を吸収しながらも、その基盤に共通項［A］の部分における強固な画一性を持っており、それは国家

レベルで保持されている。つまり、タイ国サンガが分裂しないよう王権ないしは国家が保護を与えると言うわけである。そのような国家・王権とサンガの関係が制度化されているため、タイの上座仏教から分派が生まれることは非常に難しい。もしタイ国サンガに対抗して独自の上座仏教サンガを構成しようとすれば、制度上それは上座仏教と見なされなくなるのである。そうなるとそのような独立した団体に深くコミットしている信徒を除き、一般の上座仏教信徒がこの団体に寄進を行うようなことはなくなり、その団体の影響力は限られたものとなってしまう。もちろん国家からは公認および資金的な援助も得られなくなる。団体指導者が痛烈なサンガ批判を行ない、遂には僧籍を剥奪され、上座仏教団体とは別の宗教団体として活動せざるをえなくなったサンティ・アソーク（序章第5節参照）などがその典型であろう［福島1993］。

　タイ上座仏教が分派を生みづらい構造を呈しているという点をさらに敷衍すれば、単に分派が生じないだけではなく、伝統宗教と新宗教といった区分も生じづらくなると言えよう。先述の二重構造に組み込まれることにより、タンマガーイ寺のように日本の新宗教運動と似通った組織や思想や活動の独自性を持っている団体も、分派することなく、伝統的なタイ国サンガの一員として居場所を確保できるわけである。伝統仏教団体の内部にいたまま、近代社会に即した教えや組織形態を持つ「近代宗教」［井上 2001: 234］を形成しているのが、タンマガーイ寺と言えよう。また、僧侶を抱えず独自の思想を有した在家者中心の仏教系団体も存在しているが[6]、そのような団体も僧侶集団を制度化したタイ国サンガをないがしろにはできず、その影響力は限られたものとなる。つまりタイにおいても新宗教的な運動の萌芽は見られるが、二重構造によってそれらの集団が独立し影響力を拡大することが起こりづらいのである。なお、上座仏教とは異なる宗派的独自性を有した僧院がないわけではない。しかしそれは、華人系やベトナム人系の大乗仏教であり、信仰の独自性への配慮と言うよりは、少数民族の文化への配慮によって保障されているものと言えよう。

　さらに、この二重構造化における共通項［A］によって、もう1つ重要な事柄が生じた。それは、末端レベルの仏教活動が国家の公的なレベルの仏教組

織と接続するというものである。つまり、村落の人間関係に埋め込まれた宗教活動が、統一化された国家の公的な宗教活動に繋がっていくということが生じたのである。換言すれば、理念的には村落の末端レベルの仏教集団だけでなく、それらを統合したレベルのタイ統一サンガという仏教集団が生まれ、これらが一体のものと想定され想像されていったのである。

ただし1970年代以降は、村落レベルの生活に即した仏教とナショナルな文化的統合を提示する公的な仏教と間の暗黙の融合関係に亀裂が入り始めていると思われる。村落から都市への人口移動により、村落の地縁的な社会関係だけでなくそれと表裏一体の関係にあった村落レベルの仏教や民衆宗教も影響力を弱め、当事者にとって実感の薄いものとなっている。一方で公的な仏教は、サンガ組織の統一と王権のもとで確固たるものとして維持されているが、これは人々にとって実感の薄らいだ信仰となり自身の生活から遊離した信仰となりつつある。そこでこのギャップを埋めるような様々な仏教運動が1970年代以降現れてきたのだと考えられる。

他方で、[A]の項目、つまり主流派伝統の思想自体は、実際のところ平坦なものではなく、その内部にいくつか異なる要素を含み、場合によっては相互に矛盾する要素も見られる。この要素として主要なものは次の4点であろう。第1にタンブンによって来世における良き生れ変わりや近い将来における幸せな生活を目指す思想[7]。第2に涅槃を目指す思想。第3に近代の自然科学や社会科学の見解とも両立しうる合理主義的な仏教思想。第4に、王権や国家による仏教の統制などを通じて呈示され公共性の基盤とされる道徳思想である。ちなみに、第1の来世・現世の幸福の思想と、第3の合理主義的思想は、場合によっては矛盾する関係にある。そこで、第2と第3の要素を特化させて、第1と第4の思想を再解釈していくと、プッタタート師などの改革派僧侶（あるいは開発僧など）の立場となっていく。また、このように公共性を強く帯びた主流派の立場をラディカルに展開する中から生まれてくる都市部の新たな仏教運動（たとえば、サンティ・アソーク。本書の序章第5節参照）と、私的な社会関係の再編を重視する非主流派の中から生まれてくる都市部の新たな仏教運動（たとえば、タンマガーイ）を比較する場合、比較の土台を安易に設定してどちらかの立場に偏ってしまわないように、十分な留意がなされる

べきであろう[8]。

　以上のような議論に基づくと、タンマガーイ式瞑想の位置づけがわかりやすくなる。タンマガーイの思想とは、以上述べてきたような二重構造を帯びているものなのである。実際に、本書の第2章第3節で述べたようにソット師の思想は、パーリ三蔵経典に基づく主流派伝統の思想（A）と、タンマガーイ独自のもの（非A）の、二層からなるものであった。そして、この非Aの伝統の一部分は、タイやセイロン（スリランカ）の一部で伝えられていた伝統と関わりがあり、もしかすると大乗仏教と上座仏教に分かれる以前の伝統や、大乗的要素を帯びた上座仏教傍流の伝統を引き継いでいる可能性もあるということを、第2章において論じたのである。そして上座仏教からの逸脱を指摘されている独自の思想（非A）を持ちながらも、主流派の思想（A）を共有する点が強調されることにより、タンマガーイ寺の活動は新宗教としてカテゴライズされにくいのである。

　また序章で取り上げたように、タンマガーイ式瞑想が非合理性を強調しながら合理的な要素も維持しているという、両義的な評価がなされてきたのも［序章第5節(2)を参照］、この二重性に由来するものである。ただし、第5章第2節で詳細に論じたように、ソット師の守護力信仰は、タンマガーイ寺のタンマチャヨー師などによって、他界探訪の要素が潜在化ないしは秘儀化されていくという合理化を経ていた。しかしながら、タンマガーイ思想の主たる要素（非A）が、タンマガーイという神秘的な存在に依拠し、それに基づく守護力信仰の系譜にある限り、合理主義的な仏教思想（A）に全面的に向かうことは難しいと思われる。

2　宗教的自己としてのタンマガーイ
──個別的に内在化された守護力

　前節では、実践宗教としての上座仏教に多様な伝統の存在する（した）こと、また近代タイにおいてそれらの諸伝統や隣接する諸信仰が画一化された際の様式について述べてきた。そしてこの見解に基づいて、タンマガーイ式瞑想を、非主流派の伝統（仏教的な守護力信仰の中の特殊な伝統）と主流派伝統との、

二重構造をなすものとして位置づけた。大枠においては、このような説明によってタンマガーイ式瞑想を位置づけることはできよう。その意味でソット師の活動は、東北タイを遊行する頭陀行僧と同様に、瞑想実践に基づき涅槃に近づく力を守護力と捉える信仰の伝統に属しているとも言える。しかし、一般の信徒にとってのタンマガーイ式瞑想の独自性とは、そのような教義的伝統内の細かな差異にではなく、僧侶の瞑想実践を通じて得られる守護力の独自性において認識されていたと言えよう。では、タンマガーイ式瞑想は守護力信仰の内部においてどのような独自性を持っているのだろうか。以下、本節ではこの点を明らかにしていきたい。

　守護力信仰内部の差異を明らかにするために若干の工夫が必要である。それは、守護力信仰を僧侶の関わる信仰としての仏教に限定せず、一般的には非仏教とされる精霊信仰との関連の中で見ていくことである。なぜなら、この2つの守護力信仰は、実際的には様々な形で連関し融合しているからである。たとえば、20世紀初頭に東北タイを遊行し瞑想実践に長けていた頭陀行僧達は、民衆の守護力信仰の対象であっただけではなく、国家的な正統仏教の布教者としての顔も持っており、遊行の各地で村の守護精霊信仰を排除していった経緯がある[林 2000: 324-325]。また、この伝統の系譜にあり、瞑想・戒律・呪文の実践によって守護力を発揮する在俗職能者であるモータムも、村の守護精霊信仰（およびその霊媒師）に対抗する勢力となっており、さらには災いを及ぼす悪霊と化した諸精霊を祓う力の持ち主とも見なされている[林 2000: 239]。少なくとも一般の在家信徒にとっては、守護力とは仏教的なものであれ、非仏教的なものであれ、選択できる対象であり、場合によっては使い分けや相互補完の可能なものだと言えよう。

　もちろん、類型化とは特定の視点に基づく区分にすぎないので、ここで筆者が論じる以外の区分も可能である。ただ、ここで筆者が拠って立つ視点は、社会変動の中でどのように守護力信仰が変容したのかを明らかにし、その変容過程においてタンマガーイ式瞑想の独自性を位置づけることにある。したがって、守護力信仰を論じるための区分としては、社会変動や社会関係の変容との相関が組み込まれたものでなくてはならない。また先に述べたように、実際的な社会の中では、守護力は仏教・非仏教（あるいは僧侶の介在・非介在）

の多様な組み合わせの中で使い分けられたり併用されたりしており、またそのことが社会関係と密接な関わりを持っているのである。このような視点と条件に基づいた場合、守護力信仰の区分に、非仏教的な信仰（あるいは僧侶が介在しない信仰）をも組み込んでおくことは必要であろう。

　守護力信仰の視点からタンマガーイ式瞑想の特質を明らかにする際に、最もわかりやすいのは、守護力ないしはそれを行使する人物が、「分業」状態にあるかそれとも「収斂」しているのかという区分である。東北タイの村落を研究したタンバイアの事例では、複雑な社会関係に埋め込まれる形で守護力信仰の実践は分業されていたという解釈も可能だろう。また、同様に東北タイの事例であるが、（頭陀行僧やその末裔であるモータムの影響によって、村の守護霊信仰が排除されていない場合には）守護霊信仰は多様な精霊を対象とし、その診断や治療なども様々な術者によって分業されていた［林 2000: 258］。これに対して、頭陀行僧やモータムの場合は、一元的に収斂した守護力を、理念的には1人の人物が行使している（実際は、複数の人物が同時に診断などを行なって意見を集約していく［林 2000: 268-274］）。守護力の収斂型の別な事例としては、第3章第2節で言及した、バンコク近郊の都市部の職業的シャーマン（Cao Pho）などがあげられる。この霊媒師を研究した森は、この職能者について、多種多様な呪術・宗教的サービスを一手に引き受けている「万能の魔術師」だと述べている。その背景には、都市化によって村落世界の呪術・宗教的サービスの分業が解体され、既存の多様な実践を収斂した職能者と世界観が必要となったことにあると論じている［森 1974b: 184-188］。また筆者は森のこの議論に依拠して、都市部における収斂型の守護力信仰の亜種として、ソット師のタンマガーイ式瞑想実践を位置づけた。たとえば具体的には、タンマガーイ式瞑想による他界探訪と交霊、多様な災厄を排除する祈祷所の瞑想（第1章第6節(2)を参照）、地方への布教の際に行なわれた霊媒師の活動を封じ込める行為（第5章第1節参照）、さらには村の長老達によるクワン儀礼（招魂儀礼）を事前に行なわない出家式（第6章第3節、**表6-15**を参照）などである。

　以上のように、守護力信仰は、その信仰が息づく社会関係のありようによって、「分業型」と「収斂型」に区分できる。しかし、この区分だけでは、タンマガーイ式瞑想と、その他の頭陀行僧やモータムならびに都市の職業的

シャーマンとの差異が見えてこない。そこでもう1つ、収斂型内部に区分を導入したい。それは、「放射型」と「内在型」である[9]。前者は、収斂した守護力がある一定の人物や事物から多方面に流れ出るような一元的に管理された様式を意味する。いわば、特定のカリスマ者から守護力が放射され、信徒やクライアントがこの力の流れに預かるというものである。後者は、収斂した守護力が、特定のカリスマ者だけではなく、同形式のままで各個人にも存在しているという様式である。こちらは、万人が小さなカリスマ者になるのである。収斂型の一般的な守護力信仰（収斂−放射型）と異なり、ソット師のタンマガーイ式瞑想は後者の形式（収斂−内在型）を強調していたと言えよう。もっとも、生前のソット師の場合においても、師を中心とした収斂−放射型の守護力信仰が強い影響力を持っていたし、逆に東北タイの頭陀行僧の場合でも、一般信徒に瞑想実践を享受するといった意味では収斂−内在型の要素も見受けられる。したがって、放射型と内在型は、実際には重なり合っており、どちらの型の影響力が強いかといった相対的な判断しかできない[10]。しかし、ソット師が亡くなった後に台頭してきたタンマガーイ寺の実践では、明らかに収斂−内在型の守護力信仰が重視されてきたと言えよう[11]。

　また、収斂−放射型が収斂−内在型の守護力信仰へと比重を移す要因について、詳しい分析を行なう準備はできていないが、以下に重要と思われる要因を示しておく。第1に僧侶自身が放射型をやめるという状況である。たとえば、統一サンガ上層部からの指令によって、守護力信仰を公然と示すことを控えたソット師のケースなどがある（師の場合は、一方では外部から隔絶された場所で放射型の実践を行ない、他方では配布した護符を信徒に瞑想させるという方法によって放射型を内在型に接合していった。）。第2に弟子や信徒の側が内在型を重視するような状況である。たとえば、放射を行なうカリスマ者が亡くなるという場合や、守護力に懐疑的な人が、そのような非合理な力の存在を自分の内的実感を伴って信じるようになるといった場合などがある。

　以上、守護力信仰の区分として、「分業型」、「収斂−放射型」、「収斂−内在型」の3つの型を構成し、タンマガーイ式瞑想の独自性は、収斂−内在型の守護力信仰にあると論じてきた。この独自性とは、換言すれば、宗教的自己の観念（宗教的な場において表象される、個々人の認識や意識や感情や行為などが帰

属する境界の内側)の独特な形式を大衆化した点にあると言えよう。収斂－内在型と異なり、分業型や収斂－放射型の実践を通じて形成される宗教的な自己の観念は、外部の自然界や超自然的な異界、さらに多様な社会関係の中に溶け込み広がっている自己であった。たとえば、タイの伝統的な魂ないしは自己の観念の1つとして、クワン(Khwan)という生霊の観念がある。このクワンが体から離れると病や死を引き起こすとされており、それを避けるためにクワンを体内に留めて強化する儀礼が行なわれる。この儀礼において扱われる魂・自己の観念は、年長者の行なう儀礼によって強化される年少者の魂・自己なのである。つまり、クワンを精神・生命力の面から捉えた自己観念の表象と考えた場合、クワン的な自己は自分自身で制御できるものではないと言える。これに対して、タンマガーイ式瞑想によって形成される自己の観念は、タンマガーイという表象に収斂した守護力が、各個人の内面に存在するといった形式から成り立っており、自分で制御のできる自己となっているのである[12]。それは、個人化する自己という点では、近代西洋に生じた個人とパラレルな精神的概念である[13]。しかしながら、タンマガーイの宗教的自己の観念は、内面に取り込まれた守護力であり、近代西洋的な個人とは異なる面を持っている[14]。

3 タンマガーイ的な宗教的自己の変遷

前節では、ソット師によるタンマガーイ式瞑想が、守護力信仰の系譜にあり、収斂－内在型という独特な形式を持ち、そのように内在化された守護力が独自の宗教的自己の観念を形成していることを指摘した。タンマチャヨー師率いるタンマガーイ寺は、この宗教的自己を継承した運動である。しかし、ソット師の思想や活動はそのまま引き継がれたのではなく、いくらかの変容を来たしている。まず第1に、他界信仰や来世信仰などは教説の上では維持されているが、ソット師の時代のようには実践されず脱呪術化および秘儀化していった(第5章第2節を参照)。

これと関連して、第2に、タンブン思想と守護力信仰における相互浸透の度合いが増していったという点があげられる。ソット師の思想にもこの傾向

は見られたのであるが、タンマガーイ寺の場合は、他界探訪を行なわないこと、また再生信仰を維持しながらも現世での「涅槃」到達をより上位の目標とする一般信徒が増加したこと、さらに都市新中間層のように自己努力である程度は現在の生活状況を変えられるという社会環境などの諸要因によって、来世および近い将来の幸運に作用すると信じられていたタンブン思想が変質していった。端的に言えば、タンブン思想が現世志向の度合いを強めていったと言えよう。また前節でも述べたように守護力自体も変質し、さらには、タンマガーイ信徒の場合、災因を自己の外側にいる精霊や内側に宿る悪霊的存在[15]ではなく、自己の内面の無秩序と捉え（第5章第8節と第9節を参照）、個々人に内面化された守護力であるタンマガーイによってこの無秩序を制御すると理解されていく傾向があった。そうなると、通常は自分以外の何者かから与えられる守護力は、自己自身の行為に基づく善因善果のブンの思想と大差のないものになっていく。つまり、タンマガーイ式瞑想と修養によって得られるブンがもたらす幸運（生活の改善や、落ち着いた人格への移行、仕事の能率向上などを生じさせる自身の道徳的特質がもたらす善果）と、タンマガーイ式の仏像を作成・入手するための寄進を通じて得られるブンがもたらす守護力（病気治癒や事故回避などを生じさせる外部からの力）は、タンマガーイ的な救済論の中でほぼ同じものとなっているのである。

　第3にタンマガーイ寺では、このブンと一体になった守護力に基づく宗教的自己の観念を、ソット師が行なわなかった方法によって2つの方向に発展させている。その1つは、信徒の規律訓練（仏法継承者訓練や週末の野外瞑想訓練など）を強化し、瞑想と修養を組み合わせ、現代タイの都市社会で生き抜く心身の形成を行なう方向へと向かった。その基盤となるのが、「瞑想・修養系の信仰」である（第6章第12節を参照）。もう1つは、宗教的自己の観念としてのタンマガーイを、聖地や仏像ならびにメディア上のイメージとして表象し、それを大規模な儀礼に組み込んでいく「寄進系の信仰」という方向である。文字の大伝統の要素が、地方村落では神話や儀礼に変換されているというタンバイアの指摘と同様に、ソット師の思想は、教説としてよりも具象化された儀礼に変換されてタンマガーイ寺に伝えられている。タンマガーイ寺では、タンマガーイ思想における「真我」やプラ・ニッパーンが住する「涅槃

（処）」（アーヤタナ・ニッパーン）の教説を、一般信徒に対して詳細に解説することはほとんどない。しかし、それは儀礼において具象化されイメージとして想起されている[16]。たとえば、瞑想によって「涅槃（処）」に一時的に入り込み、そこに住するプラ・ニッパーン（プラ・タンマガーイ）に出会えるといったタンマガーイ独自の思想は（第2章第4節参照）、タンマガーイ寺の第1日曜日の儀礼で行なわれるブーチャー・カオ・プラの儀礼（集団瞑想によりタンマチャヨー師を通じて、プラ・タンマガーイに食施を行なう儀礼。第7章第1節参照）に現れている。また、欲界・色界・無色界の三界およびそれを超えた「涅槃（涅槃処）」の世界は球体であり、「涅槃（涅槃処）」の中心には中核的なプラ・ニッパーンがおり、その周囲に多数のアラハンやプラ・ニッパーンを従えているという教説は（第2章第4節を参照）、タンマガーイ寺の大仏塔と小仏像や、儀礼の際にそこに集まる大勢の信徒をイメージした画像として具象化されている（第6章第11節および第7章第3節の図7-C、図7-Dを参照）。さらにタンマガーイ寺の大仏塔建立を祝う儀式において、野外の上空に巨大なソット師のような姿や光球のようなものが現れたという現象は（第6章第11節を参照）、ソット師と弟子達が祈祷所で行なっていたプラ・ニッパーンの召還（第1章第6節(2)を参照）と非常に似通った現象であると言えよう[17]。

　本章ではまず、実践宗教としての上座仏教には正統性の基準を異にする多様な伝統が存在したという点を明らかにし、次いで近代タイ国家の全国的な宗教統制の制度によってこれらの諸伝統や隣接する諸信仰が（[A／A＋非A]）といった形で画一化された事を整理した。これは一方で、主流派と非主流派の仏教伝統を形成しつつ、宗派的分裂を抑える作用をもたらし、他方で変則的な二項関係の共通項を通して、末端の仏教集団が国家レベルの仏教集団と一体であるという認識を生み出した。また、これらの見解に基づいて、タンマガーイ式瞑想を、非主流派の仏教的な守護力信仰における特殊な伝統（および可能性としては、上座仏教と大乗仏教の区分に収まり切らない伝統）と、主流派伝統との「二重構造」をなすものとして位置づけた。そして守護力信仰を「分業型」、「収斂－放射型」、「収斂－内在型」に区分し、タンマガーイ式瞑想の独自性は収斂－内在型にあるという点を明らかにし、それが独特な「宗教的自

己（個人）」の観念を生み出したのだと結論づけた。

　次いで、タンマガーイ寺がこのような独特な宗教的自己の観念を引き継いでいったことを指摘し、そこでは、ソット師の思想の中に内包されていた、ブンと一体となって内在化された守護力という特質がより際立ち、これが2つの方向に展開してきていることを指摘した。それは、一方で寄進によって構成される儀礼化された思想の中に取り込まれて、新たな形での社会関係の構築へと展開し（第9章参照）、他方では、心身訓練と組織化を通じて、快適さと規律を同時に追求する消費社会の心身規制に接続していったと言えよう（第10章参照）。換言すれば、タンマガーイ的な宗教的自己の2つの展開は、「寄進系の信仰」と「瞑想・修養系の信仰」という形で結晶化した2つの信仰型を形成しているのである（第6章第12節参照）。

注
1　タンマユット派は、当時のモン族における仏教の戒律実践様式を重視し、さらに西欧の科学に対抗できる仏教思想へと仏教をいわば純化していった。現在のタイにおける主流の伝統はこの末裔と言えよう。しかし、この純化がどのような基準で妥当であり、排斥されていった諸思想や諸実践が秘めていた可能性をどう評価するべきか、また上座仏教の多様性が実践者の視点や価値観において維持できるのか、さらには仮にこれらの多様性を異端化することや仏教から排斥することが正当な判断だとしても、その後には宗教間対話・宗教紛争という問題の射程が広がっているのではないだろうか、と言った多様な問題が残されている。これらについても論じるべきだろうが、筆者にはまだ十分な準備ができていない。
2　本書では、学術的に使用されている呪術という用語を使わずに、守護力という用語を使う。呪術には妖術（告発）などの、他者に対して危害を加える非合理的な作用という意味も含まれるが、守護力は呪術という用語からそのような負の意味づけを取り除いたものとしておく（もっとも、精霊を祓う守護力は、精霊を主体に考えれば危害を加えることになるが）。
3　今日『三界経』は、タイ的伝統のシンボルとして一部の保守的政治家に評価されている［Jackson 1991, 1993］。また『マーライ経』は、20世紀中ごろまで葬式の際の民間劇に取り入れられていた［Brereton 1993］。
4　もちろんこのような静態的な図式は、画一化の程度やその方向性などを捨象してしまっている。
5　たとえばサムナック・プーサワン（フーパ・サワン）の運動など。この運動は1970年代に始まり1981年に弾圧され、現在また活動を再開している。この団体は、独特の国王崇拝と仏教および精霊信仰に基づく独自の思想（二重構造化した思想）だけではなく、一般の寺院を参拝するなどの活動も組み込んでいる。
6　注5で述べたサムナック・プーサワン（フーパ・サワン）の運動など。
7　来世の幸福と、近い将来の幸福との間にも分裂が生じる可能性はある。また、後者が強調

されると、一方で守護力信仰に接近する傾向と、他方で社会変革に向かう傾向が顕著になっていくだろう。来世の救済と比較した場合、この両者ともに現世志向と言えよう。また、聖人とその護符に対する守護力信仰は、正統教理において基本的には排除される［非Ａ］的要素であるが、その理由が、守護力は存在しうるがそれは解脱に向かうための本道ではないという、肯定を含んだ否定となっている。そのため、解脱を当面は求めていない在家の信徒にとっては、守護力信仰は正統な［Ａ］的要素と見られる傾向がある。

8 　都市部の新たな仏教運動における2つの系譜という考えは、近代日本の天皇制国体論を論じた安丸良夫の論に依拠している。安丸は、異端思想について、「Ｏ異端」（Ｏはオーソドキシィの略）と「Ｈ異端」（Ｈはヘテロジーニアスの略）といった理念的区分を行なっている。前者は、天皇制国体論の正統的言説をラディカルに押し進めることで政府から弾圧を被ることになった、正統の中に生まれた異端である。後者は、民衆宗教などのように、天皇制の正統的言説とは異質な思想的系譜にある異端である［安丸 1992: 222, 280-282］。

9 　守護力の個々人への内在化という議論は、日本における新宗教の発生を論じた、島薗の議論を参考にしている［島薗 1978］。島薗は、多発反復的な神がかりを行なう民俗〈宗教〉が変容して生神教祖へと一元化し、さらにその呪術的力が信徒へと広がっていくといった過程として、新宗教の発生を論じている。

10 　田辺の論考で取り上げられている北タイの職業的霊媒カルトでは、霊媒師は自ら憑依して患者の治療に当たるが、この治療過程において患者は徐々に憑依状態になることを学んでいく。そして最終的に、患者自身が制御された憑依を行なえるようになる。この段階で、患者は治療者、つまり新たな霊媒師となっていくのである［田辺 1995: 206-208］。これは、収斂した守護力の放射と内在という型が、時間の経過の中で組み合わされている事例と言えよう。

11 　ただし、タンマガーイ寺では守護力と言うよりは、一般にブンが強調されているのではないかという疑問もあるだろう。しかしタンマガーイ寺の信仰のように、他界信仰の重要性が相対的に低下し、現世での幸福がクローズアップされてくると、ブンの概念が守護力信仰と大きく重ってくるのである（本章第3節を参照）。

12 　このような個人化した自己は、修行という特殊な儀礼の実践形式と相関している。儀礼という行為をある事態を別の事態に変化させるためになされる定型化された反復的行為として幅広く捉えた場合、仮にいわゆる集合的な儀礼が行なわれない場合でも、個々人の宗教的行為である修行を儀礼の一部と見なすことは可能であろう。しかし、瞑想実践を含め修行という儀礼行為は、狭義の儀礼（慣習的な共同体儀礼）とはある重要な点で異なっている。修行は、その都度行なわれる儀礼的行為によって、究極的な目標に到達することがほとんどありえない行為なのである。たとえば、一度瞑想すれば、すぐにブッダと同じ境地に至れるというわけではない。修行は、不完全な儀礼、充足しない儀礼、目標が先延ばしにされる儀礼なのである。あるいは目標さえもが、常に解釈されてその都度暫定的にしか体得されない儀礼なのである。

　したがって修行は、通常の意味での慣習的な集合儀礼のように、特定の事態を、固定化された手続きによって、比較的安定した世界観の中で一貫した目的に向かって変化させ完結させるようなものとは異なり、ある程度の自覚的な再帰性が組み込まれた儀礼となる。つまり修行には常に試行錯誤が組み込まれる可能性がある。この試行錯誤は、修行の体験をその都度の新たな体験（たとえば、内なるプラ・タンマガーイとの出会い）として作り上げるだけ

でなく、さらには内省過程を伴なった個人化した自己を生み出す。そこには、既存の慣習的な信心とは異なるタイプの「信仰心」が生まれる。常にあるべき理想に向かって邁進し、内省による自己変革を強調した「信仰心」が生まれる。ただし、タンマガーイ式瞑想の場合には、その内省過程に、神秘的な他者が入り込んでくる点で、近代西洋の個人とは異なると言えよう。

13 　西洋における個人ならびに個人主義の析出過程についてはデュモンが人類学的な知見を応用して論じている［デュモン 1993］。

14 　プロテスタント的な自己とは、「呪術からの解放」と「内面的孤立化」によって形成されていった［島薗 1992: 135-137］。これに対して、タンマガーイ的な自己とは、守護力（呪術性）の内在化と他者との連接という特質を持っている（第9章参照）。また、タンマガーイ的な個人の観念を、安易に西洋的な個人主義と同定することに対する批判は、田辺がすでに行なっている［田辺 1995b: 196］。

15 　ソット師の見解によれば、これは、善悪二元論的な世界観における、善の根本原理（白派のプラ・ニッパーンあるいはプラ・タンマガーイ）と悪の根本原理（黒派の魔）との戦いとされている（第2章第5節参照）。

16 　一般信徒とは別に、タンマガーイ寺の教学僧や教学に携わる職員は、ソット師のタンマガーイ思想について詳細に知っており、部外者がタンマガーイ式瞑想の由来や正統性について疑問を呈した場合には、ソット師の思想や活動を記した文献（筆者が第1部で参照したもの）に基づいて、反論を展開している。

17 　もっとも、最後の事例は、ソット師の思想を儀礼化したと言うよりは、ソット師が行なっていた儀礼を引き継いだと言うべきだろう。

第9章　寄進と共同性──聖地・仏像・マスメディア

　本章ならびに次章においては、「寄進系の信仰」と「瞑想・修養系の信仰」という形で結晶化したタンマガーイ的な宗教的自己の観念についての分析を進める。本章では、前者の「寄進系の信仰」を主たる対象として扱い、さらにその分析過程を通じて、序章で呈示した第2の論点（タンブン［積徳行］と社会関係の連関が、村落社会から都市の消費社会に移ったときにどのように変容したのかという問題）にまで踏み込み、その多様な側面を明らかにする。

　ただし、この分析を進めるに当たって、以下の2点だけ補足を加えておきたい。第1に、信仰の結晶モデルにおける、結晶軸の社会的文脈の分析は、信徒個々人の具体的かつ主観レベルでの多様な信念を細かく捉えるということではない（結晶モデルと結晶軸については、第6章第12節を参照）。第5章で見たように、同じ社会環境下にあった幹部僧侶達（メーターナントー師とターナウットー師）は似通った信念構造を有していたが、両者の具体的な信念の意味づけには相違があった。以下の分析が注目するのは、このようなミクロで具体的な信念のレベルではなく、それが位置づけられるマクロで社会的な構造と連関した信念の構造（結晶体）のレベルである。次いで第2に、この2つの信仰型は、形式的には独立して扱うことができるが、当事者にとっては1つに繋がった全体的な経験である。したがって、以下の分析においてもこの2つの信仰型が、それぞれ独自の社会的背景と関わりながらも、相互に補完関係にあることが示されるであろう。

1　寄進の問題性と可能性

第9章　寄進と共同性　283

(1) 商業化された宗教への通俗的な批判

　本書では、「寄進系の信仰」、つまり「寄進」「ブン（功徳・心の浄化と幸運）」「儀礼の場におけるタンマガーイの表象」といった連関する3軸の社会的文脈について論じる。しかし、これらの軸の社会的文脈について論じる前に、いささか遠回りだが、先に保留にしておいた（第6章第11節）、寄進とその現世利益を中心とした信仰についての価値判断に踏み込み、この問題を整理しておくことが、以下に見るように「寄進系の信仰」の社会的文脈を理解することに繋がるだろう。

　タンマガーイ寺の大規模儀礼、および寄進で信徒が入手する聖なる記念品、さらに儀礼の場の建造物への寄進については、これまでタイ社会の様々な人々が、仏教の商業化だと批判し、消費主義社会に迎合した仏教だと述べてきた。宣伝とマーケティングを重視し、巨大な建造物を建て、多額の寄進を推奨する組織運営に対して、無欲を求める仏教としてふさわしくないという見解などが見られる。また、瞑想における理想が抽象的なものではなく、タンマガーイという具象化にあることが、寄進によってその理想を具象化するということに結びつきやすいという見解や［Suwanna 1990a: 401-402, 406］、ブンの観念がモノのように具象化されて扱われており、タンブン（積徳行）がパッケージ化された商品の消費になっているという見解などもある［Apinya 1993: 168］。

　しかしこれらタンマガーイ寺の活動に関する消費そして寄進についての批判には、議論として不十分な点も多い。たとえば、タンマガーイ寺の具体的な教義や組織運営にまで踏み込んだ上記の批判についても、瞑想の具象性と寄進がなぜ結びつくのか、それがなぜパークナーム寺のタンマガーイ式瞑想ではなく、タンマガーイ寺の瞑想において結びつくのかについて説明を加えていない。また、ブン（功徳）が商品化されるとはどういうことなのか、それは既存のタンブン（積徳行）とどう違うのか、ブン（功徳）が商品化されていたとしてもなぜそれが問題なのか、そしてなぜ商品化されたブン（功徳）に人々が興味を持つのか、さらにブンを商品化するということを通して実際にはどのような実践が平行して行なわれているのかなどといった、いくつもの重要な点にまで踏み込んだ議論は全くなされていない。消費化する宗教実践

あるいは寄進についての、奥行きのある批判を行なっていないのである。本章では、このような表面的な批判を乗り越えるために、寄進の個人性（特に寄進する側）における教義上の視点と、寄進の共同性という社会科学的な視点から、寄進の問題性と可能性を整理しておきたい。なお寄進については、消費社会における消費という点からも論じる必要があるが、この点については次章で詳述する。

(2) 寄進の個人性

　寄進について教義的かつ個人レベルで論じる際には、寄進される側（出家者）と寄進する側（在家者）の双方について取り上げるべきであろう。しかし、寄進される側は、財が自身に流れ込む中で小欲や禁欲の実践を営むという、構造上入り組んだ状況にある。とりわけ、出家者ないしはその集団や組織が富裕化するということをどの程度に留め、それがいかなる根拠と方法に基づいて正当と見なされるのかを明言することは、決して簡単なことではない。この問題に対しては、本書では十分に取り組む準備ができていない（いくつかの論点は、注に記しておいた）[1]。ただ、本書の主たる目的は一般信徒の信仰活動にあるので、寄進する側については論じなくてはならない。このような理由から、本書では、寄進する側の問題にのみ焦点を合わせておく。

　まず、寄進することの意義について確認しておこう。これにはいくつかの教義的な理由づけがなされている。第1に、自身の欲を捨てる修行であるという解釈がある。欲を捨てる行為だからこそ心が浄化されブンとなり、その結果幸福や幸運をもたらすとされている。

　第2に、寄進によって幸運を得られるという現世利益的な考えが、より深い信仰世界に入り精進するための入り口となるという見解がある。これはタンマガーイ寺では次のように説明されている。人々の中には、護符や仏像などがなくても仏法の真髄に達することのできる人もいるが、このような人は多くない。一般の人は具体的な心の拠り所を求めている。したがって、そのような具象物への信仰から徐々に信仰心を高めていくという方法も必要であり、将来的に煩悩がなくなれば、護符等への執着もなくなっていく。護符とは、泳ぎのできない人が水中で身を寄せる板のようなものであり、泳げるよ

うになれば必要がないものである［Munlanithi Thammakai 1998a: 101-102］。つまり、護符等の具象物への信仰は具体的な心の拠り所を求めるレベルの実践者のために必要であり、具象物への信仰から徐々に信仰を高めて仏教の真髄に達することが必要だというわけである。

　第3に、救済を目指す宗教活動を展開する集団を存続させるための、経費補充という説明。信徒の言葉に換言すれば、世界の人々の心に平和をもたらす仏法を広める活動を行なっている僧侶・僧団を支えるために寄進をする、ということになるだろう。

　このような寄進する側についての教義上の意義は、それを基準にしてマイナス方向に目を向けると、寄進の問題性が浮かび上がってくる。つまり、第1に、欲望を捨てるという寄進が、現世利益への欲望を認める寄進によってないがしろにされていないかどうか。第2に、寄進の現世利益信仰が深い信仰へ導く初歩段階としての効用があるとしても、それが自分の意識や行為をより良い方向へ改善する努力といった、次の段階の信仰に必ずしも繋がっていないのではないか。第3に、寄進の過剰が、寄進者や周囲の人々の生活および精神を圧迫して救済目的から遠のかせていないだろうかという点である。これらの点を、タンマガーイ寺の寄進系の信仰に当てはめて換言すれば、次のようになるだろう。第1に、多種多様な聖なる記念品を次々に提供し、信徒に対して護符への信仰を喚起していく必要はあるのか。記念物は1つでも十分ではないか（ただ、おそらくそれでは様々な施設の建造を重視する現在の拡大志向の教団経営は成り立たないのだろう。したがって巨大施設の建設を志向しない新たな運営方針が必要となろう。）。第2に、具象物への信仰から徐々に脱皮していくような指導を十分行なっているのだろうか。近年、寄進系の信仰が以前よりも強調されているようだが、それは、長年にわたって瞑想と修養を重視してきた信徒にまで、逆に具象物への信仰を促していないだろうか。第3に、信仰心が盛り上がりすぎて生活を圧迫するほどの過剰な寄進に至らないように、寺院や財団は配慮して監督指導する義務を十分に果たしているかどうかといった点である[2]。現在のタンマガーイ寺における寄進とその現世利益を中心とした信仰（寄進系の信仰）は、これらの基準に基づいた場合、寄進者の可能性を開いているのか、それとも問題性を増しているのだろうか。筆者と

しては寺側の活動や見解に疑問を感じる点も多々ある。信徒の方々にはこの点について真摯な議論を行なっていただきたいと思う。

(3) 寄進の共同性

　以上の教義的な側面から見た寄進についての議論は、主として寄進を個人的な行為として捉えていた。しかし寄進には共同性を構築する側面もある。そのような視点に注目してきたのが、人文・社会科学的な宗教研究であった。たとえば、島薗進が述べているように、奉献（宗教的な善のために自己犠牲を覚悟して時間や労力や所有物を贈与すること）には「個人的な意思や動機に由来するもの（あるいは側面）と、共同体的な意思や動機に由来するもの（あるいは側面）がある」［島薗 1996: 93］[3]。そして共同体的な奉献には、地域の生活共同体を代表した一族の長や家長が、その共同体における信仰活動のために寄進を行なうというものや、生活共同体とは異なるが自分が所属する宗教集団に対して、成員の証として寄進を行なうというものなどがある[4]。

　タイの村落部におけるタンブン（積徳行）も、同様に生活共同体のための寄進（あるいは奉献）という側面を持っていると言えよう。ただし島薗の議論は、均質的な共同体的統合とそれへの貢献といった、「未開社会」を彷彿とさせるデュルケーム的プロトタイプに基づいてなされているが、タイの村落におけるタンブン（積徳行）による共同性は、これとは若干異なるものである。タンブンにおいては、個々人による寄進（奉献）を通して得られるブン（功徳）が、特定の他者との間で共有され、そのような共有関係が無数に多方面から折り重なることによって、濃淡のある網の目状の共同性や社会関係を維持し形成していく[5]。国家によって制度化され標準化された仏教教義とは異なり、村落における民衆的な仏教実践の文脈においては、タンブン（積徳行）は親子や親族やその他の人と人を結びつけるといった形式において表出するものであり、個人が得るブンは他者との間で共有されることで、社会関係の中に染み込んでいるのである。たとえば林行夫は、東北タイ村落におけるタンブンが長幼の序列に基づいてなされるものだというタンバイアの見解を批判的に拡張し、次のように述べている。

（ブン（功徳）の共有の典型は親子間の供養行であるが、)[6]……重要な事は、それは具体的な利害関心を共有し、縦関係としての保護者と被保護者の互恵関係にあった夫婦やキョウダイ、同世代の当事者間にも顕れるものであり、必ずしも長幼の序の原理に収束するわけではないことである。積徳行の社会的意味はさらに選択的、恣意的な関係においても発現する［林 2000: 186］。

　筆者が出家してその人(得度式のスポンサーになってくれた村人)に功徳をシェアすることで、擬制的な親—子関係が成立するという。このように功徳のシェアは、単なる互酬的な社会関係を規範的に確認する目的としてのみならず、逆にそのような社会的関係を成立させるような方法としても認識されている［林 2000: 177］[7]。

　また、ムスリムと仏教徒が混住する南部タイの村落を調査した西井涼子は、その村における宗教的実践の中心的な観念である死者にブン（功徳）を送ることを、次のように親族を中心とした人間関係とともに捉えている。

　子供の有無は、死後の死者の運命を左右するブンを送るという行為に関わっている。ブンを送ることを最も確実に行なってくれるのが、子供や孫といった子孫だと考えられている。子供がいない場合には、親族がブンを送ることができる［西井 2001: 234］。

　いずれの場合でも、タンブン（積徳行）は、実践者個々人の将来や来世の幸せを獲得する個人レベルの宗教的行為であるとともに、身近な者とブン（功徳）を共有し、社会関係を形成するといった共同性のレベルがあることをも示している。
　このような、社会科学的な視点から読み取れる次元にまで踏み込んで、寄進の可能性と問題性を論じることで、寄進に対するより深い考察と批判が可能となるだろう。タンマガーイ寺の寄進にこのような次元が存在するのだろうか。存在するとすればどのような形態においてなのだろうか。それは既存

の村落におけるタンブン（積徳行）を通じた共同体形成とどの点で異なるのだろうか。その特異性は、どのような社会的背景と結びついているのだろうか。以下、このような問題に答えていきたい。

2　寄進による共同性の持続と変容

(1) 一般的自己／他者、神秘的自己／他者

　以下本節では、タンマガーイ寺の瞑想実践を、孤立化した個人の営みだけではなく社会的行為としても捉え、瞑想実践と寄進や儀礼が一体となって、人々との繋がりを生み出す仕組みに注目する。つまり、瞑想実践が生み出す特殊な自己の観念に着目し、それを介して行なわれる他の人々とのコミュニケーションの特質の中に寄進を位置づけていく[8]。そのための下準備として、まずタンマガーイ式瞑想に関わる自己の概念を整備しておきたい。

　ここでいう自己とは、認識や意識や感情や行為などの帰属する境界の「内側」を意味する。「内側」と括弧でくくったのは、後に見るように、瞑想の神秘的な体験は、通常の意味での自己の内部から他者と出会う体験であり、自己の内部に自他を分ける境界を感得する場合があるからである。「内側」とは、そのような内部の境界と外部の境界によって縁取られた閉域を意味している（図9-Aのbとcの領域）。逆に他者とは、自己の境界の「外側」にあって自己とは異なる認識や意識や行為の帰属する境界域を形成する者としておく（図9-Aのaとdの領域）。この自己と他者の定義は通常の意味での個々の人間の心身をも意味するが、タンマガーイ寺の信徒が内観によってイメージするよ

　　　　　　　　　　　　　a　神秘的他者
　　　　　　　　　　　　　b　神秘的自己
　　　　　　　　　　　　　c　一般的自己
　　　　　　　　　　　　　d　一般的他者
　　　　　　　　　　　　　（一般的他者は、a, b, c からなる円形
　　　　　　　　　　　　　で図示できる。）

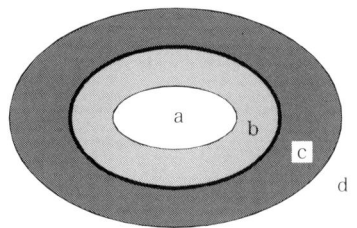

図9-A　一般的自己／他者、神秘的自己／他者

うな対象をも含みうる。その場合、通常の自己や他者を「一般的自己(c)」「一般的他者(d)」と呼び、瞑想によって内観される自己や他者を「神秘的自己(b)」「神秘的他者(a)」と呼ぶことにする。タンマガーイ式瞑想の用語法で述べれば、abが「内なる身体」、aが「内なるプラ・タンマガーイ」ないしは「真我」、bが「仮我」となる（第2章第2節、第2章第4節参照）。

　もちろん、自己なるものは単独で存立可能なものではなく、社会学において論じられているように他の人間との関わりにおいて形成される社会的自我といった視点から捉えることもできる[船津 1995: 45-68, 越井 1986: 30]。しかし、社会的自我の議論が通常着目しているのは、具体的な人間とのコミュニケーションを介しての自我の形成であり、瞑想のような神秘体験やその体験イメージを表象する儀礼などではない。また、以下に詳述するように本書では自我形成の社会的な契機一般の考察ではなく、社会的連接を可能にするような自己（と他者）の領域の境界変容に着目し、またマスメディアによる表象化や瞑想によって行なわれる、自己（と他者）の境界上でのコミュニケーションの特質を明らかにすることが課題となる。したがって、本書では自我ないしは社会的自我という用語の代わりに、自己という用語を使用することにする。

(2) 儀礼における自他の社会的連接——他者との外的連接

　瞑想は個々人による実践ではあるが、それは必ずしも他者と共同で営まれる可能性を排除しない。たとえば、毎週日曜日にタンマガーイ寺で行なわれる集団儀礼には、瞑想実践が多様な形式で組み込まれており（ブッダへの供養儀礼など。第7章第1節および第2節参照）、大勢で瞑想する方がブン（功徳）は大きいとさえ言われている[9]。

　また、タンマガーイ式瞑想で感得する自己の内なる身体（後述の「神秘的自己」や「神秘的他者」）は実践者固有のものでありながら、自分以外の他者による同様の体験と共有されるものでもある。たとえば瞑想訓練においては、瞑想実践による奇跡的な癒しなどを語るよりも[10]、互いに光球や内なる身体などを内観できたかどうか、どういうテクニックで、どういう体験を得たのかなどを語り合い、体験の同質性を確認することを重視する（第7章第6節(2)および第7章第9節(3)参照）。こうして信徒は内なる身体の体得とその表象を介在

して「一般的他者」との関係を紡ぎ上げていく。

　このような一般的他者との連接は、巨大化した儀礼やその儀礼の一環として行なわれるタンブンを通じて、より具体化されている。たとえばタンマガーイ大仏塔の内部とドーム状をした部分の外側には、瞑想によって感得される自己のタンマガーイを表象した小仏像が100万体も整然とはめ込まれ、その1つ1つに信徒個々人の名前が刻み込まれるとされている（第6章第11節を参照）。しかし刻印される個々人の名前は、必ずしも寄進者本人の名前だけとは限らない。両親や祖父母の名前、あるいは亡くなった肉親、ときには瞑想の師である総代タンマチャヨー師や故ウバーシカー・チャンの名前が刻み込まれる。1人で数人分の寄進を行ない、そのブン（功徳）を転送し共有しようとしているのである[11]。

　このように重層的に意味づけされて大仏塔にはめ込まれた何万体もの小仏像は、仏塔の中心部分の本尊仏に向かって極めて秩序正しく整然と並べられている。さらにそこには、儀礼の際に自身の姿を美的に表示する信徒の規律正しい身体のイメージが連接している。そのような統合体は、印刷物やテレビ中継やビデオ映像を通し、マスメディアの俯瞰的な視点を介して、全ての信徒が同じ視点で共有する映像となっているのである（第7章第3節(2)の**図7-Cと図7-Dを参照**）。

　以上のように、自己は空間的な広がりの中で外的に[12]社会関係の中に埋め込まれ、その社会関係は宗教的な物品の中に、また聖地という土地、そしてメディア空間に多層的に転写されていると言えよう。

(3) 共同性の変容

　このようにタンマガーイ寺の宗教実践は、既存の民衆仏教におけるタンブン（積徳行）と同様に社会関係に埋め込まれたものだと言えよう。しかし、タンマガーイ寺の場合そのような既存の宗教実践とは異なる点が3点見られる。第1にタンマガーイ寺の儀礼や物品購入ならびに聖地形成によって構築される人間関係においては、関係の新たな構築が重視されるという点。第2に、そこで構築される関係が間接的な関係であるという点。第3に、タンマガーイの表象が介在してこの間接性を補うという点である。

従来の村落社会の生活とは異なり、現代の都市社会での生活とりわけ社会移動の激しい都市新中間層においては、親と子の価値観や職業や学的背景も大きく異なる（第6章第3節を参照）。またかつての村落社会よりも個々人の社会移動は頻繁になり、日常生活において接する人々との繋がりも流動化し不確実性を帯びていく。彼らにとっては、人と人のあるべき繋がりは、まずもって構築していくべき課題なのである。たとえば、タンマガーイ寺における学生向けの一時出家訓練では、日記や集団討論などを通して、親が自分に対して行なってくれた愛情溢れる行為に関する記憶を呼び起こし、親と子の繋がりを発掘し再構築することに力を入れている（第7章第63節(7)および第7章第7節を参照）。この事例は社会関係の流動化を直接に呈示する証拠とは言えないが、少なくともこのように社会関係を一から紡ぎ上げていく活動の背後に、社会関係の流動化を推察することはできよう。

　また、このような都市社会の生活においては、社会関係の構築と従来のタンブン（積徳行）とは十全な形では折り合いがつきにくい。クリフォード・ギアーツの表現に依拠すれば、社会体系と文化体系の間にずれが生じていると言えよう［ギアーツ 1987: 247,288］。たとえば、親族と地理的に離れた所で生活している場合、儀礼に参加しタンブン（積徳行）に励んで人との繋がりを紡ぎ出す行為は、その関係における相手側に認識されることはない。そのような流動化しかつ途切れた関係と従来のタンブン（積徳行）を結びつける結節点となるのが、万人に内在しているとされるタンマガーイ（およびその表象）であり、それを意味あるものにするのが寄進や瞑想実践なのである。

　したがって、従来のタンブン（積徳行）儀礼において表裏一体に形成された社会関係は、タンマガーイ寺においては、自他のタンマガーイ（の表象）を媒介した上でのタンブン（積徳行）によって形成されるものとなっている[13]。それは流動化し途切れた関係を再構築する効果はあるが、他方で、タンマガーイ寺の儀礼や宗教的物品や聖地あるいはマスメディアによって具象化された、外的なイメージ上の社会関係の提示に留まりやすい。

（4）瞑想実践と自他の神秘的連接――他者との内的連接

　タンマガーイの体験と表象を共有することを通じて形成される社会関係は

単なるイメージに留まりやすいが、これを補完する方法もこの寺では準備されている。その1つが、言うまでもなく信徒組織による共同性である。ただし、そのためには関係を築きたい相手を同信の徒にすること、つまり布教を重視した組織拡大が必要となる。また、親子の情緒的な繋がりを重視するタンマガーイ寺であるが、それも同信の徒となることによって堅固な関係が安定すると言えよう。しかし実際には全ての人が信徒になってくれるわけではないし、在家者の組織化も必ずしも網羅的なものではなく流動性を帯びている（第4章第4節(2)および第6章第3節を参照）。もう1つの方法が、以下に述べるような瞑想とタンブン（積徳行）儀礼を連動させることによる、他者との連接である。

　タンマガーイ式瞑想の修行における内的な体験は、自己を無限の内面（「内なる身体」）へと深化させていくものであり、自己の内部から、より洗練され煩悩の少ない内なる身体が表れ、拡大していく感覚とされている。このように、瞑想によって観る像とは、まずもって自己とされているのである。タンマガーイ式瞑想においては、「一般的自己」から、このような「神秘的自己」に移行することが目標の1つとなっている。

　しかしながらこの自己は、自己の境界の「外側」[14]にあって自己とは異なる認識や意識や行為の帰属する境界域を形成する他者でもある。たとえば瞑想によって感得できる内的な表象を、「内なるプラ・タンマガーイ」あるいは「内なるプラ」と呼ぶことがある。それはタンマガーイの段階まで洗練された自己としての内なる身体という意味を越え出て、他者として現れてくる何者かである。たとえばタンマガーイ寺の信徒達は、内なるプラの守護力を得るために祈願することもある。またときには、内なるプラは常に気を配るべき「友」とも呼ばれる（第7章第6節(2)を参照）。またソット師の時代には、護符瞑想によって内在化された仏像が、自己の内面から語りかけて守護力を与えている（第2章第2節を参照）。神秘的自己としての内なる身体は、内なるプラと呼ばれる神秘的他者に接続しているのである[15]。

　タンマガーイ寺の公式の解説に基づけば、「神秘的他者」とは次のような見解に当てはめることができよう。それは、内なる身体の中でもタンマガーイのレベルにまで達した自己こそが、本当の自己つまり、真我だといった見解

である（第2章第3節を参照）。心身の統合体としての通常の意味での自己（あるいは我）は無常であり苦に満ちており本来的には無我であるが、このタンマガーイとなった真我は変化することなく苦から脱した状態とされている［Phra Somchai 1999: 25］。つまり真我（神秘的他者）は通常の自己（一般的自己と神秘的自己）の延長でありながら、それとは全く異なる何者かでもあるのだ。「神秘的他者」としての内なるプラ（つまりタンマガーイ）との出会いとは、いわば、昇華した自己の一時的な先取り体験とも言えよう[16]。

　さらに述べれば、真我とは、個々人の神秘的自己が昇華した神秘的他者を意味するだけではない。タンマガーイは極めて多義的な概念なのである。それはある種の社会的な集合であり、個々の異体性と集合的な同質性を両立するモチーフとしても描かれている。たとえば、真我であるタンマガーイとなった内なる身体のみ「涅槃（涅槃処）」（アーヤッタナ・ニッパーン）に入ることができるとされており、そこには同様に悟りを得てタンマガーイとなったブッダや無数のアラハン達が住しているとされている［Phra Somchai 1988b: 156-157。および、本書の第2章第4節を参照］。つまり、タンマガーイという同質性を帯びた無数の異体が平等に集う空間が、彼らの言う「涅槃（涅槃処）」なのである。逆に言えばタンマガーイとは孤立した個体で存在するものとは表象されていない。タンマガーイとは、個々人の理想の姿と他の人々の理想の姿を媒介する、同質性の表象でもあるのだ。そして、このような理想の社会的集合の姿が、無数の小仏像を配置したタンマガーイ寺の大仏塔のモチーフとなっていると考えられる（第7章第3節(2)の図7–Cと図7–Dを参照）。

　以上のようにタンマガーイ寺の瞑想実践では、タンマガーイになり、タンマガーイに出会うことが求められている。したがってここでは、一般的な意味で「自分を見つめる」など言われるような、通常の自己の範囲内で自己の言動を内省して心情を改めて個人の意識を練り上げるといった作業が重視されているわけではない。それよりも自己の内部において、自己の境界を変容し深化させ、自己の中の自己ならざる者と出会い、そしてそれと同一化することが目標とされているのである。一般的自己を瞑想によって神秘的自己に移行し、その先に神秘的他者との合一を目指しているのである。さらにこのように内的に拡張する個々の自己は、究極的にはタンマガーイ＝真我という万

人に同質の理想の姿へと収斂していく。個々人の探求でありながら、一般的自己を超え出て、最終的には一般的他者と共通で同質のタンマガーイ（神秘的他者へと昇華した自己）となる事が理想とされるのである。ただし、万人が有するとされるその同質化した真我は、必ずしも究極的な一者に（あるいは一者として）融合しているわけではない。「涅槃（涅槃処）」とは、そのような「同質かつ異体」である者が平等に集うある種の社会的な集合域である。いわば、個々の一般的自己に内在するタンマガーイ＝真我は、一般的他者のタンマガーイ＝真我と連接するものとして想定されているのである。それは、自己の内部に深く入り込むことで他者と出会う行為であり、還元すれば他者との内的な連接なのである。

　先述のように、寄進を通じたタンブン（積徳行）による社会関係の構築がもはや聖なる物品や聖地に媒介されたイメージに留まっているとしても、タンマガーイと出会うといった内的かつ直接的な関係によってそれは補完されている。つまり瞑想体験は、理想の救済空間における社会関係を想起し、直接の瞑想体験における神秘的他者との出会いを体験する場なのである。しかもその瞑想実践は集合的な儀礼の場に連接しており、またタンマガーイの表象（神秘的自己と神秘的他者）が聖地や儀礼用の物質的象徴へと連接しているのである。信徒達が熱意を込めて語る瞑想体験の強烈な実感は、このようにして複雑な形で社会関係へと繋がっていると言えよう（たとえば、第7章第9節(3)における、大仏塔の中の小仏像を想起する瞑想に関する会話の事例を参照）。

3　寄進の共同性における可能性と問題性

　以上述べてきたように、タンマガーイ寺の寄進にも共同性の次元が見られることが明らかになった。それは、マスメディアをも利用する巨大化した儀礼や宗教的な物品購入を伴う寄進によって具象化された、土地や物やメディアのイメージの中に埋め込まれた外的でイメージ上の関係に変質している。しかし他方では、タンマガーイという抽象的な理想状態に同一化するための瞑想修行によって、内的には直接的な出会いと感得されている。逆に言えば、その体験は直接的なものであるとはいえ、極めて抽象的であり十全に把握で

きる可能性が低い。そこでこれを具象化することが求められる。それがタンマガーイ寺の場合は、商業性を帯びイベント化した儀礼などと連動しているのである。このようにタンマガーイ的な宗教的自己は、必ずしも他者から切り離された個的な個人ではない共同性を帯びているのである。しかし他方では共同性の水準自体も変質しているのである。

そしてこのような、物を通じた人間関係の形成には、以下のような2つの両義的な側面が見られる。

第1に、物が介在した社会関係に関する両義性がある。デヴィッド・ハーヴェイは、ロシュバーグ-ホールトンによる調査に依拠し、変転めまぐるしい消費文化の流行の中で、自己を維持する一時的かつ私的な避難所となっている家庭について次のように述べている。

　　実際に家庭で価値があるとされている物は、「自分の社会-経済的な階級、年齢、ジェンダーなどの信頼できる指標」となる物質文化における「金銭上のトロフィー」ではなく、「愛する人たち、親類、重要な経験や行ない、大切な出来事や大切な人たちについての記憶との結びつき」に形態を与える物だということである［ハーヴェイ 1999: 375-376］。

タンマガーイ寺の寄進に伴うタンマガーイの表象は、この事例と似通った傾向を持っている面がある。自身の親不孝を償うために、タンマガーイ大仏塔に設置する小仏像を、親（タンマガーイ寺の信徒）の名前で建立する事を宣言した一時出家者の事例など（第7章第7節参照）、物に埋め込まれた人間関係が、実際の人間関係から遊離せず具体な関係性と温かみを帯びていることもあると言えよう[17]。

しかし、この事例とは異なり、ブンを共有する相手が寄進行為を認識していない場合、あるいはそのような寄進を好ましく思っていない場合には、寄進の実践が、実際的な人間関係を形成する努力からの逃避となり、イメージ上の関係に留まることもありえよう。それは精神科医の大平健が論じているように、生々しい感情に基づく人付き合いを避け、親密度の薄い関係をモノの媒介によって築く傾向のある、消費社会に現れた「モノ語り」の人々に近づ

いていくのではないだろうか［大平 1990］。

　第2に、共同体形成の環境に関する両義性がある。共同体形成に関わる寄進などの奉献は、確かに狭い自己意識や自己利益を乗り越えることに繋がる可能性を持っている。しかしながら、共同体の限度や境界が明確ではなく、むしろ世界中にそれを拡張していこうという宗教団体の場合には、寄進もそれに合わせて増加し、過剰なコミットを生む可能性がないだろうか。さらに機能分化した現代社会、とりわけ都市社会においては、家族・親族・仕事・教育の場がそれぞれ分散している。そのような情況では、十全足る生活共同体などはほとんどありえず、地域社会や宗教団体をも含めて全ての集団が生活の一領域を担う機能集団と化している。そのような状況では特定の機能集団（たとえば宗教団体）への深いコミットメントは、ともすると他の領域を犠牲にさらし十全たる生活（もはや社会システム上での統合にすぎないが）を維持できなくさせる可能性があるだろう。

　本章では、タンマガーイ的な宗教的自己の展開の1つとして、寄進系の信仰を取り上げた。まず寄進についての判断を行なう基準として、寄進される側と寄進する側に分けて議論を整理した。次いで、寄進に個人性の次元と共同性の次元があることを指摘し、タンマガーイ寺の寄進が、既存の民衆仏教におけるタンブン（積徳行）を通じての社会関係の形成という側面（寄進の共同性の次元）を継承していることを明らかにした。しかしながら、現代の都市新中間層の生活様式を反映して、そこで構築される社会関係は、物や土地やメディアに埋め込まれたイメージ上の関係であり、瞑想実践の内的体験における内なる他者との出会いが、それを補完しているという点をも明らかにした。タンマガーイ寺の寄進やブンの観念は、商業性を帯び消費化されたものとして批判されてきたが、そのような批判を表面的なレベルに留めることなく、より深く考察していくためには、消費的な行為がどのように利用されているのかという水準への注目が必要であろう。本章の分析はそのような批判の一端を示している。

注

1 　筆者は、仏教哲学や仏教の戒律についての専門家ではないので、正確な解釈や込み入った規定などを示すことはできないが、次のような一般的に使用される用語を少し考察するだけでも、この問題の難しさを指摘できると思われる。第1に「無欲」という用語。これは施しをなるべく受けないという行為の水準で判断するのか、受ける・受けない（欲しい・欲しくない）といったこだわり自体を持たないという心理的水準で判断するのかによって、富への態度は大きく変わる。前者の場合は出家者の富裕化を規制する方向に向かう。しかし、美徳としての僧への施しを制限することになり、また寺院の活動資金の不足を招きかねない。後者の場合は、主観的には富裕化ではないが、高価なものを手にする可能性を肯定している。しかしこだわりを持たないという精神は、その手にしたものをどのように誰のために使用したときに達成されていると判断したらよいのだろうか。この判断に目的が適っているのならば、そして手段としてならば、宣伝などを行なって多額の資金を動かしていくこともよいのだろうか。第2に「質素」という用語。これは一体どのような時代の生活を基準にして、誰と比べて質素と言うのだろうか。ブッダを見習えと言うかもしれないが、ブッダ自身が、樹下での寝泊りから、舎衛城のジェータ林の家屋に住む（いわゆる祇園精舎）といった異なるレベルの生活をしている。祇園精舎に寝泊りするようになったブッダは堕落したと言えるだろうか。これに対して、祇園精舎は木造の質素な建物であったと反論することは可能だが、当時のインド社会は王宮でさえも木造であったとも言われている［平川 1974: 47-48］。第3に、中庸という用語。質素さの基準は中庸だと述べる論者もいるだろうが、これはほとんど何も説明していないに等しい。教理学の専門家を除く一般信徒の中では、何らかの両極端の間は全て中庸に入れてしまうといった、ご都合主義的な語義解釈が行なわれていないだろうか。なお、経済的富の獲得と使用に関する経典上の見解、ならびにタイ仏教界が、経済成長するタイ社会に明確な指針を示してこなかった問題については、スワンナーが詳細に論じている［Suwanna 1998］。

2 　第3の点については、若干留保が必要だろう。ブッダの前世物語であるジャータカには、自己の全財産や自分の家族、さらには自分の命までをも他者の要望に即して贈与するといった、究極の布施行・菩薩行が記されている。しかもこのジャータカ物語は、タイの上座仏教社会の中で広く民衆にまで広まっているものである。したがって、自己（自分の所有するものや、自分の監督する集団を含む）の生活や生命を脅かすことでさえ、場合によっては宗教的善として価値づけられているのである。しかし、たとえ自己責任に基づいて行なわれる寄進であったにせよ、一般人に対し、ブッダと同じレベルの究極段階の布施を安易に奨励してよいのかどうかについては、十分考えてみる必要があるだろう。

3 　この見解は、共同祈願と個人祈願といった形で現世利益を分類する宮田登の議論とも重なる［宮田 1973: 191］。

4 　寄進の共同性における問題については、本章の第3節において論じる。

5 　奉献の個人性と共同性についての島薗の議論では、個人の目的実現に向けた呪術的実践としての個人的奉献と、儀礼実践に基づいた聖なるものとの深い交わりをもって、社会的統合に寄与する共同的奉献といった、二分法がとられている［島薗 1996: 92］。しかし、個別の呪術的な行為が共同性に結びつくという可能性もあるだろう。民衆的な上座仏教におけるブン（功徳）の共有（個人的な呪術行為）による人間関係の構築は、そのようなものと言える。

自己を中心とした個別的なブン（功徳）の共有を、無数に折り重なるように結びつけていくことが、網の目としての共同性を生み出していく。つまり、個人から特定の（複数の）他者に向かっていく線分が、村の中で無数に多方向から折り重なっていると言えよう。その線分の、折り重なりが多く密度の濃い部分が村の共同性である。したがって、それは閉じた均一な共同性ではない。自己と他者を結ぶ線分は村の外にまでに伸びている。均質な共同体、およびそれを表象した聖なるものとの交流といった、一枚岩的な社会統合を想定する共同体のイメージは、1つの型にすぎないのではないだろうか。

6　括弧内は筆者が文脈を考慮して加筆した文章である。
7　括弧内は筆者が文脈を考慮して加筆した文章である。
8　タンマガーイ寺の瞑想における特質は、自己とその外部の連続性にあるという見解は、宮永國子氏のご指摘によるものである。もちろんこの見解の運用や文責は筆者にあることは言うまでもない。
9　一部の研究者はこのようなレトリックをブン（功徳）の数量化として批判しているが、実際は瞑想実践者達がこの発言を額面通り受け取っているわけではない。つまり実践者はブンを数量化して比較し、功利的判断に基づいてブンの最も多く得られるタンブン（積徳行）を効率的に選定しているわけではない。「瞑想実践は参加者が多い方がブンになる」という信徒による表現は、ブン（功徳）を共有することに主眼が置かれたレトリックであり、また多くの参加者を募り宣伝効果をあげるためのキャッチフレーズである。
10　ただし1998年中頃からこの状況はだいぶ変化し、奇跡的体験を記載した教団の冊子が急増している（第6章第11節を参照）。
11　小仏像だけでなく、祖師の金像や大仏塔の柱や床への寄進も同様に、親族や知人のためになされることがあり、それらもまたタンマガーイ式瞑想と深く関わる物品である。さらに寄進を行なった際には、水晶や仏像型のお守りを記念品として得ることができ、瞑想修行の際にはそれを身につける。またその記念品を知人に譲ることもある。
12　この社会的な連接を外的と述べたが、これは後述の瞑想の内的体験と対照化するためにとった表現である。なお、瞑想実践や儀礼において構築される社会関係は必ずしも横並びの平等なものではない。タンマガーイの観想は、究極的にはブッダに通じ「涅槃」の境地に至るといった思想とともに、タンマガーイ寺の宗教的権威のハイアラーキーをも構成する。祖師・総代（初代住職）・現住職・幹部僧侶・一般僧侶・沙弥・在家信徒といった序列が、儀礼時の座席の位置に明確に表されている。
13　このような機能は1つの効果にすぎない。しかもそれは、実践者がこのような効果を目的として意図的に行為した結果とも言えない。むしろ、第1に寄進によるタンブン（積徳行）という行為様式、第2にタンブン（積徳行）が従来の機能を果たせなくなっている状況、そして第3に「涅槃」を目指すタンマガーイ式瞑想、といった3つの要素がぶつかりあって独特な安定状態を呈しているというべきかもしれない。
14　先述のように、瞑想体験の場合には、自己の内部に、自己と他者の境界を感得することになる。
15　ただし、タンマガーイ寺の一般信徒の場合その多くは、内なる身体のレベルまで観想していない。多くは瞑想の初歩のレベルに留まり、水晶や光球あるいは内なるプラのイメージ（自分の意識作用で想像している段階であり、光球や「内なるプラ」そのものが実際に現れ

るのを観想する段階とは区別されている）を想像しているにすぎない。しかし、信徒は内なる身体の観想を実践目標として想定し、また内なる身体や内なるプラを内観したことのない信徒も、内なるプラへの祈願を行なっている。したがって、このような理解の図式は、実際の実践者の図式ではないが、実践の可能性を理念的に、かつ十全な形で示したものである。

16　ただしそのような先取り体験が可能となる教義的根拠が、明確に示されているわけではない。

17　ただし次章で論じるように、こうした物の利用方法が、資本主義システムや消費社会の構造に対する、十分かつ有効な対抗措置であるとまでは言えないだろう。

第10章　瞑想・修養と消費社会

　本章では、「瞑想・修養系の信仰」を主たる分析の対象とし、消費社会において守護力信仰がどのような形で特異な広がりを見せているのかについて明らかにする。瞑想実践が自己の修養と重なり、寺院活動を支える心身を形成し、それがイベント化した儀礼に繋がっていくことを、消費社会論に基づいて論じていく。これは、序章の第3の問題、消費社会における仏教運動の位置づけを明らかにすることに繋がる。利潤獲得を目的としているという意味での商業化といった通俗的な批判では説明のつかない、個々の信徒の脱俗的な奉献をも、消費社会論の中に位置づけていきたい。

1　欲望肯定かそれとも小欲か

　前章でも触れた「寄進系の信仰」への批判とも重なるが、これまでタンマガーイ寺の活動に対しては、仏教の商業化という評価や、小欲知足を説かず消費社会を肯定し［野田 2001: 179］、「資本蓄積を"道徳的"理想として正当化」し［Taylor 1990: 154］、自然・静けさ・秩序・清潔さなどを「手頃な価格で提供」している［Suwanna 1990a: 406］などといった、公然とあるいは暗に批判を込めた指摘が多様になされてきた。とりわけタイ社会における批判は厳しい。しかし、タンマガーイ寺の信徒達は(特に熱心な信徒ほど)自己の実践を、欲望の肯定や資本の蓄積を目指す行為、または単なるレジャーだとは考えていない。むしろ自分達の活動こそ、欲望に満ちた現代社会に飲み込まれることなく、精神的な価値を求めるものだと主張するだろう。両者の見解はこのように相反するものであるが、奇妙なことにその主張内容は似通って見える。こ

の点をどう考えたらよいのだろうか。

　これについては、水準の異なる2つの説明を行なわないといけない。第1点は、タンマガーイ寺の実際的な信仰活動を把握した上での説明であり、第2に、消費社会の特質を踏まえた上での説明である。

　前者についてまず簡単に説明しておこう。ここでいう実際的な信仰活動の全体とは、タンマガーイ寺の活動には、2つの異なったメッセージが込められているということである。つまり経済的な裕福さも含めて世俗的な幸福を謳歌するという現世利益的メッセージと、脱俗の「涅槃(処)」を目指すというメッセージである。しかも、この2つは、在家者と僧侶という形では配分されていない。在家者であっても脱俗の「涅槃」を目指すことが最終的な目標となっている。この二重性を、建前も含めて説明していたのが、護符信仰は仏教の初心者向けのものであり、泳げない人のための浮き板のようなものだという解説である(第9章第1節(2)を参照)。つまり、護符を入手する「寄進型の現世利益」が間口の広いスタート地点であり、ついで瞑想による「修養型の現世利益」で日々の学業や仕事を誠実に、また着実に行なう能力を身につけ、さらには信仰を深めて「涅槃」へ向かう事がゴールとなっている。このような「寄進系の信仰」と「瞑想・修養系の信仰」の二重性と、前者から後者へ、そして「涅槃」へという移行を、住職代行タッチチーウォー師は「仏教は不朽の根本的真理に満ち溢れています。商品にたとえれば、私たちの商品は最高品質だと言えます。しかし現状では、そのマーケティングが良くないのです」と表現し[Apinya 1998: 49]、マーケティングに力を注ぎ、間口を広げようとしたのだと言えよう。ただし実際には、このような一方向への運動ではなく、両者は並存し、むしろ昨今では逆向きの運動になっている可能性もある(第9章第1節を参照)。

　後者については、消費社会そのものの特性を考慮する必要がある。熱心な信徒になるほど、財や労力をつぎ込み、あるいは「出家」していく。出家者や財団職員などは、世俗社会で生活する都市新中間層のライフスタイルと比べて質素な生活を営んでいる。それは、「瞑想・修養系の信仰」による「涅槃」を目指した脱俗生活である。しかし、実はここにも消費社会の特質が入り込む余地はあるのだ。この次元での消費とは、財の獲得や富の誇示だけを意味す

るものではない、それと反対の慎みや、ときには小欲さえも含まれているのである。商業化や消費社会は、物質的欲望を肯定する社会であるという通俗的な批判図式や、仏教はこの図式の外にあるもので消費社会とはなじまないという楽観的な見解はここでは通用しない。場合によっては、脱俗を目指すことさえ消費社会に絡め取られてしまうのである。以下これらの点について、タンマガーイ寺の「瞑想・修養系の信仰」を中心に詳述していきたい。

2 規律性と快適性

　ここで取り上げる「瞑想・修養系の信仰」とは、「日常生活における自己と環境の制御感覚」「内面的な神秘体験」「ブン（功徳。心の浄化と幸運）」そして「涅槃（涅槃処）」志向という4つの軸から構成されているものである（第6章第12節を参照）。「日常生活における自己と環境の制御感覚」では、仕事場での効率性や学習における集中力、あるいは穏やかな態度で人と接することなど、外的環境と自己との関係が制御されているといった、規律性や秩序感覚としての落ち着きが重視され、「内面的な神秘体験」では、リラックスすることが強調され、瞑想の場における心地よさ、開放感、光球や「内なる身体」を観ることにまつわる至福観など、内面に閉じた落ち着きとしての快適性が重視されている。そして「日常生活における自己と環境の制御感覚」と「内面的な神秘体験」の2つの感覚を、信徒達はブンという用語によって接続することで、これらの感覚は1つの統合した感覚として認識されている。おそらく実際には、タンマガーイ寺での規律訓練や組織業務や、寺の行事において提供される秩序だったサービスの流れに心身を適応させていくことも、制御感覚・秩序感覚を形成している大きな要因と考えられる[1]。またそれがパークナーム寺とタンマガーイ寺の信徒指導における大きな相違点であろう。そしてこの体験をより脱俗に向かって展開していくと、「涅槃（処）」に向かう軸が大きくなっていくわけである。

　しかしながら、このような「日常生活における自己と環境の制御感覚」と「内面的な神秘体験」は、完全に一体化して統合されているわけではなく、様々なレベルでずれや区分けが生じている。その上で相互補完的に作動して

いると言えよう。2つの感覚のずれや区分けは、次のような一連の対比として現れている。一方で、集団活動や奉仕活動と、他方で瞑想実践という対比である。この対比は、学生向けの一時出家訓練の構造にも見られる。つまり、一方では、タンマガーイ寺での規律を重視した生活、他方ではチェンマイで行なわれる規律の緩やかな瞑想三昧の生活である。また前者の生活の中でも、この対比は現れており、この差を典型的な形で感じていたのは、「瞑想ではリラックス」し「仕事は急げ」と言われて混乱していた訓練参加者であろう（第7章第6節(4)を参照）。さらにこの相違は、一方では、全体として規律と忍耐に重きを置く学生向けの一時出家訓練として、他方では、リゾート施設で行なわれる快適な一般在家者向けの特別瞑想訓練との対比としても現れている。

「日常生活における自己と環境の制御感覚」の軸と「内面的な神秘体験」の軸とは、いわば規律性と（脱俗に向かうための）快適性の対比の中に位置づけることができよう。そして初心者ほど、後者の活動の比率が高く、「出家者」（職員や僧侶）になるほど前者の活動が増し、全体の活動総量も増加する[2]。それはまた、大儀礼の運営を裏から支える規律性と、秩序だった大儀礼を鑑賞し集団瞑想によって儀礼に入り込む快適性という対比にも繋がりうるだろう。

このように基本的には位相を異にする規律性と快適性という感覚は、単に区別されているだけではなく、多様な形で相互補完的に作用している。たとえば、瞑想実践による脱俗へ向かうための内的な快適さは、ブン（功徳）となり（守護力と溶け合ったブン。第8章第3節参照）、それが規律性や効率性つまり日常生活における制御感覚に繋がると感じられている。また別の形の補完性としては、このようにして規律化され秩序立った心身は、寺院活動・寺院内奉仕活動という場に埋め込まれて具現化し、その活動自体が、快適性や規律性を培うための空間を生み出していくことなどがあげられる。あるいは、瞑想を通じて規律化された（と認識される）心身は、大儀礼の場では集団的規律の美として呈示され、モニターやビデオや雑誌などを通じて鑑賞されるといった、美的鑑賞の快適性に繋がっていく（これは寄進系の信仰にも連接していく）。

3　規律性と快適性の社会的文脈

　以上見てきたように、タンマガーイ寺における「瞑想・修養系の信仰」の結晶軸は、個々人の内面に閉じた宗教的な自己修養という領域だけではなく、寺院の組織活動に連接した社会的な表現様式をも持っているのである。結晶軸は、そのような形で社会的な文脈に繋げられている。では、この寺院内組織活動における行為の表現様式、つまり規律性と快適性は、より広い社会的文脈にどのように位置づけて理解することができるのだろうか。

　一見すると、一方の規律性については、初期資本主義を合理的な活動へと水路づけたプロテスタントの倫理［ヴェーバー 1989］に近いものを読み取ることができ、他方の快適性は、通俗的な意味での欲望肯定の消費社会と呼応しているようにも思える。しかし、この素朴な見方はいくつかの点で問題があるため、多少改訂しなくてはならない。たとえば、次のような問題がある。初期資本主義の禁欲的エートスと（通俗的な理解での）消費社会の欲望肯定がなぜ両立可能なのか。またこのような消費社会において欲望は肯定されるとしても、それは無軌道なものではなく、場合によっては一定の型をもって水路づけられていないだろかといった問題である。

　前者の問題については、時代性と職種を考慮すれば、ある程度まで、この矛盾を解きほぐすことができるだろう。まず気がつくべきことは、タンマガーイ寺を支える信徒や教団職員たちは（ほんの一握りの人間を除き）、企業家ではなく、組織の一員としてのホワイトカラーや都市新中間層と同様の組織内業務に従事している人々である。企業家や資本家を支えた倫理をそのまま彼らに読み取ることは慎まなければならない。これについては社会階層形成の時代的な相違を考慮しなくてはならない。近代初期から現代消費社会において、身体の社会的な支配様式がどのように変遷してきたのかに注目したブライアン・ターナーが述べるように、マックス・ヴェーバーが描いた当時の社会と現代社会には相違があり、またどちらにおいても生産と消費には切り離せない関係があるのである。ターナーは、近代初期には、企業家や労働者ではなく有閑階級が主たる消費を担っていたが［ターナー 1999：107］、20世紀に入ると大量生産と大衆的な大量消費の時代が訪れ、テーラー式管理などの

労働過程における最小限度の禁欲や規律は残るものの、他方では欲望の表出や充足を高める傾向が一般の労働者にも広まっていったと述べている［ターナー 1999: 107］。

また1940年代のアメリカにおける企業組織職員としてのホワイトカラーについて論じたライト・ミルズも指摘していたように、ホワイトカラーは禁欲や規律をエートスとして自ら担った企業家ではなく、組織の要請としての禁欲・規律性を身にまとった組織の一員である［ミルズ 1957: 93］。また彼らは生産と消費さらには労働と教養や遊びが一体となった十全足る生活を営む職人労働者でもない［ミルズ 1957: 205］。そして労働と生産物から疎外されたホワイトカラーは、余暇などの労働以外の領域で自我を発展させることになる［ミルズ 1957: 211］。ダニエル・ベルの言葉を借りれば、「昼間は誠実」で「夜は遊び人」になることが現代人の自己実現となる［ベル 1976: 163］。つまり、現代社会の組織人としてのタンマガーイ寺の信徒達に、規律性と快適性を重視する特質が見られるのは、矛盾していないのである。

ただし、消費社会の前提となる高度産業社会では機械化が進展し、集団的な自己規律への圧力が低下するのならば、なぜタンマガーイ寺において、規律が極めて重視され、その体得が彼らの誇りでもあり、それをわざわざ儀礼を通じて呈示しようとするのかについての説明も必要だろう。この点については、消費社会の概念やタイ社会の特質などを踏まえた上で、次節の(2)において論じることとする。

次に第2の問題、つまり消費社会の欲望の表出は無軌道ではなく、一定の型をもって水路づけられているという現象をどう理解するかという問題を取り上げる。これは具体的には、村の祝祭的な行事を騒がしく疎ましいものと感じ、タンマガーイ的な快適性を伴った行事や瞑想実践を好ましいと感じる傾向（第6章第3節の事例を参照）、あるいは奢侈ではなく規律と節度のある快適性を好む傾向など、こういった行為の型や好みの違いをどう理解すべきかといった問題に換言できる。この点を明らかにするには、まず消費社会についての説明が必要であろう。

4　消費社会

(1) 消費社会論

　今日、消費社会という用語は多用されるようになったが、その背景には、生産中心の産業社会が高度な水準に達し、何らかの質的な変化が見られるようになったと実感されていることによるものだろう。この特質について、それは生産中心の資本主義システムが全く様変わりしたのではなく、その基盤を維持しさらに拡張するためにシステムを転調した社会なのではないかという議論を明確に打ち出したのが、フランスの社会学者ジャン・ボードリヤールである［ボードリヤール 1995: 102］。(いささか古い議論ではあるが) ボードリヤールの論によれば、消費社会とは、奢侈的・浪費的な消費行為が顕著な社会という意味ではなく、資本主義システムの新たな形態に即して、消費の体系的な規則を人々に内面化させる社会であるとされている［ボードリヤール 1995: 100-104］。あるいは、システム拡張のために消費に対する価値観を変化させた社会とも言える。

　物質的財の使用価値は飽和状態に達しやすいので、この拡張と変容のためにはさらなる商品・サービスを販売するための領域が必要となる。そこで浮かび上がってくるのが、商品をその使用価値や交換価値として見なす領域だけではなく、むしろ他者との社会的な差異を示すために、一定の記号体系のもとで記号を操作する、そういった人間の欲望の領域である［ボードリヤール 1995: 73］。この領域が生産と消費の中心をなす社会を消費社会というわけである。

　消費を何らかの生産物 (品物・知識・情報・環境・サービス・人間関係) を労働や財貨を消耗して購入することと定義するならば、消費社会における消費 (示差的な消費) は、他者から自己を卓越化させるための一定の記号体系を操作する行為であり［ボードリヤール 1995: 121-122］、そのために労働や財貨を消耗する示差的行為となる。そこで商品となりやすいものは販売と廃棄の回転率の早い、イベントやイメージといった生産物である。消費社会は決して生産の衰えた社会ではなく、むしろ生産の加速した社会であり、この加速した生産に消費も連係していく。

ボードリヤールの議論では、人間は一般の動物とは異なり、本来的に社会的・文化的欲望を持つ存在であり、どんな未開社会でさえも必要最低限の欲求のみを満たすに留まる生活を送ることはないとされている［ボードリヤール 1995: 39］[3]。人間は社会の中に生まれてくる存在であり、その社会的関係を様々な形で操作する存在でもある。それでも社会階層が固定化されていた時代には、そのような記号操作は限定されたものであった。しかし、社会移動が比較的自由になった（という幻想を持つ）[4]流動化社会において、特に中間層は、自らの卓越化のために不断の記号操作つまり示差的な消費を行なうようになる。

　このような示差的な消費には、これ見よがしの誇示的な消費も含まれるが、ときにはそれへの反発も見られる。たとえば、慎み深く控えめな装飾は、成金好みの派手な装飾よりもステータスが上であることを示差する。したがって、物質的満足を軽蔑する態度や反消費という態度も、場合によっては示差的な消費に繋がっていくわけである［ボードリヤール 1995: 58, 117, 309］。なぜなら、消費社会における消費とは、金銭や財を儲けることへの欲望ではなく、自己を高めたいという欲望に基づく社会的文化的な記号操作となるからである。

(2)「瞑想・修養系」の信仰と消費社会

　以上の議論は、半ば古典化しているボードリヤールの消費社会論の解説ではあるが、次にこの消費社会論に基づいて、先に述べた規律性と快適性など「瞑想・修養系の信仰」の特質を考察してみる。「瞑想・修養系の信仰」とは、守護力と部分的に重なる「ブン」という概念で繋がれた、快適性の「内的な神秘体験」と規律性の「日常生活における自己と環境の制御感覚」を基盤にし、その延長上に「涅槃（涅槃処）」が目指されているものであった。また、その「涅槃（涅槃処）」とは、異体・同質の真我（神秘的自己の昇華した神秘的他者）の社会的な集合域であり、秩序と静寂と真の幸福に満ちた領域とされていた（第9章第2節(4)を参照）。このように「涅槃（涅槃処）」に向かう過程において、そして「涅槃（涅槃処）」の領域そのものも、社会的に秩序だった空間を構成するというモチーフが見られる。これを社会改革にまで具現化しようとする者

もいれば（たとえば、メーターナントー師やターナウットー師。第5章参照）、世俗から離れた静かで清浄な避難所を求めることに留まる者もいるだろう。しかしいずれにしても、熱心な信徒の目的は消費社会を創ることではなく「涅槃（涅槃処）」に至ることにある。

　しかし、これを実現するための手段には、彼ら自身が心身化した消費社会のハビトゥスが反映されている。彼らの規律性は明らかに生産中心の産業社会を支えていく組織人としての規律や効率性と直結している。また、彼らの儀礼や瞑想は示差的な消費となっており、村の儀礼のような祝祭性や一般社会でのレジャーと異なり、抑制の効いた慎みのある快適性を享受するセンスの良さを示している。さらには、儀礼の様子をメディアで配信するといった形で、近代的な組織を運営する規律化された身体自体をも、誇りを持って自他に呈示しようとしている。いささかナルシスティックなこの行為は、生産に関わる禁欲や規律が備わっている自己の身体イメージを消費しているとも言えよう。そしてその消費行為自体が、さらなる規律性と快適性の空間を生産していく。これが、タンマガーイ寺の行なっている教団イベントとその社会的背景である。瞑想の快適性に繋がる様々な聖なる物品を逐次提供し、また心身の規律性を常に新たな形で呈示していくその手法は、まさにイメージやイベント（教団イベント）を主たる生産物とする消費社会の姿を体現していると言えよう[5]。

　ただし前節でも述べたように、消費社会の前提となる高度産業社会では機械化が進展し、集団的な自己規律の圧力は低下する。それならば、なぜタンマガーイ寺において規律が極めて重視され、その体得が彼らの誇りでもあり、それをわざわざ儀礼を通じて呈示しようとするのだろうか。この点については、タイ社会の特殊性を考慮しなくてはならない。タンマガーイ寺が過度なまでに労働・生産の規律にこだわる背後には、効率性を重視する製造業などの企業組織がようやく1960年代初頭から形成され始めるといった、「後発」資本主義国特有の社会的文脈を考慮しなくてはならない。タイの急激な近代化は「圧縮された資本主義化」とも表現されているように［末廣 1993: 145］、産業化初期の発展と消費社会化をほぼ同時期に達成するといった面が見られる。したがって、先進国が長年にわたって作り上げてきた組織人を、急速に作り

あげなければならなかったのである。技術や機械は、先進国から最新のものを短時間で取り入れられるとしても、技術や管理形体を改善し革新していく心性や人間関係は、自ら地道に作っていかざるをえない。規律化した心身を持つということは、タイ社会が経済発展の基盤と見なした課題であり、タンマガーイ寺の成員にとって、それをいち早く大量に教育し稼動できるということは、こういった意味で誇りとなりうるのである。そこに他者から自己を卓越化するための差異が存在していると言えよう。

5　聖なる消費と世俗的消費

　以上述べてきたように、タンマガーイ寺における「瞑想・修養系の信仰」には、究極の目的は別としても、その手段や表現方法の中に、消費社会の特質が入り込んでいる。このような形で「瞑想・修養系の信仰」の結晶軸が、社会的な広がりを持っているのである。ただし、信徒達は客観的にこのような状況を把握しているのではなく、別の様式でこれを解釈し正当化している。以下、それがどのような解釈であるのかについて明らかにしたい。

　まず次のような一般的な疑問と回答のセットを示しておこう。ある宗教団体が、手段としてではあれ一般の商業のように宣伝を駆使し、またイベント化した儀礼やイメージ商品の生産と消費を行なっているのは、なぜであろうか。この問いに対しては、その宗教集団の拡大再生産を目指した経営を行なうためであり、またその団体の教えをよく知らない人々のために、彼らの属す消費社会を橋渡しとして教えを知ってもらうためであると、答えることができるだろう。これを肯定的に取れば、教えの真髄に多くの人々が至れるようにするため、便宜的に商業性を取り入れて間口を広げるということになるし、逆に否定的にとれば、ある種の情報・レジャー産業として利潤拡大を目指す行為となっているとも言えよう。もっとも、この両者は並存しうることだが。

　しかし、この質問では、もう1つ重要な水準の問いがなされていない。それは、信徒達の主観的な解釈の問題である。つまり、彼らはなぜ、このような消費社会の中の宗教的表現に興味を持ち続けるのだろうか、といった問い

である。この問いに対して、消費社会の心性と呼応するからという回答では不十分である。ここで問いたいのは、なぜ旅行や一般的なレジャー、あるいはエステティックサロンやコンサート、あるいは習い事ではなく、宗教的行為を選び、持続的な活動を展開するほどコミットしているのだろうかという問いである。先の問いと回答が、タンマガーイ寺の活動を既存の仏教から差異化させるものであるならば、こちらの問いは、タンマガーイ寺の活動を一般的な消費から差異化し、人々をひきつける点である。この点を明らかにすることで、信徒達が、自らの行為は小欲の実践であり、欲望に満ちた消費社会に対する批判的に乗り越えていく実践であると述べる意味も理解できるであろう。

　先述のように、タンマガーイ寺が信徒を持続的に維持していくためには、既存仏教と一般的消費の双方から差異化されなくてはならない。そして、後者の差異化は、信徒達にとっては、通俗的な意味での消費社会への抵抗（実質的には抵抗になっていないが）であると感じられていると言えよう。彼らは、他の一般的消費を抑えて、タンマガーイ寺に寄進し、寺で瞑想し、儀礼に参加し、写真に取られ、それを鑑賞するという一連の消費行為を、欲望を抑制した行為であると感じているのではないだろうか。たとえば、タンマガーイ寺に多額の寄進をすることを非難した新聞記者に対して、元ミス・タイランドのタンマガーイ寺信徒は、次のように答えている。

　　多額のお金をタンブンして嬉しい気持ちになることの何が悪いのですか。豪華な車の購入にお金をつぎ込んで楽しんでいる人は文句など言われないじゃないですか［The Nation 1998b: C1］。

さらに、別の信徒はこう述べている。

　　チェンマイでの特別瞑想に参加してから、私の人生も性格も全く変わってしまったわ。昔は週末になるとおいしいものを食べたり、パタヤーやチェンマイなどにバケーションに行くのが楽しみで、それができないとストレスがたまってイライラしていたのよ。

でもね今は全く違うの。毎週日曜日に、このお寺に来るのが楽しみになっちゃったのよ。お寺に来て瞑想するのがとてもいい気分なの。それに寄進もしたくなるのよね。以前、10,000バーツ寄進した人を見て驚いたけれど、今なら私も同じように感じるわ。それから他の人にブンを広げたくなったわね。そうそう、お寺での質素なご飯も喜んでいただけるようになったわ[6]。

　ここには、一般的な消費ではない聖なる消費という水準があるといった区別と、後者の消費はより良いものであり、ときには欲望を逓減するものであるという判断が見られる。本書ではこの区別における前者を「世俗的消費」、後者を「聖なる消費」と名づけておく。聖なる消費とは、宗教的な意味での自己の精神的向上や他者の援助救済を目的とした消費を意味する。世俗的消費はこのような目的から外れた消費である。このような概念区分を導入すると、タンマガーイ寺の近辺に建設され、瞑想施設をも整えた信徒用のマンションの販売と購入が行なわれていることについても（第4章第4節(2)を参照)、彼らなりの理由づけが見えてくるだろう。つまり、どちらにしてもマンションを購入するのならば、一般のマンションを購入する世俗的消費よりも、聖なる消費を選択する方が好ましいだろう、といった理由づけである。なぜなら、それによってさらなる自己の精神的向上と他者の援助救済に励めるからである。

　このような聖なる消費に基づくと、信徒達の一連の消費行為は、当事者の視点からは小欲・禁欲へと段階的に向かっていく修行過程と理解されるのではないだろうか。つまり、全くの未信徒にとっては、有名料理店で豪華な食事を堪能するといった世俗的消費ではなく、リゾートホテルでの瞑想実践や守護力信仰に基づく護符の入手といった聖なる消費への移行が、まずもって小欲・禁欲への一歩となる。さらに信仰を深めれば、次々と提供される新たな聖なる物品と儀礼に対し、熱心に寄進を行ない、週末の野外瞑想や儀礼に参加して八戒を持し、少しばかり質素な生活を体験するようになる。さらに進むと厳しい出家訓練に参加して規律性を身につけ、日常生活でも五戒や八戒を守るようになる。そして最後には比較的高給を得られる世俗社会での仕

事ではなく、財団業務に専念する質素な生活を営み、場合によっては出家するようになる。彼らの信仰活動における、このような一連の段階的な移行過程は、主観的には小欲や禁欲へ向かうものなのである。ただし、出家訓練で培った禁欲や規律性は、情報やイメージやイベントを矢継ぎ早に生産配信する組織としてのタンマガーイ寺と財団の中に組み込まれている。そのため、その生産物を消費する一連の過程（聖なる消費のシステム）が、新たに消費の場を生産し拡大する事に繋がっているのである[7]。

　このような、消費社会への見かけ上の抵抗が生まれてきた社会的背景は、次のように考えられる。まず第1に、タイの都市新中間層は、消費社会の圧力に急激にさらされるようになったという状況である。学歴別の給与差が顕著な労働環境の中では、若年労働者でもかなり高額な賃金を手にできる状況が生じており［原 1999: 191］、とりわけ都市の高学歴ホワイトカラーは、爆発的な消費の流れに巻き込まれるようになった。第2に、公共道徳の一環を担う仏教者の多くは、経済的発展に寄与する規律性を強調するが、それに不可避的に付随してくる消費行為に対しては積極的な意味を与えることはなく、欲望の増大と見なしていった。しかし、消費社会を全面的に否定するには、生活をドラスティックに変えなくてはいけない。そこには解決されていない矛盾があると言えよう。第3に、この隙間を埋めていく1つの方途が、通俗的な意味での消費社会に対抗する聖なる消費である。具体的な品物ではなく、精神やイメージやイベントの商品化は、タイ社会に見られる通俗的な消費社会批判における物質的欲望への批判をすり抜ける。また世俗的消費から差異化された聖なる消費のミクロな場での小欲の感覚は、通俗的な小欲の奨励にも合致していく[8]。そしてそのような小欲を体現し、規律性を示差的に呈示でき、しかも公共性を帯びた仏教への貢献である寺院活動への参加は、自己卓越化の意味を提供できる示差的な消費と両立するのである。

　しかしながら、前節で述べたように、物質的満足への批判や反消費というフレーズでさえも、消費行為として回収される。むしろ、品物そのものの使用価値への欲求よりも、精神性や教養を満たす商品[9]への示差的な欲望の方が商品の回転率を速め、資本主義システムにとっては好都合である。このことは、タンマガーイ寺の聖なる消費にも当てはまる。信徒個々人は、「涅槃

（涅槃処）」へ向かう小欲の実践を行なっていると感じているとしても、それは一面では消費社会の示差的な消費に取り込まれている。ましてや仏教が公共的価値を持っている社会では、その傾向は強まるだろう。したがって、聖なる消費は消費社会の中での自己卓越化の選択肢を増やしただけにすぎないと言えよう。あるいは、「涅槃（涅槃処）」を究極的目的として目指す個々の信徒たちの思惑とは別に、手段のレベルで具体化された活動形態においては、聖なる消費の空間が自己増殖しているのではないだろうか。いずれにしてもそれは、聖なる消費と世俗的消費の差異化を持ち込むことで、消費社会のシステムそのものがさらに拡大しているということである。

　以上、本章の内容をまとめると次のようになる。タンマガーイ寺の「瞑想・修養系の信仰」では、内在化された守護力の発現が規律性や快適性の特質を帯び、それが寺院活動を支えている。しかしそれは、消費社会の特質と呼応している面もある。信徒は主観的には、欲望を逓減し、浪費をおさえて小欲や禁欲に向かっていると感じているが、それは聖なる消費を行なっていることであり、社会的に自己の卓越性を示す示差的な消費として、消費社会の論理に取り込まれていると言えよう。

注
1　しかし、「日常生活における自己と環境の制御感覚」を生むための要因として、瞑想体験と組織的行為のいずれが大きな影響を与えているのかについて判断するには、筆者の調査資料は不十分である。
2　とはいえ、「出家者」が、規律一辺倒で、瞑想実践や脱俗に向かう快適性を得ていないというわけではない。職員や僧侶は、一般在家者よりも、瞑想時間ははるかに多い。つまり瞑想（快適性）と職務（規律）という活動総量が在家者よりも多いのである。この総量の違いから、比率の上では在家者よりも「出家者」の方が規律性に基づく活動が多くなる。
3　もちろん必要最低限の生活をも脅かす貧困生活は存在する。しかし、それは当人達が望み選んだ生活とは言えず、一時的な自然災害や、社会構造のひずみである経済的政治的な不平等に起因するものであろう。したがって、このような事例はこの立論の反論とはならない。
4　ボードリヤールは、消費による卓越化は実際の不平等の一時的かつ表面的な穴埋めでしかないとし［ボードリヤール 2000: 49］、平等化を神話と位置づけている。また消費における選択も自由なものではなく、すでにコード化された差異の中を移動するだけであり、このコードを設定したり変更したりする力を有している者はほとんどいない［ボードリヤール 2000: 68-70］。つまり、自己を他者から差異化（個性化）する消費行為は、その差異の体系

5 　井上順孝が述べている日本の新宗教において顕著な「教団イベント」とは、このような消費社会の特質を帯びた儀礼だと言えよう。井上は、教団イベントを次のように定義している。教団イベントとは、「信者を多数集めて、華やかな儀礼・行事を行ない、場合によってはその模様をマスメディアなどを用いて公開するというものである。その場に、教団外の人が多く招待されたり、不特定多数の人が見物人となることが想定されたりしている。」[井上 1990: 367]

6 　1993年8月15日に筆者が行なったインタビューに基づく。

7 　このような組織および消費空間の拡大によって、組織の一部の人々が富を蓄えて私物化するといった問題も生じうるだろうし、そうならなくても、寺院組織と活動が、個々の信徒の意向や生活状況から遊離して、増大し続けるといった問題も起こりうるだろう。

8 　消費社会にからめとられないような小欲の可能性は否定しないが、それがどのようなものであるか筆者にはまだ見えてこない。適度であるということを具体的にどう判断するのか、本来的に文化的・社会的な欲望を持つ人間にとってそれがどのような条件で可能なのかなど、クリアーしなくてはならない問題は多いだろう。

　この点について、タイの社会批評家として有名なパイサーン師は、消費主義の精神的次元やその擬似宗教的特質を指摘しつつ、仏教が消費主義を制御下に置きながら取り入れる方法を提示している [Phra Paisan 2003]。示唆に富む議論ではあるが、皮肉なことに、その見解は、師が批判するタンマガーイ寺の戦略と似通ったものになっている（原因は、師がタンマガーイ寺について、社会科学的な視点から十分な調査や考察を行なっていない点にあると思われる）。その意味では、師の見解もまた、消費主義に取り込まれてしまう可能性がある。

9 　場合によっては読書や旅行も含む。手の込んだ豪華な料理の代わりに、海外にまで出かけてその土地の素朴な食事に舌鼓をうち、自然な食事はすばらしいと感激することも含まれよう。

第11章　守護力信仰と瞑想実践の近代

1　結　論

　本書全体を通じて、タンマガーイ式瞑想の思想と実践の様式、ならびにその形成の経緯や展開を紹介してきた。タンマガーイ式瞑想の形成ならびにその瞑想思想や実践の特質を理解するためには、タイにおける近代初期の宗教制度改革の影響を考慮する必要があり、また改革派僧侶の合理主義的な仏教解釈とは異なった、他界信仰や守護力信仰などの伝統を考慮する必要がある。そしてそれらを踏まえた上で、タンマガーイ寺のブン（功徳）の観念や儀礼および護符信仰の特質と消費社会との関連を明らかにする必要がある。こういった点が筆者の基本的な視点である。

　この視点に基づいて、第1部では、タンマガーイ式瞑想の創始者であるパークナーム寺のソット師の経歴と活動および思想について詳述した。ソット師の自伝ならびに、師の甥であり後にタイ国サンガの最高権威者であるサンカラート（僧王・大僧正）となったプン師による伝記、さらには初期の信徒が記した文章を主たるデータとし、当時のサンガ制度改革の影響を受けながら、タンマガーイ式瞑想といった独自の瞑想思想と守護力信仰が形作られていく様子を描いた。またソット師の周りに集まった信徒が村落社会における地縁的な繋がりから離れた人々であったことについても明らかにした。

　また、ソット師の思想は主流派仏教の教義をも取り入れており教義が二重化していること、タンマガーイ式瞑想で観ることができるとされている内なる身体には仮我と真我のレベルがあり、後者のレベルに達すると、「涅槃（涅槃処）」（アーヤッタナ・ニッパーン）といった特別の領域（空間）に入っていくことができるということ、ならびに諸存在や諸世界全体の救済を目指す無辺微

細瞑想（マッカポン・ピッサダーン）や闘魔の術智（ウィチャー・ロップ）といったごく一部の信徒のみが実践できる瞑想などがあることを述べた。そして、この瞑想の一部分が、上座仏教の一般的な瞑想とは異なり、上座仏教の傍流思想や大衆部の思想などに由来する可能性にふれ、上座仏教内部に多様な伝統があった可能性を示唆した。そしてソット師の亡き後、パークナーム寺では師のカリスマ性を引き継ぐ指導者が不足していたことが、タンマガーイ寺の形成に関わっていたことを述べた。

　第2部では、パークナーム寺から独立して巨大な宗教集団を形成した、タンマガーイ寺の組織や活動ならびに信仰の特質について紹介した。タンマガーイ寺の創始者達についての情報は限られたものしか得られなかったが、彼らの伝記からは、ソット師の思想に見られた他界信仰や僧侶の守護力を強調するタイプの守護力信仰などが、徐々に脱呪術化され秘儀化されていった様子が明らかにされた。また、タンマチャヨー師というカリスマ的な指導者を中心に、脱俗の生活を目指す若者の集団として、この寺が形成されていった経緯についても述べた。さらに、組織拡大の背後には指導力のあるエリート大学生信徒の活躍があり、彼らが大学生を中心とした寺院活動の基盤をつくり、新規信徒と組織員（財団職員）の獲得を支える仕組みを構築したという点を指摘した。そして、そのようなエリート大学生の活動には、政治・経済・社会・文化といったあらゆる面におけるタイ社会の急激な変動が影響していたという点についても明らかにした。

　また、この寺の一般信徒は、都市中間層が多いと言われてきたが、この点は組織の財団職員など実働部隊にのみ当てはまるものであり、信徒全体から見れば学歴の比較的低い都市民や農村出身の沙弥なども多く存在する事を指摘した。そしてこれら一般信徒の信仰心は、瞑想と持戒などの規律訓練を重視し「涅槃（涅槃処）」への到達を目指す「瞑想・修養系の信仰」と、寄進による現世利益を強調した「寄進系の信仰」が、組み合わさっていることを明らかにし、この寺では一時期後退していた寄進に基づく守護力信仰が、再び強調されるようになってきたことについて言及した。また、実際の儀礼や瞑想修行の場において、以上の指摘がどのように現れているのかについても、具体的な事例を通して紹介した。

第3部では、以上のようなタンマガーイ式瞑想の形成と展開を、様々な視点から分析し整理していった。まず、近代タイ国家が、仏教を全国規模で制度化し画一化した過程に注目し、これが主流派伝統と、これを含んだ二重構造の非主流派伝統を同時に形成したという考えを示した。またタンマガーイ式瞑想を、近代における非主流派伝統と位置づけた。さらにこのような二重構造は、タイ上座仏教における分派形成を抑制する働きを持っており、そのため、近代社会に即した独自の思想と組織形態を持ったタンマガーイ寺も、新宗教という形では実体化せず、伝統宗教の中に組み込まれて活動しているという点を論じた。ただし、近代以前の上座仏教の実態については具体的な事例も不十分であり、今後の課題として考えるべき点は多い。

またタンマガーイ式瞑想に見られる守護力信仰は、個々人に内在化した守護力として展開することによって、自己の外部の存在を含み込みながらも、自己言及的に自身で操作の対象としうる個人化された宗教的自己の観念を生み出したことを指摘した。この自己観念は、タイにおける守護力信仰の仏教が生み出した近代社会における個人の観念の一種とも言えよう。そのような自己（個人）の観念が、これまでにない新たな社会関係を生み出す可能性を秘めているのかどうかは、すぐには回答できないことである。しかし、宗教実践が生み出す自己表象をそのような視点から比較するという研究も今後必要であろう。

その事例として本書では、タンマガーイ寺に引き継がれた宗教的自己の観念と社会関係について分析を行なった。タンマガーイ寺に引き継がれた宗教的自己の観念は、第1に、「寄進系の信仰」の中で展開し、聖地・聖なる物（仏像や護符等）・マスメディアによる表象などに埋め込まれることで、新たな自己と社会関係を形成していった。そして、そのような社会関係の構築様式は、既存の民衆仏教におけるブン（功徳）の共有といった実践様式を継承したものであったが、タンマガーイ寺の場合はその社会関係が外的でイメージ上の間接的なものに留まり、瞑想の内的で直接的な実感がこれを補完していることを指摘した。また物を介した社会関係の両義性についても取り上げた。第2に、このタンマガーイ的な宗教的自己の観念が「瞑想・修養系の信仰」の中で展開し、消費社会に即した組織活動を行なう心身を形成していることを

明らかにした。さらに、信徒達の主観においては自らの宗教実践が消費社会に対する抵抗であると捉えられながらも、同時にそのような活動が消費社会に取り込まれていることなどを論じ、加えて、タイの知識人に見られる通俗的な消費社会批判に対しても批判を展開した。

　消費社会を利用して仏教的な自己と社会関係を再編しようとするタンマガーイ寺の活動は、櫻井が述べているように、社会関係や文化的コード領域を生産と消費の対象とする後期資本主義社会のシステムに対抗するような、シンボルレベルでの抵抗であり、アイデンティティ形成の運動であると言えよう（序章第5節(5)を参照。櫻井1995）。しかしながら、そのような抵抗は資本主義システムの仕組みそのものをドラスティックに変革するのでない限り、システムの中に取り込まれていく。少なくともタンマガーイ寺に見られる反消費としての聖なる消費の水準は、差異化を常に求める資本主義が、消費の内部に再帰的に折り込まれて形成された差異（世俗的消費と聖なる消費の差異）であり、消費社会を生み出す資本主義システムを結果として増殖させたにすぎない。

　この観点から見ると、タイ社会の知識人やジャーナリストあるいは改革派僧侶・開発僧の共鳴者（社会活動家ならびに研究者を含む）が、タンマガーイ寺に対して投げかける通俗的な消費批判にも不十分な点が見受けられる。そのような批判は、消費的な宗教的行為が自己や社会関係の構築と表裏一体になっている点を十分に捉えていないだけでなく、自らの日常的な行為の多くが消費社会の中で成り立っていることを見失うことにもなりかねない。物質的満足への批判や反消費というフレーズは、精神性や教養を満たす消費財（自然派志向を謳った商品や活動など）を生み出し、示差的な欲望を満たすこともありうるのである。この点を理解すれば、タンマガーイ寺の信徒の活動が、外部の視点からは欲望肯定の信仰と見なされながら、内部の信徒たちは、自分たちの活動こそ、欲望を刺激して増殖する消費社会を乗り越えるものだと感じているという点を説明できるだろう。

　タンマガーイ寺の活動には、聖なる消費によって都市新中間層など比較的裕福な人々の生活様式を変革しようという試み、つまり主観的には小欲の実践にいそしむことで消費社会に抵抗しようという面がある。貧富の差等の社

会における構造的な問題に対して、あまり積極的な対応を示していないタンマガーイ寺であるが、富んだ側の生活様式である消費社会の変革を試みているのだと解釈できる部分はある。ただし、そのような活動も、個々人の意図とは別の次元で、聖なる消費のシステム、つまり教団レベルの生産と消費のサイクルを増殖させ、結果的には消費社会に取り込まれていくと言えよう。

また、1998年末から約1年間にわたってタイ社会で取り沙汰されたタンマガーイ寺問題（事件）とは、一方で、タンブン（積徳行）儀礼おける寄進と瞑想実践が、このような規律と効率がもたらす生産性ならびに消費社会の特質と連動した新たな現象に対して、その功罪を問う出来事であり、また他方では、近代宗教行政によって確立された上座仏教主流とそこからはみ出る民衆的な仏教とのぶつかり合いであったと考えられる。

以上が、タンマガーイ式瞑想の形成・展開の背景と、現代タイにおけるタンマガーイ式瞑想の特質である。しかしながら1970年代以降のタイにおいて、タンマガーイ寺をはじめ、多様な仏教運動（宗教運動）が生じてきた背景を捉えるには、以上の議論だけでは十分とは言えない。紙幅の関係で本書では十分論じることができなかったが、たとえば、地縁的な社会関係に埋め込まれた信仰活動、公的でナショナルな仏教（文化統合と王権の正統化を担う統一サンガ）、私的な救済を重視する仏教運動（タンマガーイ寺など）、そして市民社会的な公共性を帯びた仏教運動（改革派僧侶や「開発僧」とその共鳴者など）等、これら異なる宗教形態とその集団が、相互にどのような関係を持ち、その関係がどのように変遷し、その変遷がタイ社会の変動とどのように関わりがあるのかを問う必要がある[1]。その先には、宗教が持ちうる公共性の次元についての議論が展開される必要があり、それは近代初期だけでなく、今後の日本の社会や宗教のあり方を新たな視点から考えるための示唆を与える可能性があるだろう。

注

1　これらの点について筆者は、別稿において概括にではあるが論じている［矢野2004］。

参考文献

欧　文

Anon. Woodward, F.L. and Cantab, M.A. tran. 1916 *Manual of a Mystic: The Yogāvachara's Manual*. The Pali Text Society, Oxford University Press.
Apinya　Fuangfusakul 1993 "Empire of Crystal and Utopian Commune: Two Types of Contemporary Theravada Reform in Thailand". *SOJOURN*. 8 (1): 153-183.
Avudh Panananda 1999 "Clues point to abbot's land speculation". *The Nation*, June 12: A2.
Blofield, John　1964 "A Glance at Mahayana Buddhism in Siam". *Visakha Puja*: 69-73.
―――. 1971 "Chinese Buddhism with Special Reference to Siam". *Visakha Puja*, May: 47-57.
―――. 1982 "Chinese Buddhist Temples in Bangkok". *Sawaddi*, January-February: 24-28.
Bowers, Jeffery. 1996 *Dhammakaya Meditation in Thai Society*. Chulalongkorn University Press.
Bowie, Katherine A. 1997 *Rituals of National Loyalty : An Anthropology of the State and the Village Scout Movement in Thailand*. Columbia University Press.
Brereton, Bonnie 1993 *The Phra Malai Klon Suat Text and its Role in Popular Thai Buddhism*. A paper presented at the 5th International Conference on Thai Studies—OSAS, London.
Buddhist Clubs of 18 Universities 1986 *Dhammadāyāda: A New Hope for the Thai Nation*. Buddhist Clubs of 18 Universities.
Bunnag Jane 1973 *Buddhist Monk Buddhist Layman: A Study of Urban Monastic Organization in Central Thailand*. Cambridge University Press.
Chatsumarn Kabilsingh 1991 *Thai Women in Buddhism*. Berkeley, Parallax Press.
Cook, Nerida. M. 1981 *The Position of Nuns in Thai Buddhism: The Parameters of Religious Recognition*. Thesis submitted for the Degree of Master of Arts at the Australian National University.
Darrett, Elizabeth 1983 "The international Face of a Japanese 'New Religion': Sekai Kyusei Kyo in Brazil and Thailand". *Religion*. 13: 205-217.
Davis, Richard B. 1984　*Munag Metaphisics: A Study of Northern Thai Myth and Ritual*. Bangkok, Pandora.
de Young, John E. 1955 *Village Life in Modern Thailand*. Berkeley, University of California Press.
Dhammakaya Foundation 1993　*The Light of Peace*. Vol 5-3. May-June.
―――. 1994a *Buddhism into the Year 2000*. Dhammakaya Foundation.
―――. 1994b　*The Light of Peace*. Vol 6-2. March-April.
―――. 1994c　*The Light of Peace*. Vol 6-3. May-June.
Dumont, Louis and Pocock, David (eds.). 1957 *Contributions to Indian Sociology*, no.I.
―――. 1959 *Contributions to Indian Sociology*, no.III.
―――. 1960 *Contributions to Indian Sociology*, no.IV.
Evers, Hans-Dieter. and Siddique, Sharon. 1993 "Religious Revivalism in Southeast Asia: An Introduction". *SOJOURN*. 8 (1): 1-10.
Gabaude, Loius 1988　*Une Herméneutique Bouddhique Contemporarine de Thailande: Buddhadasa Bhikkhu*. Paris, École Française d'Extrême-Orient.
Gombrich, Richard and Obeyesekere, Gananath 1988　*Buddhism Transformed: Religious Change in Sri*

Lanka. Princeton University Press.
Hanks (Jr.), Lucien M. 1962 "Merit and Power in Thai Social Order". *American Anthropologist.* 64: 1247-1261.
―――. 1975 "The Thai Social Order as Entourage and Circle." Skinner, G. W. and Kirsch, A. Thomas (eds.) *Change and Persistence in Thai Society: Essay in Honor of Lauriston Sharp.* Ithca, Cornell University Press: 197-218.
Ito Tomomi 1999 "Buddhist Women in Dhmma Practice in Contemporary Thailand: Movements regarding their Status as World Renunciates". *The Journal of Sophia Asia Studies.* (17): 147-181.
Jackson, Peter A. 1988a *Buddhadasa: A Buddhist Thinker for the Modern World.* Siam Society.
―――. 1988b "The Hupphaasawan Movement: Millenarian Buddhism among the Thai Political Elite". *SOJOURN.* 3 (2): 134-170.
―――. 1989 *Buddhism, Legitimation, and Conflict: The Political Functions of Urban Thai Buddhism.* Singapore, Institute of Southeast Asian Studies.
―――. 1991 "Thai-Buddhist Identity: Debates on the Traiphuum Phra Ruang". Reynolds, Craig J. (ed.) *National Identity and Its Defenders: Thailand 1939-1989.* Center of Southeast Asia Studies, Monach University.
―――. 1993 "Re-Interpreting the Traiphuum Phra Ruang: Political Functions of Buddhist Symbolism in Contemporary Thailand". Ling, T. (ed.) *Buddhist Trends in Southeast Asia.* Singhapore, Institute of Southeast Asia Studies.
Kamala Tiyavanich 1997 *Forest Recollections: Wandering Monks in Twenties-century Thailand.* University of Hawaii Press.
Keyes, Charles F. 1971 "Buddhism and National Integration in Thailand". *Journal of Asian Stuidies.* 30 (3): 551-567.
―――. 1989 "Buddhist Politics and Their Revolutionary Origins in Thailand". *International Politics Science Review.* 10 (2): 121-142.
Kirsh, Thomas A. 1966 "Development and Social Mobility among the Phu Thai of Northeast Thailand". *Asian Survey.* 6 (7): 370-378.
―――. 1977 "Complexity in the Thai Religious System: An Interpretation". *Journal of Asian Studies.* 36 (2): 241-266.
Leach, Edmunt R. 1968 "Introduction". Leach, E. R. (ed.) *Dialectic in Practical Religion.* CambridgeUniversity Press: 1-6.
Magness, T. no data *The Life and Teaching of The Ven. Chao khun Mongkol-Thepmuni: Late abbot of Wat Paknam Bhasicharoen, Tonburi.* Thailand, Bhangkok, The Craftsman Press.
Marriot, McKim 1955 "Little Communities in an Indigenous Civilization". Marriot, M. (eds.) in *Village India, Studies in the Little Community.* Chicago University Press.
McCargo, Duncan 1992 *The Political Ramifications of the 1989 'Santi Asoke' case in Thailand.* Paper presented at the Annual Conference of the Association of South-East Asian Studies.
Moreman, Michael 1966 "Ban Ping's temple: The Center of a 'Loosely Structured' Society". Nash, M. et al. (eds.) *Anthlopological Stuidies in Theravada Buddhism.* New Haven, Yale University:

137-174.
O'Connor, K. 1970 *A Village Study in Central Peninsula Thailand*. Master Thesis. Brisbane. Department of Anthropology and Sociology, University of Queensland.
O'Connor, Richard A. 1978 *Urbanism and Religion: Community, Hierarchy and Sanctity in Urban Thai Buddhist Temples*. Ph.D. Dissertation, Cornel University, University Microfilms Internatinal.
Pataraporn Sirikanchana 1985 *The Concept of 'Dhamma' in Thai Buddhism: A Study in the Thoght of Vajiranana and Buddhadasa*. Ph.D. Thesis, Religious Studies, University of Pennsylvania.
Phillips, Herbert 1965 *Thai Pesant Personality: The Patterning of Interpersonal Behavior in the Village of Bang Chang*. Berkeley, University of California Press.
Phra Ajahn Maha Sermchai Jayamanggalo 1991 *The Heart of Dhammakaya Meditation*. Dhammakaya Buddhist Meditatin Foundation.
Pongsak Bai-Ngern 1999 "Panel urges abbot's ouster". *The Nation*. Bangkok, Thailand, February 5: A1
Prapod Assavavirulhakarn 1990 *The Ascendency of Theravada Buddhism in Southeast Asia*. Ph.D. Dissertation, University of California at Berkeley.
Pratoom Angurarohita 1993 *Soka Gakkai in Thailand: A Sociological Studie of Its Emergence, World View, Recruitment Process, and Growth*. Ph.D. Dissertation, University of Pennsylvania, University Microfilms.
Randall, Richard 1990 *Life as a Siamese Monk*. Great Britain, Aukana Publishing.
Redfield, Robert. 1956 *Peasant Society and Culture: An Anthropological Approach to Civilization*. Chicago University Press.
Reynolds, Craig J. 1973 *The Buddhist Monkhood in Nineteeth Century Thailand*. Thesis, Cornell University, University Microfilms.
Reynolds, Frank E. 1977 "The Several Bodies of Buddha: Refections on a Neglected Aspect of Theravada Tradition". *History of Religions*. The University of Chicago Press. 16 (4): 374-389.
Rhys, Davds 1916 "Editors's Preface". Anon. Woodward, F. L. and Cantab, M.A. tran. *Manual of a Mystic: The Yogāvachara's Manual*. The Pali Text Society, Oxford University Press.
Santisuda Ekachai 2000 "Life after Dhammakaya". *Bangkok Post*. March 22 : (Outlook) 1,3
―――. 2002 "First Thai women ordained: Novice is divorced with two children". *Bangkok Post*. February 11 : 6
Seri Phongphit 1988 *Religion in a Changing Society: Buddhism, Reform and the Role of Monks in Community Development in Thailand*. Arena Press.
Sharp, Lauriston [et al.] 1953 *Siamese Rice Village: A Preliminary Study of Bang Chan, 1948-1949*. Bangkok, Cornell Research Center.
Sharp, Lauriston and Hanks, Lusien M. 1978 *Bang Chan: Social History of a Rural Community in Thailand*. Ithaca, Cornell University Press.
Somboon Suksamran 1977 *Political Buddhism in Southeast Asia: The Role of the Sangha in the Modernization of Thailand*. London.
―――. 1982 *Buddhism and Politics in Thailand*. Singapore, Institute of Southeast Asia Studies.
―――. 1988 "A Buddhist Approach to Development: The case of 'Development Monks' in Thailand". Ghee, Lim Tek (ed.) *Reflection on Development in Southeast Asia*. Singapore,

Institute of Southeast Asia Studies.
Spiro, Melford. E. 1971 *Buddhism and Society: A Great Tradition and Its Burmese Vicissitudes.* London, George Allen & Unwin Ltd.
Srinivas, M. N. 1952 *Religion and Society Among the Coorgs of South India.* Oxford University Press.
Suwanna Satha-Anand 1990a "Religious Movements in Contemporary Thailand: Buddhist Struggles for Modern Relevance". *Asian Survey.* XXX (4): 395-408.
―――. 1996 *Madsi: A Female Bodhisattava Denied?* A paper presented for the 6th International Conference on Thai Studies, Chiangmai, Thailand.
Swearer, Donald. K. 1991 "Fundamentalistic Movements in Theravada Buddhism". Marty, K.E. & Appleby R.S. (eds.) *Fundamentalism Observed.* Chicago University Press: 628-690.
Tambiah, Stanley J. 1970 *Buddhism and the Spirit Cults in Northeast Thailand.* Cambridge University Press.
―――. 1976 *World Conqueror and World Renouncer: A Study of Buddhism and Polity in Thailand against a Historical Background.* Cambridge University Press.
―――. 1984 *The Buddhist Saints of the Forest and the Cult of Amulets.* Cambridge University Press.
Taylor, Jim L. 1988 "From Wandering to Monastic Domestication: The Relationship between the establishment of the Thammayut Nikaai in the Northeast Region and ascetic monks in the lineage of Phra Ajaan Man Phuurithatto". *Journal of the Siam Society.* 76: 64-88.
―――. 1990 "New Buddhist Movements in Thailand: An 'Individualistic Revolution', Reform and Political Dissonance". *Journal of Southeast Asian Studies.* XXI (1): 135-154.
―――. 1993a *Forest Monks and The Nation-State: An Anthropological and Historical Studiy in Northeastern Thailand.* Singapore: Institute of Southeast Asian Stuidies.
―――. 1993b "Buddhist Revitalization, Modernization, and Social Change in Contemporary Thailand". *SOJOURN.* 8 (1): 62-91.
Terwiel, Barend J. 1994 *Monks and Magic : An Analysis of Religious Ceremonies in Central Thailand. (Third Revised Edition),* Bangkok, White Lotus.
The Nation 1998a "Sun halo heats up temple critics". *The Nation.* Bangkok, Thailand, November 28: A1, A2.
―――. 1998b "Miracles, Visions And Crystal Ball". *The Nation.* Bangkok, Thailand, December 27: C1.
―――. 1999a "Dhammakaya's marketing guru shows his merit again". *The Nation.* Bangkok, Thailand, January 15: B3.
―――. 1999b "Detractor's testimony slams Dhammakaya". *The Nation.* Bangkok, Thailand, January 19 : A6
―――. 1999c "Ceremony 'defrocks' absent Dhammachayo". *The Nation.* Bangkok, Thailand, May 10: A2.
Van Esterik, John. L. 1977 *Cultural Interpretation of Canonical Paradox: Lay Meditation in a Central Thai Village.* Ph.D. dissertation, University of Illinois.
Venerable Metthnando Bhikkhu 1991 *Meditator's Handbook.* Dhammakaya Foundation.
Wyatt, Daivd K. 1969 *The Politics of Reform in Thailand: Education in the Reign of King Chulalongkorn.*

Yale University Press.

Yagi, Shusuke 1988 *Urban Religious Change in Thailand: A Case Study of a New Religious Movement in Thailand*. Final Report submitted to National Research Council of Thailand.

Zehner, Edwin 1990 "Reform Symbolism of a Thai Middle-Class Sect: The Growth and Appeal of the Thammakai Movement". *Journal of Southeast Asian Studies*. 21: 402-426.

タイ語文 （西暦の後ろの ［ ］内の数字は、タイで使用されている仏暦である）

Anucha Hiranyawasit 1986 [2529] "Luk Khong Samma Samphuttacao". Munlanithi Thammakai *Kalayanamit*. Pi Thi 1 Chabap 4 Mesayon: 68-70.（アヌチャー・ヒランヤワシット「正等覚者ブッダの息子」タンマガーイ財団『善友』）

Aphichat Sakdiset 1988 [2531]: "Can Khonnokyug: Maechi Kaiyasit Haeng Wat Phra Thammakai". *Matichon Sutsapda*. Pi Thi 9 Chabap Thi 421: 16-19.（アピチャート　サクディセート「チャン・コンノックユーン：プラ・タンマガーイ寺の法力メーチー」『週間マティチョン』）

Apinya Fu'angfusakun 1998 [2541] "Sasanathat Khong Chumchon Mu'ang–Samaimai Suksa Korani Wat Phra Thammakai". *Warasan Phutthasat Su'ksa*. Culalongkon Mahawithayalai, Pi Thi 5, Chabap Thi 1 Mokarakhom–Mesayon: 4-88.（アピンヤー・フサンフーサクン「現代都市民の宗教観：タンマガーイ寺の研究」チュラーロンコーン大学『雑誌　仏教学』）

Aranap Plu'mjit (ed.) 1986 [2529] "Nanathasana Khwam Prathapcai Mu'a Dai Yu Thudong". *Kalayanamit*. Pi Thi 1 Chabap Thi 2 Kumphaphan: 40-42.（アラナップ・プルムジット編「トゥドン参加者の感激の声」『善友』）

Bowonsi Thirathamrong 1984 [2527] "Yot Prathana". Samakhom Sit Luang Pho Wat Paknam. 1984 [2527] *Barami khong Luang Pho Wat Paknam*.: 227-230.（ボウォンシー・ティーラタムロン「最高の願い」パークナーム寺弟子協会『ルアンポー・ワット・パークナームのバーラミー』）

Bunsong Satyaphonphisut 1986 [2529] "Banthu'k Cak Cai Khong Thammathayat". Munlanithi Thammakai *Kalayanamit*. Pi Thi 1 Chabap 1 Mokarakhom: 64-69.（ブンソン・サッタヤーポンピスット「仏法継承者の心の手記」タンマガーイ財団『善友』）

Chaluwai Sombatsuk (riapriag) 1949 [2892] "Khumu' Somphan". Wat Paknam Pasicaroen Lae Samakhom Sit Luang Pho Wat Paknam 1986 [2529] *Prawat Luang Pho Wat Paknam Phradetphrakhun Phramhongkhon Thepmuni (Sot Canthasaro) Lae Khumu' Sompan*.（チャルアイ・ソンパットスック編「積善への導き」ワット・パークナーム・パーシーチャルーンおよびルアンポー・ワット・パークナーム弟子協会『ルアンポー・ワット・パークナーム　プラデートプラクン・プラモンコン・テープムニー（ソット・チャンタサロー師）の来歴および積善への導き』）

Kamon Saengsurat 1986 [2529] "Thammathayat Lu'atron" Munlanithi Thammakai *Kalayanamit*. Pi Thi 1 Chabap 6 Mithunayon: 86-91.（カモン・センースラット「短気な仏法継承者」タンマガーイ財団『善友』）

Karun Bunmanut 1997a [2540a] *Naeodoen Wicha Laksut Khumu' Sompan khong Luang Pho Wat Paknam*. Samnakphim Liangchiang.（カールン・ブンマーヌット『ルアンポー・ワット・

パークナームの積善への導きに関する修行マニュアル』)
―――. 1997b [2540b] *Naeodoen Wicha Makaphon Pisadan Khong Luang Pho Wat Paknam*. Samnakphim Liangchiang.（カールン・プンマーヌット『ルアンポー・ワット・パークナームのウィチャー・マッカポン・ピッサダーンに関する修行マニュアル』）

Khanakammakan Oprom Thammathayat 1996 [2539] *Thammathayat Run 24*. Khanakammakan Oprom Thammathayat.（仏法継承者訓練委員会『第24代 仏法継承者』）

Khanakammathikan Kan Sasana Sinlapa Lae Watanatham Saphaphutaenrasadon 1999 [2542] *Raigan Karani Wat Phra Thammakai*. Samakhom Sitkao Mahaculalongkon Rachawithayalai（人民代表院・宗教芸術文化審議会『タンマガーイ寺問題報告書』）

Khrongkan Purakwat Phongan Kantalat Diden 1988 [2531] *19 Sutyot Phaen Kan Talat*. Khana Phanityasat Lae Kan Banchi Mahawithayalai Thammasat, Samakhom Kan Cat Kan Thurakit Haeng Pratet Thai.（優秀マーケティング・コンテスト・プロジェクト『最優秀マーケティング企画 19作品』）

Kromkansasana Krasuwangsu' ksathikan 1989 [2532] *Raigan Kansasana Pracampi 2532*. Rongphim Kansasana.（教育省宗教局『仏暦2532年（西暦1989年）宗教業務年次報告』）

―――. 1995 [2538] *Raigan Kansasana Pracampi 2538*. Rongphim Kansasana.（教育省宗教局『仏暦2538年（西暦1995年）宗教業務年次報告』）

[K.T.P.] Khrongkan Thamma Patibat Phu'a Prachachon Wat Paknam 1984 [2527] *Chiwaprawat Phongan Lae Ruam Phra Thammathesana 63 Kan khong Luang Pho Wat Paknam Phradetphrakhun Phramhongkhon Thepmuni (Sot Canthasaro)*.（パークナーム寺一般人向け仏法実践プロジェクト『ルアンポー・ワット・パークナーム プラデートプラクン・プラモンコン・テープムニー（ソット・チャンタサロー師）の伝記と功績および説法63章』）

Manit Ratanasuwan 2000a [2543a] *Huacai Chao Phut: Ton Thi 1*. Kaeo Saeng Thian.（マーニット・ラタナスワン『仏教徒の心 1』）

―――. 2000b [2543b] *Huacai Chao Phut: Ton Thi 2*. Kaeo Saeng Thian.（マーニット・ラタナスワン『仏教徒の心 2』）

Mettanantho Phikkhu 1988 *Khuwamruru'ang Thammakai*. Samnakphim Rawikan.（メーターナントー比丘『タンマガーイについて』）

Munlanithi Thammakai 1990a [2533] *20 Pi Wat Phra Thammakai*. Munlanithi Thammakai（タンマガーイ財団『タンマガーイ寺の20年』）

―――. 1990b [2533b] *Doen Pai Su Khwam Suk*. Munlanithi Thammakai.（タンマガーイ財団『幸せに向かって』）

―――. 1995 [2538] *Kalayanamit*. Munlanithi Thammakai, Pi Thi 10 Chabap Thi 118 Tulakhom.（タンマガーイ財団『善友』）

―――. 1996a [2539a] "Ban Thamma Nai Uthayan Nai Fan: Mu'ang Kaeomani Khrongkan 2". *Kalayanamit*. Munlanithi Thammakai, Pi Thi 11 Chabap Thi 123 Minakhom: 0-1.（タンマガーイ財団「夢の庭園に仏法の家を：宝石の町 第2プロジェクト」『善友』）

―――. 1996b [2539b] "Sun Ruam Khao". *Kalayanamit*. Pi Thi 11 Chabap Thi 126 Mesayon: 129.（タンマガーイ財団「総合ニュース・センター」『善友』）

―――. 1997 [2540] *Kalayanamit*. Munlanithi Thammakai, Pi Thi 12 Chabap Thi 136 Mesayon.（タ

ンマガーイ財団『善友』）

―――. 1998a [2541a] *Corlu'k Wat Phra Thammakai*. Munlanithi Thammakai（タンマガーイ財団『プラ・タンマガーイ寺を探る』）

―――. 1998b [2541b] *Anuphap Phra Maha Siriracha Thatu Lem 1*. Munlanithi Thammakai.（タンマガーイ財団『プラ・マハー・シリラーチャタートの験力 1巻』）

―――. 1998c [2541c] *Khamson Khong Yai Song*. Munlanithi Thammakai.（タンマガーイ財団『クン・ヤーイの教え2』）

―――. 1999a [2542a] "Phongan Munlanithi Thammakai". *Kalayanamit*. Munlanithi Thammakai, Pi Thi 14 Chabap Thi 157 Mokarakhom: 1-47.（タンマガーイ財団「タンマガーイ財団の成果」『善友』）

―――. 1999b [2542b] *29 Pi Haeng Kansang Khon Di*. Munlanithi Thammkai.（タンマガーイ財団『善人づくりの29年間』）

―――. 1999c [2542c] *Anuphap Phra Maha Siriracha Thatu Lem 22*. Munlanithi Thammakai.（タンマガーイ財団『プラ・マハー・シリラーチャタートの験力 22巻』）

Nataya Kaeosai, Paop Puangnoi 2000 [2543] "Kansu'ksa Botbat Wat Phra Thammakai Nai Kan Chai Theknoloi San Sonthet Phoeiphae Phra Phuta Sasana Thu Lok". *Warasan Phutthasat Su'ksa*. Culalongkon Mahawithayalai, Pi Thi 7, Chabap Thi 2 Phrsaphakhom—Singhakhom: 49-65.（ナータヤー・ケーオサイ、パオップ・プアンノーイ「タンマガーイ寺による説法の情報技術利用と世界への仏教布教に関する研究」チュラーロンコーン大学『雑誌 仏教学』）

Nuwanphot 1984 [2527] "Luang Phu Dap Thuk". Samakhom Sit Luang Pho Wat Paknam 1984 [2527] *Barami Khong Luang Pho Wat Paknam*.: 107-128.（ヌアンポット「ルアンプーが苦を滅する」パークナーム寺弟子協会『ルアンポー・ワット・パークナームのバーラミー』）

Phachari Bencawirat 1992 [2535] *Mai Mi Wela Mai Mi Nai Lok*. Sahakan Kalayanamit.（パッチャリー・ベンチャィラート『時間が足りないなんて事はない』）

Phit Gaokor 1987 [2530] *Samathi Lae Naeo Kanpatibat*. Simu'ang Kanphim.（ピット・ガオコ『定と瞑想修行の系譜』）

Phra Athikan Chaiyabun Thammachayo 1988 [2531] *Owat Lunang Pho Thammachayo*. Borisat Bannukaeo Camkat.（チャイヤブーン・タンマチャヨー住職『ルアンポー・タンマチャヨーの訓話』）

Phradetphrakhun Phrapawanakosonthera〔Wira Kuntatamo〕1984 [2527] "Chiwaprawat Doi Sangkep Khong Phradetphrakhun Phramhongkhon Thepmuni (Sot Canthasaro) Luang Pho Wat Paknam". [K.T.P.] Khrongkan Thamma Patibat Phu'a Prachachon Wat Paknam 1984 [2527] *Chiwaprawat Phongan Lae Ruam Phra Thammathesana 63 Kan khong Luang Pho Wat Paknam Phradetphrakhun Phramhongkhon Thepmuni (Sot Canthasaro).*: 43-66.（プラデートプラクン・プラパーワナーコーソンテーラ（ウィーラ・クンタッタモー）「プラデートプラクン・プラモンコン・テープムニー（ソット・チャンタサロー師）ルアンポー・ワット・パークナームの要約伝記」パークナーム寺一般人向け仏法実践プロジェクト『ルアンポー・ワット・パークナーム　プラデートプラクン・プラモンコン・テープムニー（ソット・チャンタサロー師）の伝記と功績および説法63章』）

Phrakhru Aphichai Phoprasithisat 1977 [2520] *Phraphutthasasana Mahayan*.（プラクルー・アピチャ

イ・ポープラシッティサート『大乗仏教』）

Phrakhru Khananam Samanacan 1974 [2517] *Prawat Phrasong Annamnikai Nai Rachaanacak Thai*.（プラクルー・カナーナム・サマナージャーン『タイ王国におけるベトナム派僧団の歴史』）

Phramaha Supha Uttho 1999 [2542] *Wipak—Wat Phra Thammakai*. Saisong Sukhaphapcai.（プラマハー・スパー・ウットー『批評——プラ・タンマガーイ寺』）

Phra Paisan Wisalo 2003[2546] *Phutthasasana Thai Nai Anakhot: Naeonom Lae Thang Ok Cak Wikrit*. Munlanithi Sotsi Saritwong.（プラ・パイサーン・ウィサーロー 『未来のタイ仏教：現状と危機脱却の道』）

Phra Phadet Thattachiwo (Phra Phawana Wiriyakhun) 1987 [2530] Ruapruam Lae Riapriang Cak Fai Wichakan Wat Phra Thammakai *Lhuang Pho Toppanha: Lem 2*. Mulanithi Thammakai.（プラパデット・タッチーウォー プラ・タンマガーイ寺学術部による収集・編集『ルアンポーによる質疑応答 2』）

―――. 1988a [2531a] *Luknong Thi Di Setthi Thi Rak*. Munlanithi Thammakai.（プラパデット・タッチーウォー『良き従業員 好まれる富豪』）

―――. 1988b [2531b] "Raek Phop 'Khun Yai' ". *Matichon Sutsapda*. Pi Thi 9 Chabap Thi 421: 18.（プラ・パデット・タッチーウォー「クン・ヤーイとの出会い」『週間マティチョン』）

―――. 1991 [2534] *Patomnithet Mongkhon Chiwit*. Bannukaeo.（プラ・パデット・タッチーウォー『入門：人生の吉祥』）

―――. (Phra Phawana Wiriyakhun) 1997a [2540a] *Phra Thae*. Munlanithi Thammakai.（プラパデット・タッチーウォー『真の僧侶』）

―――. 1997b [2540b] *Dae…Naksang Barami 1*, Munlaniti Thammakai.（プラ・パデット・タッチーウォー『バーラミーを築く方々へ』）

―――. 1998 [2541] *Hen Tham*, Samnak Phim Pradiphat.（プラ・パデット・タッチーウォー『仏法を観る』）

Phra Phutthakhosa 1999 [2542] *Wisuthimak Plae Phak 2 Ton 1 Chabap Mahamakut Rachawithayalai*. Mahamakut Rachawithayalai Nai Phraborom Rachupatham.（プラ・プッタコーサ『清浄道論 訳 第2巻第1部 マハーマクット大学版』）

Phra Somchai Thanauttho 1988a [2531a] *Mongkhon Chiwit Chabap "Thammathayat" Lem 1*. Bannukaeo.（プラ・ソムチャーイ・ターナウットー『人生の吉祥 "仏法継承者" 版 1』）

―――. 1988b [2531b] *Mongkhon Chiwit Chabap "Thammathayat" Lem 2*. Bannukaeo.（プラ・ソムチャーイ・ターナウットー『人生の吉祥 "仏法継承者" 版 2』）

―――. 1999 [2542] *Nipphan Pen Atta Ru' Anatta*. Wat Phra Thammakai.（プラ・ソムチャーイ・ターナウットー『涅槃は我かそれとも無我か』）

Phra Thammapidok (Po. O. Payutto) 1999 [2542] *Karani Thammakai*. Sahathammik Camkat.（プラタンマピドック（ポー・オー・パユットー）『タンマガーイ問題』）

Phrathattham 1990 [2533] *Yai Lao Hai Fang*. Munlanithi Thammakai.（プラタッタム『クン・ヤーイが語り聞かせる』）

Phrathipparinya 1946 [2489] "Khamnam Nai Kanphim Khrang Thi 1". [K.T.P.] Khrongkan Thamma Patibat Phu'a Prachachon Wat Paknam 1984 [2527] *Chiwaprawat Phongan Lae Ruam Phra*

Thammathesana 63 Kan khong Luang Pho Wat Paknam Phradetphrakhun Phramhongkhon Thepmuni (Sot Canthasaro).: Na Thi 20-28.（プラティップ・バリンヤー「第1刷用の序文」パークナーム寺一般人向け仏法実践プロジェクト『ルアンポー・ワット・パークナーム　プラデートプラクン・プラモンコン・テープムニー（ソット・チャンタサロー師）の伝記と功績および説法63章』）

Phutthathat Phikkhu　1992 [2535] (2514) *Anapanasathi Sombunbaep.* Thammasapha.（プッタタート比丘『完全なるアーナーパーナーサティ』）

Pin Muthukan (Pho. Tho). 1984 [2527] (2502) *Mongkon Chiwit Pak 1,* Samanakphim Khlangwithaya.（ピン・ムトゥカン（ポー・トー）『人生の吉祥　第1部』）

[P.P.T. (Sot)]　Phradetphrakhun Phramhongkhon Thepmuni (Sot Canthasaro) 1964 [2507] "Prawatiyo Khong Phradetphrakhun Phramhongkhon Thepmuni (Sot Canthasaro) Luang Pho Wat Paknam". [K.T.P.] Khrongkan Thamma Patibat Phu'a Prachachon Wat Paknam 1984 [2527] *Chiwaprawat Phongan Lae Ruam Phra Thammathesana 63 Kan Khong Luang Pho Wat Paknam Phradetphrakhun Phramhongkhon Thepmuni (Sot Canthasaro).*: 1-4.（プラデートプラクン・プラモンコン・テープムニー「プラデートプラクン・プラモンコン・テープムニー（ソット・チャンタサロー師）の略歴」パークナーム寺一般人向け仏法実践プロジェクト『ルアンポー・ワット・パークナーム　プラデートプラクン・プラモンコン・テープムニー（ソット・チャンタサロー師）の伝記と功績および説法63章』）

―――. 1985a [2528a] "Wicha Makaphon Phisadan". *Wicha Makhaphon Pisadan Ruwam Lem 1-2-3.* [K.T.P.] Khrongkan Thamma Patibat Phu'a Prachachon Wat Paknam Phasicaroen.（プラデートプラクン・プラモンコン・テープムニー「無辺微細瞑想の術智」パークナーム寺一般人向け仏法実践プロジェクト編『無辺微細瞑想の術智　1-2-3』）

―――. 1985b [2528b] "Wicha Makaphon Phisadan Phak 2". *Wicha Makhaphon Pisadan Ruwam Lem 1-2-3.* [K.T.P.] Khrongkan Thamma Patibat Phu'a Prachachon Wat Paknam Phasicaroen.（プラデートプラクン・プラモンコン・テープムニー「無辺微細瞑想の術智　第2部」パークナーム寺一般人向け仏法実践プロジェクト編『無辺微細瞑想の術智　1-2-3』）

―――. 1985c [2528c] "Yutthawithi Lae Yutthasat". *Wicha Makhaphon Pisadan Ruwam Lem 1-2-3.* [K.T.P.] Khrongkan Thamma Patibat Phu'a Prachachon Wat Paknam Phasicaroen.（プラデートプラクン・プラモンコン・テープムニー「戦術と兵学」パークナーム寺一般人向け仏法実践プロジェクト編『無辺微細瞑想の術智　1-2-3』）

―――. 1996 [2539] Wat Paknam Pasicaroen Lae Samakhom Sit Luang Pho Wat Paknam *Moradoktham Khong Luang Pho Wat Paknam (Phramhongkhon Thepmuni).*（プラデートプラクン・プラモンコン・テープムニー（ソット・チャンタサロー師）、ワット・パークナーム・パーシーチャルーンおよびルアンポー・ワット・パークナーム弟子協会『ルアンポー・ワット・パークナーム（プラモンコン・テープムニー）からの仏法の遺産』）

Pradoen Komlo 1965 [2508] *Withipatibat Kammathan Baep Samnak Tang Tang.* Mahaculalongkon Rachawithayalai.（プラドゥーン・コームロー『各道場における業処修行の方法』）

Pramuwan Itthikun 1984 [2527] "Aphinihan Khong Luang Pho". Samakhom Sit Luang Pho Wat Paknam. 1984 [2527] *Barami Khong Luang Pho Wat Paknam.*: 53-66.（プラムアン・イッティクン「ルアンポーの奇跡」パークナーム寺弟子協会『ルアンポー・ワット・パークナーム

のバーラミー』)

Rathathammanun Haeng Rachaanacakthai Phutthasakarat 2540. 1998 [2541] Borisat Aksaraphiphan Camkad. (仏暦2540年《西暦1997年》憲法)

Sathianphong Wannapok 1999 [2542] *Botrian Chaophut Cak Karani Thammakai.* Samakhom Sitkao Mahaculalongkon Rachawithayalai. (サティアンポン・ワンナポック『仏教徒教本——タンマガーイ問題の視点から』)

Sayamarat "Prakat" 2001 [2544] *Sayamarat.* Wancan thi 22 Tulakhom: 13. (「告示」『サヤームラット』)

[S.P.W.P] Samnakgan Prachasamphan Wat Paknam 1991 [2534] *Phra Khongkhwan Wat Paknam.* (パークナーム寺広報課『パークナーム寺の記念護符』)

Soiphet Sotara 1984 [2527] "Barami Khong Luang Pho". Samakhom Sit Luang Pho Wat Paknam 1984 [2527] *Barami Khong Luang Pho Wat Paknam.*: 67-86. (ソーイペット・ソータラ「ルアンポーのバーラミー」パークナーム寺弟子協会『ルアンポー・ワット・パークナームのバーラミー』)

[Somdet (Pun)] Somdet Phraariyawongsakhotayan (Pun Punnyasirimahathera) 1964 [2507] "Prawat Phradetphrakhun Phramhongkhon Thepmuni (Sot Canthasaro) Luang Pho Wat Paknam". [K.T.P.] Khrongkan Thamma Patibat Phu'a Prachachon Wat Paknam 1984 [2527] *Chiwaprawat Phongan Lae Ruam Phra Thammathesana 63 Kan Khong Luang Pho Wat Paknam Phradetphrakhun Phramhongkhon Thepmuni (Sot Canthasaro).*: 5-19. (ソムデット・プラリヤウォンサーコッターヤーン (プン・プンニャシリマハーテーラ)「プラデートプラクン・プラモンコン・テープムニー (ソット・チャンタサロー師) の来歴」パークナーム寺一般人向け仏法実践プロジェクト『ルアンポー・ワット・パークナーム プラデートプラクン・プラモンコン・テープムニー (ソット・チャンタサロー師) の伝記と功績および説法63章』)

————. 1969 [2512] "Anuphap Thammakai". Samakhom Sit Luang Pho Wat Paknam 1985 [2528] *Phramhongkhon Thepmuni.*: 32-40. (ソムデット・プラリヤウォンサーコッターヤーン (プン・プンニャシリマハーテーラ)「タンマガーイの威力」パークナーム寺弟子協会『プラモンコン・テープムニー』)

Somprasong Phrasucanthip, Prayat Phiphatphatra Lae Khana Thamgan 1999 [2542] *Poet Faem Khadi Thammakai.* (ソンプラソン・プラスジャンティップ、プラヤット・ピパットパタラー、作業班『タンマガーイ事件のファイルを開く』)

Suphaphon Makcaeng 1981 [2524] *Phra Malai Klonsuat (Samnuan Wat Sisakrabu'): Kantruatsopchamra Lae Kansu'ksa Priapthiap.* Sunsongsoem Lae Phatana Watanatham Withayalaikhuru Thonburi. (スパーポーン・マークジェーン『プラ・マーライ詩経 (シーサクラブー寺篇) ——校訂と比較研究』)

Sunthon Suphutayothin n.d. *Khumu' Samanasak Samrap Phuborihan.* Borisat Amarin Phrinting. (スントーン・スプータヨーティン『僧侶位階の手引き:行政官用』)

Sutham Canthakalat 1973 [2516] "Kwammahasacan Thi Khapacao Dai Pop". Samakhom Sit Luang Pho Wat Paknam 1984 [2527] *Barami Khong Luang Pho Wat Paknam.*: 1-20. (スタム・ジャンタカラット「私が体験した神秘」パークナーム寺弟子協会『ルアンポー・ワット・パークナームのバーラミー』)

Sutham Tirawanit 1986 [2529] "Yot Kalayanamit Khong Khun Mae", *Kalayanamit*. Pi Thi 1 Chabap Thi 1, Mokarakom: 6-11. (スタム・ティラワニット「お母さんにとっての最高の善友」『善友』)
Suwanna Satha-Anan 1990b [2533] *Manusayathat Nai Prachaya Tawanork*. Samnakphim Chulalongkon Mahawithayalai. (スワンナー・サターアナン『東洋思想の人間観』)
―――. 1993 [2536] *Prachaya Phutthathat Kap Mahayanatham*. Chulalongkon Mahawithayalai. (スワンナー・サターアナン『ブッタタートの思想と大乗仏法』)
―――. 1998 [2541] *Ngoen Kap Sasana: Thepayut Haeng Yuk Samai*. Mulanithi Komonkhimhong. (スワンナー・サターアナン『貨幣と宗教：現代における神々の闘い』)
Takkasarano Phikkhu 1985 [2928] *Kon Ca Koet Mai Nai Phet Samana*. Chomrom Phutthasat. (タッカサラノー比丘『仏僧として生れ変る前』)
Tawiwat Puntarikwiwat 1996a [2539] "Phutthatat Phikkhu Kap Trisadi Thammik Sangkomniyom". *Warasan Phutthasat Su'ksa*. Chulalongkon Mahawithayalai, Pi Thi 3, Chabap Thi 2, Phrusapakhom―Singhakhom: 29-52. (タウィーワット・プンタリクウィワット「ブッタタート比丘と仏法社会主義の理論」チュラーロンコーン大学『仏教学』)
―――. 1996b [2539] "Wiphakniyam Haeng Yuksamai: Patikiriya Cak Sasana Nai Lok Thi Sam", *Sangkhomsat Parithat*. Pi Thi 18 Chabap Thi 1, Karakdakhom―Thanwakhom: 61-75. (タウィーワット・プンタリクウィワット「現代論評の方法：第三世界の宗教の対応」『社会科学評論』)
Tritha Niamkham 1995 [2538 (2527)] *Tritha Lao Ru'ang Luang Pho Wat Paknam*. Wat Paknam Pasicaroen Lae Samakhom Sit Luang Pho Wat Paknam. (トゥリーター・ニアムカム『トゥリーターが語るルアンポー・ワット・パークナーム』)
Ubasika Thawin (Bunsong) Watirangkun. 1988 [2531] *Phu Yu Bu'anglang Khuwamsamret Khong Wat Phra Thammakai*. Munlanithi Thammakai. (ウバーシカー・タウィン（ブンソン）ワッティランクーン「プラ・タンマガーイ寺の成功における影の功労者」)
Warawan. no date "Khwammahasacan Khong Luang Pho Wat Paknam (Sot Canthasaro)". *Tai Laeo Pai Nai 13*. Nangsu' Thip: 6-78. (ワラワン「ルアンポー・ワット・パークナームの神秘」『死後の世界』)
Warawan Ngoenthong 1987 [2530] *Cutmungmai Lae Botbat Thangkansu'ksa Khong Wat Phrachetuphon Samai Ratanakosin Tonton*. Bandhitwithayalai Culalongkon Mahawithayalai. (ワラワン・ガントーン『ラナタコーシン朝初期のプラ・チェートゥポン寺に関する研究の目的と役割』)
Warophon 1996 [2539] "Bot Bu'angton Khong Puchaniyacan Haeng Suwannaphum". *Kalayanamit*. Munlanithi Thammakai, Pi Thi 11 Chabap Thi 122 Kumphaphan: 31-35. (ワローポン「黄金国における尊師 序説」『善友』)
Wat Mangkonkamalawat 1969 [2512] *Prawat Khanasong Cinnikai*. Wat Mangkonkamalawat (Lengnoeiyi). (マンコーンカマラワット寺『中国派僧団の歴史』)
Wat Phra Thammakai 1997 [2540] *Makhabucha Mahasamakhom Na Wat Phra Thammakai Cangwat Pathumthani 21 Kumphaphan 2540*. Wat Phra Thammakai. (タンマガーイ寺『マーカブーチャー大集会 於 パトゥムターニー県タンマガーイ寺 2540年9月21日』[パンフレット])
―――. 1998a [2541a] *Samutphap Wan Asacan Tawankaeo*. Wat Phra Thammakai. (タンマガーイ

寺『アルバム——奇跡の日 水晶の太陽』）
―――. 1998b [2541b] *Phra Thammakai Pracam Tua Khong Than Khu' Sing Saksit An Yingyai Khong Muwan Manutchat*. Wat Phra Thammakai. (タンマガーイ寺『個人用プラ・タンマガーイ像は、人類全体にとって最も霊験あらたかなものです』[パンフレット])
Wicit Chinalai, Lap Citanuyanon 1997 [2540] "Khrong Sang Khong Maha Thammakai Cedi". Wat Phra Thammakai *Bu'anglang Kwa Phanpi: Maha Thammakai Cedi*. Wat Phra Thammakai: 8-9. (ウィチット・チナーライ、ラープ・チッタヌヤーノン「マハー・タンマガーイ・チェディー計画」タンマガーイ寺『1千年以上の昔に——タンマガーイ大仏塔』）

邦　文

赤木攻 1991「サンガへの挑戦——タイにおける仏教改革運動素描」『アジア学論叢』大阪外語大学 1：39-62。
アーナン・カーンチャナパン 1993「北タイにおける治療儀礼——モー・ムアンの力と地位の変化」田辺繁治編『実践宗教の人類学——上座部仏教の世界』加藤久美子訳、京都大学学術出版会：135-160。
アヌマーンラーチャトン プラヤー 1979（1961）『タイ民衆生活誌(1) 祭りと信仰』森幹男訳、勁草書房。
綾部恒雄 1973「タイ農村における集団の形態——ワット委員会・学校委員会の機能分析を中心として」『東南アジア研究』10(4)：583-594。
―――. 1982「民族と言語」 綾部恒雄・永積昭編『もっと知りたいタイ』弘文堂：79-104。
アンダーソン、ベネディクト 1987（1983,1991）『増補 想像の共同体——ナショナリズムの起源と流行』白石さや・白石隆訳、NTT出版。
石井米雄 1975『上座部仏教の政治社会学——国教の構造』創文社。
―――. 1987「上座仏教・社会・政治」『東洋史研究』46(1)：143-152
―――. 1990「最近における上座部仏教の社会科学的研究について」『パーリ文化学の世界』221-231。
―――. 1991『タイ仏教入門』めこん。
―――. 1999「パルゴア神父とモンクット王——タイ王室とキリスト教——」『上智アジア学』17：1-16。
伊藤友美 1997「現代タイ仏教における『ダンマ』の理解と実践——ブッタタート比丘の思想——」『東南アジア——歴史と文化——』26号、東南アジア史学会：113-135。
井上順孝 1990「教団イベント」井上順孝・孝本貢・対馬路人・中牧弘允・西山茂編『新宗教事典』弘文堂：367-370。
―――. 2001『図解雑学 宗教』ナツメ社。
ウ・ウェープッラ 1978『南方仏教 基本聖典』中山書房仏書林。
ヴェーバー、マックス 1989（1920）『プロテスタンティズムの倫理と資本主義の精神』大塚久雄訳、岩波書店。
大平健 1990『豊かさの精神病理』岩波書店。
小野澤正喜 1982「宗教と世界観」綾部恒雄・永積昭編『もっと知りたい タイ』弘文堂：105-142。

───── . 1983「タイにおけるタム・クワン（スー・クワン）儀礼──タイ仏教における二重構造の分析──」吉田禎吾教授還暦記念論文集『儀礼と象徴──文化人類学的考察──』九州大学出版会：299-324。
───── . 1994「社会の特性 宗教的戒律と『ルースさ』」小野澤正喜編『暮らしがわかるアジア読本 タイ』河出書房新社：23-26。
───── . 1995「タイにおける仏教原理主義の2つの類型と世俗内倫理」『宗教・民族・伝統──イデオロギー論的考察』南山大学人類学研究所叢書 Ⅴ：117-130。
片山一良 1990「仏教人類学──その立場と領域」『パーリ文化学の世界──水野弘元博士米寿祈念論集』春秋社：233-261。
ギアーツ，クリフォード 1987（1973）『文化の解釈学 Ⅰ』吉田禎吾・柳川啓一・中牧弘允・板橋作美訳、岩波現代選書。
久保田力 2000「宗教"研究"史の闇──《インド学・仏教学》と《宗教学・人類学》との発生論的アナロジー」坂口ふみ・小林康夫・西谷修・中沢新一『宗教への問い 5 宗教の闇』岩波書店：161-198。
ゲルナー，アーネスト 2000（1983）『民族とナショナリズム』加藤節監訳、岩波書店。
国際法身瞑想センター 2000『法身 Prakaitham』平成12年8月-9月、第43号。
越井郁朗 1986「自我と社会」 間場寿一編『社会心理学を学ぶ人のために』世界思想社：24-44。
櫻井義秀 1995「近代・開発の言説支配と対抗的社会運動」『現代社会学研究』8：28-59。
───── . 2000「地域開発に果たす僧侶の役割とその社会的機能──東北タイの開発僧を事例に」『宗教と社会』「宗教と社会」学会：27-46。
佐々木教悟 1986『インド・東南アジア仏教研究 Ⅱ 上座部仏教』平楽寺書店。
ジェイムス，ウィリアム 1970（1901-02）『宗教的経験の諸相（下）』桝田啓三郎訳、岩波文庫。
島薗進 1978「生神思想論──新宗教による民俗〈宗教〉の止揚について──」 宗教社会学研究会編『現代宗教への視角』雄山閣出版：38-50。
───── . 1992『現代救済宗教論』青弓社。
───── . 1996「聖の商業化──宗教的奉仕と贈与の変容」島薗進・石井研二編『消費される〈宗教〉』春秋社：88-110。
従野公淳 1983（仏暦2526）『瞑想の栞──ワット・パクナム・パーシーチャロアン』タイ国・トンブリ・ワット・パクナム。
真如苑 1966a「真如教法と日泰親善 仏舎利と涅槃像が結ぶ 日本と泰国──仏教徒の握手」『歓喜世界』秋冬号：23-30。
───── . 1966b「盛大な『仏舎利』奉戴法要」『内外時報』9月8日：2。
末廣昭 1993『タイ 開発と民主主義』岩波書店。
鈴木一生 1999『さとりへの道──上座仏教の瞑想体験』春秋社。
鈴木規之 1997「タイに学ぶ共生の社会」沖縄国際大学公開講座委員会編『アジアのダイナミズムと沖縄』ボーダーインク。
高橋美和 1991「タイ、モン（Mon）族にみる民族文化維持のメカニズム──上座部仏教社会における仏教徒マイノリティー──」『族』筑波大学歴史人類学系・民族学研究室、16：1-37。
───── . 1994「女性仏教徒の修行生活──タイ・メーチー予備調査報告」『族』筑波大学歴史人類学系・民族学研究室、23：30-43。

高須賀茂 1996「地球号'96 仏陀の教えディスク化」『読売新聞』7月31日：4。
高谷好一 1982『熱帯デルタの農業開発』創文社。
竹沢尚一郎 1995「タイの〈日本〉宗教」財団法人 庭野平和財団『平和と宗教』財団法人 庭野平和財団、No.14：99-106。
立花隆 2000『臨死体験（上）』文藝春秋。
ターナー，ブライアン・S. 1999（1984）『身体と文化——身体社会学試論』小口信吉・藤田弘人・泉田渡・小口孝司訳、文化書房博文社。
田辺繁治 1993a「実践宗教の人類学——上座部仏教の世界」田辺繁治編『実践宗教の人類学——上座部仏教の世界』京都大学学術出版会：3-32。
———．1993b「供犠と仏教的言説——北タイのプーセ・ヤーセ精霊祭祀」田辺繁治編著『実践宗教の人類学——上座部仏教の世界』京都大学出版会：35-70。
———．1995「精霊祭祀の再構築——北タイの職業的霊媒カルト——」田辺繁治編著『アジアにおける宗教の再生——宗教的経験のポリティクス』京都大学出版会：195-229。
チュラロンコン大学社会調査研究所 アジア女性交流・研究フォーラム 1993年『現代タイの家族意識の研究—— バンコク・ソウル・福岡調査の比較と共に——』アジア女性交流・研究フォーラム。
デュモン，ルイ 1993（1983）『個人主義論考——近代イデオロギーについての人類学的展望』渡辺公三・浅野房一訳、言叢社。
富永健一 1990『日本の近代化と社会変動』講談社。
中村元 1970『原始仏教 その思想と生活』日本放送出版協会。
奈良康明 1973「パリッタ（Paritta）呪の構造と機能」『宗教研究』213：39-69。
———．1979『世界宗教史叢書7 仏教史 I』山川出版社。
西井凉子 2001『死をめぐる実践宗教』世界思想社。
野田真里 2001「タイ近代化・都市化における新仏教運動と開発僧／尼僧」西川潤・野田真里編『仏教・開発・NGO——タイ開発僧に学ぶ共生の智慧』新評論：169-209。
野津幸治 2002「タイ上座部仏教における変化の諸相——『タンマカーイ寺事件』を中心に——」東アジア地域研究会・北原淳編『講座 東アジア近現代史6 変動の東アジア』青木書店：191-216。
林行夫 1988「国教の変容——タイ農村における『森の寺 wat pa』をめぐる出家行動」『龍谷大学社会学論集』8：101-132。
———．1989「ダルマの力と帰依者たち——東北タイにおける仏教とモータム」『国立民族学博物館研究所』14(1)：1-116。
———．1991「内なる実践へ——上座仏教の論理と世俗の現在——」矢野暢 企画編集代表、前田成文 編集責任『講座東南アジア学5 東南アジアの文化』弘文堂：93-123。
———．1993「ラオ人社会の変容と新仏教運動——東北タイ農村のタマカーイをめぐって」田辺繁治編『実践宗教の人類学——上座部仏教の世界』京都大学学術出版会：355-382。
———．2000『ラオ人社会の宗教と文化変容——東北タイの地域・宗教社会誌』京都大学学術出版会。
原洋之助 1999『エリア・エコノミックス—アジア経済のトポロジー』NTT出版。
バンコク日本人商工会議所 2001『タイ国 経済概況（2000／2001年版）』バンコク日本人商工会議

所。
平川彰 1974『インド仏教史 上巻』春秋社。
福島真人 1991「剣と聖典のはざまで――東南アジアにおける二元的主権・王権・現代政治」『王権の位相』弘文堂：199-240。
―――. 1993「もう1つの『瞑想』、あるいは都市という経験の解読格子――タイのサンティ・アソーク（新仏教運動）について」田辺繁治編『実践宗教の人類学――上座部仏教の世界』京都大学学術出版会：383-414。
藤吉慈海 1991「チャオ・クン・モンコン・テープムニーの生涯とその教え」『インド・タイの仏教』大東出版社：185-265。
ブッダゴーサ 1937『南伝大蔵経 62 清浄道論』高楠順次郎監修 大蔵出版株式会社。
―――. 1938『南伝大蔵経 63 清浄道論』高楠順次郎監修 大蔵出版株式会社。
―――. 1940『南伝大蔵経 64 清浄道論』高楠順次郎監修 大蔵出版株式会社。
船津衛 1995「『自我』の社会学」井上俊・上野千鶴子・大澤真幸・見田宗介・吉見俊哉編集委員『岩波講座 現代社会学 2 自我・主体・アイデンティティ』岩波書店：45-68。
プラ・クル・パーワナ・マハテーラ 1982（1979）『南方佛教の瞑想について――タイ上座部パクナム僧院の方法』池田憲彦訳、南方佛教瞑想研究会。
ベル，ダニエル 1976（1976）『資本主義の文化的矛盾 上』林雄二郎訳、講談社学術文庫。
ボードリヤール，ジャン 1995［初版1979］（1970）『消費社会の神話と構造〈普及版〉』今村仁司・塚原史訳、紀伊國屋書店。
ホブズボウム，エリック 1992（1983）「序論――伝統は創り出される」ホブズボウム，エリック、レンジャー，テレンス『創られた伝統』前川啓治・梶原景昭他訳 紀伊國屋書店：9-28。
松薗祐子 1989「タイの都市化・都市社会」北原淳編『東南アジアの社会学：家族・農村・社会』世界思想社：270-293。
水野浩一 1965「宗教儀礼の機能的体系――タイ国東北部の一部落ドーン・デーング――」『東南アジア研究』3(3)：2-21。
水野弘元 1972『仏教用語の基礎知識』春秋社。
宮田登 1973「現世利益」小口偉一・堀一郎 監修『宗教学辞典』東京大学出版会：190-191。
ミルス，C・ライト 1957（1951）『ホワイト・カラー――中流階級の生活探求』杉政孝訳、創元社。
村上忠良 1998「タイ国境地域におけるシャンの民族内関係――見習僧の出家式を事例に――」『東南アジア研究』35(4)：57-77（663-683）。
村田翼夫 1982「教育」綾部恒雄・永積昭編『もっと知りたい タイ』弘文堂：186-203。
森部一 1991「タイの僧侶 Buddhadasa のイメージをめぐって――ダンマ理論と実践活動の検討から――」杉本良男編『伝統宗教と知識』南山大学人類学研究所叢書 VI：227-314。
―――. 1998『タイの上座仏教と社会――文化人類学的考察』山喜房佛書林。
森幹男 1974a「タイ国中央平野部の Chao Phou 信仰――第一次考察――」『アジア・アフリカ言語文化研究』7：121-145。
―――. 1974b「タイ国 Chao Phou 信仰に関する若干の知見」『アジア・アフリカ言語文化研究』9：175-192。
―――. 1978a「タイ国 Chao Phou 信仰における儀礼と慣行(1)」『アジア・アフリカ言語文化研究』15：111-137。

―――. 1978b「タイ国 Chao Phou 信仰における儀礼と慣行(2)―― Chao Phou Thongchai の定例年祭」『アジア・アフリカ言語文化研究』16：90-115。
安丸良夫 1992『近代天皇像の形成』岩波書店。
矢野秀武 1997「都市のタイ上座部仏教――タンマカーイ式瞑想の形成と大衆化」日本宗教学会『宗教研究』71(3)：101-122。
―――. 1998「家族の絆と仏教――変わりゆく家族と報恩」NHK「ブッダ」プロジェクト 石井米雄監修『NHKスペシャル ブッダ大いなる旅路2 篤き信仰の風景 南伝仏教』NHK出版：197-202。
―――. 1999「ブッタタート比丘と社会参加型仏教の思想潮流――タイにおける思想・研究・社会活動のネットワーク」『國學院大學 日本文化研究所紀要』83：255-288。
―――. 2001a「現代タイの仏教運動における信徒の社会・経済的背景と信仰活動(1)――タンマカーイ寺アンケート調査の分析――」『國學院大學日本文化研究所紀要』第87輯：123-178。
―――. 2001b「現代タイの仏教運動における信徒の社会・経済的背景と信仰活動(2)――タンマカーイ寺アンケート調査の分析――」『國學院大學日本文化研究所紀要』第88輯：43-99。
―――. 2001c「生産と消費の自己構築――タイ都市部の仏教運動における瞑想と教団イベント」「宗教と社会」学会『宗教と社会』第7号：111-132。
―――. 2002a「タイ都市部の仏教運動における自己と社会関係の再構築――社会的行為としての瞑想」宮永國子編著『グローバル化とアイデンティティ・クライシス』明石書店。
―――. 2004「タイの上座仏教と公共宗教」池上良正・小田淑子・島薗進・末木文美士・関一敏・鶴岡賀雄（編集委員）『岩波講座 宗教9 宗教の挑戦』岩波書店。
山田均 1989「タンマユット運動の発生」早稲田大学東洋哲学会『東洋の思想と宗教』6：34-52。
―――. 1993a「タンマユット派」石井米雄編『タイの事典』同朋舎：207-208。
―――. 1993b「ワット・ポー」石井米雄編『タイの事典』同朋舎：368。
レイブ，ジーン、ウェンガー，エティエンヌ 1993（1991）『状況に埋め込まれた学習――正統的周辺参加』佐伯胖訳、福島真人解説、産業図書。
ローゼンバーグ，ラリー 2001（1998）『呼吸による癒し――実践ヴィパッサナー瞑想』井上ウィマラ訳、春秋社。

付録1　現代タイにおける瞑想の実践と普及に関するアンケート
【日本語訳】
(僧侶・沙弥および財団職員用)

第1部　出家前の生活および寺院における活動について

以下の質問にお答え下さい。答えは該当する項目を選び（ ）の中に×印を付けるか、あるいは下線部に直接ご記入下さい。

1、今日の日付　2541（1998）年＿＿＿月＿＿＿日
2、寺院での身分や立場
　　（ ）1、僧侶　　　（ ）2、沙弥
　　（ ）3、ウバーソク（男性職員）　　（ ）4、ウバーシカー（女性職員）
　　（ ）5、その他（具体的に）＿＿＿＿＿＿
3、年齢
　　＿＿＿＿＿歳
4、出身地(本籍)
　　（ ）1、バンコク
　　（ ）2、その他の県（県名を記入して下さい）＿＿＿＿＿県
　　　　　　（ ）1、都市部　　（ ）2、村落部
　　（ ）3、その他（具体的に）＿＿＿＿
5、あなたの出自は？
　　（ ）1、タイ系タイ人　　（ ）2、華人系タイ人　　（ ）3、その他（具体的に）＿＿＿＿＿＿
6、あなたは結婚の経験はありますか？
　　（ ）1、ある　　（ ）2、ない　　（ ）3、その他[具体的に]＿＿＿＿＿＿
7、学歴
　　（ ）1、教育を受けてない　（ ）2、小学校　　（ ）3、中学校
　　（ ）4、高校　　（ ）5、下級職業専門学校　　（ ）6、上級職業学校
　　（ ）7、大学　　（ ）8、大学院修士課程　　（ ）9、大学院博士課程
　　（ ）10、その他（具体的に）＿＿＿＿＿
8、父親の職業
　　（ ）1、科学者　　（ ）2、建築家、技術者　　（ ）3、医者、看護婦
　　（ ）4、法律家　　（ ）5、教師、講師、教育専門家　　（ ）6、ジャーナリスト
　　（ ）7、会計係　　（ ）8、兵士　　（ ）9、警察官
　　（ ）10、販売、マーケティング　　（ ）11、事務職
　　（ ）12　熟練労働　肩書きあるいは部署＿＿＿＿＿
　　（ ）13、サービス　肩書きあるいは部署＿＿＿＿＿
　　（ ）14、管理的仕事　肩書きあるいは部署＿＿＿＿＿　　（ ）15、農業
　　（ ）16、現場労働者　　（ ）17、行商、屋台　　（ ）18、その他（具体的に）＿＿＿＿＿
9、父親の職業上の地位
　　（ ）1、公務員・国営企業労務者　　（ ）2、私企業労務者　肩書き＿＿＿＿＿
　　（ ）3、自営業　　（ ）4、使用者・雇い主　　（ ）5、有給家族従業者
　　（ ）6、無給家族従業者　　（ ）7、その他（具体的に）＿＿＿＿＿
10、母親の職業
　　（ ）1、科学者　　（ ）2、建築家、技術者　　（ ）3、医者、看護婦
　　（ ）4、法律家　　（ ）5、教師、講師、教育専門家　　（ ）6、ジャーナリスト
　　（ ）7、会計係　　（ ）8、兵士　　（ ）9、警察官
　　（ ）10、販売、マーケティング　　（ ）11、事務職
　　（ ）12　熟練労働　肩書きあるいは部署＿＿＿＿＿
　　（ ）13、サービス　肩書きあるいは部署＿＿＿＿＿
　　（ ）14、管理的仕事　肩書きあるいは部署＿＿＿＿＿　　（ ）15、農業
　　（ ）16、現場労働者　　（ ）17、行商、屋台　　（ ）18、主婦
　　（ ）19、その他（具体的に）＿＿＿＿＿
11、母親の職業上の地位
　　（ ）1、公務員・国営企業労務者　　（ ）2、私企業労務者　肩書き＿＿＿＿＿
　　（ ）3、自営業　　（ ）4、使用者・雇い主　　（ ）5、有給家族従業者
　　（ ）6、無給家族従業者　　（ ）7、その他（具体的に）＿＿＿＿＿
12、「出家」前のあなたの職業
　　（ ）1、科学者　　（ ）2、建築家、技術者　　（ ）3、医者、看護婦
　　（ ）4、法律家　　（ ）5、教師、講師、教育専門家
　　（ ）6、ジャーナリスト　　（ ）7、会計係　　（ ）8、兵士
　　（ ）9、警察官　　（ ）10、販売、マーケティング　　（ ）11、事務職
　　（ ）12　熟練労働　肩書きあるいは部署＿＿＿＿＿
　　（ ）13、サービス　肩書きあるいは部署＿＿＿＿＿
　　（ ）14、管理的仕事　肩書きあるいは部署＿＿＿＿＿　　（ ）15、農業
　　（ ）16、現場労働者　　（ ）17、行商、屋台　　（ ）18、主婦
　　（ ）19、学生　　（ ）20、その他（具体的に）＿＿＿＿＿

13、「出家」前のあなたの職業上の地位
　　　（　）1、公務員・国営企業労務者　（　）2、私企業労務者　肩書き＿＿＿＿＿
　　　（　）3、自営業　（　）4、使用者・雇い主　（　）5、有給家族従業者
　　　（　）6、無給家族従業者　（　）7、その他（具体的に）＿＿＿＿＿
14、あなたがタンマガーイ寺を訪れるようになったのはいつからですか？
　　　＿＿＿＿＿年
15、あなたをタンマガーイ寺に誘ったのはどなたですか？
　　　（　）1、父親・母親　（　）2、兄弟　（　）3、親族　（　）4、友人
　　　（　）5、学校の教員　（　）6、仏教クラブのクラブ員
　　　（　）7、自分で訪れた（誘ってくれた人はいない）
　　　（　）8、その他（具体的に）＿＿＿＿＿
16、あなたはタンマガーイ寺について次のようのような点をどの程度よいと感じますか？
　　　次のうちあてはまる番号に印をつけて下さい。
　　　1＝良い　1＝まあまあ良い　3＝あまり良くない　4＝良くない　5＝わからない
　　　A、規律正しい出家修行者の態度　　　1　2　3　4　5
　　　B、僧侶の説法　　　　　　　　　　　1　2　3　4　5
　　　C、仏誕祭などの大行事の雰囲気　　　1　2　3　4　5
　　　D、瞑想指導　　　　　　　　　　　　1　2　3　4　5
　　　E、僧侶や信徒との付き合い　　　　　1　2　3　4　5
　　　F、静かできれいな寺院の雰囲気　　　1　2　3　4　5
17、あなたは「仏法継承者・訓練出家」に参加したことがありますか。
　　　（　）1、「仏法継承者・訓練出家」　男子大学生用（夏期）　第＿＿期　＿＿＿年
　　　（　）2、「仏法継承者・訓練出家」　雨安吾期　　　　　　　第＿＿期　＿＿＿年
　　　（　）3、「仏法継承者・訓練出家」　特別期　　　　　　　　第＿＿期　＿＿＿年
　　　（　）4、「仏法継承者・訓練出家」　住職生誕祝い期　　　　第＿＿期　＿＿＿年
　　　（　）5、「仏法継承者・訓練出家」　外国人用　　　　　　　第＿＿期　＿＿＿年
　　　（　）6、「仏法継承者・訓練出家」　兵士・警察用　　　　　第＿＿期　＿＿＿年
　　　（　）7、「仏法継承者・訓練出家」　男子高校生用　　　　　第＿＿期　＿＿＿年
　　　（　）8、「仏法継承者・訓練出家」　小学生用　　　　　　　第＿＿期　＿＿＿年
　　　（　）9、「仏法継承者・訓練出家」　女性大学生用　　　　　第＿＿期　＿＿＿年
　　　（　）10、「仏法継承者・訓練出家」　女性高校生用　　　　第＿＿期　＿＿＿年
　　　（　）11、参加したことはない
　　　（　）12、その他（具体的に）＿＿＿＿＿
18、あなたはタンマガーイ寺以外で出家したことはありますか？　他の寺で出家した経験があるとすれば、それはどこで、いつ、どのくらいの期間の出家でしたか。
　　　（　）1、出家したことはない
　　　（　）2、僧侶として出家。
　　　＿＿＿＿＿寺、＿＿＿＿＿県、＿＿＿＿＿年。期間：＿＿＿日、＿＿ヶ月、＿＿年
　　　（　）3、沙弥として出家。
　　　＿＿＿＿＿寺、＿＿＿＿＿県、＿＿＿＿＿年。期間：＿＿＿日、＿＿ヶ月、＿＿年
　　　（　）4、メーチーとして出家。
　　　＿＿＿＿＿寺、＿＿＿＿＿県、＿＿＿＿＿年。期間：＿＿＿日、＿＿ヶ月、＿＿年
19、他寺院での出家式の前に、出家のためのタム・クワン（スー・クワン）儀礼を行いましたか？
　　　（　）1、行った。　（　）2、行わなかった。
20、あなたはいつタンマガーイ寺に出家しましたか？（僧侶と沙弥の方のみ）
　　　＿＿＿＿＿年
21、あなたは出家前にタンマガーイ寺でウバーソク（男性職員）をなさってましたか？　ウバーソク訓練にいつ参加しましたか？　またどのくらいの期間ウバーソクをなさってましたか？（僧侶のみ）
　　　＿＿＿＿＿年　期間：＿＿＿＿＿年
22、あなたは財団職員の訓練にいつ参加しましたか？（財団職員のみ）
　　　＿＿＿＿＿年
23、この寺以外に通っていた寺はありますか（出家以前あるいは財団職員になる以前）
　　　（　）1、通っていない
　　　（　）2、よく通っていた　1ヶ月に＿＿＿日
　　　　　　　　＿＿＿＿＿寺　＿＿＿＿＿県
　　　　　　　　なぜ通っていたのですか（例えば、タンブンや瞑想その他のため）
　　　　　　　　具体的に＿＿＿＿＿＿＿＿＿＿＿＿＿＿＿＿＿＿＿＿
　　　（　）3、時々通っていた　1年に＿＿＿日
　　　　　　　　＿＿＿＿＿寺　＿＿＿＿＿県
　　　　　　　　なぜ通っていたのですか（例えば、タンブンや瞑想その他のため）
　　　　　　　　具体的に＿＿＿＿＿＿＿＿＿＿＿＿＿＿＿＿＿＿＿＿
24、あなたは現在あるいはかつて他の宗教を信仰していましたか？
　　　（例、大乗仏教、イスラーム、キリスト教など）
　　　（　）1、信仰していない
　　　（　）2、信仰している　　　具体的に＿＿＿＿＿＿＿＿＿＿＿＿＿＿＿
　　　（　）3、かつて信仰していた　具体的に＿＿＿＿＿＿＿＿＿＿＿＿＿＿＿
25、あなたの親族で、タンマガーイ寺の長期出家僧侶・長期出家沙弥の方はおりますか？
　　　（　）1、いない。
　　　（　）2、僧侶が＿＿＿＿＿名、出家している。
　　　（　）3、沙弥が＿＿＿＿＿名、出家している。

２６、あなたの親族で、タンマガーイ寺のウバーソク（男性職員）・ウバーシカー（女性職員）の方はおりますか？
　　（　）１、いない。
　　（　）２、ウバーソクが＿＿＿＿名いる。
　　（　）３、ウバーシカーが＿＿＿＿名いる。
２７、あなたはナクタム（教理試験）何級に合格してますか？（僧侶と沙弥のみ）
　　（　）１、ナクタム＿＿＿級に合格
　　（　）２、また合格してない
２８、あなたはパリヤン（パーリ語試験）何級に合格してますか？（僧侶と沙弥のみ）
　　（　）１、パリヤン＿＿＿級に合格
　　（　）２、また合格してない
２９、あなたはタンマ・スクサー（在家者用の教理試験）何級に合格してますか？（財団職員のみ）
　　（　）１、タンマ・スクサー＿＿＿級に合格
　　（　）２、また合格してない
３０、あなたは次のような人々との付き合いをどのように思っていますか？
　　次のうちあてはまる番号に印をつけて下さい。
　　１＝大切　２＝まあまあ大切　３＝あまり大切ではない
　　４＝大切ではない　５＝わからない
　　　　Ａ、僧侶との付き合い　　　　　　　　　　１　２　３　４　５
　　　　Ｂ、家族との付き合い　　　　　　　　　　１　２　３　４　５
　　　　Ｃ、親族との付き合い　　　　　　　　　　１　２　３　４　５
　　　　Ｄ、仕事上の付き合い　　　　　　　　　　１　２　３　４　５
　　　　　　a、同僚や上司や部下　　　　　　　　 １　２　３　４　５
　　　　　　b、取引先や顧客など　　　　　　　　 １　２　３　４　５
　　　　Ｆ、近所の人との付き合い　　　　　　　　１　２　３　４　５
　　　　Ｇ、タンマガーイ寺の知人との付き合い　　１　２　３　４　５
　　　　Ｈ、学校の友人との付き合い　　　　　　　１　２　３　４　５
３１、次のような暮らしはあなたにとってどれくらい満足の行くものですか。
　　次のうち、あてはまる番号に印を付けて下さい。
　　１＝とても満足　２＝まあまあ満足　３＝あまり満足していない
　　４＝全く満足していない　５＝わからない
　　　　Ａ、仏道に励むため出家する暮らし。　　　　　　　１　２　３　４　５
　　　　　（あるいはメーチーやウバーシカーとなる暮らし）。
　　　　Ｂ、あくせくせず、気楽な暮らし。　　　　　　　　１　２　３　４　５
　　　　Ｃ、富や名声を得るために、一生懸命仕事をする暮らし。１　２　３　４　５
　　　　Ｄ、富や名声を得て、困っている人々を手助けする暮らし。１　２　３　４　５
　　　　Ｅ、富や名声を得て、仏教を援助する暮らし。　　　１　２　３　４　５
　　　　Ｆ、なによりも家族を大切にする暮らし。　　　　　１　２　３　４　５
　　　　Ｇ、家族と親族を大切にする暮らし。　　　　　　　１　２　３　４　５
　　　　Ｈ、なによりも自分自身の個性を　　　　　　　　　１　２　３　４　５
　　　　　発揮できる仕事や活動を大切にする暮らし。
　　　　Ｉ、自分自身の利益よりも社会全体の利益を　　　　１　２　３　４　５
　　　　　大切にする暮らし。

第2部　瞑想修行について

以下の質問にお答え下さい。答えは該当する答えを選び（　）の中に×印を付けるか、あるいは下線部に直接ご記入下さい。

【1】あなたは今までタンマガーイ式瞑想以外の瞑想を実践したことはありますか？
　　（　）1、ない。　（　）2、ある。
【2】（タンマガーイ式以外の瞑想の経験者のみにお尋ねします。）他の種類の瞑想をどこで学びましたか。
　　（あてはまるもの全てにお答え下さい）
　　（　）1、施設名＿＿＿＿＿県名＿＿＿＿＿で学んだ
　　（　）2、自分で本を読んで学んだ。著者は＿＿＿＿＿
　　（　）3、ラジオ番組で学んだ。番組名は＿＿＿＿、講師は＿＿＿＿
　　（　）4、テレビ番組で学んだ。番組名は＿＿＿＿、講師は＿＿＿＿
【3】あなたはいつ頃からタンマガーイ瞑想を継続的に行うようになりましたか？
　　＿＿＿＿＿年から。
【4】タンマガーイ式瞑想を継続的に行い始めたときに、あなたは次のような悩みや不安や困苦を抱えてましたか？
　　（あてはまる答えを全て選んで下さい）
　　（　）1、ない　（　）2、経済状況（くらし向き）　（　）3、自分の職業
　　（　）4、家族の職業　（　）5、家族関係　（　）6、家族以外の人間関係
　　（　）7、自分の健康　（　）8、家族の健康　（　）9、孤独感
　　（　）10、老後の生活状況　（　）11、人生の無意味さ
　　（　）12、自分の勉学　（　）13、家族の勉学　（　）14、住宅
　　（　）15、財産相続・後継者　（　）16、その他（具体的に）＿＿＿＿＿
【5】あなたがタンマガーイ瞑想を継続的に行うようになったのはなぜですか？
　　（あてはまる答えを全て選んで下さい）
　　（　）1、悩み・不安・困苦を抱えていたから。上の項の＿＿＿＿番。
　　（　）2、リラックスし気分が落ちつくから
　　（　）3、瞑想で神秘的体験を得たので興味をもった。具体的に＿＿＿＿＿
　　（　）4、当時まだ神秘的体験は得てなかったので、神秘的体験を得たかったため。
　　（　）5、前世や来世が本当にあるのか知りたかったから。
　　（　）6、ブンを得たいから（功徳を積みたい）。
　　（　）7、その他（具体的に）＿＿＿＿＿
【6】上の解答の中で主要な理由を1つ選んでください。
　　＿＿＿＿番
【7】あなたは週にどのくらいの回数で瞑想しますか？
　　1週間に＿＿＿日、1日に＿＿＿回、1回に＿＿＿分。
【8】あなたは通常どこで瞑想しますか。　（あてはまる答えを全て選んで下さい）
　　（　）1、宿泊所
　　（　）2、その他（具体的に）＿＿＿＿＿
【9】あなたは去年（2540年）、チェンマイやプーケットでの特別瞑想修練会に
　　のべ何回参加しましたか？
　　＿＿＿回　＿＿＿日
【10】あなたは通常どなたから瞑想指導を受けてますか？（ただしチェンマイやプーケットでの特別瞑想研修会を除く）
　　（あてはまる答えを全て選んで下さい）
　　（　）1、プラ・パワナーウィスット（住職）：直接指導
　　（　）2、プラ・パワナーウィスット（住職）
　　　　　：仏誕節や第1日曜日などの儀礼時における指導。
　　（　）3、プラ・パワナーウィリヤクン（副住職）：直接指導
　　（　）4、プラ・パワナーウィリヤクン（副住職）
　　　　　：仏誕節や第1日曜日などの儀礼時における指導。
　　（　）5、その他の僧侶：直接指導
　　（　）6、その他の僧侶：仏誕節や第1日曜日などの儀礼時における指導。
　　（　）7、住職やその他の僧侶による瞑想指導を収めたカセットテープ・本
　　（　）8、クン・ヤーイ・ウバーシカー・ジャン・コンノックユーング：直接指導
　　（　）9、ウバーソク・ウバーシカー
　　（　）10、その他（具体的に）＿＿＿＿＿
【11】あなたは瞑想修行に関して主にどなたに相談してますか？
　　（最もあてはまる答えを1つだけ選んで下さい）
　　（　）1、いない。
　　（　）2、プラ・パワナーウィスット（住職）
　　（　）3、プラ・パワナーウィリヤクン（副住職）
　　（　）4、その他の僧侶
　　（　）5、クン・ヤーイ・ウバーシカー・ジャン・コンノックユーング
　　（　）6、ウバーソク・ウバーシカー
　　（　）7、その他（具体的に）＿＿＿＿＿
【12】（瞑想修行に関して相談の経験のある方にお尋ねします。）
　　あなたは1ヶ月に何回相談しますか？
　　1ヶ月に＿＿＿回
【13】（瞑想修行に関して相談の経験のある方にお尋ねします。）
　　主にどのような内容を相談しますか。具体的な内容を記入して下さい。
　　＿＿＿＿＿＿＿＿＿＿＿＿＿＿＿＿＿＿＿＿＿

【14】あなたにとってどこで瞑想するのがもっとも成果があがりますか？
　　（　）1、第一日曜日の寺院
　　（　）2、通常の日曜日の寺院
　　（　）3、チェンマイなどの特別瞑想修練会
　　（　）4、仏誕祭などの重要な儀礼の際
　　（　）5、通常時の寺院
　　（　）6、わからない
　　（　）7、その他（具体的に）＿＿＿＿＿＿＿＿＿＿＿＿
【15】上の解答の中で最も瞑想の成果が上がる場所（項目）を選んでください。
　　（　）
【16】あなたは何か特別な目的を持って瞑想を行っていますか？
　　具体的に＿＿＿＿＿＿＿＿＿＿＿＿＿＿＿＿＿＿＿＿＿＿＿＿＿
【17】あなたは瞑想で病気を治したことがありますか？（あてはまる項目を全て選んで下さい）
　　（　）1、ない。
　　（　）2、自分の病気を治した。
　　（　）3、他の人の瞑想によって自分の病気が治った。
　　（　）4、自分以外の人の病気を治した。
　　（　）5、わからない
　　（　）6、その他　具体的に＿＿＿＿＿＿＿＿＿＿＿＿＿＿
【18】タンマガーイ式瞑想を始める以前にあなたは、次のようなことを行っていましたか？
　　1＝良く行っていた　　2＝たまに行っていた　　3＝行ったことはない
　　A、護符等を得るために僧侶を訪れる　　　（　）1、（　）2、（　）3
　　B、占いしてもらいに僧侶を訪れる　　　　（　）1、（　）2、（　）3
　　C、お祓いのために僧侶を訪れる　　　　　（　）1、（　）2、（　）3
　　D、霊媒師を訪れる　　　　　　　　　　　（　）1、（　）2、（　）3
　　E、占い師を訪れる　　　　　　　　　　　（　）1、（　）2、（　）3
　　F、神々の祠に祈願に行く　　　　　　　　（　）1、（　）2、（　）3
　　G、タム・クワン（スー・クワン）儀礼　　（　）1、（　）2、（　）3
【19】あなたは仏像型の護符を身に着けていますか？
　　（　）1、いつも身に着けている　（　）2、ときどき身に着ける
　　（　）3、身に着けてない
【20】(仏像型の護符を身に着けている方にお尋ねします。)
　　なぜあなたは仏像型の護符を身に着けているのですか？
　　（　）1、三宝を想起するため　（　）2、ルアンポーを想起するため
　　（　）3、霊験があるから　（　）4、その他（具体的に）＿＿＿＿＿＿
【21】あなたは水晶を身に着けていますか？
　　（　）1、いつも身に着けている　（　）2、ときどき身に着ける
　　（　）3、身に着けてない
【22】(水晶を身に着けている方にお尋ねします。)
　　なぜあなたは水晶を身に着けているのですか？
　　（　）1、瞑想用の道具として　（　）2、霊験があるから
　　（　）3、貴重品だから　（　）4、その他（具体的に）＿＿＿＿＿＿
【23】(財団職員の方のみお答えください）あなたは瞑想を行って何か特殊な体験を得たことがありますか？
　　具体的な例を述べてください。
　　＿＿＿＿＿＿＿＿＿＿＿＿＿＿＿＿＿＿＿＿＿＿＿＿＿＿＿＿＿＿＿
　　＿＿＿＿＿＿＿＿＿＿＿＿＿＿＿＿＿＿＿＿＿＿＿＿＿＿＿＿＿＿＿
【24】あなたの日常生活において瞑想実践はどのような効果をもたらしましたか？
　　具体的に述べて下さい。
　　＿＿＿＿＿＿＿＿＿＿＿＿＿＿＿＿＿＿＿＿＿＿＿＿＿＿＿＿＿＿＿
　　＿＿＿＿＿＿＿＿＿＿＿＿＿＿＿＿＿＿＿＿＿＿＿＿＿＿＿＿＿＿＿
【25】このアンケートについてお気づきの点や疑問等がありましたらご記入下さい。
　　＿＿＿＿＿＿＿＿＿＿＿＿＿＿＿＿＿＿＿＿＿＿＿＿＿＿＿＿＿＿＿
　　＿＿＿＿＿＿＿＿＿＿＿＿＿＿＿＿＿＿＿＿＿＿＿＿＿＿＿＿＿＿＿

付録2　現代タイにおける瞑想の実践と普及に関するアンケート
【日本語訳】
（一般在家者用）

第1部　日常生活および寺院における活動について

以下の質問にお答え下さい。答えは該当する項目を選び（　）の中に×印を付けるか、あるいは下線部に直接ご記入下さい。

1、今日の日付　２５４１（１９９８）年＿＿＿月＿＿＿日
2、性別
　　（　）1、男性　　（　）2、女性
3、年齢
　　＿＿＿＿歳
4、出身地（本籍）
　　（　）1、バンコク
　　（　）2、その他の県（県名を記入して下さい）＿＿＿＿＿県
　　　　　　（　）1、都市部　　（　）2、村落部
　　（　）3、その他（具体的に）＿＿＿＿＿
5、あなたの出自は？
　　（　）1、タイ系タイ人　　（　）2、華人系タイ人
　　（　）3、その他（具体的に）＿＿＿＿＿
6、結婚に関して
　　（　）1、既婚　（　）2、未婚　（　）3、その他（具体的に）＿＿＿＿＿
7、学歴
　　（　）1、教育を受けてない　（　）2、小学校　　（　）3、中学校
　　（　）4、高校　（　）5、下級職業専門学校　（　）6、上級職業学校
　　（　）7、大学　（　）8、大学院修士課程　　（　）9、大学院博士課程
　　（　）10、その他（具体的に）＿＿＿＿＿
8、父親の職業
　　（　）1、科学者　（　）2、建築家、技術者　（　）3、医者、看護婦
　　（　）4、法律家　（　）5、教師、講師、教育専門家　（　）6、ジャーナリスト
　　（　）7、会計係　（　）8、兵士　（　）9、警察官
　　（　）10、販売、マーケティング　（　）11、事務職
　　（　）12、熟練労働　肩書きあるいは部署＿＿＿＿＿
　　（　）13、サービス　肩書きあるいは部署＿＿＿＿＿
　　（　）14、管理的仕事　肩書きあるいは部署＿＿＿＿＿　（　）15、農業
　　（　）16、現場労働者　（　）17、行商、屋台　（　）18、その他（具体的に）＿＿＿＿＿
9、父親の職業上の地位
　　（　）1、公務員・国営企業労務者　（　）2、私企業労務者　肩書き＿＿＿＿＿
　　（　）3、自営業　（　）4、使用者・雇い主　（　）5、有給家族従業者
　　（　）6、無給家族従業者　（　）7、その他（具体的に）＿＿＿＿＿
10、母親の職業
　　（　）1、科学者　（　）2、建築家、技術者　（　）3、医者、看護婦
　　（　）4、法律家　（　）5、教師、講師、教育専門家　（　）6、ジャーナリスト
　　（　）7、会計係　（　）8、兵士　（　）9、警察官
　　（　）10、販売、マーケティング　（　）11、事務職
　　（　）12、熟練労働　肩書きあるいは部署＿＿＿＿＿
　　（　）13、サービス　肩書きあるいは部署＿＿＿＿＿
　　（　）14、管理的仕事　肩書きあるいは部署＿＿＿＿＿　（　）15、農業
　　（　）16、現場労働者　（　）17、行商、屋台　（　）18、主婦
　　（　）19、その他（具体的に）＿＿＿＿＿
11、母親の職業上の地位
　　（　）1、公務員・国営企業労務者　（　）2、私企業労務者　肩書き＿＿＿＿＿
　　（　）3、自営業　（　）4、使用者・雇い主　（　）5、有給家族従業者
　　（　）6、無給家族従業者　（　）7、その他（具体的に）＿＿＿＿＿
12、あなたの職業
　　（　）1、科学者　（　）2、建築家、技術者　（　）3、医者、看護婦
　　（　）4、法律家　（　）5、教師、講師、教育専門家
　　（　）6、ジャーナリスト　（　）7、会計係　（　）8、兵士
　　（　）9、警察官　（　）10、販売、マーケティング　（　）11、事務職
　　（　）12、熟練労働　肩書きあるいは部署＿＿＿＿＿
　　（　）13、サービス　肩書きあるいは部署＿＿＿＿＿
　　（　）14、管理的仕事　肩書きあるいは部署＿＿＿＿＿　（　）15、農業
　　（　）16、現場労働者　（　）17、行商、屋台　（　）18、主婦
　　（　）19、学生　（　）20、その他（具体的に）＿＿＿＿＿

13、あなたの職業上の地位
　　（　）1、公務員・国営企業労務者　（　）2、私企業労務者　肩書き＿＿＿＿＿
　　（　）3、自営業　（　）4、使用者・雇い主　（　）5、有給家族従業者
　　（　）6、無給家族従業者　（　）7、その他（具体的に）＿＿＿＿＿＿＿
14、あなたがタンマガーイ寺を訪れるようになったのはいつからですか？
　　＿＿＿＿＿＿年
15、あなたをタンマガーイ寺に誘ったのはどなたですか？
　　（　）1、父親・母親　（　）2、兄弟　（　）3、親族　（　）4、友人
　　（　）5、学校の教員　（　）6、仏教クラブのクラブ員
　　（　）7、自分で訪れた（誘ってくれた人はいない）
　　（　）8、その他（具体的に）＿＿＿＿＿＿＿
16、あなたはタンマガーイ寺について次のようのような点をどの程度よいと感じますか？
　　次のうちあてはまる番号に印をつけて下さい。
　　1＝良い　1＝まあまあ良い　3＝あまり良くない　4＝良くない　5＝わからない
　　A、規律正しい出家修行者の態度　　　1　2　3　4　5
　　B、僧侶の説法　　　　　　　　　　　1　2　3　4　5
　　C、仏誕祭などの大行事の雰囲気　　　1　2　3　4　5
　　D、瞑想指導　　　　　　　　　　　　1　2　3　4　5
　　E、僧侶や信徒との付き合い　　　　　1　2　3　4　5
　　F、静かできれいな寺院の雰囲気　　　1　2　3　4　5
17、あなたは「仏法継承者・訓練出家」に参加したことがありますか。
　　（　）1、「仏法継承者・訓練出家」　男子大学生用（夏期）　第＿＿期　＿＿＿年
　　（　）2、「仏法継承者・訓練出家」　雨安吾期　　　　　　　第＿＿期　＿＿＿年
　　（　）3、「仏法継承者・訓練出家」　特別期　　　　　　　　第＿＿期　＿＿＿年
　　（　）4、「仏法継承者・訓練出家」　住職生誕祝い期　　　　第＿＿期　＿＿＿年
　　（　）5、「仏法継承者・訓練出家」　外国人用　　　　　　　第＿＿期　＿＿＿年
　　（　）6、「仏法継承者・訓練出家」　兵士・警察用　　　　　第＿＿期　＿＿＿年
　　（　）7、「仏法継承者・訓練出家」　男子高校生用　　　　　第＿＿期　＿＿＿年
　　（　）8、「仏法継承者・訓練出家」　小学生用　　　　　　　第＿＿期　＿＿＿年
　　（　）9、「仏法継承者・訓練出家」　女性大学生用　　　　　第＿＿期　＿＿＿年
　　（　）10、「仏法継承者・訓練出家」　女性高校生用　　　　　第＿＿期　＿＿＿年
　　（　）11、参加したことはない
　　（　）12、その他（具体的に）＿＿＿＿＿＿＿＿＿＿＿
18、あなたは大学仏教クラブのメンバーだった経験はありますか
　　（　）1、はい　（　）2、いいえ
19、あなたは「善行推進チーム（善友団）」のメンバーですか
　　（　）1、はい　（　）2、いいえ
20、あなたはタンマガーイ寺の奉仕集団のメンバーですか。
　　（　）1、はい　（　）2、いいえ
21、あなたはタンマガーイ寺以外で出家したことはありますか？　他の寺で出家した経験があるとすれば、それはどこで、
　　いつ、どのくらいの期間の出家でしたか。
　　（　）1、出家したことはない
　　（　）2、僧侶として出家。
　　　　＿＿＿＿寺、＿＿＿＿＿県、＿＿＿＿年。期間：＿＿日、＿＿ヶ月、＿＿年
　　（　）3、沙弥として出家。
　　　　＿＿＿＿寺、＿＿＿＿＿県、＿＿＿＿年。期間：＿＿日、＿＿ヶ月、＿＿年
　　（　）4、メーチーとして出家。
　　　　＿＿＿＿寺、＿＿＿＿＿県、＿＿＿＿年。期間：＿＿日、＿＿ヶ月、＿＿年
22、他寺院での出家式の前に、出家のためのタム・クワン（スー・クワン）儀礼を行いましたか。
　　（　）1、行った。　（　）2、行わなかった。
23、タンマガーイ寺以外に通っている寺はありますか。
　　（　）1、通っていない
　　（　）2、よく通っていた　1ヶ月に＿＿＿日
　　　　　　＿＿＿＿＿＿寺　＿＿＿＿＿県
　　　　なぜ通っていたのですか　（例えば、タンブンや瞑想その他のため）
　　　　具体的に＿＿＿＿＿＿＿＿＿＿＿＿＿＿＿＿＿＿＿＿＿＿＿＿＿＿＿
　　（　）3、時々通っていた　1年に＿＿＿日
　　　　　　＿＿＿＿＿＿寺　＿＿＿＿＿県
　　　　なぜ通っていたのですか　（例えば、タンブンや瞑想その他のため）
　　　　具体的に＿＿＿＿＿＿＿＿＿＿＿＿＿＿＿＿＿＿＿＿＿＿＿＿＿＿＿
24、あなたは現在あるいはかつて他の宗教を信仰していましたか？
　　（例、大乗仏教、イスラーム、キリスト教など）
　　（　）1、信仰していない
　　（　）2、信仰している　　　具体的に＿＿＿＿＿＿＿＿＿＿＿＿＿＿＿＿＿＿
　　（　）3、かつて信仰していた　具体的に＿＿＿＿＿＿＿＿＿＿
25、あなたの親族で、タンマガーイ寺の長期出家僧侶・長期出家沙弥の方はおりますか？
　　（　）1、いない。
　　（　）2、僧侶が＿＿＿＿＿名、出家している。
　　（　）3、沙弥が＿＿＿＿＿名、出家している。

２６、あなたの親族で、タンマガーイ寺のウバーソク（男性職員）・ウバーシカー（女性職員）
の方はおりますか？
( ) １、いない。
( ) ２、ウバーソクが＿＿＿＿名いる。
( ) ３、ウバーシカーが＿＿＿＿名いる。

２７、あなたは次のような人々との付き合いをどのように思っていますか？
次のうちあてはまる番号に印をつけて下さい。
１＝大切　２＝まあまあ大切　３＝あまり大切ではない
４＝大切ではない　５＝わからない
　　Ａ、僧侶との付き合い　　　　　　　　　　　１　２　３　４　５
　　Ｂ、家族との付き合い　　　　　　　　　　　１　２　３　４　５
　　Ｃ、親族との付き合い　　　　　　　　　　　１　２　３　４　５
　　Ｄ、仕事上の付き合い　　　　　　　　　　　１　２　３　４　５
　　　　a,同僚や上司や部下　　　　　　　　　　１　２　３　４　５
　　　　b,取引先や顧客など　　　　　　　　　　１　２　３　４　５
　　Ｆ、近所の人との付き合い　　　　　　　　　１　２　３　４　５
　　Ｇ、タンマガーイ寺の知人との付き合い　　　１　２　３　４　５
　　Ｈ、学校の友人との付き合い　　　　　　　　１　２　３　４　５

２８、次のような暮らしはあなたにとってどれくらい満足の行くものですか。
次のうち、あてはまる番号に印を付けて下さい。
１＝とても満足　２＝まあまあ満足　３＝あまり満足していない
４＝全く満足していない　５＝わからない
　　Ａ、仏道に励むため出家する暮らし。　　　　　　　　　１　２　３　４　５
　　　　（あるいはメーチーやウバーシカーとなる暮らし）。
　　Ｂ、あくせくせず、気楽な暮らし。　　　　　　　　　　１　２　３　４　５
　　Ｃ、富や名声を得るために、一生懸命仕事をする暮らし。１　２　３　４　５
　　Ｄ、富や名声を得て、困っている人々を手助けする暮らし。１　２　３　４　５
　　Ｅ、富や名声を得て、仏教を援助する暮らし。　　　　　１　２　３　４　５
　　Ｆ、なによりも家族を大切にする暮らし。　　　　　　　１　２　３　４　５
　　Ｇ、家族と親族を大切にする暮らし。　　　　　　　　　１　２　３　４　５
　　Ｈ、なによりも自分自身の個性を　　　　　　　　　　　１　２　３　４　５
　　　　発揮できる仕事や活動を大切にする暮らし。
　　Ｉ、自分自身の利益よりも社会全体の利益を　　　　　　１　２　３　４　５
　　　　大切にする暮らし。

第2部 瞑想修行について

以下の質問にお答え下さい。答えは該当する答えを選び（ ）の中に×印を付けるか、あるいは下線部に直接ご記入下さい。

【1】 あなたは今までタンマガーイ式瞑想以外の瞑想を実践したことはありますか。
　　（ ）1、ない。　（ ）2、ある。
【2】（タンマガーイ式以外の瞑想の経験者のみにお尋ねします。）　他の種類の瞑想をどこで学びましたか。
　　（あてはまるもの全てにお答え下さい）
　　（ ）1、＿＿＿＿＿県の＿＿＿＿＿（寺）で学んだ
　　（ ）2、自分で本を読んで学んだ。著者は＿＿＿＿＿
　　（ ）3、ラジオ番組で学んだ。番組名は＿＿＿＿、講師は＿＿＿＿
　　（ ）4、テレビ番組で学んだ。番組名は＿＿＿＿、講師は＿＿＿＿
【3】 あなたはいつ頃からタンマガーイ瞑想を継続的に行うようになりましたか？
　　＿＿＿＿年から。
【4】 タンマガーイ式瞑想を継続的に行い始めたときに、あなたは次のような悩みや不安や困苦を抱えてましたか？
　　（あてはまる答えを全て選んで下さい）
　　（ ）1、ない　（ ）2、経済状況（くらし向き）　（ ）3、自分の職業
　　（ ）4、家族の職業　（ ）5、家族関係　（ ）6、家族以外の人間関係
　　（ ）7、自分の健康　（ ）8、家族の健康　（ ）9、孤独感
　　（ ）10、老後の生活状況　（ ）11、人生の無意味さ　（ ）12、自分の勉学
　　（ ）13、家族の勉学　（ ）14、住宅
　　（ ）15、財産相続・後継者　（ ）16、その他（具体的に）＿＿＿＿＿
【5】 あなたがタンマガーイ式瞑想を継続的に行うようになったのはなぜですか？
　　（あてはまる答えを全て選んで下さい）
　　（ ）1、悩み・不安・困苦を抱えていたから。上の項の＿＿＿番。
　　（ ）2、リラックスし気分が落ちつくから
　　（ ）3、瞑想で神秘的体験を得たので興味をもった。具体的に＿＿＿＿＿
　　（ ）4、当時また神秘的体験は得てなかったので、神秘的体験を得たかったため。
　　（ ）5、前世や来世が本当にあるのか知りたかったから。
　　（ ）6、ブンを得たいから（功徳を積みたい）
　　（ ）7、その他（具体的に）＿＿＿＿＿
【6】 上の解答の中で主要な理由を1つ選んでください。
　　＿＿＿＿番
【7】 あなたは週にどのくらいの回数で瞑想しますか？
　　1週間に＿＿日、1日に＿＿回、1回に＿＿分。
【8】 あなたは通常どこで瞑想しますか。　（あてはまる答えを全て選んで下さい）
　　（ ）1、寺院
　　（ ）2、自宅
　　（ ）3、職場
　　（ ）4、学校
　　（ ）5、その他（具体的に）＿＿＿＿＿
【9】 あなたはこれまで、チェンマイやプーケットでの特別瞑想修練会に
　　のべ何回参加しましたか？
　　＿＿＿＿回。
【10】 あなたは去年、チェンマイやプーケットでの特別瞑想修練会に何回参加しましたか？
　　＿＿＿＿回
【11】 あなた去年（2540年）、タンマガーイ寺での「週末瞑想訓練」に何回参加しましたか？
　　（ ）1、0回　（ ）2、1〜5回　（ ）3、6〜9回
　　（ ）4、10回以上（平均で1ヶ月に1回）、
　　（ ）5、20回以上（平均で1ヶ月に2回）、
　　（ ）6、30回以上（平均で1ヶ月に3回）、
　　（ ）7、40回以上
【12】 あなたは通常どなたから瞑想指導を受けてますか？　（ただしチェンマイやプーケットでの特別瞑想修練会を除く）
　　（あてはまる答えを全て選んで下さい）
　　（ ）1、プラ・パワナーウィサット（住職）：直接指導
　　（ ）2、プラ・パワナーウィサット（住職）
　　　　：仏誕節や第1日曜日などの儀礼時における指導。
　　（ ）3、プラ・パワナーウィリヤクン（副住職）：直接指導
　　（ ）4、プラ・パワナーウィリヤクン（副住職）
　　　　：仏誕節や第1日曜日などの儀礼時における指導。
　　（ ）5、その他の僧侶：直接指導
　　（ ）6、その他の僧侶：仏誕節や第1日曜日などの儀礼時における指導。
　　（ ）7、住職やその他の僧侶による瞑想指導を収めたカセットテープ・本
　　（ ）8、クン・ヤーイ・ウバーシカー・ジャン・コンノックユーング：直接指導
　　（ ）9、ウバーソク・ウバーシカー
　　（ ）10、その他（具体的に）＿＿＿＿＿
【13】 あなたは瞑想修行に関して主にどなたに相談してますか？
　　（最もあてはまる答えを1つだけ選んで下さい）
　　（ ）1、いない。
　　（ ）2、プラ・パワナーウィサット（住職）

　　　　　（　）3、プラ・パワナーウィリヤクン（副住職）
　　　　　（　）4、その他の僧侶
　　　　　（　）5、クン・ヤーイ・ウバーシカー・ジャン・コンノックユーング
　　　　　（　）6、ウバーソク・ウバーシカー
　　　　　（　）7、その他（具体的に）＿＿＿＿＿＿＿＿＿＿＿＿＿＿＿＿
【14】（瞑想修行に関して相談の経験のある方にお尋ねします。）
　　　　あなたは1ヶ月に何回相談しますか？
　　　　1ヶ月に＿＿＿＿回
【15】（瞑想修行に関して相談の経験のある方にお尋ねします。）
　　　　主にどのような内容を相談しますか。具体的な内容を記入して下さい。
　　　　＿＿＿＿＿＿＿＿＿＿＿＿＿＿＿＿＿＿＿＿＿＿＿＿＿＿＿＿＿＿＿＿
【16】あなたにとってどこで瞑想するのがもっとも成果があがりますか？
　　　　（最もあてはまる答えを1つだけ選んで下さい）
　　　　　（　）1、第一日曜日の寺院
　　　　　（　）2、通常の日曜日の寺院
　　　　　（　）3、チェンマイなどの特別瞑想修練会
　　　　　（　）4、仏誕祭などの重要な儀礼の際
　　　　　（　）5、通常時の寺院
　　　　　（　）6、わからない
　　　　　（　）7、その他（具体的に）＿＿＿＿＿＿＿＿＿＿＿＿＿＿＿
【17】上の解答の中で最も瞑想の成果が上がる場所（項目）を選んでください。
　　　　（　）
【18】あなたは何か特別な目的を持って瞑想を行っていますか？
　　　　具体的に＿＿＿＿＿＿＿＿＿＿＿＿＿＿＿＿＿＿＿＿＿＿＿＿＿＿＿
　　　　＿＿＿＿＿＿＿＿＿＿＿＿＿＿＿＿＿＿＿＿＿＿
【19】あなたは瞑想で病気を治したことがありますか？
　　　　（あてはまる項目を全て選んで下さい）
　　　　　（　）1、ない。
　　　　　（　）2、自分の病気を治した。
　　　　　（　）3、他の人の瞑想によって自分の病気が治った
　　　　　（　）4、自分以外の人の病気を治した。
　　　　　（　）5、わからない。
　　　　　（　）6、その他。
【20】タンマガーイ式瞑想を始める以前にあなたは、次のようなことを行っていましたか？
　　　　1＝良く行っていた　　2＝たまに行っていた　　3＝行ったことはない
　　　　A、護符等を得るために僧侶を訪れる　　（　）1、（　）2、（　）3
　　　　B、占いしてもらいに僧侶を訪れる　　　（　）1、（　）2、（　）3
　　　　C、お祓いのために僧侶を訪れる　　　　（　）1、（　）2、（　）3
　　　　D、霊媒師を訪れる　　　　　　　　　　（　）1、（　）2、（　）3
　　　　E、占い師を訪れる　　　　　　　　　　（　）1、（　）2、（　）3
　　　　F、神々の祠に祈願に行く　　　　　　　（　）1、（　）2、（　）3
　　　　G、タム・クワン（スー・クワン）儀礼　（　）1、（　）2、（　）3
【21】去年1年間に、あなたは次のようなことを行いましたか？
　　　　1＝良く行っていた　　2＝たまに行っていた　　3＝行ったことはない
　　　　A、護符を得るために僧侶を訪れる　　　（　）1、（　）2、（　）3
　　　　B、占いしてもらいに僧侶を訪れる　　　（　）1、（　）2、（　）3
　　　　C、お祓いのために僧侶を訪れる　　　　（　）1、（　）2、（　）3
　　　　D、霊媒師を訪れる　　　　　　　　　　（　）1、（　）2、（　）3
　　　　E、占い師を訪れる　　　　　　　　　　（　）1、（　）2、（　）3
　　　　F、神々の祠に祈願に行く　　　　　　　（　）1、（　）2、（　）3
　　　　G、タム・クワン（スー・クワン）儀礼　（　）1、（　）2、（　）3
【22】あなたは仏像型の護符を身に着けていますか？
　　　　（　）1、いつも身に着けている　（　）2、ときどき身に着ける　（　）3、身に着けてない
【23】（仏像型の護符を身に着けている方にお尋ねします。）
　　　　なぜあなたは仏像型の護符を身に着けているのですか？
　　　　（　）1、三宝を想起するため　（　）2、ルアンポーを想起するため
　　　　（　）3、霊験があるから　（　）4、その他（具体的に）＿＿＿＿＿＿
【24】あなたは水晶を身に着けていますか？
　　　　（　）1、いつも身に着けている　（　）2、ときどき身に着ける　（　）3、身に着けてない
【25】（水晶を身に着けている方にお尋ねします。）
　　　　なぜあなたは水晶を身に着けているのですか？
　　　　（　）1、瞑想用の道具として　（　）2、霊験があるから
　　　　（　）3、貴重品だから　（　）4、その他（具体的に）＿＿＿＿＿＿
【26】瞑想をしてあなたはどのような内的体験・神秘的体験を得ましたか？
　　　　具体的に述べて下さい。
　　　　＿＿＿＿＿＿＿＿＿＿＿＿＿＿＿＿＿＿＿＿＿＿＿＿＿＿＿＿＿＿＿＿
【27】あなたの日常生活において瞑想実践はどのような効果をもたらしましたか？　具体的に述べて下さい。
　　　　＿＿＿＿＿＿＿＿＿＿＿＿＿＿＿＿＿＿＿＿＿＿＿＿＿＿＿＿＿＿＿＿
【28】このアンケートについてお気づきの点や疑問等がありましたらご記入下さい。
　　　　＿＿＿＿＿＿＿＿＿＿＿＿＿＿＿＿＿＿＿＿＿＿＿＿＿＿＿＿＿＿＿＿

347

付録3　現代タイにおける瞑想の実践と普及に関するアンケート
【タイ語版】
(僧侶・沙弥および財団職員用)

ส่วนที่ 1　ข้อมูลพื้นฐานของผู้ตอบแบบสอบถาม　(แบบสอบถามสำหรับ พระภิกษุสามเณรและอุบาสกอุบาสิกา)

ให้ทำเครื่องหมาย X ลงในช่อง ( ) ที่เลือก และเติมคำตอบในข้อที่เว้นให้เติม
หากมีข้อสงสัยตอบยากไม่ต้องตอบก็ได้

1. วันนี้วันที่_____ เดือน_____ พ.ศ.2541

2. ท่านเป็น
   ( ) 1. พระภิกษุ　　　　　( ) 2. สามเณร
   ( ) 3. อุบาสก　　　　　 ( ) 4. อุบาสิกา　　　( ) 5. อื่นๆ (ระบุ)_____

3. ท่านมีอายุ_____ปี

4. ภูมิลำเนาเดิม
   ( ) 1. กรุงเทพมหานคร
   ( ) 2. จังหวัดอื่น (ระบุชื่อ) _____　( ) 1. ในเมือง　( ) 2. ในชนบท
   ( ) 3. อื่นๆ (ระบุ) _____

5. ท่านมีเชื้อสายอะไร
   ( ) 1. ไทยแท้　( ) 2. ไทยผสมจีน　( ) 3. อื่นๆ (ระบุ) _____

6. ท่านเคยแต่งงานหรือไม่
   ( ) 1. เคย　　( ) 2. ไม่เคย　　( ) 3. อื่นๆ

7. ระดับการศึกษา
   ( ) 1. ไม่เคยเรียนหนังสือ　　( ) 2. ประถมศึกษา　　　( ) 3. มัธยมศึกษาตอนต้น
   ( ) 4. มัธยมศึกษาตอนปลาย　( ) 5. ประโยควิชาชีพ　　( ) 6. อนุปริญญา
   ( ) 7. ปริญญาตรี　　　　　　( ) 8. ปริญญาโท　　　　( ) 9. ปริญญาเอก
   ( )10. อื่นๆ (ระบุ) _____

8. การประกอบอาชีพของบิดา
   ( ) 1. นักวิทยาศาสตร์　　　　( ) 2. สถาปนิก วิศวกร　　( ) 3. แพทย์ พยาบาล
   ( ) 4. ทนายความ นักกฎหมาย　( ) 5. ครู อาจารย์ ผู้เชี่ยวชาญ ด้านการศึกษา
   ( ) 6. นักข่าว นักหนังสือพิมพ์　( ) 7. นักบัญชี　　　　　( ) 8. ทหาร
   ( ) 9. ตำรวจ　　　　　　　　( )10. งานพาณิชยกรรม/การตลาด
   ( )11. งานเสมียนสำนักงาน　　( )12. งานประเภทช่าง ตำแหน่งหรือหน้าที่_____
   ( )13. งานบริการ ตำแหน่งหรือหน้าที่_____
   ( )14. งานบริหาร ตำแหน่งหรือหน้าที่_____
   ( )15. เกษตรกร　　　　　　　( )16. กรรมกรรับจ้าง　　　( )17. หาบเร่ แผงลอย
   ( )18. อื่นๆ (ระบุ)_____

9. สถานภาพในอาชีพของบิดา
   ( ) 1. ลูกจ้างรัฐบาล/รัฐวิสาหกิจ　( ) 2. ลูกจ้างเอกชน ตำแหน่ง_____
   ( ) 3. ธุรกิจส่วนตัว　　　　　　 ( ) 4. นายจ้าง
   ( ) 5. ช่วยธุรกิจของครอบครัวโดยได้รับค่าจ้าง
   ( ) 6. อื่นๆ (ระบุ)_____

10. การประกอบอาชีพของมารดา
    ( ) 1. นักวิทยาศาสตร์　　　　( ) 2. สถาปนิก วิศวกร　　( ) 3. แพทย์ พยาบาล
    ( ) 4. ทนายความ นักกฎหมาย　( ) 5. ครู อาจารย์ ผู้เชี่ยวชาญ ด้านการศึกษา
    ( ) 6. นักข่าว นักหนังสือพิมพ์　( ) 7. นักบัญชี　　　　　( ) 8. ทหาร
    ( ) 9. ตำรวจ　　　　　　　　( )10. งานพาณิชยกรรม/การตลาด
    ( )11. งานเสมียนสำนักงาน　　( )12. งานประเภทช่าง ตำแหน่งหรือหน้าที่_____
    ( )13. งานบริการ ตำแหน่งหรือหน้าที่_____
    ( )14. งานบริหาร ตำแหน่งหรือหน้าที่_____
    ( )15. เกษตรกร　　　　　　　( )16. กรรมกรรับจ้าง　　　( )17. หาบเร่ แผงลอย

( )18. แม่บ้าน   ( )19. อื่นๆ (ระบุ)_____

11. สถานภาพในอาชีพของมารดา
    ( ) 1. ลูกจ้างรัฐบาล/รัฐวิสาหกิจ   ( ) 2. ลูกจ้างเอกชน ตำแหน่ง_____
    ( ) 3. ธุรกิจส่วนตัว   ( ) 4. นายจ้าง
    ( ) 5. ช่วยธุรกิจของครอบครัวโดยได้รับค่าจ้าง
    ( ) 6. ช่วยธุรกิจของครอบครัวโดยไม่ได้รับค่าจ้าง
    ( ) 7. อื่นๆ (ระบุ)_____

12. การประกอบอาชีพของท่านก่อนบวชหรือเป็นอุบาสก อุบาสิกา
    ( ) 1. นักวิทยาศาสตร์   ( ) 2. สถาปนิก วิศวกร   ( ) 3. แพทย์ พยาบาล
    ( ) 4. ทนายความ นักกฎหมาย ( ) 5. ครู อาจารย์ ผู้เชี่ยวชาญ ด้านการศึกษา
    ( ) 6. นักข่าว นักหนังสือพิมพ์ ( ) 7. นักบัญชี   ( ) 8. ทหาร
    ( ) 9. ตำรวจ   ( )10. งานพาณิชยกรรม/การตลาด
    ( )11. งานเสมียนสำนักงาน,   ( )12. งานประเภทช่าง ตำแหน่งหรือหน้าที่_____
    ( )13. งานบริการ ตำแหน่งหรือหน้าที่_____
    ( )14. งานบริหาร ตำแหน่งหรือหน้าที่_____
    ( )15. กรรมกรรับจ้าง   ( )16. หาบเร่ แผงลอย
    ( )17. เกษตรกร   ( )18. แม่บ้าน
    ( )19. นักเรียน นักศึกษา   ( )20. อื่นๆ (ระบุ)_____

13. สถานภาพในอาชีพของของท่านก่อนบวชหรือเป็นอุบาสก อุบาสิกา
    ( ) 1. ลูกจ้างรัฐบาล/รัฐวิสาหกิจ   ( ) 2. ลูกจ้างเอกชน ตำแหน่ง_____
    ( ) 3. ธุรกิจส่วนตัว   ( ) 4. นายจ้าง
    ( ) 5. ช่วยธุรกิจของครอบครัวโดยได้รับค่าจ้าง
    ( ) 6. ช่วยธุรกิจของครอบครัวโดยไม่ได้รับค่าจ้าง
    ( ) 7. อื่นๆ (ระบุ)_____

14. ท่านเข้ามาอยู่วัดพระธรรมกายตั้งแต่เมื่อไร
    พ.ศ._____

15. ใครชวนท่านเข้าวัด
    ( ) 1. บิดามารดา   ( ) 2. พี่น้อง   ( ) 3. ญาติ
    ( ) 4. เพื่อน   ( ) 5. คุณครูอาจารย์ที่โรงเรียนหรือมหาวิทยาลัย
    ( ) 6. สมาชิกชมรมพุทธศาสตร์ ( ) 7. ไม่มีใครชวน เข้ามาเอง
    ( ) 8. อื่นๆ (ระบุ)_____

16. กรุณาระบุความรู้สึกของท่านเกี่ยวกับวัดพระธรรมกาย
    โดยวงกลมตัวเลขที่ตรงกับความรู้สึกของท่าน

    1.ดี   2.ค่อนข้างดี   3.ไม่ค่อยดี   4.ไม่ดี   5.ไม่ทราบ
    A. ความมีระเบียบวินัยของพระภิกษุสามเณร   1 2 3 4 5
       และ อุบาสกอุบาสิกา
    B. การแสดงพระธรรมเทศนาของพระอาจารย์   1 2 3 4 5
    C. บรรยากาศในงานบุญใหญ่(เช่นวันมาฆบูชา)   1 2 3 4 5
    D. ระบบการสอนการนั่งสมาธิ   1 2 3 4 5
    E. ความผูกพันกับพระภิกษุสามเณร   1 2 3 4 5
       และอุบาสกอุบาสิกา หรือกับกัลยาณมิตร
    F. บรรยากาศของวัดซึ่งสงบและสะอาด   1 2 3 4 5

17. ท่านเคยได้อบรมธรรมทายาทดังต่อไปนี้หรือไม่
    (สำหรับผู้ที่เคยอบรมหลายรุ่น ขอความกรุณากรอกให้ครบถ้วน)
    ( ) 1. อบรมธรรมทายาท ระดับอุดมศึกษา (ฤดูร้อน)   รุ่น_____ ปี_____
    ( ) 2. อบรมธรรมทายาท รุ่นเข้าพรรษา   รุ่น_____ ปี_____
    ( ) 3. อบรมธรรมทายาท รุ่นพิเศษ   รุ่น_____ ปี_____
    ( ) 4. อบรมธรรมทายาท รุ่นฉลองวันเกิดของท่านเจ้าอาวาส รุ่น_____ ปี_____
    ( ) 5. อบรมธรรมทายาท รุ่นนานาชาติ   รุ่น_____ ปี_____
    ( ) 6. อบรมธรรมทายาท รุ่นขุนพลแก้ว   รุ่น_____ ปี_____
    ( ) 7. อบรมธรรมทายาท ระดับมัธยมปลาย   รุ่น_____ ปี_____
    ( ) 8. อบรมยุวธรรมทายาท   รุ่น_____ ปี_____
    ( ) 9. อบรมธรรมทายาทหญิง ระดับอุดมศึกษา   รุ่น_____ ปี_____
    ( ) 10. อบรมธรรมทายาทหญิง ระดับมัธยมปลาย   รุ่น_____ ปี_____
    ( ) 11. ไม่เคย

( ) 12. อื่นๆ (ระบุ)_____

18. ท่านเคยบวชที่วัดอื่นนอกจากวัดพระธรรมกายหรือไม่
    ถ้าเคยบวช บวชที่ไหน เมื่อไร และนานเท่าไร
    ( ) 1. ไม่เคย
    ( ) 2. บวชเป็นพระภิกษุ
          ที่วัด_____ จังหวัด_____ พ.ศ._____
          ระยะเวลา_____วัน _____เดือน_____ปี
    ( ) 3. บวชเป็นสามเณร
          ที่วัด_____ จังหวัด_____ พ.ศ._____
          ระยะเวลา_____วัน _____เดือน_____ปี
    ( ) 4. บวชเป็นแม่ชี
          ที่วัด_____ จังหวัด_____ พ.ศ._____
          ระยะเวลา_____วัน _____เดือน_____ปี

19. ก่อนที่จะบวชที่วัดอื่น ท่านทำพิธีทำขวัญ(หรือ สุขวัญ) เพื่อเตรียมบวชหรือไม่
    ( ) 1. ทำ   ( ) 2. ไม่ได้ทำ

20. (เฉพาะพระภิกษุและสามเณร) ท่านบวชที่วัดพระธรรมกายเมื่อไร
    พ.ศ._____

21. (เฉพาะพระภิกษุ) ท่านเคยเป็นอุบาสกที่วัดพระธรรมกายหรือไม่
    ถ้าเคยเป็นอุบาสก เข้าอบรมอุบาสกเมื่อไร และเป็นอุบาสกนานเท่าไร
    พ.ศ._____   ระยะเวลา_____ปี

22. (เฉพาะอุบาสกอุบาสิกา) ท่านเข้าอบรมอุบาสกอุบาสิกาเมื่อไร
    พ.ศ._____

23. ท่านมีวัดอื่นที่ท่านไปอีกด้วยหรือไม่   (ก่อนเข้ามาบวชหรือเข้ามาเป็นอุบาสกอุบาสิกา)
    ( ) 1. ไม่มี
    ( ) 2. ไปบ่อย เดือนละ_____วัน,
          ที่วัด_____ จังหวัด_____
          ไปเพราะเหตุใด (เช่น ทำบุญ นั่งสมาธิ อื่นๆ)
          ระบุ_____
    ( ) 3. ไปบ้าง ปีละ_____วัน
          ที่วัด_____ จังหวัด_____
          ไปเพราะเหตุใด (เช่น ทำบุญ นั่งสมาธิ อื่นๆ)
          ระบุ_____

24. ท่านนับถือหรือเคยนับถือศาสนาอื่นมาก่อนด้วยหรือไม่
    (เช่น พุทธศาสนาจีนนิกาย ศาสนาอิสลาม ศาสนาคริสต์ อื่นๆ)
    ( ) 1. ไม่นับถือ
    ( ) 2. นับถือ ระบุ _____
    ( ) 3. เคยนับถือ ระบุ _____

25. ท่านมีญาติหรือครอบครัวซึ่งบวชเป็นพระภิกษุประจำและสามเณรประจำที่วัดพระธรรมกายหรือไม่
    ( ) 1. ไม่มี
    ( ) 2. มี พระภิกษุประจำ _____รูป
    ( ) 3. มี สามเณรประจำ _____รูป

26. ท่านมีญาติหรือครอบครัวซึ่งทำงานเป็นอุบาสกอุบาสิกาที่วัดพระธรรมกายหรือไม่
    ( ) 1. ไม่มี
    ( ) 2. มี อุบาสก_____คน
    ( ) 3. มี อุบาสิกา_____คน

27. (เฉพาะพระภิกษุและสามเณร) ท่านสอบได้นักธรรมชั้นไหน
    ( ) 1. สอบได้นักธรรมชั้น_____
    ( ) 2. ยังไม่ได้สอบ

28. (เฉพาะพระภิกษุและสามเณร) ท่านสอบได้เปรียญประโยคไหน
    ( ) 1. สอบได้ประโยค_____
    ( ) 2. ยังไม่ได้สอบ

29. (เฉพาะอุบาสกอุบาสิกา) ท่านสอบได้ธรรมศึกษาชั้นไหน
   ( ) 1. สอบได้ธรรมศึกษาชั้น_____
   ( ) 2. ยังไม่ได้สอบ

30. กรุณาระบุความรู้สึกผูกพันของท่านกับบุคคลต่างๆ
   โดยวงกลมตัวเลขที่ตรงกับความรู้สึกของท่าน

   1.สำคัญ   2.ค่อนข้างสำคัญ   3.ไม่ค่อยสำคัญ   4.ไม่สำคัญ   5.ไม่ทราบ
   A. ความผูกพันกับพระภิกษุ   1 2 3 4 5
   B. ความผูกพันกับครอบครัว   1 2 3 4 5
   C. ความผูกพันกับญาติ   1 2 3 4 5
   D. ความผูกพันกับที่ทำงาน
      a.เพื่อนร่วมงานและผู้บังคับบัญชา   1 2 3 4 5
      b.ลูกค้า   1 2 3 4 5
   F. ความผูกพันกับเพื่อนบ้านใกล้เคียง   1 2 3 4 5
   G. ความผูกพันกับกัลยาณมิตร   1 2 3 4 5
   H. ความผูกพันกับเพื่อนนักเรียน   1 2 3 4 5

31. กรุณาระบุระดับความพอใจที่ท่านมีต่อการดำเนินชีวิตแบบต่างๆ
   โดยวงกลมตัวเลขที่ตรงกับข้อความที่ท่านเลือก

   1.พอใจ   2.ค่อนข้างพอใจ   3.ไม่ค่อยพอใจ   4.ไม่พอใจ   5.ไม่ทราบ

   A. ดำเนินชีวิตเป็นพระภิกษุสามเณร   1 2 3 4 5
      และอุบาสกอุบาสิกา เพื่อสร้างบารมี
   B. ดำเนินชีวิตอยู่อย่างตามสบาย(ไม่ดิ้นรน)   1 2 3 4 5
   C. ดำเนินชีวิตที่ทำงานอย่างเต็มที่   1 2 3 4 5
      เพื่อจะเป็นคนรวย หรือเป็นคนฐานะดี
   D. ดำเนินชีวิตเป็นเศรษฐีผู้ใจบุญ   1 2 3 4 5
      เพื่อช่วยเหลือคนที่ลำบาก
   E. ดำเนินชีวิตเป็นเศรษฐีผู้ใจบุญ   1 2 3 4 5
      ค้ำจุนพระพุทธศาสนา
   F. ดำเนินชีวิตเพื่อครอบครัวตัวเองอย่างเดียว 1 2 3 4 5
   G. ดำเนินชีวิตเพื่อครอบครัว และญาติพี่น้อง 1 2 3 4 5
   H. ดำเนินชีวิตที่สามารถพัฒนาความรู้   1 2 3 4 5
      ความสามารถและบุคลิกภาพของตัวเองได้
   I. ดำเนินชีวิตที่ทำงานเพื่อประโยชน์   1 2 3 4 5
      ต่อส่วนรวมมากกว่าส่วนตัว

ส่วนที่ 2 ข้อมูลสภาพแท้จริงของการปฏิบัติธรรมนั่งสมาธิ
         ของนักบวชและอุบาสกอุบาสิกา

   ให้ทำเครื่องหมาย X ลงในช่อง ( ) ที่เลือก และเติมคำตอบในข้อที่เว้นให้เติม
   หากมีข้อสงสัยตอบยาก ไม่ต้องตอบก็ได้

[1] ท่านเคยนั่งสมาธิแบบอื่นนอกจากการปฏิบัติธรรม เพื่อให้เข้าถึงธรรมกาย
   โดยใช้นิมิตเป็นองค์พระ หรือดวงแก้วหรือไม่
   ( ) 1. ไม่เคย
   ( ) 2. เคย

[2] (เฉพาะท่านเคยนั่งสมาธิแบบอื่น) ท่านเคยเรียนการนั่งสมาธิแบบอื่นได้อย่างไร
   (ท่านสามารถตอบได้หลายข้อตามความเป็นจริง)
   ( ) 1. เรียนที่_____ จังหวัด_____
   ( ) 2. เรียนเองโดยอ่านหนังสือ ระบุชื่อผู้เขียน_____
   ( ) 3. เรียนเองโดยรายการวิทยุ
          ระบุชื่อรายการ_____ และชื่อผู้สอน_____
   ( ) 4. เรียนเองโดยรายการโทรทัศน์
          ระบุชื่อรายการ_____ และชื่อผู้สอน_____

[3] ท่านเริ่มปฏิบัติธรรมให้เข้าถึงธรรมกาย เป็นประจำตั้งแต่เมื่อไร
    พ.ศ._____

[4] ตอนท่านเริ่มนั่งสมาธิเป็นประจำ ท่านมีความทุกข์และกังวลใจในเรื่องต่อไปนี้หรือไม่
   (ท่านสามารถตอบได้หลายข้อตามความเป็นจริง)
   ( ) 1. ไม่มี   ( ) 2. มาตรฐานการครองชีพ
   ( ) 3. หน้าที่การงาน (ของท่าน)   ( ) 4. หน้าที่การงาน (ของครอบครัว)
   ( ) 5. ความสัมพันธ์กับครอบครัว   ( ) 6. ความสัมพันธ์กับบุคคลอื่น ๆ นอกบ้าน
   ( ) 7. สุขภาพอนามัย (ของท่าน)   ( ) 8. สุขภาพอนามัย (ของครอบครัว)
   ( ) 9. ความว้าเหว่   ( ) 10. ชีวิตด้านเศรษฐกิจในวัยชรา
   ( ) 11. การทำให้มีชีวิตอยู่อย่างมีความหมาย
   ( ) 12. การศึกษา (ของท่าน)   ( ) 13. การศึกษา (ของครอบครัว)
   ( ) 14. ที่อยู่อาศัย   ( ) 15. การสืบทอดมรดก
   ( ) 16. อื่น ๆ (ระบุ) _____

[5] ท่านเริ่มนั่งสมาธิเป็นประจำเพราะเหตุใด
   (ท่านสามารถตอบได้หลายข้อตามความเป็นจริง)
   ( ) 1. เพราะมีความทุกข์และกังวลใจดังกล่าวมาข้างบนนี้ ข้อ_____
   ( ) 2. เพราะได้พักผ่อนจิตใจ
   ( ) 3. เพราะได้ประสบการณ์ภายในพิเศษจากการปฏิบัติธรรม
          ระบุ _____
   ( ) 4. เพราะตอนนั้นยังไม่ได้ประสบการณ์ภายในพิเศษแล้ว
          อยากได้ประสบการณ์ภายในพิเศษจากการปฏิบัติธรรม
   ( ) 5. เพราะอยากรู้ว่าชาติก่อนชาติหน้ามีจริงหรือไม่
   ( ) 6. เพราะอยากได้บุญ
   ( ) 7. อื่น ๆ (ระบุ) _____
          _____

[6] กรุณาเลือกข้อความ(ตัวเลข)ในข้อ5 ที่ท่านคิดว่าสำคัญที่สุดสำหรับท่านมา1ข้อ
    (   )

[7] ท่านนั่งสมาธิเป็นประจำอาทิตย์ละกี่วัน วันละกี่ครั้ง ครั้งละนานเท่าไร
    อาทิตย์ละ_____วัน วันละ_____ครั้ง ครั้งละ_____นาที

[8] ท่านนั่งสมาธิเป็นประจำที่ไหน (ท่านสามารถตอบได้หลายข้อตามความเป็นจริง)
    ( ) 1. ที่พัก   ( ) 2. ที่อื่น (ระบุ)_____

[9] ปีที่แล้ว (พ.ศ.2540) ท่านไปปฏิบัติธรรมพิเศษที่เชียงใหม่หรือภูเก็ตกี่ครั้ง ทั้งหมดกี่วัน
    _____ครั้ง   _____วัน

【10】 ท่านเรียนการนั่งสมาธิเป็นประจำจากท่านใด ยกเว้นในกรณีปฏิบัติธรรมพิเศษ(เช่นที่เชียงใหม่)
(ท่านสามารถตอบได้หลายข้อตามความเป็นจริง)
( ) 1. พระราชภาวนาวิสุทธิ(หลวงพ่อธัมมชโย) (โดยตัวต่อตัว)
( ) 2. พระราชภาวนาวิสุทธิ(หลวงพ่อธัมมชโย)
(โดยโอกาสพิธีต่างๆ เช่น อาทิตย์ต้นเดือนและมาฆบูชาเป็นต้น)
( ) 3. พระภาวนาวิริยคุณ(หลวงพ่อทัตตชีโว) (โดยตัวต่อตัว)
( ) 4. พระภาวนาวิริยคุณ(หลวงพ่อทัตตชีโว)
(โดยโอกาสพิธีต่างๆ เช่น อาทิตย์ต้นเดือนและมาฆบูชาเป็นต้น)
( ) 5. พระอาจารย์อื่น ๆ (โดยตัวต่อตัว)
( ) 6. พระอาจารย์อื่น ๆ (โดยโอกาสพิธีต่างๆ เช่น อาทิตย์ต้นเดือนและมาฆบูชาเป็นต้น)
( ) 7. เทปและหนังสือโดยหลวงพ่อหรือครูบาอาจารย์
( ) 8. คุณยายอุบาสิกาจันทร์ ขนนกยูง (โดยตัวต่อตัว)
( ) 9. อุบาสกอุบาสิกา
( ) 10. อื่นๆ (ระบุ)_____

【11】 ท่านปรึกษาใครเกี่ยวกับการนั่งสมาธิ (เลือกตอบเพียง 1 ข้อ)
( ) 1. ไม่มี
( ) 2. พระราชภาวนาวิสุทธิ(หลวงพ่อธัมมชโย)
( ) 3. พระภาวนาวิริยคุณ(หลวงพ่อทัตตชีโว)
( ) 4. พระอาจารย์อื่น ๆ
( ) 5. คุณยายอุบาสิกาจันทร์ ขนนกยูง
( ) 6. อุบาสกอุบาสิกา
( ) 7. อื่นๆ (ระบุ)_____

【12】 (เฉพาะท่านที่มีที่ปรึกษาเกี่ยวกับการนั่งสมาธิ) ท่านปรึกษาเดือนละกี่ครั้ง
เดือนละ_____ครั้ง

【13】 (เฉพาะท่านที่มีที่ปรึกษาเกี่ยวกับการนั่งสมาธิ) ท่านปรึกษาอะไรบ้าง
กรุณาระบุตัวอย่างให้ละเอียด
_____
_____
_____
_____
_____

【14】 ท่านนั่งสมาธิได้ผลดีขึ้นในโอกาสไหน (ท่านสามารถตอบได้หลายข้อตามความเป็นจริง)
( ) 1. ในพิธีวันอาทิตย์ต้นเดือน
( ) 2. ในพิธีวันอาทิตย์ธรรมดา
( ) 3. ในการปฏิบัติธรรมพิเศษที่เชียงใหม่หรือภูเก็ต
( ) 4. ในพิธีสำคัญต่างๆ เช่นมาฆบูชา (ระบุ)_____
( ) 5. ในการนั่งสมาธิวันปกติ
( ) 6. ไม่ทราบ
( ) 7. อื่นๆ (ระบุ)_____

【15】 กรุณาเลือกข้อความ(ตัวเลข)ในข้อ14 ที่ท่านคิดว่านั่งสมาธิได้ผลดีที่สุดสำหรับท่านมา 1 ข้อ
(   )

【16】 ท่านมีจุดประสงค์ในการนั่งสมาธิอย่างไรเป็นพิเศษหรือไม่
(ระบุ)_____
_____
_____
_____

【17】 ท่านมีประสบการณ์ที่แก้ไขโรคภัยไข้เจ็บ โดยการนั่งสมาธิหรือไม่
(ท่านสามารถตอบได้หลายข้อตามความเป็นจริง)
( ) 1. ไม่มี
( ) 2. มี แก้ไขโรคภัยไข้เจ็บตัวเอง โดยการนั่งสมาธิเอง
( ) 3. มี แก้ไขโรคภัยไข้เจ็บตัวเอง โดยการนั่งสมาธิของคนอื่น
( ) 4. มี แก้ไขโรคภัยไข้เจ็บตัวของคนอื่น โดยการนั่งสมาธิของตัวเอง
( ) 5. ไม่ทราบ
( ) 6. อื่นๆ (ระบุ)_____

【18】ก่อนที่ท่านจะเริ่มปฏิบัติธรรมเพื่อให้เข้าถึงธรรมกาย ท่านเคยปฏิบัติดังต่อไปนี้หรือไม่
    1. ไปหาพระสงฆ์เพื่อขอรับวัตถุมงคล ( )1. ไปบ่อย ( )2. ไปบ้าง ( )3. ไม่เคยไป
    2. ไปหาพระสงฆ์เพื่อขอให้ดูหมอ ( )1. ไปบ่อย ( )2. ไปบ้าง ( )3. ไม่เคยไป
    3. ไปหาพระสงฆ์เพื่อ
       ขอให้ทำพิธีสะเดาะเคราะห์ ( )1. ไปบ่อย ( )2. ไปบ้าง ( )3. ไม่เคยไป
    4. ไปหาคนทรงเจ้า ( )1. ไปบ่อย ( )2. ไปบ้าง ( )3. ไม่เคยไป
    5. ไปหาหมอดู ( )1. ไปบ่อย ( )2. ไปบ้าง ( )3. ไม่เคยไป
    6. ไปอธิษฐานที่ศาลเจ้าพ่อเจ้าแม่ ( )1. ไปบ่อย ( )2. ไปบ้าง ( )3. ไม่เคยไป
    7. ไปทำพิธีท้าขวัญ(หรือ สู่ขวัญ) ( )1. ไปบ่อย ( )2. ไปบ้าง ( )3. ไม่เคยไป

【19】ท่านใส่พระเครื่องหรือไม่
    ( ) 1. ใส่เสมอ   ( ) 2. ใส่บ้าง   ( ) 3. ไม่ใส่

【20】(เฉพาะท่านใส่พระเครื่อง) ท่านใส่พระเครื่องเพราะเหตุใด
    (ท่านสามารถตอบได้หลายข้อตามความเป็นจริง)
    ( ) 1. เพราะทำให้นึกถึงพระรัตนตรัย
    ( ) 2. เพราะทำให้นึกถึงหลวงพ่อ
    ( ) 3. เพราะเป็นสิ่งศักดิ์สิทธิ์
    ( ) 4. อื่นๆ (ระบุ) _____
    _____
    _____

【21】ท่านนำดวงแก้วติดตัวไปด้วยหรือไม่
    ( ) 1. นำติดตัวไปด้วยเสมอ
    ( ) 2. นำติดตัวไปเป็นบางครั้ง
    ( ) 3. ไม่นำติดตัวไปด้วย

【22】(เฉพาะท่านที่นำดวงแก้วติดตัวไปด้วย) ท่านนำดวงแก้วติดตัวไปด้วยเพราะเหตุใด
    (ท่านสามารถตอบได้หลายข้อตามความเป็นจริง)
    ( ) 1. สำหรับใช้เป็นนิมิตในการนั่งสมาธิ
    ( ) 2. เพราะดวงแก้วเป็นสิ่งศักดิ์สิทธิ์
    ( ) 3. เพราะของมีค่า
    ( ) 4. อื่นๆ (ระบุ) _____
    _____
    _____

【23】(เฉพาะอุบาสกอุบาสิกา) เมื่อนั่งสมาธิแล้วท่านมีประสบการณ์ภายในอย่างไร
    กรุณาระบุตัวอย่างให้ละเอียด
    _____
    _____
    _____
    _____

【24】การนั่งสมาธิของท่านมีประโยชน์ หรือมีผลกระทบต่อชีวิตประจำวันของท่านอย่างไรบ้าง
    กรุณาระบุตัวอย่างให้ละเอียด
    _____
    _____
    _____
    _____
    _____

【25】ขอให้ท่านระบุข้อคิดเห็นเพิ่มเติมในแบบสอบถามนี้
    _____
    _____
    _____
    _____

付録 4 　現代タイにおける瞑想の実践と普及に関するアンケート
【タイ語版】
(一般在家者用)

ส่วนที่ 1　ข้อมูลพื้นฐานของผู้ตอบแบบสอบถาม　(แบบสอบถามสำหรับ ฆราวาส)

ให้ทำเครื่องหมาย X ลงในช่อง ( ) ที่เลือก และเติมคำตอบในข้อที่เว้นให้เติม
หากมีข้อสงสัยตอบยากไม่ต้องตอบก็ได้

1. วันนี้วันที่_____ เดือน_____ พ.ศ.2541

2. เพศ
　( ) 1. ชาย　　( ) 2. หญิง

3. ท่านมีอายุ_____ปี

4. ภูมิลำเนาเดิม
　( ) 1. กรุงเทพมหานคร
　( ) 2. จังหวัดอื่น (ระบุชื่อ) _____　( ) 1. ในเมือง　( ) 2. ในชนบท
　( ) 3. อื่นๆ (ระบุ)_____

5. ท่านมีเชื้อสายอะไร
　( ) 1. ไทยแท้　　( ) 2. ไทยผสมจีน　　( ) 3. อื่นๆ (ระบุ) _____

6. สถานภาพ
　( ) 1. สมรส　　( ) 2. โสด　　( ) 3. อื่นๆ

7. ระดับการศึกษา
　( ) 1. ไม่เคยเรียนหนังสือ　　　( ) 2. ประถมศึกษา　　　( ) 3. มัธยมศึกษาตอนต้น
　( ) 4. มัธยมศึกษาตอนปลาย　　( ) 5. ประโยควิชาชีพ　　( ) 6. อนุปริญญา
　( ) 7. ปริญญาตรี　　　　　　　( ) 8. ปริญญาโท　　　　( ) 9. ปริญญาเอก
　( )10. อื่นๆ (ระบุ)_____

8. การประกอบอาชีพของบิดา
　( ) 1. นักวิทยาศาสตร์　　　( ) 2. สถาปนิก วิศวกร　　( ) 3. แพทย์ พยาบาล
　( ) 4. ทนายความ นักกฎหมาย　( ) 5. ครู อาจารย์ ผู้เชียวชาญ ด้านการศึกษา
　( ) 6. นักข่าว นักหนังสือพิมพ์　( ) 7. นักบัญชี　　　　　( ) 8. ทหาร
　( ) 9. ตำรวจ　　　　　　　( )10. งานพาณิชยกรรม/การตลาด
　( )11. งานเสมียนสำนักงาน　( )12. งานประเภทช่าง ตำแหน่งหรือหน้าที่_____
　( )13. งานบริการ ตำแหน่งหรือหน้าที่_____
　( )14. งานบริหาร ตำแหน่งหรือหน้าที่_____
　( )15. เกษตรกร　　　　　　( )16. กรรมกรรับจ้าง　　( )17. หาบเร่ แผงลอย
　( )18. อื่นๆ (ระบุ)_____

9. สถานภาพในอาชีพของบิดา
　( ) 1. ลูกจ้างรัฐบาล/รัฐวิสาหกิจ　( ) 2. ลูกจ้างเอกชน ตำแหน่ง_____
　( ) 3. ธุรกิจส่วนตัว　　　　　　　( ) 4. นายจ้าง
　( ) 5. ช่วยธุรกิจของครอบครัวโดยได้รับค่าจ้าง
　( ) 6. อื่นๆ (ระบุ)_____

10. การประกอบอาชีพของมารดา
　( ) 1. นักวิทยาศาสตร์　　　( ) 2. สถาปนิก วิศวกร　　( ) 3. แพทย์ พยาบาล
　( ) 4. ทนายความ นักกฎหมาย　( ) 5. ครู อาจารย์ ผู้เชียวชาญ ด้านการศึกษา
　( ) 6. นักข่าว นักหนังสือพิมพ์　( ) 7. นักบัญชี　　　　　( ) 8. ทหาร
　( ) 9. ตำรวจ　　　　　　　( )10. งานพาณิชยกรรม/การตลาด
　( )11. งานเสมียนสำนักงาน　( )12. งานประเภทช่าง ตำแหน่งหรือหน้าที่_____
　( )13. งานบริการ ตำแหน่งหรือหน้าที่_____
　( )14. งานบริหาร ตำแหน่งหรือหน้าที่_____
　( )15. เกษตรกร　　　　　　( )16. กรรมกรรับจ้าง　　( )17. หาบเร่ แผงลอย
　( )18. แม่บ้าน　　　　　　　( )19. อื่นๆ (ระบุ)_____

11. สถานภาพในอาชีพของมารดา
   ( ) 1. ลูกจ้างรัฐบาล/รัฐวิสาหกิจ   ( ) 2. ลูกจ้างเอกชน ตำแหน่ง_____
   ( ) 3. ธุรกิจส่วนตัว   ( ) 4. นายจ้าง
   ( ) 5. ช่วยธุรกิจของครอบครัวโดยได้รับค่าจ้าง
   ( ) 6. ช่วยธุรกิจของครอบครัวโดยไม่ได้รับค่าจ้าง
   ( ) 7. อื่นๆ (ระบุ)_____

12. การประกอบอาชีพของท่าน
   ( ) 1. นักวิทยาศาสตร์   ( ) 2. สถาปนิก วิศวกร   ( ) 3. แพทย์ พยาบาล
   ( ) 4. ทนายความ นักกฎหมาย ( ) 5. ครู อาจารย์ ผู้เชี่ยวชาญ ด้านการศึกษา
   ( ) 6. นักข่าว นักหนังสือพิมพ์ ( ) 7. นักบัญชี   ( ) 8. ทหาร
   ( ) 9. ตำรวจ   ( )10. งานพาณิชยกรรม/การตลาด
   ( )11. งานเสมียนสำนักงาน   ( )12. งานประเภทช่าง ตำแหน่งหรือหน้าที่_____
   ( )13. งานบริการ ตำแหน่งหรือหน้าที่_____
   ( )14. งานบริหาร ตำแหน่งหรือหน้าที่_____
   ( )15. กรรมกรรับจ้าง   ( )16. หาบเร่ แผงลอย
   ( )17. เกษตรกร   ( )18. แม่บ้าน   ( )19. นักเรียน นักศึกษา
   ( )20. อื่นๆ (ระบุ)_____

13. สถานภาพในอาชีพของของท่าน
   ( ) 1. ลูกจ้างรัฐบาล/รัฐวิสาหกิจ   ( ) 2. ลูกจ้างเอกชน ตำแหน่ง_____
   ( ) 3. ธุรกิจส่วนตัว   ( ) 4. นายจ้าง
   ( ) 5. ช่วยธุรกิจของครอบครัวโดยได้รับค่าจ้าง
   ( ) 6. ช่วยธุรกิจของครอบครัวโดยไม่ได้รับค่าจ้าง
   ( ) 7. อื่นๆ (ระบุ)_____

14. ท่านเข้ามาอยู่วัดพระธรรมกายตั้งแต่เมื่อไร
    พ.ศ._____

15. ใครชวนท่านเข้าวัด
   ( ) 1. บิดามารดา   ( ) 2. พี่น้อง   ( ) 3. ญาติ
   ( ) 4. เพื่อน   ( ) 5. คุณครูอาจารย์ที่โรงเรียนหรือมหาวิทยาลัย
   ( ) 6. สมาชิกชมรมพุทธศาสตร์ ( ) 7. ไม่มีใครชวน เข้ามาเอง
   ( ) 8. อื่นๆ (ระบุ)_____

16. กรุณาระบุความรู้สึกของท่านเกี่ยวกับวัดพระธรรมกาย
    โดยวงกลมตัวเลขที่ตรงกับความรู้สึกของท่าน

    1.ดี   2.ค่อนข้างดี   3.ไม่ค่อยดี   4.ไม่ดี   5.ไม่ทราบ
    A. ความมีระเบียบวินัยของพระภิกษุสามเณร   1 2 3 4 5
       และอุบาสกอุบาสิกา
    B. การแสดงพระธรรมเทศนาของพระอาจารย์   1 2 3 4 5
    C. บรรยากาศในงานบุญใหญ่(เช่นวันมาฆบูชา)   1 2 3 4 5
    D. ระบบการสอนการนั่งสมาธิ   1 2 3 4 5
    E. ความผูกพันกับพระภิกษุสามเณร   1 2 3 4 5
       และอุบาสกอุบาสิกา หรือกับกัลยาณมิตร
    F. บรรยากาศของวัดซึ่งสงบและสะอาด   1 2 3 4 5

17. ท่านเคยได้อบรมธรรมทายาทดังต่อไปนี้หรือไม่
    (สำหรับผู้ที่เคยอบรมหลายรุ่น ขอความกรุณากรอกให้ครบถ้วน)
   ( ) 1. อบรมธรรมทายาท ระดับอุดมศึกษา (ฤดูร้อน)   รุ่น_____ ปี_____
   ( ) 2. อบรมธรรมทายาท รุ่นเข้าพรรษา   รุ่น_____ ปี_____
   ( ) 3. อบรมธรรมทายาท รุ่นพิเศษ   รุ่น_____ ปี_____
   ( ) 4. อบรมธรรมทายาท รุ่นฉลองวันเกิดของท่านเจ้าอาวาส รุ่น_____ ปี_____
   ( ) 5. อบรมธรรมทายาท รุ่นนานาชาติ   รุ่น_____ ปี_____
   ( ) 6. อบรมธรรมทายาท รุ่นขุนพลแก้ว   รุ่น_____ ปี_____
   ( ) 7. อบรมธรรมทายาท ระดับมัธยมปลาย   รุ่น_____ ปี_____
   ( ) 8. อบรมยุวธรรมทายาท   รุ่น_____ ปี_____
   ( ) 9. อบรมธรรมทายาทหญิง ระดับอุดมศึกษา   รุ่น_____ ปี_____
   ( ) 10. อบรมธรรมทายาทหญิง ระดับมัธยมปลาย   รุ่น_____ ปี_____
   ( ) 11. ไม่เคย

( ) 12. อื่นๆ (ระบุ)_____

18. ท่านเป็นสมาชิก/เคยเป็นสมาชิกชมรมพุทธศาสตร์หรือไม่
( )1. เป็น   ( )2. ไม่เป็น

19. ท่านเป็นสมาชิกของทีมผู้นำบุญหรือไม่ (เช่นทีมแก้วธรรมกาย ทีมแก้วประสานใจ เป็นต้น)
( )1. เป็น   ( )2. ไม่เป็น

20. ท่านเป็นสมาชิกอาสาสมัครในวัดพระธรรมกายหรือมูลนิธิธรรมกายหรือไม่
( )1. เป็น   ( )2. ไม่เป็น

21. ท่านเคยบวชที่วัดอื่นนอกจากวัดพระธรรมกายหรือไม่
  ถ้าเคยบวช บวชที่ไหน เมื่อไร และนานเท่าไร
( ) 1. ไม่เคย
( ) 2. บวชเป็นพระภิกษุ
   ที่วัด_____ จังหวัด_____ พ.ศ._____
   ระยะเวลา_____วัน_____เดือน_____ปี
( ) 3. บวชเป็นสามเณร
   ที่วัด_____ จังหวัด_____ พ.ศ._____
   ระยะเวลา_____วัน_____เดือน_____ปี
( ) 4. บวชเป็นแม่ชี
   ที่วัด_____ จังหวัด_____ พ.ศ._____
   ระยะเวลา_____วัน_____เดือน_____ปี

22. ก่อนที่บวชที่วัดอื่น ท่านทำพิธีลาขวัญ(หรือ สู่ขวัญ) เพื่อเตรียมบวชหรือไม่
( ) 1. ทำ   ( ) 2. ไม่ได้ทำ

23. ท่านมีวัดอื่นที่ท่านไปอีกด้วยหรือไม่
( ) 1. ไม่มี
( ) 2. ไปบ่อย เดือนละ_____วัน
   ที่วัด_____ จังหวัด_____
   ไปเพราะเหตุใด (เช่น ทำบุญ นั่งสมาธิ อื่นๆ)
   ระบุ_____
( ) 3. ไปบ้าง ปีละ_____วัน
   ที่วัด_____ จังหวัด_____
   ไปเพราะเหตุใด (เช่น ทำบุญ นั่งสมาธิ อื่นๆ)
   ระบุ_____

24. ท่านนับถือหรือเคยนับถือศาสนาอื่นด้วยหรือไม่
  (เช่น พุทธศาสนาจีนนิกาย ศาสนาอิสลาม ศาสนาคริสต์ อื่นๆ)
   ( ) 1. ไม่นับถือ
   ( ) 2. นับถือ ระบุ _____
   ( ) 3. เคยนับถือ ระบุ _____

25. ท่านมีญาติหรือครอบครัวซึ่งบวชเป็นพระภิกษุประจำและสามเณรประจำที่วัดพระธรรมกายหรือไม่
( ) 1. ไม่มี
( ) 2. มี พระภิกษุประจำ ____รูป
( ) 3. มี สามเณรประจำ ____รูป

26. ท่านมีญาติหรือครอบครัวซึ่งทำงานเป็นอุบาสกอุบาสิกาที่วัดพระธรรมกายหรือไม่
( ) 1. ไม่มี
( ) 2. มี อุบาสก____คน
( ) 3. มี อุบาสิกา____คน

27. กรุณาระบุความรู้สึกผูกพันของท่านกับบุคคลต่างๆ
    โดยวงกลมตัวเลขที่ตรงกับความรู้สึกของท่าน

    1.สำคัญ   2.ค่อนข้างสำคัญ   3.ไม่ค่อยสำคัญ   4.ไม่สำคัญ   5.ไม่ทราบ
    A. ความผูกพันกับพระภิกษุ   1 2 3 4 5
    B. ความผูกพันกับครอบครัว   1 2 3 4 5
    C. ความผูกพันกับญาติ   1 2 3 4 5
    D. ความผูกพันกับที่ทำงาน
       a, เพื่อนร่วมงานและผู้บังคับบัญชา 1 2 3 4 5
       b, ลูกค้า   1 2 3 4 5
    F. ความผูกพันกับเพื่อนบ้านใกล้เคียง 1 2 3 4 5
    G. ความผูกพันกับกัลยาณมิตร   1 2 3 4 5
    H. ความผูกพันกับเพื่อนนักเรียน   1 2 3 4 5

28. กรุณาระบุระดับความพอใจที่ท่านมีต่อการดำเนินชีวิตแบบต่างๆ
    โดยวงกลมตัวเลขที่ตรงกับข้อความที่ท่านเลือก

    1.พอใจ   2.ค่อนข้างพอใจ   3.ไม่ค่อยพอใจ   4.ไม่พอใจ   5.ไม่ทราบ
    A. ดำเนินชีวิตเป็นพระภิกษุสามเณร   1 2 3 4 5
       และอุบาสกอุบาสิกา เพื่อสร้างบารมี
    B. ดำเนินชีวิตอยู่อย่างตามสบาย(ไม่ดิ้นรน) 1 2 3 4 5
    C. ดำเนินชีวิตที่ทำงานอย่างเต็มที่   1 2 3 4 5
       เพื่อจะเป็นคนรวย หรือเป็นคนฐานะดี
    D. ดำเนินชีวิตเป็นเศรษฐีผู้ใจบุญ   1 2 3 4 5
       เพื่อช่วยเหลือคนที่ลำบาก
    E. ดำเนินชีวิตเป็นเศรษฐีผู้ใจบุญ   1 2 3 4 5
       ค้ำจุนพระพุทธศาสนา
    F. ดำเนินชีวิตเพื่อครอบครัวตัวเองอย่างเดียว 1 2 3 4 5
    G. ดำเนินชีวิตเพื่อครอบครัว และญาติพี่น้อง 1 2 3 4 5
    H. ดำเนินชีวิตที่สามารถพัฒนาความรู้   1 2 3 4 5
       ความสามารถและบุคลิกภาพของตัวเองได้
    I. ดำเนินชีวิตที่ทำงานเพื่อประโยชน์   1 2 3 4 5
       ต่อส่วนรวมมากกว่าส่วนตัว

ส่วนที่ 2 ข้อมูลสภาพแท้จริงของการปฏิบัติธรรมนั่งสมาธิของฆราวาส

ให้ทำเครื่องหมาย X ลงในช่อง ( ) ที่เลือก และเติมคำตอบในข้อที่เว้นให้เติม
หากมีข้อสงสัยตอบยากไม่ต้องตอบก็ได้

[1] ท่านเคยนั่งสมาธิแบบอื่นนอกจากวิชาธรรมกายหรือไม่
   ( ) 1. ไม่เคย   ( ) 2. เคย

[2] (เฉพาะท่านเคยนั่งสมาธิแบบอื่น) ท่านเคยเรียนการนั่งสมาธิแบบอื่นได้อย่างไร
   (ท่านสามารถตอบได้หลายข้อตามความเป็นจริง)
   ( ) 1. เรียนที่_____จังหวัด_____
   ( ) 2. เรียนเองโดยอ่านหนังสือ ระบุชื่อผู้เขียน_____
   ( ) 3. เรียนเองโดยรายการวิทยุ
          ระบุชื่อรายการ_____ และชื่อผู้สอน_____
   ( ) 4. เรียนเองโดยรายการโทรทัศน์
          ระบุชื่อรายการ_____ และชื่อผู้สอน_____

[3] ท่านเริ่มปฏิบัติธรรมให้เข้าถึงธรรมกาย เป็นประจำตั้งแต่เมื่อไร
   พ.ศ._____

[4] ตอนท่านเริ่มนั่งสมาธิเป็นประจำ ท่านมีความทุกข์และกังวลใจในเรื่องต่อไปนี้หรือไม่
   (ท่านสามารถตอบได้หลายข้อตามความเป็นจริง)
   ( ) 1. ไม่มี   ( ) 2. มาตรฐานการครองชีพ
   ( ) 3. หน้าที่การงาน (ของท่าน)   ( ) 4. หน้าที่การงาน (ของครอบครัว)
   ( ) 5. ความสัมพันธ์กับครอบครัว   ( ) 6. ความสัมพันธ์กับบุคคลอื่น ๆ นอกบ้าน
   ( ) 7. สุขภาพอนามัย (ของท่าน)   ( ) 8. สุขภาพอนามัย (ของครอบครัว)
   ( ) 9. ความว้าเหว่   ( ) 10. ชีวิตด้านเศรษฐกิจในวัยชรา
   ( ) 11. การทำให้มีชีวิตอยู่อย่างมีความหมาย
   ( ) 12. การศึกษา (ของท่าน)   ( )13. การศึกษา (ของครอบครัว)
   ( ) 14. ที่อยู่อาศัย   ( )15. การสืบทอดมรดก
   ( ) 16. อื่น ๆ (ระบุ) _____

[5] ท่านเริ่มนั่งสมาธิเป็นประจำเพราะเหตุใด
   (ท่านสามารถตอบได้หลายข้อตามความเป็นจริง)
   ( ) 1. เพราะมีความทุกข์และกังวลใจดังกล่าวมาข้างบนนี้ ข้อ_____
   ( ) 2. เพราะได้พักผ่อนจิตใจ
   ( ) 3. เพราะได้ประสบการณ์ภายในพิเศษจากการปฏิบัติธรรม
          ระบุ _____
   ( ) 4. เพราะตอนนั้นยังไม่ได้ประสบการณ์ภายในพิเศษแล้ว
          อยากได้ประสบการณ์ภายในพิเศษจากการปฏิบัติธรรม
   ( ) 5. เพราะอยากรู้ว่าชาติก่อนชาติหน้ามีจริงหรือไม่
   ( ) 6. เพราะอยากได้บุญ
   ( ) 7. อื่น ๆ (ระบุ) _____
          _____

[6] กรุณาเลือกข้อความ(ตัวเลข)ในข้อ 5 ท่านคิดว่าสำคัญที่สุดสำหรับท่านมา 1 ข้อ
   (   )

[7] ท่านนั่งสมาธิเป็นประจำอาทิตย์ละกี่วัน วันละกี่ครั้ง ครั้งละนานเท่าไร
   อาทิตย์ละ_____วัน   วันละ_____ครั้ง   ครั้งละ_____นาที

[8] ท่านนั่งสมาธิเป็นประจำที่ไหน (ท่านสามารถตอบได้หลายข้อตามความเป็นจริง)
   ( ) 1. ที่วัด
   ( ) 2. ที่บ้าน
   ( ) 3. ที่ทำงาน
   ( ) 4. ที่โรงเรียน วิทยาลัย มหาวิทยาลัย
   ( ) 5. ที่อื่น (ระบุ)_____

[9] ท่านเคยร่วมปฏิบัติธรรมพิเศษที่เชียงใหม่หรือภูเก็ตกี่ครั้ง
   _____ครั้ง

[10] ในหนึ่งปีที่ผ่านมานี้ ท่านเคยร่วมปฏิบัติธรรมพิเศษที่เชียงใหม่หรือภูเก็ตกี่ครั้ง
   _____ครั้ง

【11】 ในหนึ่งปีที่ผ่านมานี้ ท่านร่วมปฏิบัติธรรมสุดสัปดาห์ที่วัดพระธรรมกายกี่ครั้ง
　　　( ) 1. 0 ครั้ง
　　　( ) 2. 1-5ครั้ง
　　　( ) 3. 6-9ครั้ง
　　　( ) 4. มากกว่า10ครั้ง (หรือโดยเฉลี่ยเดือนละ 1ครั้ง)
　　　( ) 5. มากกว่า20ครั้ง (หรือโดยเฉลี่ยเดือนละ 2ครั้ง)
　　　( ) 6. มากกว่า30ครั้ง (หรือโดยเฉลี่ยเดือนละ 3ครั้ง)
　　　( ) 7. มากกว่า40ครั้ง

【12】 ท่านเรียนการนั่งสมาธิเป็นประจำจากท่านใด ยกเว้นในกรณีปฏิบัติธรรมพิเศษ(เช่นที่เชียงใหม่)
　　　(ท่านสามารถตอบได้หลายข้อความเป็นจริง)
　　　( )　1. พระราชภาวนาวิสุทธิ์(หลวงพ่อธัมมชโย) (โดยตัวต่อตัว)
　　　( )　2. พระราชภาวนาวิสุทธิ์(หลวงพ่อธัมมชโย)
　　　　　　(โดยโอกาสพิธีต่างๆ เช่น อาทิตย์ต้นเดือนและมาฆบูชาเป็นต้น)
　　　( )　3. พระภาวนาวิริยคุณ(หลวงพ่อทัตตชีโว) (โดยตัวต่อตัว)
　　　( )　4. พระภาวนาวิริยคุณ(หลวงพ่อทัตตชีโว)
　　　　　　(โดยโอกาสพิธีต่างๆ เช่น อาทิตย์ต้นเดือนและมาฆบูชาเป็นต้น)
　　　( )　5. พระอาจารย์อื่นๆ (โดยตัวต่อตัว)
　　　( )　6. พระอาจารย์อื่นๆ (โดยโอกาสพิธีต่างๆ เช่น อาทิตย์ต้นเดือนและมาฆบูชาเป็นต้น)
　　　( )　7. เทปและหนังสือโดยหลวงพ่อหรือครูอาจารย์
　　　( )　8. คุณยายอุบาสิกาจันทร์ ขนนกยูง (โดยตัวต่อตัว)
　　　( )　9. อุบาสกอุบาสิกา
　　　( )　10. อื่นๆ (ระบุ)_____

【13】 ท่านปรึกษาใครเกี่ยวกับการนั่งสมาธิ　(เลือกตอบเพียง 1 ข้อ)
　　　( ) 1. ไม่มี
　　　( ) 2. พระราชภาวนาวิสุทธิ์(หลวงพ่อธัมมชโย)
　　　( ) 3. พระภาวนาวิริยคุณ(หลวงพ่อทัตตชีโว)
　　　( ) 4. พระอาจารย์อื่นๆ
　　　( ) 5. คุณยายอุบาสิกาจันทร์ ขนนกยูง
　　　( ) 6. อุบาสกอุบาสิกา
　　　( ) 7. อื่นๆ (ระบุ)_____

【14】 (เฉพาะท่านที่มีที่ปรึกษาเกี่ยวกับการนั่งสมาธิ)　ท่านปรึกษาเดือนละกี่ครั้ง
　　　เดือนละ_____ครั้ง

【15】 (เฉพาะท่านที่มีที่ปรึกษาเกี่ยวกับการนั่งสมาธิ)　ท่านปรึกษาอะไรบ้าง
　　　กรุณาระบุตัวอย่างให้ละเอียด
　　　_____

【16】 ท่านนั่งสมาธิได้ผลดีขึ้นในโอกาสใหน　(ท่านสามารถตอบได้หลายข้อตามความเป็นจริง)
　　　( ) 1. ในพิธีวันอาทิตย์ต้นเดือน
　　　( ) 2. ในพิธีวันอาทิตย์ธรรมดา
　　　( ) 3. ในการปฏิบัติธรรมพิเศษที่เชียงใหม่หรือภูเก็ต
　　　( ) 4. ในพิธีสำคัญต่างๆ เช่นมาฆบูชา (ระบุ)_____
　　　( ) 5. ในการนั่งสมาธิวันปกติ
　　　( ) 6. ไม่ทราบ
　　　( ) 7. อื่นๆ (ระบุ)_____

【17】 กรุณาเลือกข้อความ(ตัวเลข)ในข้อ16 ที่ท่านคิดว่านั่งสมาธิได้ผลดีที่สุดสำหรับท่านมา 1 ข้อ
　　　(　　　)

【18】 ท่านมีจุดประสงค์ในการนั่งสมาธิอย่างไรเป็นพิเศษหรือไม่
　　　(ระบุ)_____

【19】 ท่านมีประสบการณ์ที่แก้ไขโรคภัยไข้เจ็บ โดยการนั่งสมาธิหรือไม่
　　　(ท่านสามารถตอบได้หลายข้อตามความเป็นจริง)
　　　( ) 1. ไม่มี
　　　( ) 2. มี แก้ไขโรคภัยไข้เจ็บตัวเอง โดยการนั่งสมาธิเอง
　　　( ) 3. มี แก้ไขโรคภัยไข้เจ็บตัวเอง โดยการนั่งสมาธิของคนอื่น
　　　( ) 4. มี แก้ไขโรคภัยไข้เจ็บตัวของคนอื่น โดยการนั่งสมาธิของตัวเอง
　　　( ) 5. ไม่ทราบ
　　　( ) 6. อื่นๆ (ระบุ)_____

[20] ก่อนที่ท่านจะเริ่มปฏิบัติธรรมเพื่อให้เข้าถึงธรรมกาย ท่านเคยปฏิบัติดังต่อไปนี้หรือไม่
   1. ไปหาพระสงฆ์เพื่อขอรับวัตถุมงคล   ( )1. ไปบ่อย   ( )2. ไปบ้าง   ( )3. ไม่เคยไป
   2. ไปหาพระสงฆ์เพื่อขอให้ดูหมอ   ( )1. ไปบ่อย   ( )2. ไปบ้าง   ( )3. ไม่เคยไป
   3. ไปหาพระสงฆ์เพื่อ
      ขอให้ทำพิธีสะเดาะเคราะห์   ( )1. ไปบ่อย   ( )2. ไปบ้าง   ( )3. ไม่เคยไป
   4. ไปหาคนทรงเจ้า   ( )1. ไปบ่อย   ( )2. ไปบ้าง   ( )3. ไม่เคยไป
   5. ไปหาหมอดู   ( )1. ไปบ่อย   ( )2. ไปบ้าง   ( )3. ไม่เคยไป
   6. ไปอธิษฐานที่ศาลเจ้าพ่อเจ้าแม่   ( )1. ไปบ่อย   ( )2. ไปบ้าง   ( )3. ไม่เคยไป
   7. ไปทำพิธีทำขวัญ(หรือสู่ขวัญ)   ( )1. ไปบ่อย   ( )2. ไปบ้าง   ( )3. ไม่เคยไป

[21] ในหนึ่งปีที่ผ่านมานี้ ท่านปฏิบัติดังต่อไปนี้หรือไม่
   1. ไปหาพระสงฆ์เพื่อขอรับวัตถุมงคล   ( )1. ไปบ่อย   ( )2. ไปบ้าง   ( )3. ไม่เคยไป
   2. ไปหาพระสงฆ์เพื่อขอให้ดูหมอ   ( )1. ไปบ่อย   ( )2. ไปบ้าง   ( )3. ไม่เคยไป
   3. ไปหาพระสงฆ์เพื่อ
      ขอให้ทำพิธีสะเดาะเคราะห์   ( )1. ไปบ่อย   ( )2. ไปบ้าง   ( )3. ไม่เคยไป
   4. ไปหาคนทรงเจ้า   ( )1. ไปบ่อย   ( )2. ไปบ้าง   ( )3. ไม่เคยไป
   5. ไปหาหมอดู   ( )1. ไปบ่อย   ( )2. ไปบ้าง   ( )3. ไม่เคยไป
   6. ไปอธิษฐานที่ศาลเจ้าพ่อเจ้าแม่   ( )1. ไปบ่อย   ( )2. ไปบ้าง   ( )3. ไม่เคยไป
   7. ไปทำพิธีทำขวัญ(หรือสู่ขวัญ)   ( )1. ไปบ่อย   ( )2. ไปบ้าง   ( )3. ไม่เคยไป

[22] ท่านใส่พระเครื่องหรือไม่
   ( ) 1. ใส่เสมอ   ( ) 2. ใส่บ้าง   ( ) 3. ไม่ใส่

[23] (เฉพาะท่านใส่พระเครื่อง) ท่านใส่พระเครื่องเพราะเหตุใด
   (ท่านสามารถตอบได้หลายข้อตามความเป็นจริง)
   ( ) 1. เพราะทำให้นึกถึงพระรัตนตรัย
   ( ) 2. เพราะทำให้นึกถึงหลวงพ่อ
   ( ) 3. เพราะเป็นสิ่งศักดิ์สิทธิ์
   ( ) 4. อื่นๆ (ระบุ) _____

[24] ท่านนำดวงแก้วติดตัวไปด้วยหรือไม่
   ( ) 1. นำติดตัวไปด้วยเสมอ
   ( ) 2. นำติดตัวไปเป็นบางครั้ง
   ( ) 3. ไม่นำติดตัวไปด้วย

[25] (เฉพาะท่านที่นำดวงแก้วติดตัวไปด้วย) ท่านนำดวงแก้วติดตัวไปด้วยเพราะเหตุใด
   (ท่านสามารถตอบได้หลายข้อตามความเป็นจริง)
   ( ) 1. สำหรับใช้เป็นนิมิตในการนั่งสมาธิ
   ( ) 2. เพราะดวงแก้วเป็นสิ่งศักดิ์สิทธิ์
   ( ) 3. เพราะของมีค่า
   ( ) 4. อื่นๆ (ระบุ) _____
   _____
   _____

[26] เมื่อนั่งสมาธิแล้วท่านมีประสบการณ์ภายในอย่างไร
   กรุณาระบุตัวอย่างให้ละเอียด
   _____
   _____
   _____

[27] การนั่งสมาธิของท่านมีประโยชน์ หรือมีผลกระทบต่อชีวิตประจำวันของท่านอย่างไรบ้าง
   กรุณาระบุตัวอย่างให้ละเอียด
   _____
   _____
   _____

[28] ขอให้ท่านระบุข้อคิดเห็นเพิ่มเติมในแบบสอบถามนี้
   _____
   _____
   _____

初出一覧

　本書の一部はすでに発表された原稿をもとに書き直したものである。それら原稿の初出は次の通りである。

序　章——書き下ろし
第1章——「都市のタイ上座部仏教——タンマカーイ式瞑想の形成と瞑想の大衆化」日本宗教学会『宗教研究』第71巻第3輯　314号　1997年12月。
第2章——書き下ろし。
第3章——前掲書。
第4章——書き下ろし。
第5章——書き下ろし。
第6章——「現代タイの仏教運動における信徒の社会・経済的背景と信仰活動——タンマカーイ寺アンケート調査の分析(1)——」國學院大學日本文化研究所『國學院大學日本文化研究所紀要』第87輯　2001年3月。「現代タイの仏教運動における信徒の社会・経済的背景と信仰活動——タンマカーイ寺アンケート調査の分析(2)——」國學院大學日本文化研究所『國學院大學日本文化研究所紀要』第88輯　2001年9月。
第7章——書き下ろし。
第8章——書き下ろし。
第9章——「タイ都市部の仏教運動における自己と社会関係の再構築 —— 社会的行為としての瞑想」宮永國子編著『グローバル化とアイデンティティ・クライシス』明石書店　2002年3月。
第10章——「生産と消費の自己構築 —— タイ都市部の仏教運動における瞑想と教団イベント」「宗教と社会」学会『宗教と社会』第7号　2001年6月。
第11章——書き下ろし。

あとがき

　本書は、2002年7月に東京大学大学院人文社会系研究科基礎文化研究専攻に提出した博士論文『現代タイの仏教運動　社会変動と瞑想実践』をもとに執筆されたものである。なお本書執筆に際し、博士論文の内容を大幅に削り、加筆と修正も加えている。

　言うまでもないことだが、本書の内容は、パークナーム寺やタンマガーイ寺の信徒ではない部外者であり、宗教研究者である筆者が捉えた彼らの世界にすぎない。パークナーム寺やタンマガーイ寺の方からしてみれば当然疑問もあるだろうし、異なる見方で彼らの寺の歴史や活動を理解することだろう（あるいは、外部の批判者からも異論が出てくるだろう）。本書に対して、宗教研究者やタイ研究者（もしくは宗教やタイに興味を持つ方々）から応答を得ることを期待するのはもちろんのことだが、筆者としては、両寺の関係者からも本書に対してご意見をいただき、そして様々な立場の方々によって、本書と彼らの返答を比較検討していただくことができればと願っている。両寺は優秀な成員を多く有しておられるので、実り多い返答がなされうると勝手ながら期待したい。

　指導教員である島薗進先生の勧めで、筆者がタイ研究を始めてから15年が過ぎた。近代社会に生きる人々はいつでも似たようなことを言うのかもしれないが、この間、タイと日本を取り巻く環境は大きく変わったように思える。とりわけ日本において得られるタイ関係の情報が格段に増えた。もっとも、なかなか上達しない筆者のタイ語能力故に、なおさら変化を強く感じるのかもしれないが。

　筆者がタイ研究を始めた当初は、日本で得られるタイの情報は非常に限られたものであったが、現在では雑誌・書籍・インターネット経由の情報が日

本語でも英語でも、そしてタイ語でも豊富に得られる。日タイ両言語併記の雑誌も、日本とタイで同時に発行されている。また、かつては現地に行かなければ手に入らない統計その他の資料が、コンピューターでダウンロードでき、さらにはインターネットを通じて、タイのテレビ番組やラジオ番組がリアルタイムで視聴できる。現地調査に行く前に目を通すべき資料が格段に増えた。

　もちろんそれでも現地あるいは現場に行かなければわからないことは山ほどある。そして現場を知れば知るほど奥が深く、わからないことは多い。本書に即して言えば、タンマガーイ式瞑想に関わる現象の外側、行政その他の活動が生み出す公領域の宗教制度的空間の変遷については、本書では十分に掘り下げられなかった。これは今後の課題としたい。

　最後に本書を締めくくるに当たり、多くの方々に感謝を申し上げたい。まずは、日本の新宗教研究を行なおうと考えていた筆者に、タイの仏教研究という新しい出会いを与えてくださった指導教官の島薗進先生に、お礼を述べさせていただきたい。

　筆者が修士課程に進学直後、島薗先生との最初の面談で述べた、なんとも恥ずかしい質問（「島薗先生。私はタイのことをよく知らないのですが、とりあえず『地球の歩き方 タイ』を読めばいいですか？」）を、今でも時々思い出すことがある。このように、タイ社会だけでなく、研究ということに関しても何も知らずにいた筆者が、今日、どうにかタイ関係の専門書を出版するまでこぎつけることができたのは、何よりも島薗先生のおかげだと思っている。

　さらに、筆者が東京大学宗教学研究室に在籍中にご指導をいただいた金井新二先生、市川裕先生、鶴岡賀雄先生、池澤優先生、深澤英隆先生、磯前順一先生、村上興匡先生にもお礼を申し上げたい。また現代宗教を研究する者としての心構えから具体的な調査方法までご助言いただいた、東洋大学の西山茂先生、國學院大學の井上順孝先生、多摩大学の宮永國子先生、折々に論考執筆の機会を与えてくださった筑波大学の小野澤正喜先生、タイ留学中にお世話になったチュラーロンコーン大学のスワンナー・サターアナン先生（Dr. Suwanna Satha-Anand）、マヒドン大学のタウィーワット・プンタリック

ウィワット先生（Dr. Tavivat Puntarigvivat）、さらに、博士論文の副査として貴重なお時間を割いてくださった下田正弘先生、林行夫先生、福島真人先生、吉野耕作先生にも感謝の気持ちを伝えたい。ただ、諸先生方より重要なご指摘をいただきながらも、本書の内容にそれが十分反映できなかった点が多く、筆者の力不足を痛感している。

　また、法政大学社会学部に在籍していた学部時代より、厳しくかつ暖かく見守ってくださっている城戸朋子先生にも是非お礼を述べたい。

　そして何よりも、パークナーム寺とタンマガーイ寺での取材の際にご協力いただき、決して流暢とは言えない筆者のタイ語や英語での質問に対し丁寧にお答えくださった多くの僧侶・信徒の方々に、感謝の気持ちを捧げたい。皆様のご協力がなければ、この書物は完成しえなかった。

　さらに、博士論文用のデータ整理をお手伝いいただいた、浦崎雅代さん、河島久枝さん、河村雅美さん、植野直美さん、弓場育子さんにも感謝の意を伝えたい。皆さんの助力がなければ、論文も出版も確実に1年は遅れていただろう。

　以上の他にもお礼を述べるべき方々は無数にいらっしゃる。研究者の世界での先輩や同僚や後輩、出版への準備および実際の出版作業においてお世話になった方々、さらに私生活における知人・友人や家族など、全ての方のお名前をここに記すことはできないが、一人一人を思い浮かべつつ、心からの感謝を捧げたい。

　　2006年2月28日

　　　　　　　　　　　　　　　　　　　　　　　　　　　　矢野秀武

事項索引

(1)見出し語の直後の矢印は、→で示す見出し語の方に該当頁を記していることを示す。
(2)各項末尾の矢印は、→で示す事項も参照すべきことを示す。
(3)括弧内は、難読語の読みあるいは関連する追加語句等である。

〔ア〕

アーナーパーナ・サティ・スット　83
　　　　　　　　　　　　　→入出息念経
アーナーパーナ・サティ　83, 84, 97, 157
　　　　　　　　　　　　　→入出息念
アーヤタナ・ニッパーン　76-78, 96, 135, 278
　　　　　　　　　　　　　→涅槃処
アサンプション・カレッジ　156
熱き涙　252
圧縮された資本主義　308
阿那含（あなごん）　68, 70, 85, 99, 100
阿那含法身　68, 70
　　　　　　　　　　　　　→阿那含
アユタヤ（王朝）　7, 8, 31, 43
阿羅漢（あらかん）　68-70, 78, 85, 98-101, 143
阿羅漢法身　68-70, 78
アラハン　65, 66, 70, 71, 78,
　　　　91, 94-96, 98, 278, 293
　　　　　　　　　　　→サンマー・アラハン

〔イ〕

位階（僧侶の）　10, 37, 38, 48, 111
意生身　92, 103
イスラーム　7, 15, 257, 269
一時出家　9, 27, 29, 107, 126,
　　　128, 138, 157-160, 183, 184,
　　　190, 191, 208, 227, 239, 260, 303
一来（いちらい）　68
一般的自己　288, 289, 292-294
一般的他者　288-290, 294
イベント　25, 29, 125, 136, 137,
　　　163, 175, 232-234, 236, 237,
　　　239, 295, 300, 308, 309, 312, 314

〔ウ〕

雨安居（うあんご）　9, 32, 107, 143
　　　　　　　　　　　　　→パンサー
ウィアン・ティアン　58, 233, 234
ウィサーカ・ブーチャー　58, 137, 241, 242
　　　　　　　　　　　　　→仏誕節
『ウィスティマック』　50, 73, 103
　　　　　　　　　　　　　→『清浄道論』
ウィチャー・タンマガーイ　201
ウィチャー・ロップ　77, 79
　　　　　　　　　　　　　→闘魔の術智
ウィパサナー　53, 54, 65, 82,
　　　　84-86, 89, 97, 157, 250
　　　　　　　　　　　　　→観
内なる身体　54, 64, 68-70, 72, 73,
　　　75, 76, 78-81, 86-88, 135, 147,
　　　197, 245, 289, 292, 293, 302, 315
内なるプラ・タンマガーイ　203, 245,
　　　　　　　　　　　280, 289, 292
　　　　　　　　　　　　　→内なるプラ
内なるプラ　199, 203, 230, 245, 280,
　　　　　289, 292, 293, 298, 299
　　　　　　　　　　　→プラ・タンマガーイ
ウバーシカー　63, 124, 128, 142, 145
ウバーソク　128, 142

〔エ〕

慧球　67, 69, 75, 99

〔オ〕

オックスフォード大学　95, 138, 158
オプロム・バーリー　107
　　　　　　　　　　　→パーリ語学習の研修
オン・プラ　197, 199, 229, 244

〔カ〕

ガーイ	68, 69
ガーイヤシット	59, 81
ガーン・ブン・ヤイ	136, 227, 232, 241
	→大功徳祭
改革派僧侶	271, 315, 318, 319
戒球	67, 69, 75, 99
戒定慧（かいじょうえ）	11, 75, 76, 89, 100
快適性	29, 302-308, 313
開発僧	17, 33, 271, 318, 319
カセートサート大学	127, 132, 140, 150, 151, 162, 168, 188
活涅槃	78
カティナ衣奉献祭	32, 137, 138, 140
カムナート・タート・タム・ドゥーム	80
	→源発生法元素
カラヤナミット	132, 140
	→善友（団）
仮我	68, 75, 78, 289, 315
カリフォルニア大学バークレー校	138, 140
観	54, 82, 84-86, 88-90, 250
	→ウィパサナー
官職	10, 37

〔キ〕

寄進系の信仰	29, 30, 204, 206-208, 263, 277, 283, 285, 296, 301, 303, 316, 317
寄進の共同性	284, 286, 294, 296, 297
寄進の個人性	284
吉祥経	74, 100, 133, 143, 167, 171
吉祥仏教	166-168, 177
祈祷所	56-60, 78, 82, 106, 110, 111, 114, 116, 148, 152, 153, 175, 274, 278
記念護符	38, 59, 71-74, 78, 81, 97, 112, 114-116, 237
基本瞑想	64, 65, 71-73, 80, 86, 94, 95, 135, 229
教員僧	244, 249, 254, 259
共産主義	164, 166, 177, 178, 242
教団イベント	25, 236, 260, 308, 314
京都大学	138
教理学習	48, 51, 60, 105, 106, 112-116, 249, 250
教理教育	105, 107, 108, 113
キリスト教	7, 9, 20, 149, 188, 257, 269
規律(性)	29, 132, 154, 156, 167, 172-175, 190, 191, 200, 240, 242, 245-247, 302-305, 307, 308, 311-313
『ギリマーナンダ経』	90
近代宗教	6, 270

〔ク〕

『クームー・ソンパーン』	77
	→『積善への導き』
功徳	11, 12, 16, 21, 25, 72
	→ブン
黒派	81, 102, 281
クワン	12, 188, 218, 274, 276

〔ケ〕

解脱	11, 12, 32, 280
解脱球	67, 69, 99
解脱志向	12, 32, 70, 125
解脱智見球	67, 69, 99
結晶	200, 204-207
	→結晶軸
結晶軸	204-207, 226, 282, 304, 309
結晶軸の社会的文脈	282
	→結晶軸
現代宗教	265
源発生法元素	80, 102

〔コ〕

光球	37, 58, 65, 73, 95-97, 100, 116, 147, 197, 202, 278, 289
公認宗教	7, 8, 269
業仏教	166, 167, 177
交霊	52, 59, 60, 274
コーネル大学	14
コーム文字	46, 49, 103, 267
五戒	7, 12, 32, 55, 116, 188, 230
国王	7, 8, 10, 12, 31, 138, 140, 279
護呪	100, 249
個人主義	19, 20, 25, 33, 208, 281
国教	6-8

業処(ごっしょ)	73, 89, 100, 103
護符	12, 30, 38, 58-60, 63, 71-74, 81, 97, 114-118, 131, 184, 202-204, 214, 237, 263, 284, 285, 301, 311, 315
	→プラ・クルアン
護符信仰	62, 266, 267, 301, 315

(サ)

サーン・バーラミー	125
	→バーラミー
在家者幹部	162, 163, 175
財団職員	125, 127-129, 142, 181, 183-186, 199-201, 209, 212, 219, 223, 234, 239, 240, 250, 251, 256, 301, 316
サマーティ	54, 67, 82, 86, 89, 94
	→止観、定
サマナサック	10
	→位階
サムナック・プーサワン	33, 279
	→フーパ・サワン
サンガ	7-10, 15, 17, 20, 28, 31, 35, 37, 46-48, 50-52, 64, 75, 76, 88, 89, 106, 107, 115, 126, 137, 138, 269-271, 315, 319
三界	63, 73, 78, 80, 81, 90, 92, 93, 267, 278, 279
『三界経』	267, 279
サンガ改革	37, 64, 107
サンガ(統治)法	8, 47, 50, 60, 61, 98, 115, 120, 266
	→ラタナコーシン暦121年サンガ統治法
サンカモントゥリー	115
サンカラート	9, 10, 39, 46, 48, 77, 101, 115, 119, 315
	→僧王
サンティ・アソーク	17-19, 21-23, 136, 142, 157, 270, 271
サンマー・アラハン	65, 66, 70, 71, 95, 98
	→アラハン

(シ)

止(し)	54
	→サマーティ
シーク教	7, 269
止観(しかん)	54, 82, 86, 90
色梵身	68, 101
四向四果(しこうしか)	68, 69, 73, 85, 90, 92, 93, 100, 101
示差的な消費	306-308, 312, 313
四諦(したい)	11, 85, 89
斯陀含(しだごん)	68, 69, 99, 100
斯陀含法身	68, 69
	→斯陀含
自他の社会的連接	289
自他の神秘的連接	291
社会移動	29, 179, 187-189, 208, 291, 307
社会観	29, 165, 168, 169, 171-173
沙弥(しゃみ)	7, 9-12, 29, 107, 125, 128, 138, 142, 181, 185, 186, 208, 209, 212, 220, 223, 241, 247, 316
宗教局	7, 9, 31, 171
宗教的自己	25, 26, 30, 263, 272, 275-277, 279, 282, 295, 296, 317
宗教の至高の擁護者	7
宗教法人タンマガーイ寺院	31
終身僧侶	126-128, 142, 154, 158, 161, 177, 229, 251
	→生涯梵行
集団出家	128, 132, 140, 156, 227, 239, 240, 256, 258
十波羅蜜	142
	→10項目のバーラミー
守護力	279
	→守護力信仰
守護力信仰	24, 25, 30, 35, 116, 175, 185, 214, 263, 267, 272-278, 280, 311, 315-317
収斂ー内在型ーー	275, 276, 278
収斂ー放射型ーー	275, 276, 278
分業型ーー	274-278
守護力の秘匿化	60
守護力の仏教	25, 265
守護力の分散	60, 112
呪術志向	12
呪術・宗教的サービス	109, 112, 274
種姓法身	68, 69
須陀洹(しゅだおん)	68, 69, 99, 100

須陀洹法身	68, 69
	→須陀洹
「出家者」	126, 127, 181-186, 191, 192, 194, 201, 207, 208, 211, 215, 216, 222, 223, 303
10項目のパーラミー	125, 142, 249
	→十波羅密
十種の王法	7
主流派伝統	25, 30, 268, 271, 272, 278, 317
定（じょう）	54
	→サマーティ
上院議員	140, 163
生涯梵行	153-155, 175
	→梵行、終身僧侶
定球	67, 69, 75, 99
上座仏教	6-12
小寺	11
『清浄道論』	50, 73, 88-91, 94, 99, 100, 103
	→『ウィスティマック』
小伝統	14, 15, 265
消費社会	5, 6, 19, 21, 22, 25, 26, 30, 121, 263, 282, 295, 300-314, 317-319
小仏像	58-60, 202-204, 206, 235-237, 253, 259, 260, 278, 290, 293, 295
職業的シャーマン	109, 112, 274
食施儀礼	136, 229, 230, 250
	→ブーチャー・カオ・プラ
初向	66, 68, 69, 100
	→パトママック
白派	81, 281
真我	68, 75, 78, 79, 85, 86, 90, 95-97, 137, 277, 289, 292-294, 307, 315
新参僧侶	128
新宗教	5, 6, 17, 22, 25, 30, 33, 138, 144, 269, 270, 272, 317
『人生の吉祥』	161, 171
真如苑	144
神秘体験	42, 194-201, 205, 206, 261, 302, 303, 307
神秘的自己	71, 288, 289, 292-294, 307
神秘的他者	288, 289, 292-294, 307
『神秘への手引』	94, 95
新仏教運動	5, 21, 24
進歩の道・仏法試験プロジェクト	133, 140, 143, 160

〔ス〕

水晶	37, 59, 65, 70, 72, 73, 81, 125, 131, 199, 200, 237, 244, 245
スコータイ（王朝）	7, 31, 96, 103
涼やかな涙	252
頭陀行（僧）	15, 16, 98, 143, 248, 253, 267, 273-275

〔セ〕

聖糸	12
聖水	12
聖地	30, 263, 277, 282, 290, 291, 294, 317
聖なる消費	309, 311-313, 318, 319
精霊信仰	12, 14, 22, 24, 34, 152, 174, 267-269, 273, 279
世界救世教	33
世界タンマガーイ・センター	124, 140
世界仏教徒協会	138, 140
『積善への導き』	77
	→『クームー・ソンパーン』
積徳行	12
	→タンブン、ブン
世俗的消費	309, 311-313, 318
善友（団）	132-134, 140, 189, 218, 230

〔ソ〕

相	66, 71-73, 244
僧王	9, 10, 39, 46
	→サンカラート
創価学会	33
ソーン・ピーノーン寺	38, 41, 43, 51, 60

〔タ〕

タート・タム	80, 102
	→法元素
大学仏教クラブ	→仏教クラブ
大功徳祭	136, 227, 232, 241
タイ国サンガ	8, 270, 315
大乗経典	158

大乗仏教　　　　　　　　7, 92, 95, 96, 104,
　　　　　　　138, 139, 269, 270, 272, 278
大僧正→サンカラート
大長老会議　　　　　　　　　　　　　9, 10
　　　　　　　　→マハーテーラ・サマーコム
大伝統　　　　　　14, 15, 24, 263, 265, 266, 277
『大念住経』　　　　　　　　　43, 50, 83-85, 88
大理石寺院　　　　　　　　　　132, 157, 240
　　　　　　　　　　→ベンチャマボーピット寺
他界信仰　　　　　　　　　175, 276, 280, 315, 316
他界探訪　　　　　　72, 85, 147, 152, 272, 274, 277
脱呪術化　　　　　29, 139, 152, 153, 175, 276, 316
脱地縁（性）　　　105, 108, 112, 113, 118-120, 174
タマカーイ→タンマガーイ、タンマガーイ寺
タマカイ→タンマガーイ、タンマガーイ寺
ダマガヤ→タンマガーイ、タンマガーイ寺
タマサート大学　　　　　　　　　　132, 161
タントラ仏教　　　　　　　　　　　　91-93
タンブン 12, 16, 21-23, 25, 55, 70, 125, 134, 147,
　　　　166-168, 192, 202, 203, 234-236, 253, 271,
　　　276, 282, 283, 286-288, 290-292, 294, 310, 319
タンマカーイ→タンマガーイ、タンマガーイ
　　　寺
タンマガーイ　　　　　　　　31, 64, 68, 69, 91
　　　　　　　　　　　→タンマガーイ式瞑想
タンマガーイ財団　　　123, 129, 132, 140-142,
　　　　　　　　　161, 162, 179, 191, 239, 261
タンマガーイ式瞑想　　　　　6, 18, 25, 28-30,
　　　　　　　　35-38, 64-82, 96, 118, 135,
　　　　　　　265-267, 272-276, 288, 289, 292
タンマガーイ大仏塔　　203, 235, 250, 290, 295
タンマガーイ寺　　　　　　　3-6, 26, 27, 121-143,
　　　　　　　　　　　145, 179, 227, 282, 300
タンマガーイ寺問題（事件）　126, 141, 162,
　　　　　　　　　　　163, 203, 263, 319
タンマガーイ・プラ・アナーカミー→阿那含
　　　法身
タンマガーイ・プラ・アラハット→阿羅漢法
　　　身
タンマガーイ・プラ・サカターカーミー→斯
　　　陀含法身
タンマガーイ・プラ・ソーダー→須陀洹法身

タンマトゥート　　　　　　　　　　107, 119
タンマプラシット財団　　　　　　　129, 140
タンマユット　　8, 9, 24, 31, 47, 62, 266, 267, 279

〔チ〕

チェートゥポン寺　　38, 43-47, 51, 91, 106, 115
　　　　　　　　　　　　　　　→ワット・ポー
Cao Pho 信仰　　　　　　　　　　　109, 274
　　　　　　　　　　　　→職業的シャーマン
チャクリー改革　　　　　　　　　　　　　8
注釈書　　　　　　　　　　　　　　　11, 95
チュラーロンコーン大学　　　124, 132, 140,
　　　　　　　　156, 159, 166, 177, 243
チュラロンコン大学　　　　　　　　183, 186
　　　　　　　　　→チュラーロンコーン大学

〔テ〕

テーラヴァーダ　　　　　　　　　　　　　6
デック・ワット　　　　　　　　　　　　　10
テワダー　　　　　　　　　　　　　　　12
天神身　　　　　　　　　　　　　68, 69, 101

〔ト〕

ドゥアン・ウィムッティヤーンタッサナ→解
　　　脱智見球
ドゥアン・ウィムッティ→解脱球
ドゥアン・サマーティ→定球
ドゥアン・シーン→戒球
ドゥアン・パンニャー→慧球
東京大学　　　　　　　　　　　　　138, 161
トゥドン　　　　　　　　　　　135, 143, 227
闘魔の術智　　　　　　　　　77, 79, 82, 87, 90,
　　　　　　　　　96, 97, 102, 135, 316
　　　　　　　　　　　→ウィチャー・ロップ
透明な球体　　　　　　　　　　　　　65, 78
透明な仏像　　　　　　　　　　65, 69-73, 100
トゥリアム・ウドムスクサー校　156, 159, 177
トート・パーパー・サーマッキー　　　　231
特別瞑想修練会　　135, 143, 190, 255, 256, 260
都市(新)中間層　　　17-19, 21, 29, 33, 124,
　　　　142, 179, 186, 277, 296, 301, 312, 316, 318
土地買収　　　　　　　　　　　126, 137, 162

事項索引　371

友　245
　　→内なるプラ
トンブリー王朝　7

〔ナ〕

内面の他者　71
ナクタム　48, 51, 62, 115, 119
『ナワコワート』　48, 62

〔ニ〕

ニミット　66, 71-73, 244
　　→相
入出息念　84, 97, 157
『入出息念経』　83, 84
人間身　68, 69, 88, 101

〔ネ〕

涅槃（処）　5, 25, 30, 37, 53-55, 65, 66, 69,
　72, 77-81, 96-98, 125, 135-137, 155, 157,
　197, 198, 200, 205-207, 227, 230, 271, 273,
　277, 278, 293, 294, 301, 302, 307, 308, 315, 316
涅槃仏教　166, 167

〔ノ〕

ノンパポン寺　157

〔ハ〕

パークナーム寺　3, 6, 24-28, 35-61,
　105-120, 145-148, 265-281
バーラミー　57, 125, 134, 147,
　197, 198, 201, 205, 229, 249
　　→波羅蜜
バーラミーを積む　125
　　→サーン・バーラミー
パーリ語学習　47, 50, 59, 88, 107
パーリ語経典　11, 48, 61, 74, 75
パーリ語試験　10, 47, 48, 54, 62, 107, 119, 144
バーンプラー寺　41, 45, 103
貝葉（ばいよう）　46, 61, 94, 97
バイラーン　97
　　→貝葉
八戒　7, 32, 127, 135, 142, 203,
　227, 240, 243, 256, 311
パトママック　66, 69, 100
　　→初向
波羅蜜（はらみつ）　57, 125, 142
　　→バーラミー
パリット　12
バンコク　3, 5, 26, 37-41, 43, 50, 53, 108,
　109, 113, 117, 123, 147, 149, 150,
　156, 159, 168, 180, 183, 185, 186
バンコク王朝　31
　　→ラタナコーシン王朝
パンサー　32
　　→雨安居
万能の魔術師　109, 112, 274
万仏節　58, 136, 232-234, 238
　　→マーカ・ブーチャー

〔ヒ〕

ピー　12
非主流派伝統　25, 30, 268, 317
ヒンドゥー教　7, 269

〔フ〕

ファンダメンタリズム　5
ブーチャー・カオ・プラ　136, 228, 229,
　232, 235, 250, 278
フーパ・サワン　33, 279
福田（ふくでん）　12, 66
不還（ふげん）　68, 85
仏教クラブ　124, 126, 132-134, 138, 140, 158-
　161, 164, 167, 168, 175-177, 188, 189, 191,
　192, 218, 220, 221, 233, 239, 240, 243, 251
仏教の商業化　25, 283, 300
仏光山　138, 140
仏祭日　12, 29, 32, 136, 269
仏身（論）　90-93, 96, 97, 104
仏誕節　58, 137, 241, 242
　　→ウィサーカ・ブーチャー
仏法継承者訓練　128, 132, 140, 154, 156-162,
　182, 188, 190, 192, 219, 227,
　239-243, 245, 249-251, 260, 277
仏輪瞑想センター　123, 140, 153

プラ・クルアン	12	法身	65, 68, 69, 90-93, 95
	→護符		→タンマガーイ
プラ・コンクワン	38, 59	ホワイトカラー	18, 33, 187, 304, 305, 312
	→記念護符	梵行	143, 153
プラ・タンマガーイ	78, 101, 136, 147, 148,		→生涯梵行

プラ・タンマガーイ　78, 101, 136, 147, 148,
　　　199, 203, 204, 227, 229, 230, 235,
　　　237, 244, 245, 259, 260, 280, 289, 292
　　　　　　　　→内なるプラ、プラ・ニッパーン
プラ・タンマガーイ財団　　　　　　129
　　　　　　　　→タンマガーイ財団
プラ・タンマガーイ・プラチャム・トゥア　260
　　　　　　　　→小仏像
プラ・ニッパーン　58, 59, 77, 78, 80, 81, 86,
　　　　101, 136, 227, 229, 277, 281
『プラ・マーライ経』　88, 103, 267, 279
プラ・マハー・シリラーチャタート　237
プラヨーク　　　　　　　　10, 48, 61
プローム　　　　　　　　　　　　13
　　　　　　　　→民間バラモン
ブン　12, 16, 21, 25, 125, 134, 136, 147, 194,
　　　198, 200-202, 204-206, 222-225, 232,
　　　246, 251, 252, 257, 277, 279, 280, 283, 284,
　　　286, 287, 290, 298, 302, 303, 311, 315, 317
　　　　　　　　→功徳、タンブン
ブン・アハーン　　　　　　　　　246
　　　　　　　　→ブン
ブン・サックパー　　　　　　　　246
　　　　　　　　→ブン

〔ヘ〕

ベンチャマボーピット寺　132, 157, 240, 261
　　　　　　　　→大理石寺院

〔ホ〕

奉献　　　　　　　　286, 296, 297, 300
法元素　　　　　　　　　　　80, 102
奉仕団　　　　　　　　　189, 218, 251
法臣会議　　　　　　　　　　115, 120
　　　　　　　　→サンカモントゥリー
宝石の町プロジェクト　　　　　　134
ボーウォーンニウェート寺　　　　　47
ポートットボン寺　　　　　　　　44

〔マ〕

魔　　　　81, 82, 85, 86, 96, 102, 174, 281
　　　　　　　　→マーン
マーカ・ブーチャー　58, 136, 232-234, 238
　　　　　　　　→万仏節
マーケティング　　　　17, 23, 124, 125,
　　　　139, 161, 163, 237, 283, 301
マーラ　　　　　　　　　　　　　102
　　　　　　　　→魔
マーン　　　　　　　　　　81, 86, 174
　　　　　　　　→魔
マッカポン・ピッサダーン　　　77, 79
　　　　　　　　→無辺微細瞑想
マハー・サティパターナ・スット　43, 50, 83, 89
　　　　　　　　→大念住経
マハータート寺　　　　　46, 47, 150, 188
マハー・タンマガーイ・チェディー
　　　　　　　　　　　203, 235, 250
　　　　　　　　→タンマガーイ大仏塔
マハーテーラ・サマーコム　　　　9, 10
　　　　　　　　→大長老会議
マハーニカーイ　　　　　8, 9, 61, 62, 150
マハーマクット仏教学院　　　　　　47

〔ミ〕

弥勒菩薩　　　　　　　　　　　63, 88
民間バラモン　　　　　　　　　13, 14
民衆仏教　14, 22, 85, 121, 185, 267, 290, 296, 317

〔ム〕

無色梵身　　　　　　　　　　68, 101
ムスリム　　　　　　　　　　15, 287
無秩序　　　　169, 170, 172-175, 205, 277
無辺微細瞑想　　　　77, 79, 81, 82, 90, 96,
　　　　　97, 102, 135, 152, 316
　　　　　　　　→マッカポン・ピッサダーン

〔メ〕

瞑想・修養系の信仰　　29, 30, 204-208, 300-302, 307, 309
メーチー　　10, 32, 40, 53-58, 63, 114, 116, 127, 141, 146-148

〔モ〕

モータム　　14, 62, 120, 178, 266, 267, 273, 274

〔ユ〕

遊行僧　　62, 63, 108, 112, 118, 266

〔ヨ〕

預流（よる）　　68

〔ラ〕

ラームカムヘン大学　　132
来世信仰　　276
ラタナコーシン王朝　　7, 31
　　→バンコク王朝
ラタナコーシン暦121年サンガ統治法　　47
　　→サンガ（統治）法

〔リ〕

立憲君主国　　31
立正佼成会　　138

〔ル〕

リバイバリズム　　5

ルアンポー・ソット寺　　105
　　→サームチャイ・チャヤマンカロー師
ルアンポー・ワット・パークナーム弟子協会
　　40, 116

〔レ〕

霊媒カルト　　17, 33, 269, 280
霊媒師　　148, 214, 268, 273, 274, 280
歴史宗教　　265, 266

〔ロ〕

ローンガーン　　56, 106
　　→祈祷所
六方晶系　　205

〔ワ〕

ワット　　9
ワット・パークナーム・パーシーチャルーン
　　40
　　→パークナーム寺
ワット・プラ・タンマガーイ　　30
　　→タンマガーイ寺
ワット・ポー　　38, 43
　　→チェートゥポン寺

人名索引

各項末尾の矢印は、→で示す人名も参照すべきことを示す。

〔ア行〕

赤木攻　　　　　　　　　　　　　　20
アピンヤー・フアンフーサクン　　21, 123, 129, 130, 139, 142, 144
石井米雄　　7-10, 13, 48, 50, 61, 62, 89, 120, 267
井上順孝　　　　　　　　　　6, 270, 314
ウィーラ・クンタモー師　　　　111, 115
　→ウィーラ師
ウィーラ師　　　　　　　　111, 115, 117
ウバーシカー・チャン　　124, 128, 140, 141, 145, 146, 150-155, 199, 232, 290
　→ウバーシカー・チャン・コンノックユーン
ウバーシカー・チャン・コンノックユーン
　　　　　　　　　　　　　124, 145, 146
　→ウバーシカー・チャン
小野澤正喜　　　12, 13, 19, 32, 188, 198

〔カ行〕

カイズ、チャールズ　　　　　　　266

〔サ行〕

サーオワラック・ピアムピット　132, 199
サームチャイ師　　　　　　　　　117
　→サームチャイ・チャヤマンカロー師
サームチャイ・チャヤマンカロー師　117
櫻井義秀　　　　　　　　17, 22, 33, 318
島薗進　　　　　　　　280, 281, 286, 297
ジャクソン、ピーター　　　　　　19, 33
ボードリヤール、ジャン　　306, 307, 313
シリントーン王女　　　　　　138, 140, 160
末廣昭　　　　　　　　　33, 142, 165, 308
鈴木正崇　　　　　　　　　　　　16
スワンナー・サターアナン　　　　21
セデス、ジョルジュ　　　　　　　93

ソット・チャンタサロー師　　　28, 37, 38
　→ソット師
ソット・ミーケーオノーイ　　　　41
　→ソット師
ソット師　　28, 35, 37-64, 70-82, 85-120, 128, 134, 140, 146, 153, 174, 207, 229, 235, 265-267, 272-279
　→ソット・チャンタサロー師
ソムチャーイ　　158-162, 165, 169, 170
　→ターナウットー師
ソムチャーイ・ターナウットー師　158
　→ターナウットー師
ソムチャーイ・ワッチャラシーロート　158
　→ターナウットー師
ソムデット・プラワンナラット師　51-53

〔タ行〕

ターナー、ブライアン　　　　　304, 305
ターナウットー師　　143, 158-162, 165, 169-174, 188, 205, 282
　→ソムチャーイ
竹沢尚一郎　　　　　　　　　　　33
タッタチーウォー師　　29, 124, 126, 127, 132, 140, 141, 143, 148, 151, 152, 159, 162, 163, 198, 230, 231, 301
　→パデット
田辺繁治　　　19-21, 23, 32, 33, 268, 280, 281
タンバイア、スタンリー　14-16, 24, 62, 63, 265-267, 269, 274
タンマチャヨー師　　29, 123-128, 137, 140, 141, 148, 149, 152-158, 162, 163, 165, 167, 175, 177, 197, 199, 227, 229-234, 254, 257-259, 272, 290
　→チャイヤブーン
チャー師　　　　　　　　　　　　157
チャイヤブーン　　　　　123, 140, 148-155

人名索引　375

チャイヤブーン・スティポーン　140, 148
　　　　　　　　　　→タンマチャヨー師
チャイヤブーン・タンマチャヨー師
　　　　　　　　　　　　123, 148, 149
　　　　　　　　　　→タンマチャヨー師
チャン　145, 146
　　　　　　　　　　→ウバーシカー・チャン
チャン・コンノックユーン　57, 110, 124, 145
　　　　　　　　　　→ウバーシカー・チャン
チュアン・ワラプンヨー師　107, 111, 119
　　　　　　　　→プラタムパンヤーボディー師
チューラーポーン王女　138, 140
ティーラ師　110, 115, 116
ティーラ・タンマタロー師　110, 115
　　　　　　　　　　　→ティーラ師
ティッサタッタテーラ師　51
　　　　　　→ソムデット・プラワンナラット師
デュモン、ルイ　14, 15, 281
トゥリーター　40, 57, 62, 74, 110, 116, 117
トゥリーター・ニアムカム　40, 110, 116
　　　　　　　　　　　→トゥリーター
トーンスック・サムデーンパン　110, 147
　　　　　　　　　　→メーチー・トーンスック

〔ナ行〕

西井凉子　15, 287

〔ハ行〕

バウアー、ジェフリー　91, 92
パデット　124, 140, 148, 151-155
　　　　　　　　　　→タッタチーウォー師
パデット・タッタチーウォー師　124, 148, 149
　　　　　　　　　　→タッタチーウォー師
パデット・ポーンサワット　140, 151
　　　　　　　　　　→タッタチーウォー師
林行夫　14-16, 22-24, 62, 120, 178,
　　　247, 266-268, 273, 274, 286, 287
ピン　171-174
ピン・ムトゥカン　171
　　　　　　　　　　　　→ピン
プーミポン国王　138, 140

　　　　　　　　　　→ラーマ9世王
藤吉慈海　38
ブッダゴーサ　89, 90, 100
ブッタタート師　17-20, 23, 24, 33, 136, 271
プラタムパンヤーボディー師　107, 111
　　　　　　　　→チュアン・ワラプンヨー師
プラティップパリンヤー　40, 44, 53, 111
プラパーワナー・ウィリヤクン師　124, 140
　　　　　　　　　　→タッタチーウォー師
プラパワナー・コーソンテーラ師　110, 111, 115
　　　　　　　　→ウィーラ師、ティーラ師
プラモンコン・テープムニー師　28, 35, 37, 38
　　　　　　　　　　　　→ソット師
プララーチャヤーン・ウィシット師　117
　　　　　　　　　　→サームチャイ師
プララーチャパーワナー・ウィスット師
　　　　　　　　　　　　123, 140, 149
　　　　　　　　　　→タンマチャヨー師
プン師　39, 40, 46, 49-52, 61-63, 106, 115
プン・プンニャシリマハーテーラ師　39
　　　　　　　　　　　　→プン師
ポン・レンイー　124, 140, 162, 163

〔マ行〕

マーニット・ラッタナスワン　124, 134,
　　　　　　　　　　　　　　162, 163
マーライ僧　54, 63, 88
マグネス、T.　38
マノー　156-159, 165-169
　　　　　　　　　　→メーターナントー師
マノー・メーターナントー師　156
　　　　　　　　　　→メーターナントー師
マノー・ラオハワニット　156
　　　　　　　　　　→メーターナントー師
メーターナントー師　95, 152, 155-159,
　　　165-169, 174, 176, 177, 188, 205, 282
　　　　　　　　　　　　→マノー
メーチー・トーンスック　110, 147, 148, 176
森幹男　109, 112, 274
モンクット王　8, 24, 47, 266
　　　　　　　　　　→ラーマ4世王

〔ラ行〕

ラーマ4世王	8, 47, 266
	→モンクット王
ラーマ9世王	138
	→プーミポン国王
リーチ、エドマンド	14, 15
ルアンポー	62
ルアンポー・タッタチーウォー	198
	→タッタチーウォー師
ルアンポー・タンマチャヨー	197
	→タンマチャヨー師
ルアンポー・ワット・パークナーム	49, 51, 54
	→ソット師
レイノルズ、フランク	92-94, 103, 104
レッドフィールド、ロバート	14

〔ワ行〕

ワチラヤーン親王	8, 47, 48
ワチラロンコーン王子	138, 140

著者略歴

矢野秀武(やの ひでたけ)
  1966年生まれ(東京都)。
  2002年7月　東京大学大学院人文社会系研究科博士課程修了、博士(文学)。
  現在、東京大学大学院人文社会系研究科特任研究員。

主要論文

「生産と消費の自己構築――タイ都市部の仏教運動における瞑想と教団イベント」宗教と社会学会『宗教と社会』第7号、2001年。
「タイ都市部の仏教運動における自己と社会関係の再構築―― 社会的行為としての瞑想」宮永國子編著『グローバル化とアイデンティティ・クライシス』明石書店、2002年。
「タイの上座仏教と公共宗教」(池上良正他編『岩波講座 宗教 9 宗教の挑戦』岩波書店、2004年。

Buddhist Movements in Contemporary Thailand:
Thammakai Meditation and Thai Society in Transition

現代タイにおける仏教運動―タンマガーイ式瞑想とタイ社会の変容

2006年3月30日　　初　版第1刷発行　　　　　　　　　　　〔検印省略〕
　　　　　　　　　　　　　　　　　　　　　　　　　　＊定価はカバーに表示してあります

著者ⓒ矢野秀武／発行者 下田勝司　　　　　　　印刷／製本 中央精版印刷

東京都文京区向丘1-20-6　郵便振替00110-6-37828　　　発　行　所
〒113-0023　TEL (03)3818-5521　FAX (03)3818-5514　　株式会社 東信堂
Published by TOSHINDO PUBLISHING CO., LTD.
1-20-6, Mukougaoka, Bunkyo-ku, Tokyo, 113-0023, Japan
E-mail : tk203444@fsinet.or.jp　http://www.toshindo-pub.com

ISBN4-88713-668-4　C3036　ⓒ Hidetake YANO

― 東信堂 ―

〈現代社会学叢書〉

書名	副題	著者	価格
開発と地域変動	開発と内発的発展の相克	北島 滋	三三〇〇円
在日華僑のアイデンティティの変容	華僑の多元的共生	過 放	四四〇〇円
健康保険と医師会	社会保険創始期における医師と医療	北原龍二	三八〇〇円
事例分析への挑戦	個人現象への事例媒介的アプローチの試み	水野節夫	四六〇〇円
海外帰国子女のアイデンティティ	生活経験と通文化的人間形成	南 保輔	三八〇〇円
有賀喜左衛門研究	社会学の思想・理論・方法	北川隆吉編	三六〇〇円
現代大都市社会論	分極化する都市?	園部雅久	三八〇〇円
インナーシティのコミュニティ形成	神戸市真野住民のまちづくり	今野裕昭	五四〇〇円
ブラジル日系新宗教の展開	異文化布教の課題と実践	渡辺雅子	七八〇〇円
正統性の喪失	アメリカの街頭犯罪と社会制度の衰退	宝月誠監訳 G・ラフリー	三六〇〇円
イスラエルの政治文化とシチズンシップ		奥山眞知	三八〇〇円
東アジアの家族・地域・エスニシティ	基層と動態	北原淳編	四八〇〇円
日本の社会参加仏教	法音寺と立正佼成会の社会活動と社会倫理	ランジャナ・ムコパディヤヤ	四七六二円

〈シリーズ社会政策研究〉

福祉国家の医療改革	政策評価にもとづく選択	三重野卓編 近藤克則編	二〇〇〇円
福祉国家の変貌	グローバル化と分権化のなかで	武川正吾編 三重野卓編	二〇〇〇円
福祉国家の社会学	21世紀における可能性を探る	小笠原浩一編 三重野卓編	二〇〇〇円
「伝統的ジェンダー観」の神話を超えて		山田礼子	二八〇〇円
福祉国家とジェンダー・ポリティックス		深澤和子	三八〇〇円
新潟水俣病をめぐる制度・表象・地域	アメリカ駐在員夫人の意識変容	関 礼子	五六〇〇円
新潟水俣病問題の受容と克服		堀田恭子	四八〇〇円
ホームレス ウーマン	知ってますかわたしたちのこと	吉川徹・森里香訳 E・リーボウ	三二〇〇円
タリーズ コーナー	黒人下層階級のエスノグラフィー	松河河美樹訳 吉川徹監訳 E・リーボウ	三三〇〇円

〒113-0023 東京都文京区向丘1-20-6
☎TEL 03-3818-5521 FAX 03-3818-5514 振替 00110-6-37828
Email tk203444@fsinet.or.jp URL: http://www.toshindo-pub.com/

※定価:表示価格(本体)＋税